情报分析方法在学科服务中的探索与应用

周　群　孙会军　李奎元　著

中国农业大学出版社
·北京·

内容简介

以学科馆员为主体开展的学科服务是传统图书馆服务的拓展与深化，是图书馆走向知识化、个性化、泛在化、智能化的必然要求。本书围绕学科服务理论研究与实践工作，分上下两篇，分别基于研究前沿情报分析方法和专利情报分析方法探索其在学科服务中的应用，上篇主要涉及研究前沿情报分析方法在学科服务中的理论与实践研究；下篇主要涉及专利分析方法和工具、专利分析类型和案例等内容。本研究以期为高校图书馆在当前新一轮“双一流”建设的学科服务工作提供参考依据或借鉴。

图书在版编目(CIP)数据

情报分析方法在学科服务中的探索与应用/周群，孙会军，李奎元著. --北京：中国农业大学出版社，2022.9

ISBN 978-7-5655-2871-2

Ⅰ.①情…　Ⅱ.①周…②孙…③李…　Ⅲ.①科技情报-情报分析-研究　Ⅳ.①G250.255

中国版本图书馆 CIP 数据核字(2022)第 178256 号

书　　名　情报分析方法在学科服务中的探索与应用
Qingbao Fenxifangfa zai Xueke Fuwu zhong de Tansuo yu Yingyong
作　　者　周　群　孙会军　李奎元　著

策划编辑	张　玉	**责任编辑**	张　玉　程书萍
封面设计	郑　川		
出版发行	中国农业大学出版社		
社　　址	北京市海淀区圆明园西路 2 号	**邮政编码**	100193
电　　话	发行部 010-62818525,8625	读者服务部	010-62732336
	编辑部 010-62732617,2618	出　版　部	010-62733440
网　　址	http://www.cau.edu.cn/caup	**E-mail**	cbsszs@cau.edu.cn
经　　销	新华书店		
印　　刷	北京溢漾印刷有限公司		
版　　次	2022 年 11 月第 1 版　　2022 年 11 月第 1 次印刷		
规　　格	185 mm×260 mm　16 开本　19.25 印张　480 千字		
定　　价	79.00 元		

了中美 ESI 高被引论文，并基于中国科学院联合科睿唯安每年发布的《研究前沿》系列对生物科学和农业领域进行了研究前沿的演进态势分析，并以合成生物学领域为例，对其进行可视化和发展历程分析，揭示学科领域研究前沿的演进规律和发展特征。第 4 章是上篇内容的讨论与展望。

本书下篇“专利分析在学科服务中的探索与应用”从专利分析的起源与发展、专利分析方法、专利分析工具、专利分析主要类型方面做了阐述，并结合学科服务中常用的专利分析类型，以案例的形式系统地展示了专利分析中常用的分析方法、分析内容、结果呈现方式以及报告撰写技巧，以期为学科服务中的专利分析人员对不同类型专利分析的主要内容、不同分析工具的特点有更为直观的了解。详细内容如下：第 5 章，专利分析的起源与发展，首先基于现有研究对专利分析的概念进行了讨论，然后按照时间和信息技术的发展顺序，对专利分析方法及工具的发展概况进行了阐述，最后对高校专利分析需求以及专利分析在学科服务中的应用进行了探讨。第 6 章专利分析方法部分介绍了目前较为常用的计量学方法、引文分析法、聚类法以及文本挖掘方法，并且指出在实际的专利分析过程中，往往需要将多种专利分析方法融合使用。第 7 章对专门用于专利检索和分析的主要工具和平台进行了介绍，并详细说明了其使用方法和技巧，以期通过对这些工具的介绍，使专利分析人员能够了解各种专利分析工具的基本功能及其特色，从而可以选择合适的分析工具开展专利分析工作。第 8 章专利分析的主要类型，主要介绍面向学科服务的专利分析人员的较为常见的专利分析类型及其主要内容：一是按照分析目的划分的专利导航、专利预警、专利布局和专利评议；二是根据分析内容划分的学科领域专利分析、专题专利分析、机构专利分析、人员专利分析以及单件专利分析。第 9 章结合学科服务中常用的专利分析类型，设置了对应的专利分析案例，主要包括学科领域的专利分析、专题专利分析、机构的专利分析、人员的专利分析以及单件专利分析等。

本书由中央高校基本科研业务费专项资金（supported by Chinese Universities Scientific Fund）（项目编号：2022TC078）资助。

周群，孙会军
2022 年 10 月 25 日

前言

近些年来，学科服务已经成为大学图书馆和专业图书馆在服务创新方面的工作亮点之一，以学科馆员为主体开展的学科服务是传统图书馆服务的拓展与深化，是图书馆走向知识化、个性化、泛在化、智能化的必然要求。但由于新型科研学术环境的构建和用户信息需求的变化，图书馆已有的学科服务工作面临更大的压力和挑战，尤其在当前新一轮"双一流"建设背景下，如何深入开展学科服务，提升服务效益，服务国家战略和大学学科发展，是图书馆在创新变革与服务转型中需要回答的重要问题。

学科服务在许多高校图书馆和情报机构均已有许多实践，并形成了一系列具有较强影响力的产品体系，如中国科学院联合科睿唯安每年发布的《研究前沿》等。有学者将学科服务的服务范畴分为学科数据分析、学科/领域情报挖掘/推送、学科决策支持、学科战略情报和智库服务 4 个内涵层面，可以看出，学科服务即利用学科信息，形成学科情报并服务学科发展的情报服务工作。

此外，高校知识产权信息服务也已经成为学科情报服务的重要组成部分，高校具有科技和人才资源优势，是科技创新的重要阵地，专利作为创新成果的主要形式之一。要实现"以质量为引领、建设知识产权强国"的目标，对专利开展预警、导航、布局、分析评议等分析工作具有重要意义。近年来发展起来的高校知识产权信息服务中心作为知识产权信息服务的重要部门，为研发人员及管理部门提供专利分析服务，为学科发展提供有用的科技情报，助力学科发展是最基本的职责。

本书基于笔者近几年来所从事的学科服务工作，基于不同情报分析方法从学科文献信息和专利信息两方面展开学科服务工作探索和应用。研究内容分为上下两个篇章，上篇主要涉及研究前沿情报分析方法在学科服务中的理论与实践研究、颠覆性或变革性研究、学科领域情报分析实践等；下篇主要涉及专利分析方法和工具、专利分析类型和案例等内容。

本书的上下两篇共 9 章，主要内容如下：

上篇"研究前沿情报分析方法在学科服务中的探索与应用"共分为 4 章。第 1 章主要综述了研究前沿及其识别与探测方法的研究现状，本书对研究前沿界定更加侧重于具有较强热度的研究热点或前沿主题。因此，本章在对其概念进行述评和辨析的基础上，对研究前沿识别与探测方法和研究前沿情报分析的系列科学知识图谱工具作了系统介绍。第 2 章主要介绍了研究前沿情报分析方法在学科服务中的理论研究。首先提出一种基于科技媒体视角的研究前沿识别与探测方法，其次，尝试从研究前沿的角度来评价机构的研究绩效，提出一种基于学科前沿性的科研机构评测方法，再次，在研究前沿的研究过程中，同时注意到颠覆性或变革性研究在前沿中发挥的重要性，对论文颠覆因子和变革性研究进行文献计量和文本计量分析。第 3 章主要介绍了研究前沿情报分析方法在学科分析中的应用实践。首先基于 Y 指数比较分析

目录

上篇 研究前沿情报分析方法在学科服务中的探索与应用

第1章 研究前沿研究现状 …… 3
1.1 研究前沿的概念 …… 3
1.2 研究前沿的识别与探测方法 …… 6
1.2.1 基于引文的方法 …… 6
1.2.2 基于文本内容的方法 …… 8
1.2.3 基于复合关系的方法 …… 9
1.3 研究前沿情报分析中的科学知识图谱工具 …… 10
1.3.1 BibExcel …… 10
1.3.2 Pajek …… 11
1.3.3 VOSviewer …… 13
1.3.4 CitNetExplorer …… 14
1.3.5 CiteSpace …… 14
第2章 研究前沿分析在学科服务中的理论研究 …… 16
2.1 科技媒体视角下研究前沿的识别与判读 …… 16
2.1.1 研究前沿识别框架与流程 …… 17
2.1.2 实验与分析 …… 19
2.1.3 结果讨论 …… 23
2.2 科研机构的学科前沿性评价 …… 24
2.2.1 科研机构与学科前沿性 …… 24
2.2.2 学科前沿性评测框架及流程 …… 25
2.2.3 实验与分析 …… 27
2.2.4 结果讨论 …… 30
2.3 论文颠覆因子及其特征研究 …… 31
2.3.1 颠覆性研究的概念及其特点 …… 31
2.3.2 颠覆性研究的文献计量识别方法 …… 32
2.3.3 高颠覆因子论文特征研究 …… 38
2.3.4 高颠覆因子论文学术影响力研究 …… 46
2.3.5 结果讨论 …… 53

2.4 变革性研究全文本文献计量分析 …… 54
2.4.1 变革性研究的相关概念及其识别方法 …… 55
2.4.2 数据来源与研究方法 …… 57
2.4.3 描述性统计 …… 58
2.4.4 全文本文献计量分析 …… 78
2.4.5 结果讨论 …… 82

第3章 研究前沿情报分析方法在学科分析中的应用实践 …… 84

3.1 中美ESI高被引论文计量特征比较分析 …… 84
3.1.1 研究数据与Y指数 …… 85
3.1.2 研究结果 …… 86
3.1.3 结论 …… 93
3.2 研究前沿演进时序分析 …… 94
3.2.1 研究前沿演进模式 …… 94
3.2.2 生物科学研究前沿演进时序分析 …… 95
3.2.3 农业科学研究前沿演进时序分析 …… 100
3.2.4 结论 …… 106
3.3 合成生物学领域发展全景图谱分析 …… 107
3.3.1 数据来源与研究方法 …… 107
3.3.2 基于CitNetExplorer的合成生物学主题演化 …… 108
3.3.3 合成生物学全景图谱分析 …… 111
3.3.4 结论 …… 113

第4章 讨论与展望 …… 114

下篇

专利分析在学科服务中的探索与应用

第5章 专利分析的起源与发展 …… 119

5.1 专利分析的概念 …… 119
5.2 专利分析的发展 …… 119
5.3 高校对专利分析的需求 …… 120
5.4 专利分析在学科服务中的应用 …… 121

第6章 专利分析方法 …… 122

6.1 专利计量学方法 …… 122
6.1.1 专利计量学的概念 …… 122
6.1.2 专利计量学的起源与发展 …… 122
6.1.3 专利计量学方法的应用 …… 123

6.2 引文分析法 …… 124
6.2.1 专利引文的起源与发展 …… 124
6.2.2 专利引文的类型 …… 124
6.2.3 专利引文分析方法 …… 124
6.2.4 专利引文分析的应用 …… 125
6.3 聚类法 …… 125
6.3.1 聚类分析的概念 …… 125
6.3.2 聚类分析算法 …… 125
6.3.3 专利聚类的应用 …… 127
6.4 文本挖掘方法 …… 127
6.4.1 文本挖掘的概念 …… 127
6.4.2 文本挖掘的方法 …… 127
6.4.3 文本挖掘方法的应用 …… 128
第7章 专利分析工具 …… 130
7.1 Derwent Innovation(DI) …… 130
7.1.1 DI 简介 …… 130
7.1.2 DI 专利检索 …… 131
7.1.3 DI 专利检索结果 …… 132
7.1.4 DI 专利分析功能 …… 133
7.2 Innography …… 134
7.2.1 Innography 简介 …… 134
7.2.2 Innography 专利检索 …… 134
7.2.3 Innography 专利检索结果 …… 135
7.2.4 Inography 专利分析功能 …… 136
7.3 Patentics …… 139
7.3.1 Patentics 简介 …… 139
7.3.2 Patentics 专利检索 …… 139
7.3.3 Patentics 专利检索结果 …… 141
7.3.4 Patentics 专利分析功能 …… 141
7.4 incoPat …… 143
7.4.1 incoPat 简介 …… 143
7.4.2 incoPat 专利检索 …… 144
7.4.3 incoPat 专利检索结果 …… 150
7.4.4 incoPat 专利分析功能 …… 151
7.5 PatSnap …… 153
7.5.1 PatSnap 简介 …… 153
7.5.2 PatSnap 专利检索 …… 154
7.5.3 PatSnap 专利检索结果 …… 157
7.5.4 PatSnap 专利分析功能 …… 158

7.6 Orbit Intelligence …… 159
7.6.1 Orbit 简介 …… 159
7.6.2 Orbit 专利检索 …… 160
7.6.3 Orbit 专利检索结果 …… 163
7.6.4 Orbit 专利分析功能 …… 163

第 8 章 专利分析主要类型 …… 165

8.1 根据分析目的划分 …… 165
8.1.1 专利导航 …… 165
8.1.2 专利预警 …… 168
8.1.3 专利布局 …… 171
8.1.4 专利分析评议 …… 173
8.2 根据分析内容划分 …… 174
8.2.1 学科领域专利分析 …… 174
8.2.2 专题专利分析 …… 178
8.2.3 机构专利分析 …… 179
8.2.4 人员专利分析 …… 180
8.2.5 单件专利分析 …… 181

第 9 章 专利分析案例 …… 185

9.1 学科领域专利分析案例 …… 185
9.1.1 数据来源 …… 185
9.1.2 分析内容及结果 …… 186
9.1.3 结论与建议 …… 196
9.2 专题专利分析案例一 …… 197
9.2.1 数据获取 …… 197
9.2.2 分析内容及结果 …… 198
9.2.3 结论与建议 …… 203
9.3 专题专利分析案例二 …… 204
9.3.1 数据获取 …… 204
9.3.2 分析内容及结果 …… 205
9.3.3 结论与建议 …… 211
9.4 机构专利全景分析案例 …… 212
9.4.1 数据来源 …… 212
9.4.2 分析内容及结果 …… 212
9.4.3 结论与建议 …… 223
9.5 机构专利季报分析案例 …… 223
9.5.1 概况 …… 223
9.5.2 分析内容及结果 …… 224
9.5.3 结论 …… 226

9.6 人员专利分析案例一 …… 226
9.6.1 检索策略 …… 226
9.6.2 分析内容及结果 …… 226
9.6.3 结论 …… 236
9.7 人员专利分析案例二 …… 236
9.7.1 世界发展动态及我国的概况 …… 236
9.7.2 全球尖子人才的分布情况 …… 239
9.7.3 中国引才机构 …… 240
9.8 单件专利分析案例一 …… 241
9.8.1 专利概况 …… 241
9.8.2 分析内容及结果 …… 242
9.8.3 结论 …… 257
9.9 单件专利分析案例二 …… 257
9.9.1 专利概况 …… 257
9.9.2 分析内容及结果 …… 259
9.9.3 结论 …… 266
9.10 专利预警分析案例 …… 268
9.10.1 数据来源 …… 268
9.10.2 检索策略与检索结果 …… 268
9.10.3 分析内容及结果 …… 271
9.10.4 结论及建议 …… 282
参考文献 …… **285**

上篇

研究前沿情报分析方法在学科服务中的探索与应用

第1章 研究前沿研究现状

当前，全球新一轮科技革命、产业变革和军事变革加速演进，科学探索从微观到宏观在各个尺度上向纵深拓展，颠覆性技术不断涌现，正在重塑世界竞争格局，改变国家力量对比，创新驱动成为许多国家谋求竞争优势的核心战略。科技战略情报研究是科技创新的重要基础，也是决策层制定发展战略、规划研究布局的智库保障。科学研究前沿探测研究是科技战略情报研究的重要方向之一，它对于战略决策尤其是支持宏观科技决策，支撑重要领域科技创新的全局性、前瞻性、战略性的科技战略情报服务和研究起着重要作用。

在科研领域，科学研究前沿有很多相似或相近的概念，如新兴趋势、研究热点、热点领域、新兴主题或潜在知识等，其定义也没有形成统一的认识。从科学家角度看，研究前沿通常指超越当代科学共同体的认知范围、未达成共识的开创性和引领性工作，其研究规模和文献数量仍处于较低水平，科学计量学的识别与探测方法具有明显的局限性，发挥的作用也非常有限。而从科研管理部门角度看，研究前沿（research fronts）通常指在学科发展过程中的重要方向，是最具发展潜力的新兴研究领域或研究主题，在每个学科内部非常活跃，具备鲜明的活动规律，这种规律突出表现在研究成果数量以较快的加速度增长，且有较强的学术辐射力，形成了一定的研究规模和影响力，对其及早地识别和探测可供学科发展战略规划和优先领域遴选参考。

本书所界定的研究前沿更倾向于聚焦后者，其内涵在很大程度上是热点或焦点或快速发展主题，在科学计量学领域通常根据其特点来描述，如先进性、时效性、具有发展潜力和较高的关注度等，具备这些特点的研究主题或研究领域可以被认为是研究前沿。因此，研究前沿的出现和发展通常伴随着文献计量学特征的变化，如某主题文献数量的突增、引文关系的异常变化或新主题词的大量出现等，捕捉和跟踪这些特征，并基于专家知识研判或可视化工具呈现研究前沿，已经成为识别和探测研究前沿的主要方法。

研究前沿的不断更迭变换，引领着学科的发展，指示了学科领域的演化和科技创新的方向，体现不同时期科学家关注点以及科学研究侧重点的变化。对于研究型大学、政府以及企业研发的管理者而言，识别、监测科学研究前沿的演进和迁移，有利于把握科技领域知识的流动规律，追溯科技领域的发展轨迹，对科技管理部门明确发展重点、制定科技发展政策也具有重要意义。研究当前世界科技格局、监测重大科技发展趋势、掌握科学研究动态进展、挖掘科学结构变迁规律，是科技情报工作者和科技政策制定者所关注的重要议题。

1.1 研究前沿的概念

近年来，研究前沿相关的研究成果丰富，其概念界定、相关理论研究、识别方法和应用方面，都受到研究人员的高度关注，取得众多成果，是近几年来情报学领域的研究热点之一。但目前研究前沿并无统一的定义，在不同的研究领域和方法论中，研究前沿的一系列相关概念不断更新发展。

早在 1965 年，D. Price 发表《科学研究论文网络》一文[1]，首次提出研究前沿这个概念，用来描述研究领域的瞬时特征和动态本质。文中运用了大量的引文分析数据，描述了他所定义的"科学研究前沿"的本质。他将某一特定研究领域中的高被引论文集（被科学家频繁引用且近期发表的文献集合）作为研究前沿的表征，并进一步分析了 N-射线研究的引文网络，基于按时间顺序排列的论文及其互引模式构成的网络，从出版物的密度以及不同时期活跃度的角度预测和证实了研究前沿的存在。Price 所观察到的研究前沿建立在新近发表的"高密度"论文上，这些论文之间呈现出联系紧密的网状关系。

1974 年，Small 提出利用共被引现象分析高被引论文及其引文网络，并识别和预测该领域的活跃研究主题或趋势，展现研究领域结构，他将研究前沿表述为共被引文献簇[2]。这篇论文介绍了一种新的研究方法——"共被引分析"，将描述科学学科结构的研究带入了一个新的时期。Small 利用两篇论文共同被引用的次数来描述这两篇论文的相似程度，换句话说就是统计"共被引频率"来确认相似度。他认为基于论文被引用频率的分析，可以用来寻找领域中关键的概念、方法和实验，是进行"共被引分析"的起点。与 Price 的研究前沿研究类似，Small 将最近发表的通过引用关系紧密编织在一起的论文聚成组，通过"共被引分析"，发现分析结果指向了自然关联在一起的"研究单元"，而不是传统定义的"学科"或较大的领域。他认为，通过重要论文间的相互引用模式分析，可以呈现某个研究领域的结构图，这幅结构图会随着时间的推移而发生变化，通过研究这种不断变化的结构，"共被引分析"可以帮助我们跟踪科学研究的进展，评估不同研究领域的相互影响程度。

1989 年，E. Garfield 指出科研领域存在着新兴的热点领域，并能通过文献定量分析和定性分析进行识别，并且通过文献发表数量和引用模式识别一个国家或地理区域在某一研究领域科学研究的程度[3]。他将研究前沿定义为新兴的热点研究领域，其表现形式为近 3 年内的高被引文献集合。1994 年，E. Garfield 进一步扩大了研究前沿范围，对其概念重新界定，将共被引聚类的核心论文和引用这些核心论文的最新文献一起定义成研究前沿，并指出研究前沿是随着领域的发展而不断产生的新分支[4]。

1994 年，Persson 明确区分了研究前沿和知识基础（intellectual base）两个概念，其中知识基础由共被引文献簇表示，研究前沿则是由文献耦合方法生成的、与知识基础有引证关系的文献群[5]。他运用作者共被引、文献共被引、文献耦合等方法研究了 JASIS 1986—1990 年的文章，研究结果表明，作者共被引方法具有较好的有效性，通过作者共被引分析，将信息学研究分为文献计量和信息检索两大分支。

2003 年，Morris 基于文献耦合方法将研究前沿定义为经常被一组固定的、与时间无关的文章所引用的文献集，并采用时间线可视化方法研究了"炭疽"研究相关文章分析其科学研究前沿的时间变化[6]。

基于文献计量学特征识别和探测研究前沿的方法中，除了上述以引文关系构建的论文集表征研究前沿以外，主题词分析研究也较为常见。基于引文层面的聚类分析方法局限性在于引文滞后性和最新文献簇的缺失[7]，使得无法及时捕捉研究前沿的发展趋势和动态特征。很多学者试图从文本内容入手探测研究前沿，如基于词频或共词分析的主题词方法和文本挖掘探测方法，Kleinberg 提出考虑词频变化密度的突破检测算法探测研究前沿[8]。2006 年，陈超美在 CiteSpace Ⅱ 软件中采用了 Kleinberg 突发词检测算法来获取某一研究前沿主题描述，他

将一组在 t 时刻与新趋势和突变密切相关的词和短语(如专业术语)称作研究前沿术语,并在聚类视图(cluster view)和时区视图(time-zone views)中,用研究前沿专业术语概念,明确标出共引聚类的确切含义,即把研究前沿定义为一组突现的动态概念和潜在的研究问题[9],在研究前沿和热点的识别中得到广泛应用。

2009 年,Aris 认为研究前沿是指新出现的科学主题(emerging scientific topic),研究前沿的发展体现在关键论文数量的消长,引用则体现了研究前沿之间的联系[10]。2010 年,Upham 指出:"研究前沿代表了科学家们所关注的最具活力的科学技术领域,是对于公司、风险投资、研究者、政府所寻求的具有潜在应用前景的高新技术,并采用一种定量的方法来描述前沿。"并将研究前沿分为新兴型(emergence)前沿和吸收型(absorption)前沿,新兴型前沿体现在文章数量的持续增长,吸收型前沿体现在被引次数的快速增长[11]。

通过梳理上述研究可以看出,研究前沿的概念尚未统一,在情报学领域,其概念主要分为以下 4 种:①将一组高被引文献定义为研究前沿,如 Price 和 Garfield 的定义;②将共被引文献簇定义为研究前沿,如 Small 的定义,他在高被引文献定义研究前沿的基础上将研究前沿表述为共被引文献簇,并提出利用共被引分析方法分析高被引论文及其引文网络[2],并以此建立了 ESI 数据库中的"Research Fronts";③将一组施引文献定义为研究前沿,如 Morris 和 Garfield 的观点,Garfield 将研究前沿定义为高被引文献及其施引文献的集合,认为研究前沿的主题可以通过抽取施引文献标题中频次最高的词或词组来表征[4];④将突发或热点主题定义为科学前沿,以陈超美为代表,他将研究前沿定义为一组突发的概念、新兴趋势及其基本研究问题,即基于文献的集中主题词及其变化,通过描述和强调不同研究主题之间的关系揭示学科领域的发展和研究热点[9],如表 1-1 所示。

表 1-1 研究前沿的概念

理论基础	表征方式	年份	提出者	定义
基于引文关系	高被引文献集	1965	Price	近期发表的 40～50 篇高被引文献集
		1989	Garfield	近 3 年的高被引文献
		2010	Upham	一组高被引文献
	共被引文献集	1973	Small	共被引文献簇
	施引文献集	1994	Persson	共被引聚类集的施引文献集
		1994	Garfield	共被引聚类集及施引文献集
		2003	Morris	被一组基础文献簇同时引用的文献集合
基于主题词	热点主题或突发词	2006	陈超美	一组与新趋势和突变密切相关的词和短语
		2009	Aris	新出现的研究主题

在情报学领域,围绕研究前沿的识别方法来界定研究前沿的定义,进而表征研究前沿的特点是最为常见的研究思路,通常赋予研究前沿以先进性、创新性、时效性和集中性等一系列客观特征,通过其情报学指标或现象来识别和研判研究前沿。因此,不同研究方法所界定的研究前沿,无论是其概念内涵还是研判标准都具有本质的区别,所得出的研究前沿也必然存在差异。

1.2 研究前沿的识别与探测方法

研究前沿的识别方法主要在定性和定量两个方面展开，定性方法利用专家调查问卷或通信、召开专家咨询会议等方式，结合德尔菲法等方法，整理和提炼某领域内不同专家的观点和意见，最终形成能代表该领域或主题发展趋势的前沿预测报告，识别当前制约该领域或主题发展的重大基础问题。这种定性的识别过程具有操作简便、直接、灵活等优点，但容易受专家知识背景和知识结构等主观因素制约，进而影响研究前沿识别的准确度，此外也存在着耗时耗力、过分依赖经验等缺陷。定量的识别方法是情报工作者们采用最多的方式，它主要通过跟踪某领域或主题出现新进展时所呈现的文献计量特征，以文献为研究核心对该领域内部知识结构进行挖掘、对其发展规律和特点进行探测并予以揭示，进而识别该领域或主题的发展趋势和动向，该方法所识别的研究前沿与本书所指的研究前沿的概念是相对应的。

在定量的识别方法中，研究前沿可以看成是最具发展潜力的新兴研究领域或研究主题，在每个学科内部非常活跃，具备鲜明的活动规律，这种规律突出表现在研究成果数量以较快的加速度增长，且有较强的学术辐射力，形成了一定的研究规模和影响力。研究前沿的出现和发展，通常伴随着文献计量学特征的变化，如某主题文献数量的突增、引文关系的异常变化或新主题词的大量出现等，捕捉和跟踪这些特征，并基于专家知识研判或可视化工具呈现研究前沿，已经成为识别和探测研究前沿的主要方法。基于文献计量学特征识别和探测研究前沿的方法中，以引文分析和主题词分析方法最为常见。

1.2.1 基于引文的方法

作为文献计量学领域最为常用的分析方法，引文分析法按引用类型不同可以分为直接引文分析、共被引分析和耦合分析 3 种类型。基于引文来分析研究前沿的方法起步早，相关研究成果丰富，基于引文方法识别研究前沿可由多个维度展开，如文献耦合分析、作者共被引分析、机构共被引分析等，通过分析核心文献、作者和机构来识别领域研究前沿。

1.2.1.1 基于高被引论文的方法

通过衡量某领域的高被引文献集合来分析该领域的研究前沿，是最早用来识别研究前沿的定量分析方法，高被引论文在一定程度上代表了学科的研究进展，能够较为客观地反映研究实体（国家、机构或个人）的学术水平和学术影响力。1965 年，Price 将近期发表且被频繁引用的文献集合（即高被引论文）视为研究前沿[1]，此后，基于高被引论文的分析方法成为研究前沿探测的基础理论之一，在 Price 的研究前沿定义的基础上，学者们基于高被引论文提出了多种探测研究前沿的方法。其中，ESI 作为衡量科学研究绩效、跟踪科学发展趋势的基本分析评价工具，已成为当今世界范围内普遍用以评价高校、学术机构、国家/地区国际学术水平及影响力的重要评价指标工具之一。ESI 将高被引论文（most cited papers）定义为过去 10 年被引用次数排在各学科前 1% 的论文，对全球高校和科研机构发表的 SCI、SSCI 和 SCIE 中收录的论文按照被引频次进行统计，分别排出居世界前 1%的研究机构、学者和论文。进而从多角度对国家/地区科研水平、学术声誉以及科学家的学术影响力进行全面的评价。

高被引论文在一定程度上代表了学科的研究进展，能够较为客观地反映研究实体（国家、机构或个人）的学术水平和学术影响力，在科研评价研究和机构学术排行榜中应用广泛。2007 年，邱均平基于 ESI 高被引论文数的指标体系衡量高校的科研影响力和竞争力[12]，随后，许多学者利用引文分析工具对高被引论文进行统计分析，并以此对国家[13]、机构[14]和学科[15]的学术影响力或发展态势进行计量分析。此外，很多研究机构或新闻媒体推出的学术影响力排行榜也都将高被引论文（如高被引作者数量或 top10%论文比例等）作为一个重要的学术影响力衡量指标，如莱顿大学排行榜、U. S. News 全球最佳大学排名和上海交通大学的世界大学学术排名等。

1.2.1.2 基于共被引的方法

1973 年，Small 结合高被引论文的分析理论提出了应用共被引方法来探测研究前沿，他认为通过统计文献共被引频次来确定领域核心论文集，可以在此基础上进行共被引聚类分析和网络分析来识别研究前沿。1994 年，Garfield 提出活跃的研究前沿一般包括互相关联的共被引文献对，文献共被引的次数越多，越有可能代表一个确定的或新兴的主题或子领域[4]。Persson 进一步将两部分文献集进行区分，他认为研究前沿是某领域高被引文献簇的施引文献簇，这些施引文献簇更能够代表当前最新的研究内容，而高被引文献簇应是研究前沿的知识基础[5]。ESI(essential science indicators)用共被引文献簇来表征研究前沿，并根据文献簇的统计特征判断研究领域的重要性和发展阶段，其中研究领域的论文数量和总被引频次标志着领域的大小，文献簇的平均年和论文的时间分布标志着领域的进度。韩涛利用共被引方法对高被引论文进行聚类分析生成主题结构图，提出不同阈值层聚类结构间差异性自动检测分析，自动发现宏观结构下的潜在结构的方法[16]。其研究探测揭示了共被引分析中隐藏在低阈值层的有重要意义的潜在簇，但并未验证这些潜在簇可能的发展趋势和重要性。

由于一篇论文要达到一定引用频次或高被引需要一定的时间，所以共被引分析探测研究前沿具有明显的时滞性，但该方法度量的是在时间维度不断发生变化的被引文献之间的关联，能够监测大范围甚至整个研究领域及主题内部科学知识结构及其演变，可以从宏观上把握科学的发展趋势和动向，因此仍广泛应用于各领域研究前沿的识别[17]。

1.2.1.3 基于文献耦合的方法

文献耦合分析度量施引文献之间的关联，体现的是作者有目的、有意识地在文献之间进行的链接，耦合数据在文献发表后即被获得且是静态不变的，因此更有利于对研究前沿的准确识别和探测。

尽管文献耦合克服了共被引分析法的时间延迟，但仍存在一定的缺陷，即两篇具有耦合关系的文章引用了某篇文献的不同部分，因此有研究提出了结合论义标题词和参考义献词与引文共现的方法，其中标题词揭示文献内容，参考文献为标题词提供语境以确定标题词的具体含义，进而表现两篇文献的相似程度[18]。此外，还有研究将文献耦合网络用主路径分析法来探测领域研究历程及发展趋势[19]，以及利用文献耦合的方法来跟踪领域核心文献的动态演化过程，从而识别出该领域的新兴主题与研究前沿[20]。此外，由于基于文献耦合构建的数据集是固定的，数据集内容不会像共被引分析一样随时间变化而产生变化，这就限制了文献耦合方法在研究前沿主题演化方面的应用。此外，也有学者认为，文献耦合关系形成忽略了文献的学术质量，导致探测出的研究前沿存在一定偏差。

1.2.1.4 基于直接引用的方法

直接引用分析度量文献的直接关联，能够在微观上更早、更直观地揭示领域或主题内部知识结构特征和发展态势。2004 年 Garfield 基于直接引用网络生成了一个知识领域的历史演化图谱[21]。Klavans 认为与共被引网络相比，直接引用网络整体具有更高的相似度，并且能够更好地揭示领域的研究现状和发展趋势[22]。直接引用网络是一种无权值的网络，而科学网络中共被引网络、共著网络和共词网络等都是有权重的网络。

直接引用分析方法基本步骤包括选定研究范围、从数据库中下载与处理数据、整理数据集与建立文献矩阵、统计具有引用关系的相似文献与构成文献对、导入分析软件、呈现与解释可视化结果。日本东京大学学者 Shibata 等比较了上述直接引用网络、共被引网络和文献耦合网络这 3 种引文分析方法用于研究前沿探测的性能和特点[23]。他认为基于直接引用方法构架的文献网络比共被引网络能够包含更多的新近发表的文章，提出了一种基于直接引用关系探测研究前沿的方法：首先构建直接引用网络并抽取最大核心网络，然后采用 Newman 的拓扑聚类算法进行聚类，针对每个类簇抽取特征术语来代表其研究内容，并且进一步分析类簇的平均发表时间和不同时间窗下类簇之间的关系，并以此来探测研究前沿[24]。随后，他又以镓化氮、复杂网络和碳纳米管（carbon nanotube）3 个研究领域为例构建 3 种类型的网络，利用视野（visibility，即聚类的大小）、速度（speed，即文献簇的平均出版年）和拓扑相关性（topological relevance，即文献簇的密度）3 个指标来评价 3 种引文关系在研究前沿探测方面的性能。

结果表明，直接引用关系可以探测大而且新的研究领域，在研究前沿的识别方面效果最优，文献耦合方法次之，共被引分析效果相对较差。但在研究前沿的表述和描绘方面，文献耦合的优势很大。目前，基于引文分析识别研究前沿的研究中，以共被引和文献耦合方法居多，直接引用的方法相对较少，但较新颖，且识别效果较好。

1.2.2 基于文本内容的方法

如上所述，研究前沿的出现，除了伴随着文献数量的突增和引文关系的异常等现象，还可以表现为新主题词的大量涌现、主题词含义演变和主题词关系的变化等。研究前沿的表现形式也逐渐从引文关系向语义化方向发展，即从文献集过渡到词语或主题，这更有利于揭示研究前沿的内涵。基于引文层面的聚类分析方法局限性在于引文滞后性和最新文献簇的缺失，使得无法及时捕捉研究前沿的发展趋势和动态特征。很多学者试图从文本内容入手探测研究前沿，其中基于词频的方法和基于共词分析的方法是目前较为常用的方法。

1.2.2.1 基于词频的方法

研究前沿通常具有快速的规模效应，相关文献和研究人员也会快速增多，表征研究前沿的新主题词会不断出现，以及主题词词频也会显著增加，探测和跟踪主题词词频的变化可以识别研究前沿。

词频分析法基本步骤[25]包括确定分析的问题、选取相应的数据库、对某领域文献的关键词进行提取、制作关键词数据表、借助工具软件获取高频或突变关键词表、阐释词频分析结果等方面。单纯词频分析法操作相对简单，分析结果简单易懂。一般来说，在词频分析法中，通过低频词或突发词能够探测新兴研究方向和趋势，通过高频词能够探测研究热点。词汇的出现频率比较低，并且出现模式异常，可能会导致新知识的发现。如 2011 年张英杰针对研究前沿探测中的低频现象，基于相关离群点的理论，揭示了“国际空间站”领域的研究前沿[26]。王莉亚将离群数据挖掘方法引入主题分析中，通过离群数据检测和分析探索了主题演化过程[27]。巩永强等运用词频分析法预测情报学研究的发展趋势[28]，储节旺等运用词频分析法对知识管理领域的研究热点、应用领域和研究方法进行分析[29]。

由于词频阈值确定具有较强的主观性，不同研究者具有不同标准，采用相对固定词频阈值进行分析时容易出现误差，加之需要研究人员依据知识背景将词分成特定研究主题，导致单纯词频分析法所得出的分析结果主观性过强。2002 年，Kleinberg 提出考虑词频变化密度的突破检测算法探测研究前沿，识别文献集中具有高集中性、高密度特征的词，即具有突然增长特性的词[30]。突变检测算法可以用于检测一个学科内研究兴趣的突然增长，主要是基于自动机原理，求解出某个数据流突现的权重和时间。突现的权重指的是突现的可信程度，也就是burst 值，可以作为突现程度的一个测度指标；突现的时间指的是突现发生的起始和结束的时间。Kleinberg 认为主题或话题（topics）的数量不是平滑增长的，而是随着时间的发展在不同水平之间跃迁。陈超美在 CiteSpaceⅡ软件中采用了 Kleinberg 突发词检测算法来获取某一研究前沿主题描述[9]，在研究前沿和热点的识别中得到广泛应用。

1.2.2.2 基于共词的方法

研究主题通常是由一组相互关联的词汇构成，根据词汇间的某种关系（如共词关系）对文献集中的词汇进行聚类分析，可以生成一系列的词汇簇或语义社区（即研究主题）。共词分析即以一组词两两统计它们在同一篇文献中出现的次数，以此为基础对这些词进行聚类分析，从而反映出这些词之间的亲疏关系，分析这些词所代表的学科和主题的结构变化，揭示前沿领域的存在。

共词分析是 20 世纪 70 年代中后期由法国研究人员在借鉴了引文耦合和共被引分析的思想基础上提出来的[31]，1984 年，Rip 等基于共词分析方法揭示了生物技术领域的现状和前沿[32]。1986 年，法国国家科学研究中心出版了图书 Mapping the Dynamics of Science and Technology[33]，使得共词分析方法得以进一步推广。1993 年，Peters 等提出共词网络构建应以摘要为基础，而非仅仅使用标题，同时改进了共词网络聚类的方法[34]。20 世纪 90 年代中期，随着该方法从理论到应用不断走向成熟，我国研究人员将此方法引入中国。

共词分析法基本步骤[25]包括选定高频词、构建共词矩阵、选取多元统计方法（如因子分析、聚类分析、多维尺度分析等）、阐述共词分析结果等。由于结果分析方面具有独特的直接性，共词分析法引起研究者高度关注，随着研究深入，该方法也得到不断改进——分析词从关键词、索引词发展为自由词，词汇长度从单个词汇、双词短语再到多词短语，共现范围从句子内、段落内到篇章内。近年来，许多学者利用共词聚类分析法来探测研究前沿。张晗等应用共词分析的方法对生物信息学主题词进行聚类，得到其研究的热点内容，然后利用战略坐标的向心度和密度进一步定量分析各热点的发展阶段[35]。蒋颖利用 LISA 数据库对全球文献计量学领域在 1995—2004 年的期刊论文进行共词分析，绘制了 1995—1999 年和 2000—2004 年两个时间段的类团关系图和战略坐标图，比较和分析了类团关系图和战略坐标图中相关研究主题的发展变化情况[36]。2016 年，魏瑞斌利用内容分析方法，选取国内 181 篇共词分析论文进行实证研究[37]。许晓阳等在基于关键词共现的研究前沿识别方法模型的基础上，从数据源的角度提出了论文与专利相结合的研究前沿识别方法[38]。

共词分析法克服了词频分析法中孤立对待主题词的缺陷，突显词与词之间的关联，能直接揭示文献主题之间的相关性，对研究前沿的揭示和解读更具有针对性和准确度。但该方法仍具有主题词分析的固有缺陷，即脱离语境分析词语含义具有一定的偏差，无法准确体现词语在文中的具体含义。此外，目前共词分析大都采用从标题、摘要、关键词字段直接抽取术语的方法，而所抽取术语是否规范，较大程度上受作者取词习惯的影响[39]。

1.2.3 基于复合关系的方法

基于复合关系的探测方法主要是将基于引用关系的方法和基于文本内容的方法结合起来，发挥两种探测方法的优点，弥补各自不足。共词分析和共被引分析相结合是最常用的混合方法。

1991 年，Braam 等最早提出将词和共被引结合起来，以揭示科学研究结构，他认为研究前沿是收到不同知识背景的研究者共同关注的一系列研究问题[40]。他以原子分子物理学领域为例，通过共被引关系形成文献集合，并基于由标题、关键词和摘要词汇所组成词集的相似度分析来探测研究前沿主题。结果表明，共被引与词的结合分析，可以获得比单纯共被引方法更全面的分析结果。2005 年，Glenisson 等认为词汇分析和引文分析结合的混合方法将会成为科学结构演化研究的重要工具[41]。随后，Besselaar 又提出了一种结合论文标题词和参考文献的词——引文共现方法[42]。2009 年，有研究采用共被引与共词分析相结合的方法，同时借助知识图谱，得出了科学计量学领域的前沿课题及重点研究方向[43]。2010 年，张琳等使用引文和内容词相结合的方法，揭示心理学、社会学和教育学领域的内部学科结构，并进行量化解[43]。2015 年，有学者提出引文耦合增强的共词分析法[44]，以 ESI 农业科学领域高被引论文进行实证，结果表明，该方法能有效地提高学科情报研究中主题领域划分的准确性，优化共词分析效果。此外，Klavans 还提出了基于文献耦合和文本、内容相结合的方法，研究表明混合方法能够检测到新兴或融合的聚类主题[45]。

如上所述，基于复合关系的方法能够结合基于引用关系和文本内容两种方法的优点，在探测引文关系的同时，通过对主题词关系的解读，能更准确地识别和探测研究前沿，揭示科学结构及其演化过程，但该方法在操作上较为复杂和繁琐，对其广泛应用存在一定的局限性。

总之，随着近几年来技术的不断进步和方法的不断融合，研究前沿的识别和探测已由单一数据源分析逐渐向多源数据的对比分析转变，除了传统的论文数据，科技规划文本、正在研发的项目数据、科学论文使用数据和替代计量数据等数据源同样可以作为研究前沿探测的数据源。同时，学者们也普遍意识到，传统的以文献外部表层特征为分析对象的文献利用模式已经无法适应数据知识驱动下的情报需求，对文献所含具体内容知识进行挖掘分析的新型情报分析方法值得引起重视。而科学计量与内容分析的有机结合能够突破以情报的物理载体（文献题录层面）为计量对象的间接计量模式限制，实现对情报内容本身（领域知识层面）的直接有效计量，使文献作为情报传递介质能够被更加充分地利用。

1.3　研究前沿情报分析中的科学知识图谱工具

1.3.1　BibExcel

BibExcel 是瑞典科学家佩尔松（Persson）开发的免费科学计量学研究软件（下载地址 http://www8.umu.se/inforsk/Bibexcel/），本软件可以对来自 Web of Science、Scopus、DII 和 MEDLINE 等数据库或者 EndNote 记录进行文献计量分析。BibExcel 分析的模块包括文本规范化、数据清洗、字段截取、频次统计、共现分析、共现网络（矩阵）生成等。可以进行相关知识单元（如作者、关键词、参考文献等）的频次分析、排序和共现矩阵等，具有关键词共现、参考文献共被引、合著网络、作者共被引、机构合作、国家合作等功能。此外，还可以导出特定文件格式，导入 Pajek、Ucinet 或 Netdraw 软件做进一步的可视化图谱分析。

BibExcel 是进行文献计量分析的利器，是从事文献计量研究的必备工具之一，下载 BibExcel.exe 软件后双击即可打开，其界面及功能分区如图 1-1 所示。

①文件位置栏（Select file here）：选择要操作的文件或者显示操作后产生的新文件的位置。

②划分方法栏（Select field to be analysed）：利用划分方法截取某个字段的内容时会用到

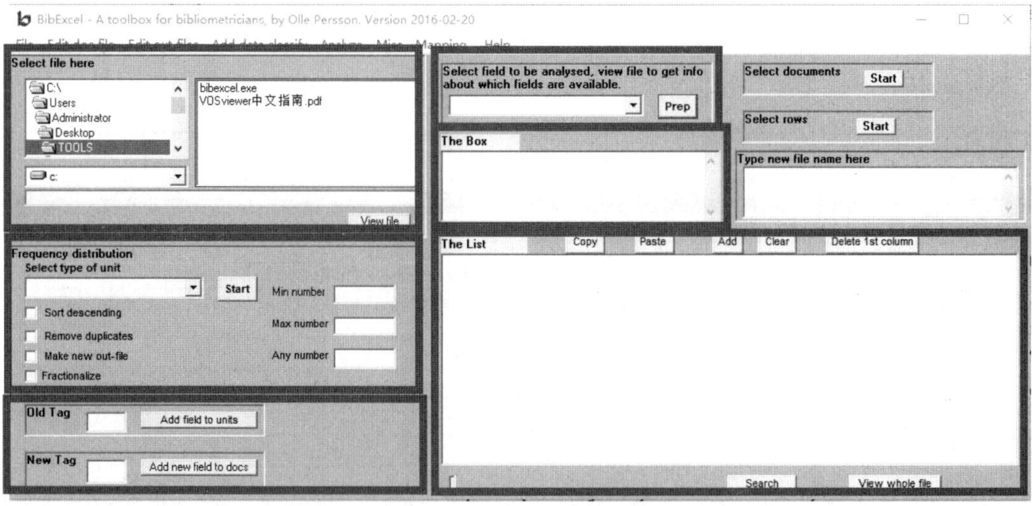

图 1-1　BibExcel 软件主界面

这个部分;其中,CR 表示参考文献,Any 表示按分号划分整个字段,JN 表示期刊,Blank 表示按空格划分整个字段,Whole 表示不进行具体的划分,整个字段是一个整体单元。

③状态栏(The Box):表示正在操作的状态或者最后操作的结果。

④频数分布栏(Frequency distribution):进行某一字段的具体分析时会用到这个部分,其中里面具体划分为很多字段,如所有字段、被引文献字段、被引作者字段、被引年字段、被引期刊字段等。复选框 Sort 表示降序排列,Remove 表示去重,Make 表示输出一个新的 out 文件,Fractionalize 表示用频率表示。

⑤标签栏(Old Tag/New Tag):在转换文件格式时产生的.doc 文件中查看或添加标签,如 TI、AU、CD、DE 等。

⑥列表框栏(The List):显示操作最后的执行结果。

其操作步骤主要为:打开经过初步清洗的文献数据(文本格式),将文本转化为后缀为.doc 的文件,进行数据规范化。选取分析的字段(如作者,选择 AU)进行截取,生成后缀为.out的文件。利用频次统计模块统计字段单元出现频次,形成.cit文件。在.cit文件中选择要分析的单元,与.out文件匹配,生成后缀为.coc的共现文件。在共现文献的基础上生成可视化软件可以识别、导入的.net文件。最后将.net文件直接进行可视化,完成文献计量步骤。

BibExcel 软件还可以对文本进行进一步的清洗,如去除重复记录,人名、地址、机构规范化,去除中括号内容等。软件还能对不同的.out文件进行合并,方便研究者进行各种组合式的计算。BibExcel 软件的功能是比较全面的,通过使用者对不同功能的组合使用可以得到很好的分析结果。BibExcel 的过程文件可以方便地与文本处理软件和电子表格软件 Excel 进行交流,兼容性较好。由于软件本身数据清洗功能不全,需要对原始数据结合 Excel 软件进行较为细致的数据清洗,并应根据结果进行"反馈清洗"。此外,BibExcel 还可以对中文数据进行分析。

1.3.2　Pajek

Pajek(斯洛文尼亚语,意为蜘蛛)是由斯洛文尼亚研究者 Vladimir. Batagelj 和 Andrej. Mrvar 应用 Delphi 语言于 1996 年共同开发的一款用于分析大型复杂网络的软件(下载地址,

http://mrvar.fdv.uni-lj.si/pajek/)，该软件能够将共现网络通过不同的算法绘制出来，相对于 Ucinet 软件不仅操作简便，还能快速地处理更多的节点和链接数量，更支持海量数据的分析，绘制复杂的大型网络。安装并打开 Pajek，其主界面如图 1-2 所示。

图 1-2 Pajek 软件主界面

图 1-2 可见，Pajek 界面主要包含了顶端的菜单栏和不同格式的数据读取快捷按钮及其列表。Pajek 在网络图模型的基础上支持六种数据类型分析，包括 Networks、Partitions、Vectors、Permutations、Cluster 和 Hierarchy，为分析复杂网络的节点、聚类、分层等提供了一个便捷的平台。

Pajek 的输入方式比较灵活，可以直接定义一个小网络，也可以从外面导入数据生成网络，除了本身的数据格式之外，它还支持很多其他软件数据格式的导入。在 Pajek 的文件处理界面读取要分析的文件时，会发现 Pajek 能够读取和分析的文件主要包括 Pajek networks (.net)、Pajek matrics(.mat)、Vega graphs(.vgr)、GEDCOM files(.ged)、UCINET DL files (.dat)、Ball and Strick files(.bs)、Mac Molecule files(.mac)以及 MDL MOL files(.mol)文件。其中.net、.mat 和.dat 格式较为常用。.net 包括两部分，Vertices 表示网络的节点信息，Edges 表示网络中边的信息，在.mat 文件中包括 Vertices 节点信息和节点之间的关系矩阵 matrix，.dat文件通常包含以 DL 开头的一段文件说明，N 通常表示网络中节点的数量，FORMAT 表示格式，并会包含一个矩阵。对于小规模的数据，用户可以根据.net 文件格式，将自己的分析数据按照其格式进行编辑后分析。如通过 Pajek 软件界面打开 BibExcel 生成的.net 文件(网络节点和连接)、.vec 文件(显示节点大小)，运行 draw vec.生成 Pajek 软件提供了 Kamada-Kawai、Fruchterman-Reingold 两类多种算法，可以展示二维和三维网络。其中分离算法可以将各个互不连接的子网络单独显示出来，清晰地展示网络的分布。

Pajek 软件的优点是稳定性好，是国际上公认的优秀的社会网络图绘制软件；缺点是缺少网络度量工具，绘制复杂网络时节点重合，标签不能得到很好的显示，分辨率较差，增加了后期的读图难度。Pajek 适宜绘制节点不多的小型网络(如 200 个节点左右的合著网络)，其分离算法可以清晰地展现子网络的分布状态。

1.3.3 VOSviewer

VOSviewer 是由荷兰研究者 Nees Jan van Eck 和 Ludo Waltman 于 2010 年研发的一款可视化软件，软件的特点是采用了分层标签展示技术，使得复杂网络的节点标识可以通过交互清晰地展示出来，克服了 Pajek 在复杂网络显示方面的不足，是较新的可视化软件，代表了可视化软件的前沿，软件有三种视图模式：标签图、密度图、聚类云状图，丰富了可视化结果的展示手段。VOSviewer 提供了 3 种方式数据的可视化，分别为基于网络文件的分析（Create a map based on network data），基于文献数据的分析（Create a map based on bibliographic data）和基于文本数据的分析（Create a map based on text data），还提供了对 Web of Science、PubMed 以及 RIS 数据分析。可以通过文献题录数据构建合作网络、共现网络、引证网络、耦合分析以及共被引分析，并提供了整数计数和分数计数两种方式来统计和构建网络。VOSviewer 界面如图 1-3 所示。

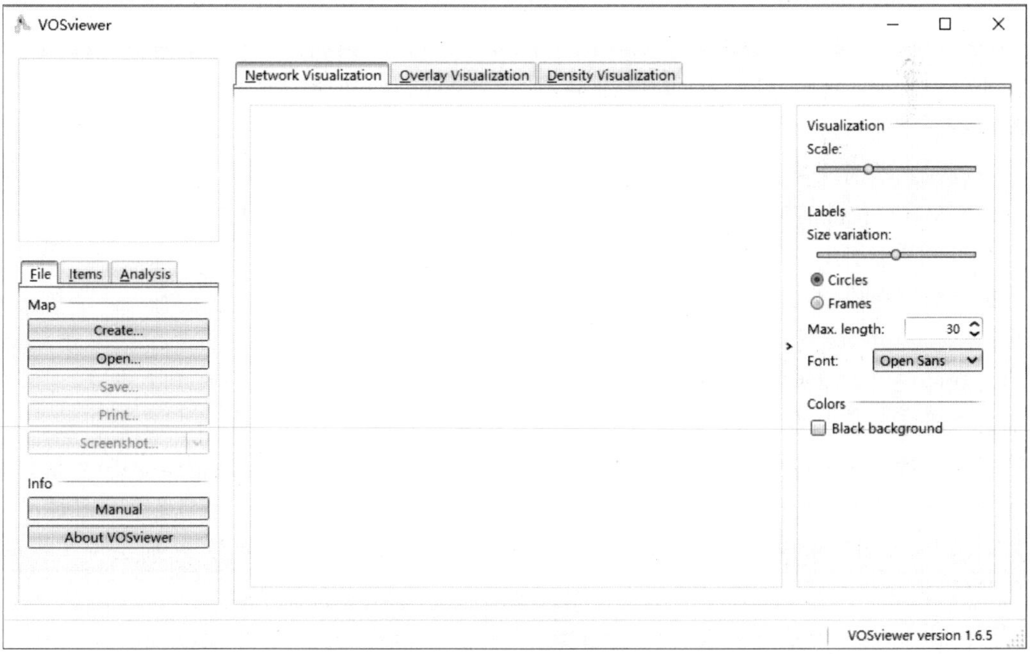

图 1-3 VOSviewer 界面

在图 1-3 中，左侧是图形分析参数的设置以及结果的保存等功能分区，点击界面左侧条目下的 create 按钮，按照分析需求依次选择导入形式，如导入 Web of Science 文本文档文件后，再选择分析范围，用户可根据实际情况进行阈值设置，设置完阈值后，系统会提示选择分析条目的数目，选定后系统会弹出所选条目的详细信息，确认后点击完成即可生成图谱。中间是图形可视化方式的切换与展示，右侧是图形元素及其参数的调节区域，用于调整和美化可视化图形。如通过 BibExcel 生成共现的网络. net 文件后，可以直接导入 VOSviewer 进行可视化展示，VOSviewer 对网络中的节点进行聚类，生成网络文件。利用 VOSviewer 生成网络文件（文本文档），网络文件中含有各个节点的标识、坐标、权重值、所属聚类等项目，通过 Excel 打开网络文件，使用数据透视表功能，可以进行聚类节点的进一步分析。

VOSviewer 通过相似度可视化算法展示研究领域二维结构，各个节点距离依据共现关系的强度，通过整体加计算而生成。VOSviewer 主要优点是能够处理大量的数据，即使是节点比较多的共现网络也能正常运算并生成较为清晰的聚类图谱，结果的可读性较好。缺点是可视化主要依据一种算法，手段较为单一。

1.3.4 CitNetExplorer

CitNetExplorer(citation network explorer)是由荷兰莱顿大学(Leiden University)科学技术研究中心(Centre for Science and Technology Studies，CWTS)Nees Jan van Eck 与 Ludo Waltman 继 VOSviewer 之后研发的一款科学文献引文网络图谱分析软件。作为一种用于可视化和分析科学出版物引文网络的软件工具，CitNetExplorer 允许直接从 Web of Science 数据库导入引文网络。可以交互式地探索引文网络，例如，通过深入网络和识别密切相关的出版物集群。

CitNetExplorer 的优势是可以直接从 Web of Science 中输入引文网络，而且引文网络可以交互探索，如可以通过某个网络的深度探索来识别那些具有密切联系的文献的聚类。基于 Garfield 关于引文编年图的研究基础，CitNetExplorer 可以处理更大的引文网络，包括数百万文献和引用关系。此外，CitNetExplorer 还具有更加复杂的功能，如深度探索引文网络，即允许用户将包含数百万文献的大型引文全网络深度探索提炼至不足一百篇文献的局部子网络，并且该过程紧紧围绕某个具体的研究主题。CitNetExplorer 在用于研究领域科学文献的引文网络分析和可视化的前提下，还涉及研究某个研究领域科学文献的演化情形。CitNetExplorer 也可以用于基于引用关系的系统文献的检索。该工具可以充当基于引用关系的一些文献数据库中执行的信息检索功能的原型。

CitNetExplorer 可以分析某个研究领域随着时间推移的发展轨迹，将某个研究领域最重要的文献可视化，并且显示这些文献之间的引用关系，表明这些文献之间的相互联系。还可以识别某个研究主题中的文献，通过识别联系紧密的文献之间的引用关系，来描绘该研究领域引文网络的特征。还可以探索某个研究者的所有文献，将某个研究者的文献引文网络可视化，并显示某个研究者的著作是如何影响其他研究者的文献的。CitNetExplorer 支持文献综述，即可以通过 CitNetExplorer 软件识别出某个特定文献的被引或施引文献群，从而实现文献的系统化获取，以便于综述。

1.3.5 CiteSpace

CiteSpace 软件是由美国德雷塞尔大学计算机与情报学学院陈超美教授在库恩科学革命结构理论和文献共被引分析等理论的启发下，基于 JAVA 开发的科学计量与知识图谱工具。CiteSpace 运行时需要有安装 JAVASCRIPT 的环境支持。

CiteSpace 可以对 Web of Science、PubMed、Scopus 等主流的英文数据库以及 CSSCI、CNKI 等中文数据库进行共被引、主题词共现、合著网络、机构合作等各种分析，并将结果通过节点大小颜色、连线颜色、网络聚类等形式表现出来。本软件采用颜色表示时间维度，并且设计了时间分割网络、时区视图、时间线视图等模块，对于研究领域的动态发展具有很好的效果。

在 CiteSpace 的功能参数界面，包含了菜单栏、项目区、数据处理过程区、数据处理报告区、时间切片、文本处理、网络类型设置、阈值选择、网络剪裁以及可视化设置，如图 1-4 所示，界面可以分为 3 个区域，即菜单栏、项目区和功能参数区。

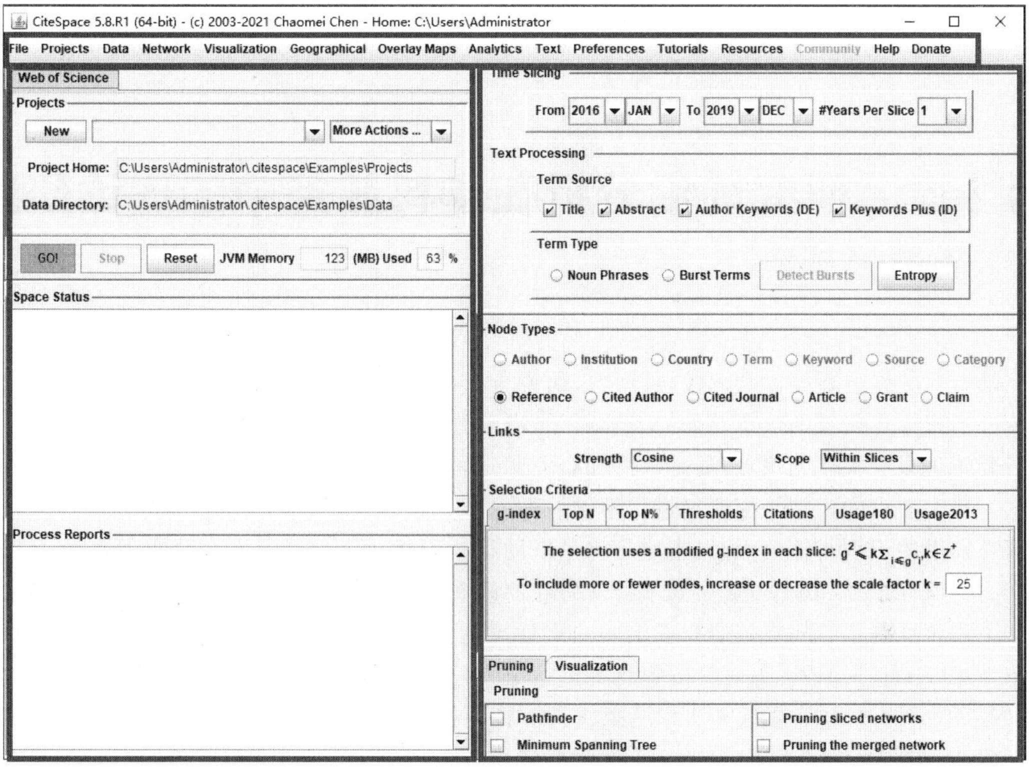

图 1-4　CiteSpace 主界面

①顶部菜单栏包含了功能参数区的所有功能，如结构变异、双图叠加和数据处理等。

②项目区包括项目新建、编辑和删除功能区，处理过程区和处理报告区 3 部分，处理过程区是在点击 GO 进行数据分析后显示数据的处理进度；处理报告区主要是在数据处理过程中显示数据的动态分析过程以及分析后的整体处理情况。

③界面右侧的功能参数区包括了各个参数的设置，从上到下依次分为以下几部分。

时间切片：表示对施引文献分析时的时间窗口划分，在分析完成后，将各个时间段分析得到的网络再进行合并。这里所设置的时间与可视化图形上面的时间色带的图例是一致的。

文本处理区：主要是对主题分析时，设置主题所提取的位置和方法，包括主题的类型和主题的来源两种设置，其中主题的来源包括了标题、摘要、作者关键词和补充关键词选项，主题的类型提供了术语的提取和突发性术语的探测功能选项。

网络类型区：提供了合作网络分析、共现网络分析、共被引网络分析以及文献的耦合分析。

阈值选择区：主要是在分析数据时，从进一步的各个时间切片中对数据按照一定的规则进行筛选，并尽可能地通过最重要的文献构建知识图谱网络。

网络裁剪区：当网络过于复杂和密集时，通过删除网络中不重要的连线来精简网络。

可视化图形设置：通过该功能可以将分析得到的网络按时间段的划分分别呈现出来。

在导入数据运行后，会出现可视化界面，通过对可视化界面的参数调整不同类型的视图。CiteSpace 的缺点主要是运行速度较慢，尤其是在处理较多的数据时存在溢出现象，使得其在处理大规模数据时可用性大打折扣，另外其阈值筛选的算法也较为复杂。

第 2 章　研究前沿分析在学科服务中的理论研究

随着大数据分析技术和现代科技情报研究方法的发展，研究前沿情报分析方法现已成为国内外情报学界研究的热点。如何能够科学、准确地了解和掌握研究前沿已成为广大科技工作者和管理人员关注的焦点，更是政府和企业制定科技发展战略和市场规划布局的重要参考依据。研究前沿的识别与探测是情报学领域的一个挑战性课题，本章首先从科技媒体视角构建研究前沿的识别与探测方法，本质上仍是借助科技媒体中专家观点和先发优势挖掘具有前沿潜力的研究主题和论文，进而揭示最新研究前沿和动态；其次通过科研机构在研究前沿的参与和引用情况揭示机构在该研究前沿中的贡献与定位，提出一种基于学科前沿性的科研机构评测方法，并通过知识图谱对其内容特征进行深入挖掘，在更细粒度的研究主题层面对机构进行 SWOT 分析，并以中国农业大学为例进行实证研究；最后，本章重点关注了颠覆性研究和变革性研究，在情报学领域，这两个概念并没有实质性的区别，为了适应研究中的概念和研究数据，如对应颠覆因子的颠覆性研究，而针对本书中所使用的诺贝尔获奖论文而言，变革性研究一词可能更贴切些，如本章在梳理颠覆性研究的相关概念及其特征的基础上，研究分析了高颠覆因子论文的特征及其与传统计量指标的相关性，可以为颠覆性研究的识别及其方法指标的改进提供参考。以诺贝尔获奖论文作为典型的变革性研究数据集，基于全文本引文分析方法关注变革性研究的起源和发生过程，对变革性研究的文献基础进行分析，试图从另一个角度重新思索变革性研究的思想起源和知识基础，为变革性研究的识别和探测提供有益的补充。

2.1　科技媒体视角下研究前沿的识别与判读

近几年来，科技媒体已经成为人们获取科学信息和追踪科学研究进展的主要途径，越来越多的全球性或专业领域的重大突破以新闻报道和评论的形式呈现在公众视野中，并逐渐成为科研人员和管理者关注的焦点，也为情报研究人员识别科技研究前沿提供了新的方法和视角。早在 1996 年，美国国防高级研究计划署(DARPA)就曾希望开发出一种自动新闻主题发现系统来识别研究前沿[46]。尽管基于专家的研究前沿识别方法已经不能满足当前科技信息大爆炸的时代需求，但在实际应用中，基于专家知识的解读和研判仍具有不可替代性，通常和计算机自动识别技术结合在一起使用。Bakker 等利用专家知识借助科技媒体新闻报道、评论和期刊文章内容探测研究前沿和新兴研究领域[47]，Alkemade 等运用历史事件分析方法，通读荷兰报纸和专业学术期刊的相关新闻事件报道和文章，进而预测新兴技术发展[48]。

通过科技媒体对科技研究前沿的关注和解读识别研究前沿，本质上是以科技媒体的新闻报道为数据源识别和预测具有潜在影响力的最新研究成果或进展，进而探测研究前沿的发展趋势和动态特征。本章结合科学计量和内容分析方法，提出一种基于科技媒体视角的研究前沿识别与探测方法，作为科学计量学识别研究前沿的重要补充，该方法有助于情报研究人员和科研工作者更及时准确地识别研究前沿，掌握最新研究动态，对于科学家和决策者们从科学知识体系中探索到一些新的趋势具有重要意义。

2.1.1 研究前沿识别框架与流程

本章以已探测研究前沿或某主题领域最新文献簇作为知识基础，借助科技媒体的及时快速的新闻敏感性优势识别其施引文献，通过解读科技媒体的新闻报道、研究进展评论和观点文章等文本内容，捕捉在该知识基础的基础上的新发现和新突破。流程及框架图如图 2-1 所示，识别方法流程可划分为 3 个阶段。阶段 1：知识基础及施引文献获取；阶段 2：科技媒体信息源的选择和新闻报道采集；阶段 3：经数据映射比对后获取系列重要文献，由专家判读后作为研究前沿。

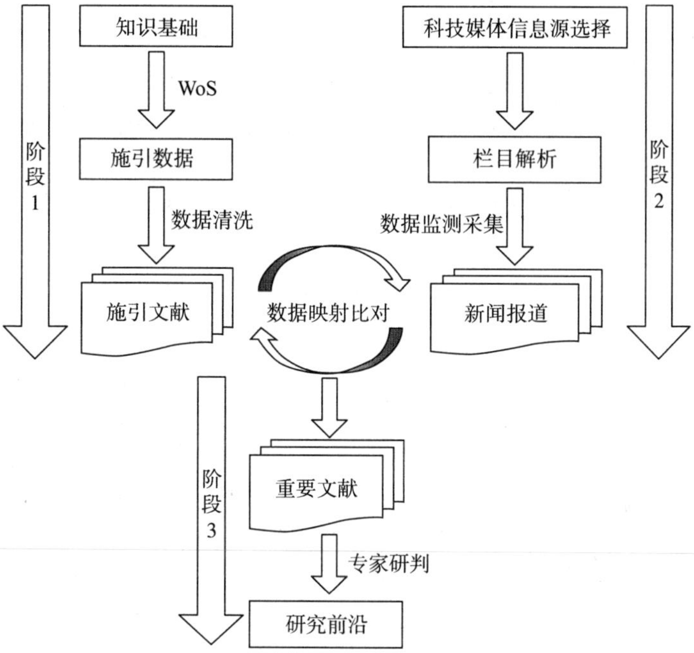

图 2-1 基于科技媒体视角的研究前沿识别方法流程

2.1.1.1 阶段 1：知识基础及施引文献获取

研究前沿识别与探测研究大都是为了帮助情报人员和科学家对潜在研究前沿的预判，是通过其文献计量特征的变化，从目前较为“新颖”的文献中提取出来一些具有“潜在价值”的文献信息。跟踪利用研究前沿的核心论文，对其施引文献的分析，可以发现该前沿的最新进展和发展方向。有学者比较了直接引用、同被引分析、文献耦合等引文分析方法在识别与探测研究前沿的区别，发现基于直接引证的引文网络具有更高的内容相似性[49]。尤其是当识别对象不是大规模文献集时，直接引用能在微观上较早探测到较新、较大的类簇，能更直接揭示研究领域的内容结构特征和发展趋势，不容易遗漏新出现的研究前沿且识别效果较好[50]。在图 2-1 中，知识基础的形成通常指某个研究主题领域下的高度相关的文献簇，如通过构建检索式在数据库中检索得到，也可以是以高被引文献簇来表征的已探测到的研究前沿。

施引文献主要从时间、文献类型和权威期刊筛选等方面进行清洗，以保证获取最新的具有较高影响力的施引文献集合。本节以《2015 研究前沿》重点前沿“CRISPR-Cas9 系统免疫机制及其在基因组编辑的应用”为例，简述施引文献的清洗过程。由中国科学院文献情报中心和科睿唯安公司联合发布《2015 研究前沿》，以文献计量学中的共被引分析方法为基础，基于汤森路透的 ESI 数据库中的 10 839 个 Research Fronts，遴选出自然科学和社会科学的 10 个大学科领域排名位于最前面的 100 个热点前沿和若干新兴前沿。以该前沿 49 篇核心论文作为本例的知识基础，在 Web of Science 数据库中累计施引文献（频次）16 540 篇，下载时间为 2016 年 4 月 19 日，去重后为 4 057 篇文献。然后根据中科院 JCR 期刊分区筛选具有领域影响力的期刊。中科院 JCR 期刊分区数据以 JCR 期刊影响因子与被引频次为基础，并经过数据规范处理，利用期刊分区算法进行计算，旨在纠正当时国内科研界对不同学科期刊影响因子数值差异的忽视，为国内期刊评价工作提供了重要依据。SCI 期刊在学科内依据 3 年平均影响因子划分分区。它包括大类分区和小类分区：大类分区是将期刊按照自定义的 13 个学科所做的分区，包括 top 期刊；小类分区是将期刊按照 JCR 已有学科分类体系所做的分区。本节依据其第一分区的期刊列表，并考虑研究前沿的时效性特点，选取 2015 年以来 1 979 篇文献中的 1 区文献共 659 篇，并去除 letter、news item 和 editorial material 等文献类型，只保留 article 424 篇和 review 168 篇。最终得到 592 篇施引文献信息，包含文献标题、作者、机构、来源刊、出版时间和 DOI 号等详细信息。

2.1.1.2　阶段 2：科技媒体信息源的处理和新闻报道获取

当前的科技媒体主要包括权威科技期刊网站、行业协会网站、综合性科技网站及其社交网络等，其新闻报道、评论和观点文章经过同行评审与解读，具有较高专业学术价值和新颖性，更能代表新兴技术和最新研究突破。但随着原创性文章的系列期刊日益受到关注及互联网信息容量的日益扩增，新闻信息的爆炸性增长和过度转载极易导致信息冗余，使人们无法及时准确地捕捉自己所需要的信息。科技媒体信息源的选择至关重要，它不仅可以确保科学研究前沿信息在第一时间及时地传播给读者，也可保证信息的专业性与权威性，避免出现传统搜索引擎存在虚假信息和重复率过高等问题。由于研究前沿具有明显的学科特征，对于研究人员来讲，需要有针对性地掌握领域发展前沿和趋势，从而更深入和精确地进行研究，因此不同学科领域研究前沿的识别需要针对学科特点选择科技媒体，如 *Nature* 和 *Science* 等综合性科技媒体、专业性学术期刊和行业协会网站，通常依据科研人员的学科背景或专家推荐选择 1～2 个影响力或关注度较高的媒体。其选择标准和特点见表 2-1。

表 2-1　科技媒体的选择标准及其特点

科技媒体	选择标准	举例	特点描述
综合性或专业学术期刊	权威性/影响因子	*Nature* *Science*	具有新闻媒体和学术期刊的双重特点，向世界各地发布有关科学技术和科技政策的重要新闻，其新闻报道是科学研究成果报道的前沿阵地，具有较高的新闻性和广泛的读者群
行业协会媒体	学科领域公认/专家推荐	美国科学促进会（AAAS） 美国物理学会（IOP）	以学科出版和电子方式传播本学科研究，建立专业标准并通过会议、教育活动及科学政策传播科技最新动态，推进学科研究
综合性科技媒体	专家推荐/影响力	每日科学（Science Daily） 科学网	报道每日科学进展，具有高度综合性，广泛覆盖多学科科学研究，涵盖事态发展、新闻、评论以及科学界的评论等

网络数据采集作为网络、数据库与机器学习等领域的交汇点，已经成为满足个性化网络数据需求的最佳实践。科技媒体信息数据结构复杂，数据的获取工作量大，其更新速度、载文量和栏目板块的设置都对数据的采集提出了更高的要求。数据采集主要流程是遍历目标网页，采集信息，经过数据清洗和存储后提供可用的数据。在确定科技媒体信息源后，选取与重大突破和最新进展报道相关的栏目，如 News、Research Highlights、Latest News 等。数据的内容获取按照宽度优先遍历的策略遍历网页连接中所有的网页，分析网页，获取满足需求的信息，采集新闻报道的 URL 链接、标题、时间、作者和正文 5 个部分，其中新闻报道的正文文末引文通常包含文献信息的标题和 DOI 号，二者是用于施引文献信息比对识别的关键信息，个别信息缺失需要返回 URL 链接手动补充并完善。

以 *Nature* 为例，*Nature* 所属的自然出版集团 2004 年宣布成立科学新闻网站，充分借助媒体扩大论文及作者的影响，在出版前发布新闻稿，供媒体报道，使其作者和文章受到世界上最重要的报纸、杂志、广播和电视等新闻媒体最大限度的关注。科学家可在该栏目中了解他们自己的领域以及其他领域中什么是最热门的。

Nature 将所有栏目文档划分为 5 大学科领域，如图 2-2 所示，选择阶段 1 案例中的待解读前沿所属领域 Biological Science，经统计，上述数据所属栏目共分为 Article、Letter、News、Review、Research Highlight、Editorial 等 28 类，选取与新闻报道相关，尤其是与最新研究进展相关的栏目（News、News and View、Research Highlight、News Feature、Reviews）数据，共采集 2015 年最新数据 1 003 条。

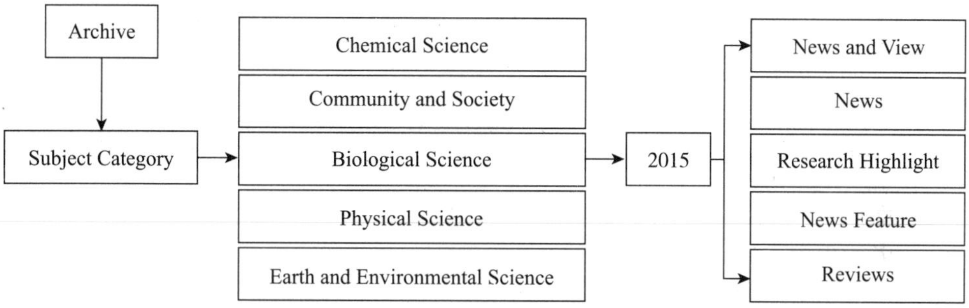

图 2-2　*Nature* 新闻报道数据获取流程

2.1.1.3　阶段 3：重要文献的识别比对与解读

本节将经科技媒体报道的施引文献视为该研究前沿最新研究进展的重要文献，数据映射比对基于 SQL Server 比对识别文献标题和 DOI 号，得到重要文献列表，即上述路线 1 和路线 2 所得两个数据集合的交集部分。文献的解读，可根据科研人员的具体需求获取全文，或通过科技媒体中的专家评议及观点，获取最新进展的意义及影响等解读，更具权威性。

2.1.2　实验与分析

CRISPR-Cas9 技术作为最新涌现的基因组编辑工具，为构建更高效的基因定点修饰技术提供了全新的平台，目前已被成功应用于多个动植物的功能研究。2014 年 CRISPR-Cas9 系统首次作为新兴前沿出现，随后于 2015 年成为热点前沿，其正处于一个相对较新颖并快速发展的时期，突破性研究进展不断涌现。本节以《2015 研究前沿》中的重点前沿“CRISPR-Cas9 系统免疫机制及其在基因组编辑的应用”为例，试验性选取 *Nature* 和 *Science* 两大综合性期刊识别研究前沿重要文献，经数据库映射比对与解读，得到重要文献 10 篇，按发表时间倒序排列，其中 article 17 篇(编号 1,2,4～9,11～19)，review 2 篇(编号 3,10)，根据研究内容可以分为 CRISPR-Cas9 技术的改进和应用研究两个方面，文献主要信息见表 2-2。

表 2-2　重要文献信息列表

编号	题名	第一作者	来源刊	时间	媒体来源
1	High-throughput mapping of regulatory DNA	Rajagopal N	*Nature Biotechnology*	2016.2	Nature
2	High-fidelity CRISPR-Cas9 nucleases with no detectable genome-wide off-target effects	Kleinstiver BP	*Nature*	2016.1	Science
3	Beyond editing: repurposing CRISPR-Cas9 for precision genome regulation and interrogation	Dominguez AA	*Nature Reviews Molecular Cell Biology*	2016.1	Nature
4	Rationally engineered Cas9 nucleases with improved specificity	Slaymaker IM	*Science*	2016.1	Nature Science
5	A CRISPR-Cas9 gene drive system-targeting female reproduction in the malaria mosquito vector Anopheles gambiae	Hammond A	*Nature Biotechnology*	2016.1	Nature
6	Safeguarding CRISPR-Cas9 gene drives in yeast	DiCarlo JE	*Nature Biotechnology*	2015.12	Nature
7	Highly efficient Cas9-mediated gene drive for population modification of the malaria vector mosquito Anopheles stephensi	Gantz VM	*PNAS*	2015.12	Nature Science
8	DNA-free genome editing in plants with preassembled CRISPR-Cas9 ribonucleoproteins	Woo JW	*Nature Biotechnology*	2015.11	Nature
9	Genome-wide inactivation of porcine endogenous retroviruses (PERVs)	Yang LH	*Science*	2015.11	Science
10	CRISPR-Cas immunity in prokaryotes	Marraffini LA	*Nature*	2015.10	Nature
11	Cpf1 Is a Single RNA-Guided Endonuclease of a Class 2 CRISPR-Cas System	Zetsche B	*Cell*	2015.10	Nature Science
12	Photoactivatable CRISPR-Cas9 for optogenetic genome editing	Nihongaki Y	*Nature Biotechnology*	2015.7	Nature
13	Epigenome editing by a CRISPR-Cas9-based acetyltransferase activates genes from promoters and enhancers	Hilton IB	*Nature Biotechnology*	2015.5	Nature
14	Small molecule-triggered Cas9 protein with improved genome-editing specificity	Davis KM	*Nature Chemical Biology*	2015.5	Nature

续表 2-2

编号	题名	第一作者	来源刊	时间	媒体来源
15	In vivo genome editing using Staphylococcus aureus Cas9	Ran FA	*Nature*	2015.4	Nature Science
16	Inducible in vivo genome editing with CRISPR-Cas9	Dow LE	*Nature Biotechnology*	2015.4	Nature
17	A light-inducible CRISPR-Cas9 system for control of endogenous gene activation	Polstein LR	*Nature Chemical Biology*	2015.3	Nature
18	Genome-scale transcriptional activation by an engineered CRISPR-Cas9 complex	Konermann S	*Nature*	2015.1	Nature
19	Engineering Complex Synthetic Transcriptional Programs with CRISPR RNA Scaffolds	Zalatan JG	*Cell*	2015.1	Nature

2.1.2.1　CRISPR-Cas9 技术的改进

CRISPR-Cas9 系统的暂时性开启或关闭。CRISPR-Cas9 系统的作用效果是持续性的，而研究人员有时需要在特定位点暂时性地启动或关闭基因表达。为此，科学家们报道了一系列不同的方法，达到了相似的目的，文献 12 制造出只有在蓝光刺激下才具备基因组编辑能力的 Cas9 酶；文献 17 构建只有在蓝光照射下才具有活性的 CRISPR-Cas9 体系，利用光遗传学系统对细胞行为进行精确的时空控制；文献 16 设计了一个通过化合物强力霉素激活的 CRISPR-Cas9 系统，同样达到了控制该系统起作用的目的。

CRISPR-Cas9 系统准确性、专一性和安全性的提高。CRISPR-Cas9 系统广泛存在于细菌和古细菌中，但原始 DNA 修复系统通常会产生一定的错误。CRISPR-Cas9 技术的发起人之一，美国博德研究所的张锋团队一直致力于 CRISPR-Cas9 技术本身的改进和发展。该团队成功将基因编辑中的脱靶效应降低到了几乎无法检测的水平（文献 4），这可能会打开治疗遗传疾病的大门；该团队还发现一种不同的 CRISPR 系统（文献 11），其有潜力实现更简单、更精确的基因组工程操作，甚至可用于编辑人类细胞基因组，有力推动了人类健康尤其是癌症研究的进步；该团队还发现了一种高效的 Cas9 核酸酶（文献 15），攻克了体内基因组编辑面临的一个主要挑战，有助于 CRISPR 工具箱更容易地应用于体内实验和治疗用途。另外，张锋团队对该技术进行改造使其可以在活细胞中有效启动任何基因，快速对整个基因组进行功能筛选，帮助人们鉴定涉及特定疾病的基因（文献 18）。与此同时，文献 2 发现一种改良版本的新型 CRISPR-Cas9 核酸酶，可以将脱靶率降低至无法检测到的水平；文献 14 也采用小分子激活条件性 Cas9 蛋白的新策略，将基因组编辑的特异性提高了 25 倍，大大扩展了这一基因编辑技术应用的过程。

2.1.2.2　CRISPR-Cas9 技术的应用

CRISPR-Cas9 技术推进生物安全法规的立法进程。植物科学家利用 CRISPR-Cas9 技术对农作物进行改造，引起监管机构争议，欧盟已立法将此类植物归为转基因生物。文献 8 利用 CRISPR-Cas9 技术在不引入外源基因的前提下删除特定基因，从而获得可以绕过国家生物安全法规的改良植株。该项工作被认为是具有里程碑式的突破性进展，也促使欧盟和美国正在考虑对最新技术立法。

CRISPR 精确地控制基因开启及激活的时间。文献 13 认为拥有操控表观基因组的能力将可能为基因治疗及引导干细胞分化提供一条新途径;文献 19 为构造合成基因表达如重组细胞命运或设计代谢途径提供了强有力的工具。文献 1 利用 CRISPR-Cas9 技术在 4 万个字母的序列中引发突变,将结果绘制成展示增强基因表达的 DNA 序列图谱。

CRISPR 推进了猪器官向人体移植的进程。有人认为稳定供应的猪器官可以弥补人类移植器官的不足。然而直到现在,还没有人能够逃避猪细胞引发的强烈免疫反应。文献 9 在猪细胞中应用 CRISPR 编辑方法破坏了猪基因组 62 个位点的潜在有害 DNA 序列。这有可能是迄今为止通过 CRISPR 实现精确、广泛遗传改变最极端的例子。它也为人们带来希望:这一技术最终可让猪器官适合于人体。

利用 CRISPR-Cas9 技术消灭昆虫传播疾病。文献 7 报告了一种基于 CRISPR-Cas9 的基因驱动系统改造的蚊子品系,它能够通过后代将疟疾阻断基因快速导入蚊子种群,最终消灭这种蚊子向人类传播疟疾的能力。这种新模型是抗疟蚊子种群研究工作中取得的一个重大进展,有可能帮助消灭这一每年危害全球数百万人健康的疾病;文献 5 对冈比亚按蚊进行了遗传改造,这种改造有可能大大减少或消灭当地的疟蚊种群,他们的研究成果朝着开发出新的传病媒介控制方法迈出了重要的一步。与此同时,许多科学家又担心上述蚊子的传播可能会出现无意识或未知的生态后果,甚至伤及整个生态系统,文献 6 利用酿酒酵母研发保护措施,率先制定了积极的生物安全措施,确保可在受限的实验室试验中有效及安全地研究基因驱动,更加凸显基因编辑工具 CRISPR 强大的实用价值。

2.1.2.3 研究前沿识别结果讨论

CRISPR-Cas9 作为基础的工具,已经满足了基因组编辑以及表观遗传学调控所需要的一个有效的、可编程的、容易使用的平台。因此,这个领域正在飞速发展,并快速发现新的方法来适应这个系统。从研究内容上看,对 CRISPR-Cas9 技术不断改进,提高准确率和安全性,不断推动用于医疗的可能性,成为研究人员的主要方向(共 9 篇,编号 2,4,11,12,14～18)。此外,该技术应用也不断得到拓展,涉及相关文献 8 篇(编号 1,5～9,13,19),显示研究人员不断发挥该技术推动基因编辑的巨大应用潜力,将其用于改造不同的实验材料或克服现存的实验难题,主要涉及植物基因编辑、表观遗传学、高通量图位克隆、器官移植和基因驱动等。

CRISPR-Cas9 系统开辟了快速大规模基因组扫描以发现功能获得和功能缺失的可能性,以前所未有的深度和精度绘制出功能性网络。虽然基于 CRISPR 的转录和表观遗传学调节因子,还有几个方面仍有待于表征,例如这些工具的相对优势、脱靶活性的确切水平以及体内传递这些工具的能力。但是研究者一直致力于寻找解决方法,通过改造修饰 Cas9 蛋白、使用 Cas9 直系同源酶、化学物质辅助等一系列措施,提高了 CRISPR-Cas9 基因编辑技术精确修复断裂 DNA 能力及其安全性,降低其脱靶率。研究者在寻找弥补不足的方法的同时,也在不断拓展该技术的应用领域。在器官移植领域,利用该技术已成功去除多种猪器官中的猪内源性逆转录病毒,使猪器官移植成为可能。在医学上,体外实验和动物实验显示已为疟疾和癌症等多种疾病的治疗翻开新篇章。

最后,通过对上述最新研究进展的解读分析,研究人员还可以预见到许多激动人心的应用前景,例如通过调节内源性位点上的表达,探测新类别的非编码基因功能,以及应用于人类基因治疗的新范式。CRISPR-Cas9 系统极有可能是未来精确和高效基因修饰的解决办法,在临床医疗、基础理论研究和农牧渔业等领域必将发挥巨大的作用,并对分子生物学研究和基因治疗领域产生深远的影响。

2.1.3 结果讨论

本节在梳理研究前沿识别与探测方法的基础上，提出了一种新的识别与探测研究前沿的方法，即基于科技媒体信息的新闻报道、评论和观点文章筛选研究前沿的重要施引文献，识别和预测具有潜在影响力的最新研究成果或进展，进而探测研究前沿的发展趋势和动态特征。该方法在有效揭示该领域的重大突破的同时，能够帮助研究人员通过媒体报道获取各领域专家对研究进展的评价和预测，及时掌握研究前沿动态，对于提高科技决策的信息依据，促进科技创新与发展也具有积极意义。

基于科技媒体视角的研究前沿识别方法仍处于尝试性研究阶段，虽然规避了引文时间滞后和主题词分析脱离语境的缺点，但仍存在很多可能引起误差的因素和局限。对于媒体信息源的选择，目前没有客观的标准或共识，虽然对信息源的规范能够排除大量转载和干扰信息，但选择具有一定的主观性，许多媒体报道更多倾向其旗下刊物，对最新的重要研究进展的覆盖可能不够全面；媒体报道具有天然的媒体敏感性，能够对重大研究突破或突发事件快速反应，但其内容在提供最新研究进展和专家视角的同时，还会涉及话题争议性报道，这也反映了科技媒体所具有的媒体本身的特点；网络数据采集的过程烦琐，获取难度较大，技术性要求较高，对不同的科技媒体源需要制定不同的采集流程，除一定的计算机基础外，对数据采集的准确性和完整性也有一定的要求，不包含文献标题或 DOI 号等关键信息的报道难以识别，造成信息丢失，人工识别比对耗时较长；对数据采集本身而言，网络的复杂性、网络数据格式不友好、服务器宕机、目标数据标签找不到也会对数据的采集造成困扰。

目前科学研究前沿探测的分析数据源仍主要是利用已经发表的论文数据，其手段集中于跟踪和利用其计量学信号，但当某主题领域显示出或强或弱的计量学信号时，该研究前沿已经发展到一定规模，此时对于研究人员，跟进式研究很可能处于被动地位，难以在基础前沿和关键技术研发中发挥引领作用，使得科技战略情报服务信息价值与智力支撑受到制约。研究前沿最初往往起源于一篇或少数几篇文献中包含的某种思想、方法或技术，其规模难以引起计量学特征的变化。基于科技媒体专家视角下的新闻报道和解读，在第一时间（文章出版前）及时捕捉和预判最新研究成果，有效提高研究前沿早期识别效率和准确度，作为科学计量学识别研究前沿的重要补充，能够在科技前沿发挥情报服务的前瞻性作用。

当前，对研究前沿的识别和探测已由单一数据源分析逐渐向多源数据的对比分析转变，除了传统的论文数据以外，有学者指出科技规划文本、正在研发的项目数据、科学论文使用数据和替代计量数据等数据源同样可以作为研究前沿探测的数据源，但尚未有人注意到科技媒体的新闻报道在研究前沿识别上蕴含着的巨大潜力，虽然现阶段对其进行挖掘、抽取与利用的难度较大，但相信随着网络数据的规范化与文本挖掘技术的进一步发展，科技媒体凭借其反应速度快、观点权威等特点，必将在研究前沿的探测识别上发挥更大的效用。而在创新驱动战略和新技术环境下，搭建起基于大数据的信息资源平台，对实时收集的大数据，通过挖掘技术以及分析技术，了解科研人员的个性化需求，为其提供个性化、精准化和定制化的信息，一定能够更好地为重要领域的科技创新提供前瞻性和战略性的情报服务。

2.2 科研机构的学科前沿性评价

2.2.1 科研机构与学科前沿性

建设世界一流大学和一流学科，是党中央、国务院在新的历史时期，为提升我国教育发展水平、增强国家核心竞争力、奠定长远发展基础，做出的重大战略决策。对大学而言，国家实施以绩效为导向支持“双一流”建设的方针政策，高校如何精心设计院系布局、优化学科结构、提高科研质量、增强学术实力成为科研管理者、政策制定者和研究人员共同关注的问题。科研机构评测作为机构科研管理和绩效管理的重要工具和手段，对于优化科研资源配置，提高科研管理水平，促进科研机构的持续健康发展具有重大意义。在科学计量学领域，机构评测或机构科研绩效评价一般都是在机构科研产出基础上计算相关文献计量指标来进行。随着学术资源日益丰富和科学研究的不断演化，传统文献计量在机构评测中的局限性日益凸显，科研管理者和政策制定者需要掌握科研进展和动态，以有限的资源来支持和推动科学进步。因此，洞悉机构所属学科的知识结构及发展动态，追踪科学研究发展现状和研究前沿，进而识别具有发展前景的研究主题，成为当前科研机构发展和研究规划中的迫切要求，并在科技政策的制定和科研部署中提供更加全面的决策依据和参考。

一直以来，作为科研机构评价的重要方法，基于科学文献及其被引用情况来评价科研机构的影响力在实际应用中获得广泛的认可。Klavan 指出目前的科学计量学或信息计量学研究主要集中在评价计量学方面的研究（如影响因子、H 指数、大学排名等），而对于研究规划方面的研究却相当匮乏[51]。研究规划研究与计量评价研究思路截然不同，其主要是以论文聚类分析（如共引分析或共词分析）和知识图谱为基础，洞悉机构所属学科的知识结构及发展动态，识别具有发展前景的研究主题。研究前沿是研究规划研究中的核心问题，在国家或机构层面识别研究前沿的分布和结构布局，有利于科研决策者进行及时有效的前瞻性战略预测、规划和部署。近年来，研究前沿相关的研究成果丰富，其概念界定、相关理论研究、识别方法和应用方面，都受到研究人员的高度关注。除了传统计量方法，研究前沿的可视化方法也是情报工作人员关注的重要方向，以科学知识图谱的形式更直观清晰地揭示学科结构和态势，使得所需要揭示的信息更容易被理解，所需要展示的知识结构表达更加清晰，逐渐成为知识管理和文献计量学的重要研究工具，在学科分析评估和研究前沿分析中得到越来越多的应用。但总的来说，研究前沿的表征应该同时包含两个组成部分，一部分是通过共被引找到的高被引论文，这些论文代表了该领域的奠基工作；另一部分就是对这些高被引论文进行引用的施引论文，它们中最新发表的论文反映了该领域的新进展。正是这些施引论文通过共被引才决定了核心论文的对应关系，并赋予研究前沿以意义。因此，研究规划是科学研究的资助机构、管理机构和研究人员所关注的问题。资助机构根据机构的知识结构去识别具有创新和有前景的研究建议和研究人员；管理者则需要通过了解目前的研究领域布局去决定经费的分配；研究人员则通过了解研究现状从而制定自己的研究方向。

为了制定客观可靠的研究规划，我们需要更微观的研究领域分布模型及相应研究方法，从而能够更准确把握当前科学研究的现状，并进一步为促进科研机构学科结构优化提供有针对性的建议，以供决策部门学习、借鉴和吸收这些学科结构模式中的积极要素，结合本校学科建设的实际情况，制定长期的学科发展规划，优化学科的结构布局。本节通过科研机构在研究前沿的参与和引用情况，揭示机构在该研究前沿中的贡献与定位，提出一种基于学科前沿性的科研机构评测方法，并通过知识图谱对其内容特征进行深入挖掘，在更细粒度的研究主题层面对机构进行 SWOT 分析，最后以中国农业大学为例进行实证研究，验证该方法的有效性。

2.2.2 学科前沿性评测框架及流程

科研机构学科前沿性评价实质上是尝试从一个新的角度来评价科研机构的研究绩效，摸清研究机构的世界定位，用国际化的视角来观察科研机构发展状况，促进科研机构的国际化，从而为科研机构的学科发展和科研规划提供建议，对促进我国科研机构的健康、快速发展具有重要的意义和现实作用。由于 ESI 数据库在 Web of Science 数据的基础上提供 22 个学科的研究前沿数据，因此，利用该数据库可以分析科研机构所从事的研究在全球科学研究中是否处于前沿领域(或热点领域)以及机构在这些领域的研究地位如何，同时揭示科研机构的研究是否存在相关的空白领域。

本节以 ESI Research Fronts 为基础构建学科研究前沿的共被引关系矩阵，利用 VOSviewer 软件及内置的 BGLL 算法生成学科全局知识图谱，进而分别生成科研机构学科前沿表现度和关注度的 Overlay 图谱，并分析该科研机构在 ESI 中的学科前沿性，为科研机构的学科前沿性评测提供借鉴和参考。本节的研究框架如图 2-3 所示。

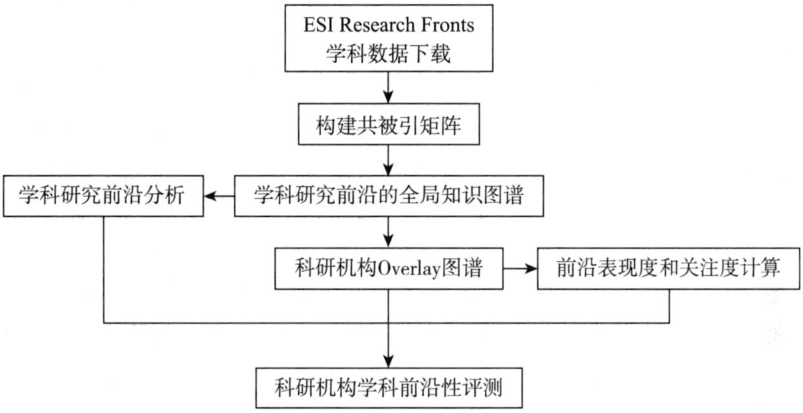

图 2 3　研究框架

2.2.2.1 学科前沿性

如前文所述，科研机构学科前沿性指科研机构在某个 ESI 学科所从事的研究在全球科学研究中是否处于前沿领域(或热点领域)以及科研机构在这些领域的研究地位如何，同时揭示科研机构在该学科的研究是否存在相关的空白领域。科研机构学科前沿性可以从科研机构的前沿表现度和前沿关注度两个方面来分析。前沿表现度指科研机构在某个学科的 ESI 前沿领域的论文分布情况，具体可以通过 ESI 研究前沿中科研机构所发表的论文数量来表示。科研机构在某些研究前沿有论文存在则表明该科研机构在这些前沿领域占有一席之地，也说明该科研机构在这些前沿领域具有一定的影响力。由于 ESI 研究前沿是由近 5 年的高被引论文形成的，各科研机构所占有的论文数量一般不会太多，仅靠前沿表现度来分析科研机构的学科前沿性可能涉及的研究前沿相对比较少。因此，更多时候我们可能还需根据前沿关注度来分析科研机构的学科前沿性。前沿关注度指科研机构对学科中前沿领域的关注程度，可以通过科研机构发表论文对前沿领域高被引论文的引用次数来测量，它不仅反映了研究人员对国际研究热点和前沿的追踪能力和关注程度，更体现了科研机构的研究前沿的发展潜力和布局。

因此，机构高被引论文数反映了机构在该前沿的影响力和引领作用，而机构对高被引论文的引用说明了机构的研究紧跟当前研究的步伐。如果对某个前沿领域引用次数高，则表明机构关注该前沿领域，如果引用很少甚至没有引用，则表明机构并不关心这些研究领域，或者说在这个研究领域是空白。

2.2.2.2 机构学科前沿性评测

作为知识管理和文献计量学的重要研究工具，科学知识图谱能够直观清晰地揭示学科结构和态势，使得所需要揭示的信息更容易被理解，所需要展示的知识结构表达更加清晰，在学科分析和研究前沿分析中得到越来越多的应用[52]。2010 年，荷兰莱顿大学 Van Eck 等学者在多维尺度分析的基础上提出一种新的文献计量地图方法 VOS(visualization of similarity)，并开发了以绘制各个领域科学知识图谱的文献计量分析软件 VOSviewer。该软件可以根据输入的网络进行社团结构探测，以不同的颜色标识不同的社团，可用于可视化展现学科的研究前沿数据的共被引聚类关系及距离的远近，生成 ESI 学科高被引论文的全局知识图谱。为了直观地反映机构研究在 ESI 各研究前沿的分布及表现，本节在共被引知识图谱的基础上通过 Overlay 图谱的形式可视化社团间的重叠关系以及机构的前沿表现度和关注度[53]。Overlay 图谱是建立在全局知识图谱基础上绘制研究领域局部知识图谱的一种知识图谱技术，既可以充分展示局部知识结构，又能够揭示局部知识结构在全局知识图谱中的位置和关系。机构的前沿表现度和前沿关注度的 Overlay 图谱生成步骤如下：①首先把学科每个研究前沿当成一个超级文献，在此基础上计算各研究前沿的共被引关系，构建研究前沿的共被引矩阵，利用 VOSviewer 生成学科研究前沿的全局知识图谱。②分别计算机构在各前沿领域的前沿表现度和前沿关注度，以全局知识图谱作为底图，根据机构前沿表现度和关注度的计算结果重点突出展示相应的研究前沿。

此外，BGLL 聚类算法具有运算速度快和可处理大规模数据网络的特性，同时还具有很好的聚类效果。根据研究前沿共被引关系对研究前沿进行聚类，可以把学科的研究前沿划分成更细粒度的不同研究前沿领域，借助专家判读对其命名，并以不同的颜色（本节采用不同灰阶的节点）来表示。VOSviewer 的这项功能有利于机构学科前沿性的评测分析，对科研机构学科前沿性的 SWOT 分析如图 2-4 所示。

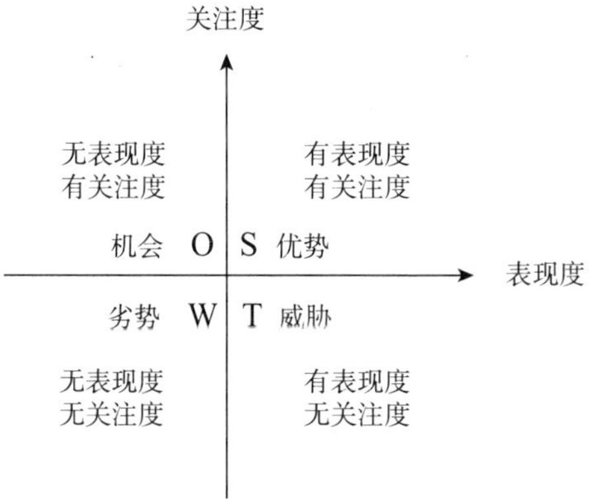

图 2-4 基于学科前沿性视角的科研机构 SWOT 分析

第一象限：优势领域，即同时具有前沿表现度和关注度，机构在该前沿领域中既具有一定的高被引论文，又对该前沿保持关注和跟踪，表明机构的影响力和可持续性，具有明显优势。

第二象限：机会领域，即没有表现度，具有关注度，表明该机构虽然还没有形成一定的影响力，但具有该领域的研究基础与关注度，有潜力成为机构优势领域。

第三象限：劣势领域，即同时没有表现度和关注度，表明机构在这些领域的研究仍属于空白，是提升机构在学科领域影响力中的短板。

第四象限：威胁领域，即有表现度，无关注度，表明该机构虽然具有一定的学术影响力，但后续研究缺乏持续性和关注度，可能进入第三象限，成为机构的劣势领域。

2.2.3 实验与分析

2.2.3.1 ESI 学科选取与可视化分析

本节选择 ESI 农业科学学科的 Research Fronts 数据为基础来分析该研究前沿的研究布局及影响力，通过对学科的研究前沿布局分析进而对机构学科前沿性测评。研究数据采集 ESI 农业科学 2009 年 3 月至 2014 年 9 月共 5 年 6 个月的高被引论文数据，共 1 474 篇。

ESI 农业科学共包括 392 个研究前沿，高被引论文 2 206 篇，每个研究前沿的论文数量最少为 2，最多为 50。需要注意的是，在农业科学的研究前沿中的论文并不一定都属于农业科学，ESI 数据库只要包括 1 篇农业科学论文的研究前沿都属于农业科学的研究前沿。当然，对单个研究前沿来说，农业科学学科的论文数量比例越高，该研究前沿的内容与农业科学的研究内容就越相关。总体上看，农业科学的 392 个研究前沿中全部为农业科学文章的有 143 个，占全部研究前沿数的 36.5%，农业科学论文比例为 30%的研究前沿有 156 个，占全部研究前沿数的 39.8%，低于 30%的研究前沿有 93 个，占全部研究前沿数的 23.7%。本节将农业科学论文比例在 30%以上共 299 个研究前沿作为农业科学的研究前沿，其占全部研究前沿数比例为 76.3%，含高被引论文 1 170 篇。

图 2-5 彩色图

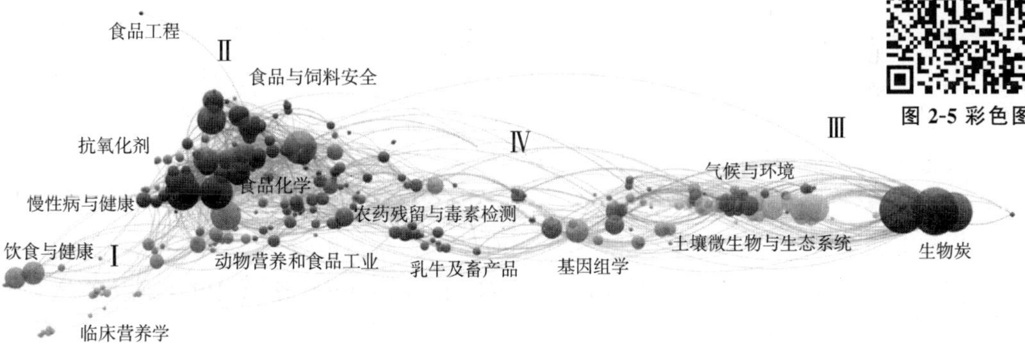

图 2-5　农业科学 299 个研究前沿聚类分布图

图 2-5 为 VOSviewer 生成的 299 个研究前沿的知识结构图谱，聚类后形成 14 个类团，其中节点代表研究前沿，节点越大，高被引论文数越多，同类团中节点距离为文献簇的相关程度，不同颜色代表不同的聚类区域。采用人工判读的方法对论文内容进行分析，将 14 个类团划分为 4 个领域。（Ⅰ）人类健康与饮食：包括慢性病与健康、饮食与健康、抗氧化剂、临床营养学；（Ⅱ）食品工业与安全：包括动物营养与食品工业、食品工程、食品化学、食品与饲料安全；（Ⅲ）生态环境领域：包括气候与环境、土壤微生物与生态系统、生物炭；（Ⅳ）交叉学科领域：包括农药残留与毒素检测、基因组学、乳牛及畜产品 3 个主题大类，具体分类及其研究内容如表 2-3 所列。

表 2-3 ESI 农业科学学科前沿分布的领域划分及其研究内容

领域划分	类团	主要研究内容	研究前沿数(论文数)
(Ⅰ)人类健康与饮食	慢性病与健康 饮食与健康 抗氧化剂 临床营养学	主要是指高血压、肥胖、糖尿病、心血管病、关节炎和各种肿瘤等健康问题、抗氧化剂相关研究以及针对不同年龄段的临床营养学研究等	101 (376)
(Ⅱ)食品工业与安全	动物营养与食品工业 食品工程 食品化学 食品与饲料安全	主要涉及动物氨基酸营养生化与健康研究、食品的工业化生产和技术应用、食品与饲料的安全性检测、乳牛及其相关畜产品和食品化学研究等	88 (335)
(Ⅲ)生态环境领域	气候与环境 土壤微生物与生态系统 生物炭	主要涉及气候和环境对耕地的影响、土壤微生物和生物炭与气候生态的关系研究	74 (254)
(Ⅳ)交叉学科领域	农药残留与毒素检测 基因组学 乳牛及畜产品	该区域为跨学科研究领域,包含的三个类团相对独立,多属于与化学、环境科学、植物与动物学等学科交叉研究。	36 (205)

在农业科学研究前沿中,健康、食品与环境是全球高度关注的三大问题,尤其是人类健康和食品安全研究占据了重要地位。首先,持续威胁人类健康的常见疾病(如肿瘤、高血压、糖尿病等)和健康饮食相关研究受到长期关注,其研究前沿相对密集,高被引论文数量占有较大的比重,凸显了农业科学的研究焦点和热点;其次,食品工业安全也是受到广泛关注的全球公共卫生问题,其研究内容覆盖了畜产品生产链的全部环节,包括动物营养、食品化学,食品与饲料的安全性检测等;再次,人口的迅猛增长和科学技术的飞速发展,对人类赖以生存的生态环境造成巨大的破坏,环境和生态问题已成为举世关注的热点;最后,交叉学科领域中,农业科学学科的高被引论文比例不高,研究前沿分布相对松散,多属于跨学科研究领域。

2.2.3.2 机构学科前沿性评测——以中国农业大学为例

1. 前沿表现度

中国农业大学农业科学在上述 299 个研究前沿中有高被引论文 18 篇,分属于 11 个研究前沿。图 2-6 为中国农业大学农业科学的前沿表现度 Overlay 图谱,图中节点的大小表示中国

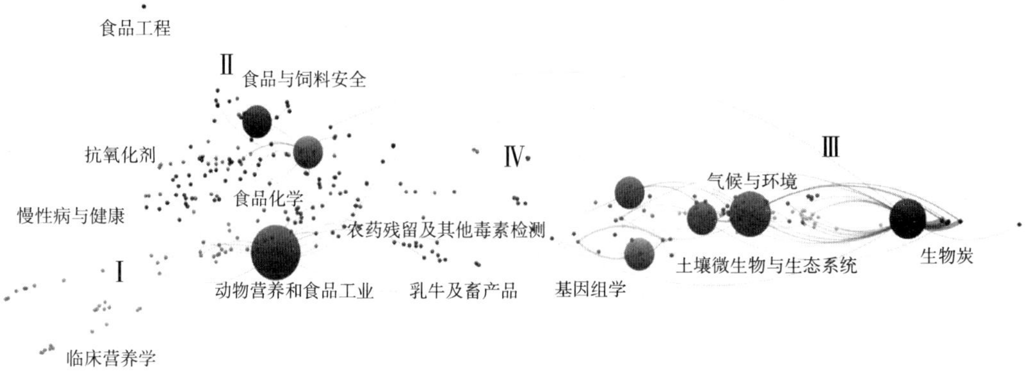

图 2-6 中国农业大学农业科学前沿表现度

农业大学的高被引论文数量，节点越大，高被引论文数越多。如图所示，中国农业大学农业科学的高被引论文集中分布在Ⅱ、Ⅲ、Ⅳ区域，其中Ⅱ区有3个研究前沿，Ⅲ区有4研究前沿，Ⅳ区有2个研究前沿。从总体上看，中国农业大学农业科学在动物营养、食品科学、气候与环境、基因组学和生物炭方面占据一定的优势。

从研究前沿的角度来看，Ⅱ区的3个研究前沿分属于食品与饲料安全、动物营养和食品工业以及食品化学3个类团，这3个研究前沿主要涉及烹饪对彩色辣椒抗氧化性能的影响、结合山梨酸钾或壳聚糖的甘薯淀粉膜的物理性质和抗菌性、动物氨基酸营养生化与健康研究等研究内容；Ⅲ区有3个研究前沿属于气候与环境，主要内容涉及中国耕地和农业系统的环境和土地酸化问题、未来全球农业的重要问题、用于生物燃料的甜高粱品种相关研究等；另有1个研究前沿属于生物炭，涉及生物炭促使微生物生物量的增长、不同pH的土壤结合生物炭后引起土壤的短期激发效应和生物炭矿化等研究内容；Ⅳ区的研究前沿属于基因组学领域，涉及玉米的高通量SNP分型。

2. 前沿关注度

研究前沿的施引论文在一定程度上提示了机构在未来研究前沿的潜在影响力。图2-7是中国农业大学农业科学关注度Overlay图谱，图中节点的大小表示该研究前沿被中国农业大学引用的次数，节点越大，说明该研究被中国农业大学的论文引用得越多，即受到中国农业大学研究人员的关注度越高。从图中可以看出，中国农业大学研究人员对农业科学研究前沿的引用同样集中Ⅱ区、Ⅲ区和Ⅳ区，体现了研究人员研究兴趣的持续性和稳定性，而对Ⅰ区的研究前沿出现部分引用。

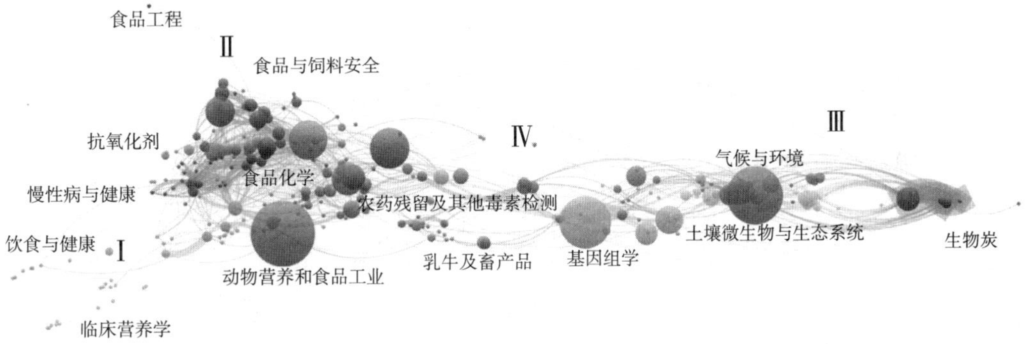

图2-7 中国农业大学农业科学前沿关注度

Ⅰ区有27个前沿被中国农业大学的研究人员引用，其中抗氧化剂研究前沿中的超声辅助技术相关应用研究被引用了46次；Ⅱ区41个前沿被引用，其中动物营养与食品工业研究前沿中的动物氨基酸营养生化与健康研究被引用了164次，食品与饲料安全研究前沿中的三聚氰胺检测相关和不同蛋白质的抗氧化剂特性分别被引用48次和24次，食品化学研究前沿中电解水在食品服务和工业领域的应用被引用29次；Ⅲ区有35个前沿被引用，其中气候与环境研究前沿中中国耕地的生态环境和土地酸化相关研究被引用123次，生物炭研究前沿中的土壤中生物炭效应被引用13次；Ⅳ区有16个前沿被引用，引用多集中在基因组学，其中基因组预测和基因组选择相关研究被引用95次，水稻与小麦等作物抗病相关研究被引用22次，基于快速样品前处理技术的农药残留检测和大豆、玉米和小麦基因分型相关研究分别被引用15次和12次；此外，关注度较高的还有分散液液微萃取相关研究、超富集植物和生物强化、质谱分析法、植物激素独脚金内酯和褪黑激素等研究前沿，但由于其农业科学学科的论文比例不到10％，属于跨学科研究前沿，因此没有在图2-7中显示。该机构所关注的研究前沿范围更广，涉及动物营养学、土壤生态与环境、食品加工、植物保护、基因组学和化学方法技术的应用等领域。其中一部分研究前沿与表现度一致，如前沿表现度表现良好的研究前沿（如动物氨基酸营养生化与健康研究、中国耕地的生态环境和土地酸化问题、生物炭等）的关注度也同样表现明显。

3. 学科前沿性分析

从学科的表现度和关注度评测中国农业大学农业科学的学科前沿性，显示其前沿领域分布在Ⅱ、Ⅲ、Ⅳ区域，研究内容集中分布在动物营养、食品科学与生态环境三大研究领域，同时，生物炭和基因组学也具有一定的影响力。学科前沿的关注度的分布仍以Ⅱ、Ⅲ、Ⅳ区域为主，但其研究前沿数量显著增加，内容上与表现度中的优势领域具有密切联系，主要是在原有研究基础上的深入和对跨学科技术方法的借鉴与应用，但仍有部分研究前沿如土壤微生物与生态系统、农药残留检测和畜产品等相关研究的关注度较低。此外，研究人员对Ⅰ区域也有一定程度的关注，该区域多与人类健康、饮食与临床医学相关，其中只有Ⅰ区中临床医学领域的临床营养学属于空白领域，仍未受到研究人员的关注。对该机构上述14个主题类团的SWOT分析如图2-8所示。

2.2.4 结果讨论

研究揭示了中国农业大学该学科在全球科学研究中处于研究前沿的优势领域，同时指出其机会领域、空白领域以及未来可能的研究前沿布局。从图2-8可以看出，作为中国农业大学的传统优势学科，农业科学优势研究领域突出，涉及研究前沿范围较广，对研究前沿的4个区域均有引用，在动物营养、食品科学与生态环境等领域具有显著的国际学术影响力，但同时也存在研究方向相对集中和研究领域之间差距较大等问题，更多研究领域缺乏国际影响力。在人类健康领域研究涉猎得较少，该区域为农业科学与医学交叉领域，在ESI农业科学中占据重要的地位，研究前沿相对密集，有待进一步分析。同时，作为该机构的科研配置优势专业，食品工程、农药残留与毒素检测、畜产品加工和畜牧学研究缺乏应有的表现度。此外前沿关注度显示中国农业大学的研究人员已经关注到更多的研究前沿，关注主题在已有研究基础上更加广泛，具有较好的国际视野，可以作为未来学科发展的支撑点和契机。

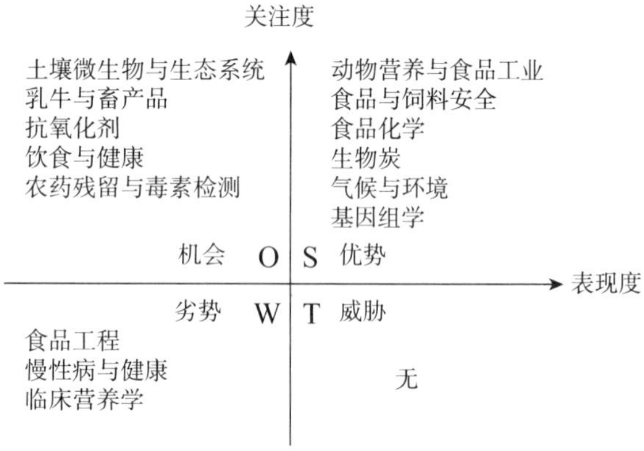

图2-8 中国农业大学农业科学学科的前沿领域SWOT分析

高校“双一流”建设是继“211”“985”工程后的又一重大顶层设计，是推动我国高等教育发展的一项新的战略举措。许多高校不断提出结合自身特色的内涵式发展规划和改革路线，而研究规划研究和科研机构评价工作对于促进学术发展、制定科技政策以及合理分配各类学术资源等，发挥着不可或缺的作用。本节以ESI Research Fronts中的数据为基础，提出了基于学科前沿性的科研机构评测方法，对于机构合理配置研究力量、有针对性地引进相关领域学术人才，保持并扩大优势领域等政策措施具有重要的参考作用。

基于 ESI Research Fronts 评测机构学科前沿性，实质上是在机构层面上对高被引论文及其施引论文进行分析，进而评测机构在该学科研究前沿的活跃程度，揭示其前沿学术影响力和潜在学术影响力。在实际工作中，该方法从较为宏观层面上反映机构的研究布局和学术影响力，更适用于对优势机构的优势学科评测与分析。对于一般机构而言，由于高被引论文阈值的设定，可能会出现在学科研究前沿中缺乏表现力和影响力，但前沿关注度仍可以为学科规划提供数据支持和建议。因此，机构学科前沿性评测从一个新的角度呈现机构的知识结构和研究布局，弥补了基于文献计量的机构评价方法的不足，从而可以从研究领域的层次上更为精细地评测机构的学术影响力，为机构的学科发展规划和科技政策提供更有效的支持。

2.3 论文颠覆因子及其特征研究

当前，全球科学格局变化，基础研究与应用研究交叉渗透，科学研究与技术创新相互促进，颠覆性研究为政治、经济、科技等领域带来革命性影响，推进颠覆性研究对实现国家科技创新跨越式发展意义重大。基于此，各国竞相占据新一轮科技创新博弈的制高点，先后制定了推进颠覆性研究的相关政策，为提升国家软实力、重塑世界竞争格局奠定基础。

颠覆性研究的识别和探测已经成为科技创新领域的热点和前沿议题，不仅有助于为国家科技管理部门和基金资助机构早期识别、及早部署具有颠覆性创新的基础研究提供决策支持，也有助于在科学发展过程中占领先发优势，提高综合竞争实力。在情报学领域，颠覆性研究及其一系列相关概念的识别研究均在于对“颠覆性”这一特征的计量学信号的捕捉、探测和判断，往往具有较高的不确定性和突变性，也是颠覆性研究识别的重点和难点。鉴于此，本节首先简要梳理颠覆性研究的相关概念及其特征，进而归纳其文献计量学识别方法，指出当前面临的挑战和发展趋势，为颠覆性研究的识别及其方法指标的改进提供参考。

2.3.1 颠覆性研究的概念及其特点

对于早期的科学社会学家而言，颠覆性研究或科学突破是科学奖励体系中的概念，其重点在于研究结果的新颖性或原创性，它可以灵活指代新理论的创建、现有理论的改进或对已知现象的更好描述。但库恩认为颠覆性研究是科学范式的根本突破，与科学革命有关，导致范式转变的突破和革命在科学体系内具有重要且相互补充的作用[54]。受库恩的启发，后来的科学社会学家将颠覆性研究（即根本性突破）视为对科学权力结构的挑战，即颠覆性研究的“新颖性”令人恐惧，并在一定程度上被某个领域的“统治阶层”以同行评议等形式所抵制[55]。

库恩指出，颠覆性研究和渐进性研究是在科学研究进程中的两种发展状态，二者相互作用，交叉渗透，形成科学发展的动态结构[54]。渐进性研究指在现有范式或理论框架内对知识和实践作增量改进，促成科学的累积式发展，而颠覆性研究代表着对现有研究范式或技术产品范式的颠覆，导致新的范式或领域的产生，属于具有革命性的科学突破或技术突破，推动科学技术革命的发生。在以往的研究中，颠覆性研究存在许多与其相近或相似的概念，如变革性研究、颠覆性创新[56]、突破性创新[57]、科学突破、里程碑论文或突破性研究等。有学者对上述不同概念进行了界定、比较或辨析[58,59]，但目前并未形成统一的认识和定义。因此，本节从其计量特征的识别和探测出发，暂且将上述类似的概念统称为颠覆性研究，通过梳理前人研究可以发现，颠覆性研究通常具有以下几个方面的特性。

（1）高风险性　相关研究在可能带来基础性新发现的同时，本质上是一种风险性的尝试，加之早期在同行评议时并未被看好，难以获得经费资助[60]，进一步增加了研究的难度和风险，也因此，颠覆性研究往往由更敢于尝试和冒险的小团队完成[61]。

（2）偶然性　科学发展的历程和经验显示，颠覆性研究通常具有较高的偶然性，甚至是完全出乎研究者意料之外。美国国家科学院《促进地理科学的变革性研究》报告在分析了过去65年地理科学领域的主要颠覆性研究案例后，认为传统的审查方式往往会忽略颠覆性研究，需要一种新的审查方法来加强对颠覆性研究的支持[62]。

（3）学科综合交叉特征明显　颠覆性研究的产生与不同学科间的交叉和依赖有关，随着学科界限越来越不明晰，跨学科研究更易形成，许多重大基础科学问题已经超出了单一学科的研究范畴，需要借助不同学科背景、不同理论方法、技术、设备等共同完成。

（4）具有全球性的共识和科学家认可　尽管有些颠覆性研究因为在早期无法得到认可而沉寂多年，但一旦被识别或认可，会迅速获得科学界的高度关注与评价。如将诺贝尔奖获奖论文作为衡量颠覆性研究的标准或案例[63]。

（5）基础性和长期性　与不断迁移演变的研究热点不同，颠覆性研究立足于创造新知识和发展新认知，拓展科学的边界，进而改变我们对世界的认识，对基础科学发展进程有着革命性的颠覆和创造，能够开创新领域，并随时间推移产生广泛深远的影响[64]。

（6）潜在技术与应用属性　颠覆性研究多为应用导向型研究且被专利大量引用，Winnink等以首次分离出石墨烯的里程碑式论文作为颠覆性研究案例，发现石墨烯相关专利的申请量随该论文引用量增加而呈现滞后式增长，即颠覆性研究能够刺激相应技术研究的产生[65]。

2.3.2　颠覆性研究的文献计量识别方法

如上所述，颠覆性技术多强调技术优势，而颠覆性研究更多地侧重于基础研究，在学术网络中，论文和专利数据是基础研究的主要产出形式，颠覆性成果产生的影响可以通过文献计量数据和专利分析追踪及预测[66]。学术论文和专利作为科学研究活动的主要产出形式，蕴含着先进的科学创新思想和丰富的可挖掘的创新信息，是颠覆性研究识别方法的主要数据源，其文献计量识别方法主要是围绕引文特征，如引文曲线、引文网络以及不同数据源的组合展开的。

2.3.2.1　基于引文曲线的识别方法

论文被引频次是衡量论文学术影响力最具代表性的指标，被引频次反映在时间上的曲线被称为引文曲线，引文曲线从引用的时间分布入手，分析引用的历史过程，以此反映论文影响力。引文曲线可分为经典引文曲线、指数增长引文曲线、睡美人引文曲线、双峰引文曲线和波型引文曲线等[67]。根据颠覆性研究的引文曲线特征，该方法主要围绕高被引论文（指数增长引文曲线）和睡美人文献（睡美人引文曲线）两种类型展开。

1. 基于高被引论文的识别方法

引文曲线呈指数增长的论文通常在发表之初就受到广泛认可，并迅速成为高被引论文。许多研究以高被引论文为研究案例或数据集，探索颠覆性研究的特征及识别方法。早在1992年，Garfield等曾基于高被引作者的排名预测诺贝尔奖得主[68]，随后，科睿唯安基于该方法每年推出“引文桂冠奖”用来识别具有最重大影响的科研人员，用于预测可能的诺贝尔奖得主。Winnink等以报道石墨烯的里程碑式论文作为颠覆性研究案例，指出高被引论文是识别潜在颠覆性研究的重要指标，进而提出颠覆性研究的引文曲线具有指数增长及高被引特征，有助于在科学和技术层面上识别和表征早期潜在的颠覆性研究[65]。Bornmann等分析了25年内

500多万篇文献的引文曲线，发现其中有1 013篇已知颠覆性论文在发表之初就被大量引用，且长期保持高被引状态[69]。研究基于典型案例或对历史数据的回顾，指出了颠覆性研究的高被引特征，为颠覆性研究的识别提供了一定参考，但其准确性仍待考量。

基于此，Schneider等提出颠覆性研究应既具有高被引特征又具备原创性，同时其重要引文在本领域和其他科学领域均有分布，进而通过特征分数和尺度方法（characteristics scores and scales approach）划分引文分布，结合特定算法对施引论文中的高被引论文进行分类和筛除，通过调用阈值和过滤识别高被引论文集中的颠覆性研究[70]。Ponomarev等将设置高被引阈值与引文曲线拟合相结合，首先筛选发表5年后超过高被引阈值的论文作为候选的颠覆性论文，然后根据论文早期引文数据外推后期引文曲线，构建线性拟合模型和非线性拟合模型两种定量预测模型，并以已知颠覆性论文证实了方法具有较高精确度和召回率[71]。在此基础上，又从多个维度出发对比已知颠覆性论文在被引频次、引文地理多样性（所有施引文献作者所属国家的数量）和跨学科性3个指标上的排名，发现引文地理多样性与被引频次在排名上具有较高的一致性，认为可将引文地理多样性作为补充指标以提高预测的准确性[72]。

2. 基于睡美人文献的识别方法

睡美人文献是指发表初期零被引或低被引、一段时间后突然高被引的论文，属于科学领域的延迟承认现象，其引文曲线被称为睡美人引文曲线。有学者指出，睡美人文献的本质是科学研究的颠覆性或超前性。而对颠覆性研究案例的分析表明，许多颠覆性研究超出人们当前的认知范畴，易被科学共同体低估或抵制，需要经过较长时间才能被认可并获得引文影响力，这也从另一角度表明睡美人文献是颠覆性研究的重要来源。因此，有研究通过发掘睡美人文献或延迟承认现象探测颠覆性研究。杜建等指出睡美人文献与颠覆性研究存在极高的关联度，并基于引文曲线提出识别睡美人文献的无参数指标，对睡美人文献及其典型案例的特征进行深入挖掘，通过对睡美人文献内容分析发现，其表征的创新成果多是颠覆性研究[73]。

基于引文曲线的颠覆性研究识别和模型构建通常是回顾性的，属于基于历史数据的后验方法，仍需要借助引文分析以外的其他方法确定其颠覆性，进而根据案例中的引文模式进行比较和预测。

2.3.2.2 基于引文网络的识别方法

文献之间通过直接引用、共被引、引文耦合及互引等方式构成各种引用关系，这种由相互引证形成的引用关系结构称为引文网络。引文网络能够体现文献研究主题间的相关性，引文网络的结构能反映文献研究主题的演变和引发研究范式转变的颠覆性研究。

1. 基于知识组合的新颖性识别方法

Uzzi等将科学研究视为知识组合的过程，认为颠覆性研究可能是多个领域已有知识以前所未有的方式进行重组的结果，同时将参考文献视为论文知识来源，利用参考文献所在期刊两两组合的新颖性来测度知识组合的创新程度[74]。基于随机引文网络对WoS所有论文从期刊共被引角度进行分析，在将所有参考文献映射为相应期刊后，计算所有期刊对的Z分数，Z分数为负表示组合具有新颖性，反之为常规知识组合，结果发现同时具有高度新颖性和常规性知识组合的研究更易获得高影响力。Lee等继承了Uzzi等的思路，以论文参考文献（先前研究成果）两两组合的稀缺性来评价论文的创新性程度，并应用于测度科研团队的创造力[75]。Wang等也从期刊组合层面入手，通过测度论文参考文献所在期刊的组合是否为首次来衡量研究颠覆性，并基于期刊相似度构建新颖性指标，发现颠覆性研究可能由于尝试新方法而具有跨学科性，往往在外领域被高度引用，建议使用学科标准化的指标进行测度[76]。

一般来说，知识组合的新颖性是颠覆性研究的基本特征，但新颖性的产生源于已有知识，因此颠覆性知识与传统知识之间的平衡对于创新和影响之间的联系至关重要。也因此，Uzzi等认为高影响力研究通常是在已有研究的常规组合基础上，又具有新颖性组合的不断出现，同时极易成为高被引论文[74]。

2. 基于引文结构的识别方法

在引文分析视角下，科学范式从不断的科学进步到发生科学革命，发生了各种规模的引用级联，通过分析颠覆性研究论文的"增强效应"，能够揭示颠覆性思想如何实现突破，并在现有科学范式中占据优势。Mazloumian等在通过挖掘诺贝尔奖论文数百万次引用的基础上，定量分析了推动科学范式转变的过程，他认为范式的转变是由于作者的某项颠覆性研究增强了作者先前研究的影响力，使得作者的突破性成果能够与现有范式进行竞争，提出能够监测引文结构发生变化的增强因子(boost factor)，该指标是用作者发表某节点论文前后其所有论文的篇均被引量比值来表示，其值越大颠覆性越强[77]。随后，Huang等认为颠覆性研究将导致现有范式下由关键文献组成的引文路径发生"破裂"，提出破裂分数(disruption score)，即颠覆性研究的出现破坏了现有的引文路径，逐渐代替现有研究范式的代表性论文被后续论文引用，并形成新的研究范式[78]。与传统引文分析方法相比，潜在"助推因素"的挖掘可以更早地发现颠覆性研究和团队。

Funk等基于专利的动态引文网络提出测度技术颠覆性的指标(见表2-4，公式1，公式2)，该指标通过测度新专利的出现对已有引文网络造成的巩固或破坏，来表征新专利对现有技术稳定性的影响，进而评估其颠覆性[79]；Wu等将指标改进后提出颠覆因子(Disruption)用于识别颠覆性研究(见表2-4，公式3)，并以获得诺贝尔奖的论文(高颠覆因子)、综述论文(低颠覆因子)、专家调查、关键词汇的使用来验证颠覆因子[80]。计算颠覆因子的基本思路：若焦点文献(待测文献)的施引文献较多地引用其本身而非参考文献，则这篇论文是对先前成果的颠覆，颠覆因子越接近于1研究越具有颠覆性。研究发现，在科学和技术领域原创性或颠覆性研究往往是小团队的研究成果，且颠覆性研究多存在引用延迟现象。

表 2-4 颠覆因子的不同计算方法

计算原理	基本公式	参数含义
描述一项新专利 i 对已有引文网络造成的影响。若引入新专利使得焦点专利(待测专利)的后向引用专利被引量减少，则说明焦点专利具有颠覆性[81]	公式1：$D=\frac{1}{n}\sum_{i=1}^{n}(-2f_ib_i+f_i)$	i 为引用焦点专利或其后向引用专利的专利，n 为其数量。i 引用焦点专利时 $f_i=1$，否则 $f_i=0$；i 引用焦点专利的后向引用专利时 $b_i=1$，否则 $b_i=0$
公式1仅能反映焦点专利对其后向引用专利影响方向，故引入参数 m 以反映其影响程度[81]	公式2：$mD=\frac{m}{n}\sum_{i=1}^{n}(-2f_ib_i+f_i)$	参数 m 为只引用焦点专利的专利数，其他变量含义不变
计算只引用焦点文献(待测文献)和既引用焦点文献又引用其参考文献的论文的概率之差，即 p_F-p_B	公式3：$D=p_F-p_B=\frac{N_F-N_B}{N_F+N_B+N_R}$	N_F 代表只引用焦点文献的论文数，N_B 代表既引焦点文献又引其参考文献的论文数，N_R 代表只引其参考文献的论文数

在公式1中，i 为引用焦点专利或其后向引用专利的专利，n 为其数量。i 引用焦点专利时 $f_i=1$，否则 $f_i=0$；i 引用焦点专利的后向引用专利时 $b_i=1$，否则 $b_i=0$。该指标通过测度新专利的出现对已有引文网络造成的巩固或破坏，来表征新专利对现有技术稳定性的影响，进而评估其颠覆性。而 Wu 等在此基础上改进提出颠覆因子的计算公式3的示意图如图2-9所示，t 为焦点文献的出版年，F 为只引用了焦点文献的论文（白色圆形），B 为既引用焦点文献又引用其参考文献的论文（白色矩形），R 代表只引用了焦点文献的参考文献的论文（黑色三角形）。

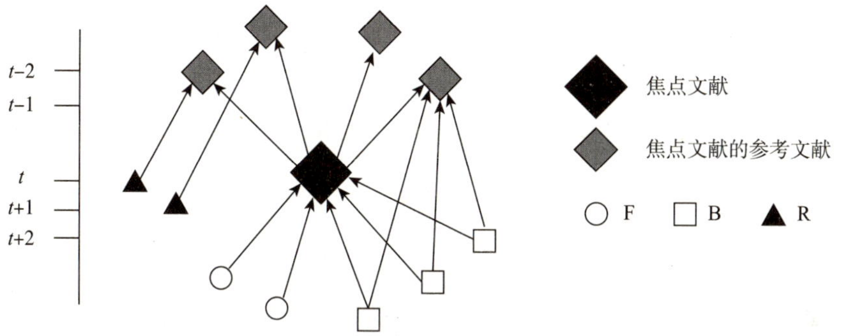

图2-9　颠覆因子计算示意图

Wu 等在研究中发现诺贝尔奖关键论文位于颠覆因子分布的 top2%，均具有较高的颠覆性[61]，而综述型论文多为对先前工作的回顾，属于渐进性研究，分布在 Bottom46%，验证了颠覆因子识别颠覆性研究的准确率为83%，且当识别颠覆性极高的研究时准确率更高。此外，研究还发现颠覆性研究多存在引用延迟现象。

颠覆因子的提出引起学界的广泛关注和讨论，Bornmann 等发现某些论文在发表之初并未显示其颠覆性，随着时间的推移颠覆因子趋于稳定，研究的颠覆性才显现出来，指出颠覆因子的值与论文引用时间窗的长度有关，建议使用至少为期3年的引用时间窗[81]。随后，Bornmann 等又计算了2000—2010年《科学计量学》上所有论文的颠覆因子，对高颠覆因子论文（颠覆因子阈值设置为 top1%）的相关信息进行了统计分析，发现颠覆因子由焦点文献的被引文献主导，使用时必须考虑引用行为的影响[82]。

此外，Wei 等利用颠覆因子对比了诺贝尔奖论文与非诺贝尔奖论文的被引次数和颠覆性，发现诺贝尔奖论文被引次数显著高于非诺贝尔奖论文，但其颠覆性并未高于非诺贝尔奖论文，研究表明，就诺贝尔奖论文而言，作者数量和参考文献数量均与颠覆因子呈负相关[83]；也有学者将颠覆因子用于评估科学家个体的学术颠覆性，研究了科学家的国际流动性与其学术颠覆性的关系，发现具有海外经历的中国科学家，在回到中国后学术颠覆性显著增加；还有学者在保持颠覆因子核心思想不变的基础上提出了一些变体[84]。Bu 等则受颠覆因子设计思路的启发，建立了科学出版物影响力的多维测度框架[85]。总之，颠覆因子基于引文关系测度研究的颠覆性，焦点文献的颠覆性取决于施引文献的参考文献与焦点文献的参考文献的重叠程度。换言之，如果许多施引文献未引用焦点文献的参考文献，则焦点文献具有颠覆性，表明焦点文献可能提出了不同于其参考文献的新思想、新方法。

2.3.2.3　基于关键节点的识别方法

通过测度科学结构的变化可以探测颠覆性研究，在库恩理论中，科学的转折点通常表现为科学新发现、经典著作或知识突破点等关键节点的出现。陈超美等以此为基础设计了

CiteSpace，在对知识突破点进行探测时，利用渐进式可视化反映共被引网络的演变过程，通过识别潜在重要节点来探测里程碑式的颠覆性研究论文[86]；后又提出结构变异理论（theory of structural variation）来探测文献的潜在颠覆性，其基本思想是科学发现或创新会在差异性较大的网络间产生新颖性连接，并且会快速吸引大量的引用，使网络整体结构发生较大变化。同样，也有研究通过比较不同时期专利引文网络主路径中重要新节点的出现来识别潜在颠覆性研究[87]。Foster 等通过识别提高网络连通性的节点或连线来测度颠覆性研究，认为如果一项研究能将两个引文网络上的文献联通，或者能在两个未联通的研究间建立联系，使原本松散的网络结构变得紧密，则这项研究具备颠覆性[88]。

此外，还有研究在对论文引文网络进行拓扑测量及可视化的基础上，利用节点的类内聚集度和参与系数来识别颠覆性研究[89]。某节点的类内聚集度表示其与类内其他节点的连接程度，参与系数指其所有连接在其他类内的分布状况，颠覆性研究通常类内聚集度逐渐增高、参与系数逐渐降低。

2.3.2.4　基于多源数据的组合识别方法

数据源的可靠性与充分程度在较大程度上影响识别颠覆性研究的准确率，单一数据源用于信息分析的有效性往往有限，同时单一指标也无法全面测度研究的颠覆性，许多研究人员尝试构建多源数据融合组合识别方法，在融合论文与专利数据的基础上，从颠覆性研究的典型特征入手，构建多维指标进行分析。

知识突变是颠覆性研究导致研究范式转变的特征之一，基于多源数据对其定量分析可以捕捉和识别早期颠覆性研究。张金柱等以专利直接和间接引用的科学论文关键词、学科分类为研究对象，在对比不同时间段关键词簇或学科分类簇、研究主题和学科分类组合的差异程度基础上，计算突变程度指标，预测可能产生颠覆性技术的时间、研究主题和学科分类组合[90]。白光祖等从文献知识的内外部关联入手，对核心专利、核心论文分别引用论文产生的知识突变进行分析，识别内外部潜在的颠覆性研究主题[91]。此外，从科学与技术的交叉中识别创新前沿，可以揭示和判别可能发生突破性或颠覆性研究的领域和主题，杜建等从科学与技术交叉渗透特征入手，建立科学与技术交叉象限模型，分别将引用专利的 ESI 高被引论文共被引聚类、引用基础科学论文的三方专利耦合聚类作为识别科学维与技术维颠覆性研究的指标，通过论文共被引和专利耦合分析聚类识别并命名创新前沿[92]。

多维测度指标的组合运用是目前情报学领域的趋势，Ehrnberg 等将文献计量指标与工业指标进行组合，基于相关专利及文献数量的激增来预测和判断颠覆性研究[93]。还有学者通过被专利引用和延迟承认指数高 2 个指标识别科学与技术交叉处的研究内容，经专家鉴定这些研究主题与颠覆性研究密切相关[80]。此外，Jones 等以论文的参考文献为切入点，认为高被引论文的研究基础时间跨度与研究类型有关，并基于后向引用建立测度参考文献平均年龄的 BCiteAge 指标，用于表征当前工作与先前工作的时间距离及对先前工作的借鉴程度，研究表明颠覆性研究倾向于引用较年轻的参考文献[94]。进而 Staudt 等基于文本和引文构建识别颠覆性研究的指标体系，并将 11 个指标依照颠覆性研究的特点分为破坏性、高风险性、多学科性等 7 种类型[95]，利用因子分析选出代表性指标用于识别颠覆性研究（表 2-5），并且发现各指标大多存在正相关关系，部分呈弱相关或不相关，这表明颠覆性研究的各个特征存在一定独立性，且在不同时期和不同领域，颠覆性和影响力均呈正相关。

表 2-5　用于识别颠覆性研究的主要指标

指标类型	代表性指标	计算原理
破坏性	BCiteAge 指标	范式转变与参考文献平均年龄的相关性
由革命性思想驱动	Concepts 指标	利用 N-Grams 模型测度颠覆性思想的诞生
高风险性	FCiteVar 指标	利用前向引用的方差来衡量文献的风险性
多学科性	BHerfCite 指标	通过后向引用反映某文献的被引文献在多个学科中分布的离散程度
影响的广泛性	FHerfCite 指标	通过前向引用反映某文献的施引文献在多个学科中分布的离散程度
影响的深远性	FCiteAge 指标	利用文献发表年与被引用年差值变化的趋势来衡量影响的变化程度
影响力	FCiteMean 指标	计算平均前向引用计数以测度文献影响力

2.3.2.5　当前面临的挑战和发展方向

随着文献计量学理论和方法的不断拓展和深入，文献计量学应用研究在情报学和管理学领域扮演着越来越重要的角色，在科学评价、研究前沿识别和学科服务实践中发挥重要作用。近年来，国内外学者不断尝试和探索将文献计量学应用于颠覆性研究的识别，但大多仍是基于已有指标和方法的组合，并未形成独特的研究方法和范式。通过比较上述研究方法可以发现，除无法突破引文分析所固有的时滞性和数据源单一等缺陷，颠覆性研究的文献计量学识别方法还存在以下问题。

(1)颠覆性研究产生因素复杂，识别准确度不高　如前所述，颠覆性研究具有高风险性和偶然性等特征，在成长过程中受到社会、科学、政治和经济等各种环境因素的影响，早期文献计量特征并不明显。尽管在一定程度上能够识别并区分颠覆性研究和渐进性研究，但得到的潜在颠覆性研究数量仍然很大，对于其后期能够成长为真正的颠覆性研究仍缺乏更多依据支撑，导致分析结果的准确度和有效性降低。

(2)数据源和方法难以交叉融合，识别维度单一　颠覆性研究的识别与研究前沿的识别有许多相似之处，相较而言，研究前沿的识别具有更可靠的文献计量学特征和理论基础，而颠覆性研究的识别仍处于尝试阶段。对颠覆性研究早期计量特征的捕捉和探测难度更大，需要突破已有的论文和专利数据等数据源限制。

此外，现有的综合识别方法仍停留在对单一指标的简单组合，不能有效地将多种方法充分交叉融合，发挥互相补充和相互验证的作用。结合以上分析，颠覆性研究识别方法的未来发展方向可从以下 3 个方面展开。

(1)充分结合文献外在特征和内容特征，提高识别的时效性　尽管引文分析法不断改进，但仍难以避免时滞性，同时外在引用指标难以测算文献的内在研究本质。基于论文内容的识别方法，利用文本挖掘技术能够在第一时间直接分析科技文本的内容特征，弥补引文信息的滞后性。未来可以考虑引文分析和内容分析的相互结合，基于文本挖掘等技术识别文献信息内容，同时注重在引文关系和主题内容中的“异常”，这些研究主题更可能成为潜在的颠覆性研究。

(2)不断拓展和融合多源数据，增强识别的前瞻性　当前，颠覆性研究的文献计量学识别方法仍以学术论文和专利数据为主，识别结果的时效性和前瞻性有所欠缺。尽管已有研究以论文和专利的交叉作为科学与技术交叉的基础测度指标，但其他数据源的拓展应用并不多见。因此，未来应综合利用当前情报学领域的各种数据源（如科技媒体报道、科研项目数据和文本、网络信息和科学家个人主页等多源信息），借助大数据处理分析技术，以促进多源数据的交叉融合和相互验证。

（3）介入专家知识研判研究内容，提高识别的准确度　将定性与定量识别方法相结合，能够同时发挥专家判断、客观分析的优势。目前已出现部分综合识别方法，但并未将二者充分交叉渗透，未来研究应促进专家研判与计量分析的有机结合，进一步细化分析粒度。构建全方位的颠覆性研究识别指标体系，有助于专家掌握足够信息，进而在更高信息集成水平上形成更具权威性的意见。

近年来，颠覆性研究或技术的识别已成为科技创新领域的热点和前沿议题。在管理学和情报学领域，研究人员提出一系列不同维度的指标，试图预测和挖掘潜在颠覆性研究，并围绕已有颠覆性研究进行验证。但已有识别与探测方法多围绕颠覆性研究对技术、市场或产业等的影响展开，缺少对其本质与特征的探讨，或基于管理学和计量学方法进行事前预测研究。同时，各类预测方法在信度与效度上的判断标准比较单一，颠覆性研究的有效测度仍存在一定困难。基于文献计量方法的颠覆性研究识别和预测仍处于摸索阶段，还没有形成成熟可靠的识别理论和方法，目前仍以传统引文分析方法为主，即以论文的外在特征代替论文的内在特征进行价值和质量判断，或通过分析公认颠覆性研究案例来研判颠覆性研究外在特征。但文献计量方法对于颠覆性研究的识别仍具有重要的理论意义和应用价值，尤其随着信息技术和文本处理技术的发展，颠覆性研究识别方法将会在识别的准确度、时效性和前瞻性等方面得到进一步提升和完善。当然，最终的分析结果必须获得领域专家认可，方能真正发挥其推动学科发展、提高国家综合竞争实力的作用和优势。

2.3.3　高颠覆因子论文特征研究

颠覆因子（Disruption）从引文网络角度测度论文的颠覆性[80]，它的提出为颠覆性研究的识别和探测提供了新视角。在引文分析视角下，科学范式从不断的科学进步到发生科学革命，发生了各种规模的引用级联，通过分析颠覆性研究论文的“增强效应”，能够揭示颠覆性思想如何实现突破，并在现有科学范式中占据优势[77]。本节以高颠覆因子论文为切入点，在考察高颠覆因子论文分布特征的基础上，探讨了颠覆因子与传统计量指标的相关性，不仅有助于加深认识颠覆因子的特征、测度目的和角度，也能够帮助研究人员正确理解和使用颠覆因子，进而与其他指标或特征相结合，形成更加全面、精确的测度体系，以使其在计量指标体系和科技评价中发挥自己的功能和效用。

在文献计量学领域，学术论文和专利作为科学研究活动的主要产出形式，是颠覆性研究识别方法的主要数据源，其识别方法主要是围绕引文特征，如引文曲线、引文网络以及不同数据源的组合展开。其中，引文网络能够体现文献研究主题间的相关性，并在结构上反映文献研究主题的演变和引发研究范式转变的颠覆性研究。

2.3.3.1　数据来源与指标

本节以1954—2014年PubMed数据库中被SCI收录的12 472 382篇期刊论文为总数据集[80]，其颠覆因子的分布情况见图2-10。可以看出，论文颠覆因子值集中分布在0附近，颠覆因子接近于1或－1的论文仅占分布的极小部分，这与颠覆性研究的定义及其在科学研究中的实际分布情况一致。根据图2-10中的分布情况，本节将总数据集按照颠覆因子大小降序排列，将论文数量前 0.1%的论文（即 12 472 篇论文）定义为高颠覆因子论文，进而得到高颠覆因子论文的颠覆因子阈值为 0.4，即其颠覆因子分布范围为[0.4,1]。

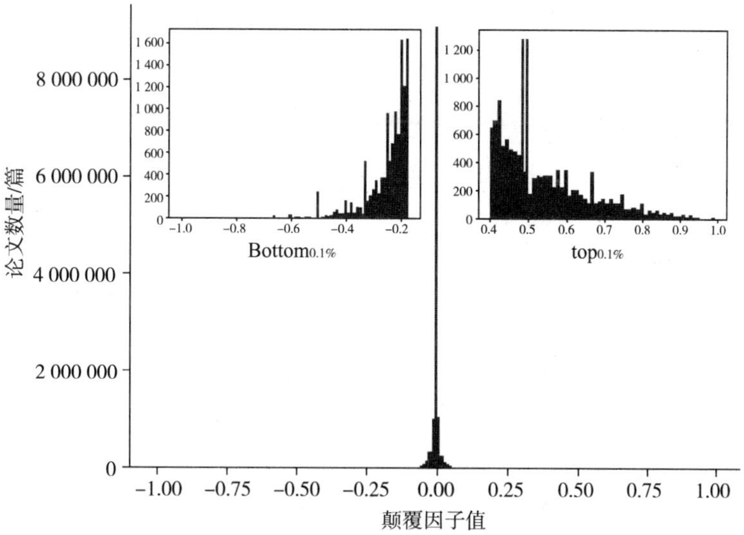

图 2-10　颠覆因子的频率分布直方图

由于 1980 年以前的大部分论文在 Web of Science 数据库中存在信息缺失的情况，为了保证论文各项引文指标的获取，研究进一步限定时间窗口为 1980—2014 年，最终得到 5 966 篇高颠覆因子论文作为本书的研究对象。

本节的传统计量指标主要采集自 Web of Science 和 Scopus 两大数据库，分别包括 Web of Science 数据库中的 WoS 引用、CNCI（Category Normalized Citation Impact）、IF（Impact Factor）和 NR（参考文献数）指标信息，和 Scopus 数据库中的 Scopus 引用、CS（CiteScore，引用分数）、SNIP (Source Normalized Impact per Paper，篇均来源期刊标准影响指标）、SJR（SCImago Joumal Rankings，期刊声望指数）指标信息，如表 2-6 所示。

表 2-6　传统文献计量指标信息

数据来源	指标	含义	指标覆盖率/%
WoS 数据库	WoS 引用	在 WoS 数据库中的被引次数	95.29
	CNCI	学科规范化引文影响力	95.29
	IF	期刊影响因子	95.29
	NR	参考文献数量	95.29
Scopus 数据库	Scopus 引用	在 Scopus 数据库中的被引次数	88.02
	CS	期刊前 3 年论文在第 4 年的篇均被引次数	74.27
	SNIP	期刊篇均被引次数/参考文献数平均值[19]	74.27
	SJR	采用 Google 的 PageRank 算法，赋予高声望期刊的引用以较高的权重，以此规则迭代计算直到收敛	74.27

由于数据集取自 WoS 数据库，WoS 数据库中的指标覆盖率均在 95%以上，高于 Scopus 数据库的 74.27%。同时可以发现，上述指标均属于论文或期刊影响力层面的测度指标，这与

颠覆因子所测度的颠覆性的测度角度有所不同，但在实际应用中通常也用于论文层面的评价，本节探讨了上述指标与颠覆因子之间的相关性。指标数据的采集时间为 2019 年 6 月 28 日。

2.3.3.2　高颠覆因子论文描述性统计

本节数据样本时间跨度 35 年，且数据截至 2014 年。主要基于高颠覆因子论文的时间、国家、机构、学科和期刊的主要分布特征进行描述性统计分析。

图 2-11 为高颠覆因子论文数量与被引频次的时间分布。从论文数量的趋势线（黑色）可以看出，高颠覆因子论文呈现逐步下降趋势。2001 年以前的论文占比分别达到 80%。1980 年的高颠覆因子论文最多，为 282 篇，而到 2014 年仅有 22 篇高颠覆因子论文，说明高颠覆因子论文逐年降低，受时间累积的影响显著。而从论文被引频次趋势线（灰色）看，在大多数年份，论文总被引频次均在 20 000 次以上，且波动性较大，但仍表现出显著的下降趋势，这也与论文被引频次受时间累积影响有一定的关系。

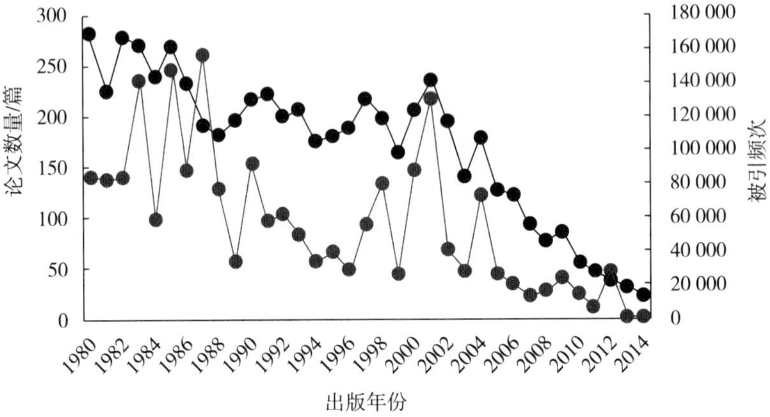

图 2-11　高颠覆因子论文数量与被引频次的时间分布

图 2-12 显示了 1980—2014 年高颠覆因子论文的被引频次分布，在 5 966 篇高颠覆因子论文中，有 3 672 篇论文的被引频次低于 50 次，占比达到 61.5%，有 835 篇和 1 004 篇论文的被引频次为 51～100 次和 101～500 次，分别占比 14.0% 和 16.8%。被引频次大于 500 次的论文急剧减少，仅为 454 篇，其中，有 74 篇高颠覆因子论文的被引频次大于 5 000 次，最高的一篇论文被引频次达到 63 990 次。经统计，这 5 966 篇论文的平均被引频次为 664.5 次，

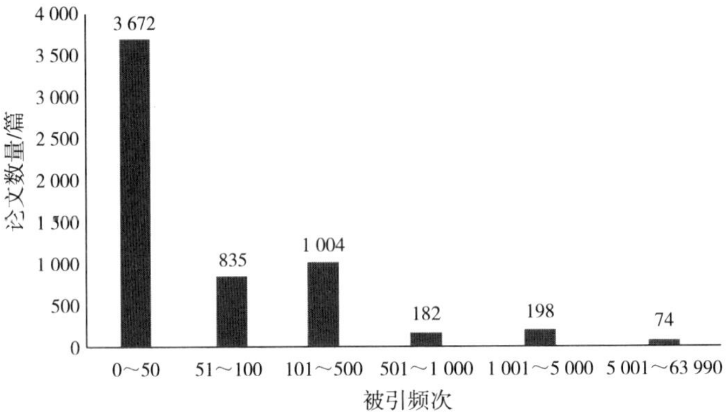

图 2-12　1980—2014 年高颠覆因子论文的被引频次分布

远远高于 WoS 数据库中历年发表论文的年均被引频次。结果表明,颠覆因子指标能够在一定程度上反映论文的学术影响力,高颠覆因子论文同时具有较高的学术影响力,即被引频次较高。

表 2-7 分别统计了高颠覆因子论文的作者国籍和机构分布(发文量前 10)情况。可见,产量位居前列的均为发达国家,其中,美、英两国是高颠覆因子论文的最大产出国家,占比达 50%以上,其次为德国、加拿大、法国等。与此同时,尽管我国发表的论文总量跃居世界第一,但贡献的高颠覆因子论文远低于美、英等发达国家,仅为 105 篇(表中未显示),位列第 12 位,低于印度的 111 篇。从高颠覆因子论文的所属机构看,其所属国家更为集中,前 10 的机构中,除加拿大的多伦多大学以外,其余均为美、英两国的研究机构,其中以英国的伦敦大学最多,为 196 篇。

表 2-7 高颠覆因子论文的作者国籍和机构分布(载文量前 10)

作者国籍	论文数量/篇	论文占比/%	作者机构	国家	论文数量/篇	论文占比/%
美国	2 387	31.21	伦敦大学	英国	196	2.07
英国	2 120	27.72	加利福尼亚大学	美国	178	1.88
德国	356	4.65	哈佛大学	美国	122	1.29
加拿大	261	3.41	伦敦大学学院	英国	91	0.96
法国	226	2.96	美国国立卫生研究院	美国	85	0.90
日本	215	2.81	多伦多大学	加拿大	67	0.71
澳大利亚	196	2.56	得克萨斯大学	英国	62	0.65
荷兰	137	1.79	帝国理工学院	英国	62	0.65
瑞士	124	1.62	牛津大学	英国	61	0.64
意大利	117	1.53	美国疾病控制与预防中心	美国	57	0.60

图 2-13 和表 2-8 基于 InCites 平台分别统计了 5 966 篇高颠覆因子论文的学科和期刊分布情况,将 5 966 篇论文导入 InCites 平台后,由于部分论文数据年份较早,有 279 篇论文信息缺失。图 2-13 显示了 5 687 篇论文的 ESI 学科分布情况。可以看出,高颠覆因子论文的学科同样相对集中,以临床医学领域占比最大,达到 54.8%。其次,社会科学是高颠覆因子论文产出的第二大学科,有 395 篇(6.6%)。此外,药理与毒理学、植物学与动物科学、生物学与生物化学等生物和医学领域的论文占比为 3.7%~4.7%,也是产出高颠覆因子论文较多的学科。而经济学与商学、数学和空间科学领域的论文占比较低,空间科学领域仅有 1 篇高颠覆因子论文。

表 2-8 列出了高颠覆因子论文载文量前 10 的来源期刊。可以看出,除 *Applied Optics* 期刊外,高颠覆因子论文主要来源期刊均为医学期刊和综合性期刊,其中综合性期刊包括两大顶级期刊即 *Science* 和 *Nature*,医学期刊中,英格兰医学期刊(*BMJ*)、柳叶刀(*Lancet*)、新英格兰医学期刊(*New England Journal of Medicine*)和美国医学会期刊(*JAMA*)等均为医学领域的权威期刊。值得注意的是,表中的期刊大多属于自然科学领域的权威期刊,具有较高的篇均被引频次和影响因子,其中以 *New England Journal of Medicine* 最高(70.67),以 *Nature* 期刊的篇均被引频次最高(1 401.29)。结合图 2-12 的论文平均被引频次,在一定程度上说明,高颠覆因子论文与其学术影响力及其来源期刊的影响力是相关的。

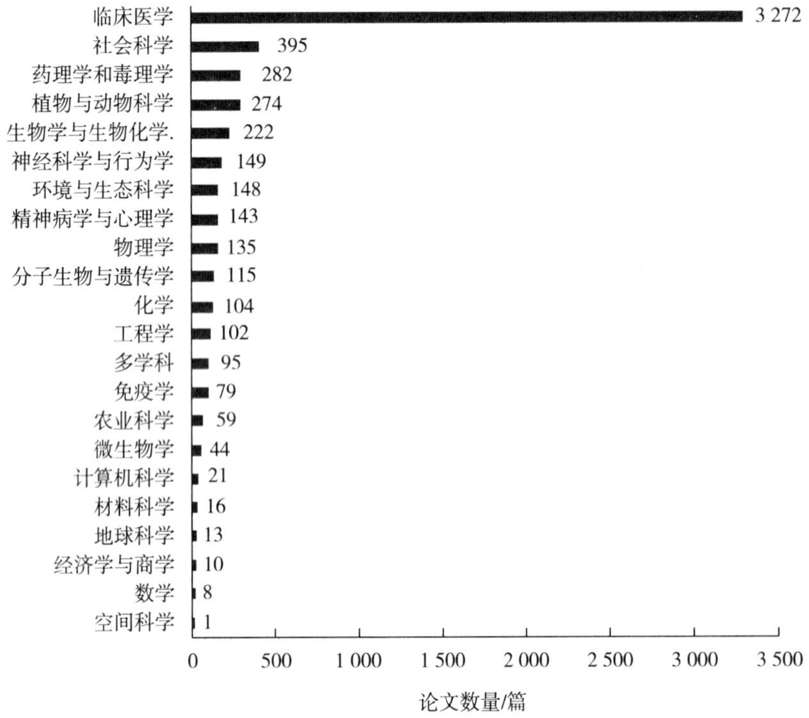

图 2-13　高颠覆因子论文的 ESI 学科分布

表 2-8　高颠覆因子论文的期刊分布

期刊	论文数量/篇	论文占比/%	篇均被引	影响因子
BMJ	301	5.05	166.96	27.604
Lancet	201	3.37	391.18	59.102
Science	118	1.98	877.12	41.037
New England Journal of Medicine	94	1.58	400.47	70.67
JAMA	87	1.46	191.84	51.273
Applied Optics	66	1.11	105.61	1.973
American Journal of Public Health	57	0.96	129.70	5.381
Nature	56	0.94	1 401.29	43.07
Medical Journal of Australia	45	0.75	21.22	5.332
Bulletin of the World Health Organization	38	0.64	189.26	6.818

2.3.3.3　高颠覆因子论文引文曲线特征

引文曲线是指论文被引次数随时间变化而形成的曲线，能够从时间维度较为直观地揭示引用分布规律。引文曲线类型的识别和判断，通常采用曲线拟合方法，利用数学上的曲线方程来选择较为合适的曲线类型，进而完成对单篇论文被引次数年度分布的拟合。较为经典的引文曲线分类方法是由 Avramescu 提出的[96]，主要可分为经典型(类似正态分布)、指数增长型(类似指数函数)和昙花一现型(迅速达峰值，然后急剧下降)3 类；李江等在此基础上总结出 5 种引文曲线类型：经典型、指数增长型、双峰型(两个生命周期)、波型(无生命周期，呈现无规律上下波动)及睡美人型[67]。

本节基于引文曲线分析框架分析了高颠覆因子论文引文曲线特征,通过曲线拟合对高颠覆因子论文的引文曲线进行分类。首先,利用曲线拟合识别规则引文曲线,利用对数正态函数判断引文曲线是否为经典型,通过指数函数识别引文曲线是否为指数增长型,拟合优度R2＞0.6则认为符合该类型引文曲线。其次,在不规则引文曲线中识别睡美人型、昙花一现型等引文曲线。依据 Van Raan 对睡美人现象的数学定义[97],将睡美人型引文曲线的具体计量标准设定为:论文发表前 3 年零被引或低被引,而后突然高被引,且年均被引次数在 20 以上。对于昙花一现型引文曲线,则利用其“发表后迅速达到引用高峰,之后几乎不再被引用”的典型特征来识别。最后,对其余论文的引文曲线类型进行统计分析。

研究发现,在 5 966 篇高颠覆因子论文的引文曲线中,有占比超过 58%的 3 497 篇论文年均被引次数小于 1,无法反映其引文曲线特征,本节将其统计归为“其他”。此外,经典型、指数增长型、昙花一现型、波型及睡美人型等引文曲线均存在,还发现 1 种至少 2 个生命周期、被引次数波动较多的新型不规则引文曲线,本文称其为多峰型引文曲线,因此,高颠覆因子论文引文曲线类型可以分为 2 种规则引文曲线(包括经典型和指数增长型)和 4 种不规则引文曲线(包括睡美人型、昙花一现型、波型和多峰型)类型。上述代表性引文曲线类型如图 2-14 所示。

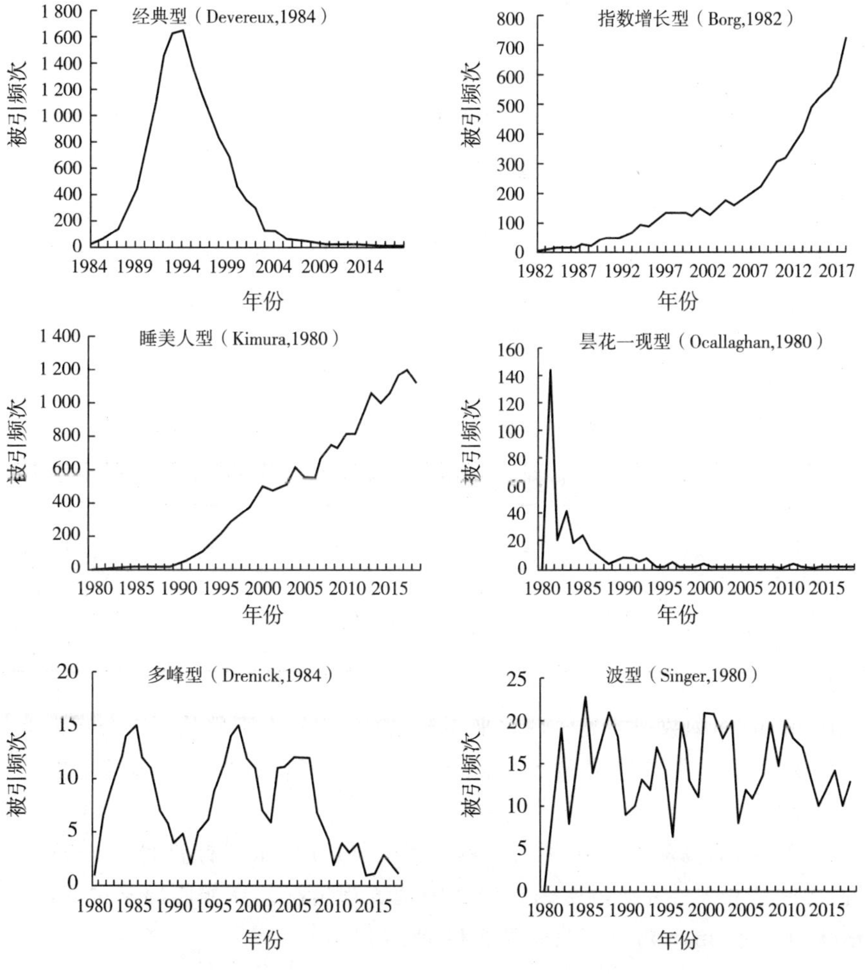

图 2-14 高颠覆因子论文的代表性引文曲线类型

表 2-9 为高颠覆因子论文的引文曲线类型分布情况。可以看出，高颠覆因子论文的引文曲线类型中，多峰型引文曲线论文数远远超过其他 5 种类型，为 1 666 篇，占比 27.92%，其次是经典型引文曲线，为 408 篇，占比 6.84%。在年均被引频次方面，指数增长型被引次数最高，年均 161 次，其次是睡美人型，年均 52 次，而昙花一现型、波型、多峰型引文曲线的年均被引次数均不高，分别为 1.58 次、6.06 次和 8.54 次。值得一提的是，其中睡美人型引文曲线的论文占比高达到 1.09%，而通常情况下论文中睡美人论文的占比仅为 0.01%～0.1%[73]，这也表明高颠覆因子论文与睡美人文献存在较高的关联度，具有颠覆性的研究在论文发表之初不被认可的可能性要高于其他类型论文。

表 2-9　高颠覆因子论文的引文曲线类型分布

引文曲线类型	论文数量/篇	论文占比/%	年均被引次数
经典型	408	6.84	67.29
指数增长型	201	3.37	161.00
睡美人型	65	1.09	52.00
昙花一现型	60	1.01	1.58
波型	69	1.16	6.06
多峰型	1 666	27.92	8.54
其他	3 497	58.62	0.98

2.3.3.4　颠覆因子与传统计量指标的相关性研究

1. 正态性检验

相关性分析常用方法包括 Spearman 相关分析方法和 Pearson 相关分析方法，当变量符合正态分布的假设时，两种方法均适用，否则只能选择 Spearman 秩相关分析。为确定正确的相关性分析方法，首先要对样本数据进行正态性检测，本部分使用 K-S 单样本正态性检验方法对高颠覆因子论文的颠覆因子（*D*）与各计量指标进行检测（表 2-10）。

表 2-10　高颠覆因子论文各指标的单样本 Kolmogorov-Smirnov 检验

对比项目	*D*	WoS 引用	CNCI	IF	NR	Scopus 引用	CS	SNIP	SJR
Kolmogorov-Smirnov Z	12.04	33.18	31.93	27.80	16.56	31.75	23.04	24.01	22.17
渐近显著性（双侧）	0.00	0.00	0.00	0.00	0.00	0.00	0.00	0.00	0.00

由表 2-10 可知，样本数据的显著性水平小于 0.01，即样本不服从正态分布。此外，所有指标均为连续型变量，因此本节选用 Spearman 秩相关分析探讨各指标间的相关性。

2. 相关性分析

利用 SPSS21.0，对高颠覆因子论文的颠覆因子与各计量指标进行 Spearman 相关性分析，分析它们之间的相关性在高颠覆因子论文中的表现情况。高颠覆因子论文的颠覆因子与各计量指标间的 Spearman 相关系数如表 2-11 所示。

表 2-11　高颠覆因子论文各指标的 Spearman 相关性分析

		D	WoS 引用	CNCI	IF	NR	Scopus 引用	CS	SNIP	SJR
D	相关性	1								
	显著性									
WoS 引用	相关性	0.035**	1							
	显著性	0.009								
CNCI	相关性	0.049**	0.869**	1						
	显著性	0	0							
IF	相关性	0.002	0.255**	0.324**	1					
	显著性	0.853	0	0						
NR	相关性	−0.025	0.244**	0.115**	0.034*	1				
	显著性	0.06	0	0	0.011					
Scopus 引用	相关性	0.031*	0.981**	0.835**	0.242**	0.268**	1			
	显著性	0.023	0	0	0	0				
CS	相关性	−0.002	0.359**	0.369**	0.826**	0.119**	0.354**	1		
	显著性	0.891	0	0	0	0	0			
SNIP	相关性	0.034*	0.260**	0.343**	0.597**	0.065**	0.253**	0.706**	1	
	显著性	0.025	0	0	0	0	0	0		
SJR	相关性	0.036*	0.303**	0.376**	0.670**	0.034*	0.295**	0.772**	0.914**	1
	显著性	0.016	0	0	0	0.024	0	0	0	

注：表中显著性均为双侧，其中 * 表示在 0.05 水平上（双侧）显著相关；** 表示在 0.01 水平上（双侧）显著相关。

由表 2-11 可知，首先，在高颠覆因子论文中，颠覆因子与 WoS 引用、CNCI 和 Scopus 引用呈弱正相关。具体而言，颠覆因子与 WoS 引用、CNCI 的相关系数分别为 0.035、0.049（在 0.01的水平上显著相关），与 Scopus 引用的相关系数为 0.031（在 0.05 的水平上显著相关）。说明对高颠覆因子论文而言，其被引次数和引文影响力也相对较高。颠覆因子的计算核心思想在于计算只引用焦点文献与既引用焦点文献又引用其参考文献的论文的比例之差，因此，论文被引次数对其颠覆因子有积极的影响，但影响不大。

其次，颠覆因子与 SNIP、SJR 的相关系数分别为 0.034 和 0.036，在 0.05 的水平上显著相关。SNIP 和 SJR 均为期刊层面上的评价指标，二者存在较弱正相关关系。

最后，颠覆因子与 NR、IF、CS 没有必然相关性，即高颠覆因子论文与其参考文献数量、引文分数和所在期刊的影响因子关系不大。在高颠覆因子论文中，颠覆因子与参考文献 NR 的相关系数为−0.025，显著性水平为 0.06。根据颠覆因子的计算公式，当焦点文献的参考文献较少或被引次数较多时，会导致该文献的颠覆因子较高，即参考文献数量与颠覆因子应该是负相关的，但在高颠覆因子论文集中二者并无必然相关性，这说明参考文献数对高颠覆因子论文的颠覆因子的影响不大。

值得一提的是，SNIP、SJR、IF 和 CS 均为期刊影响力评价指标，但与颠覆因子的相关性表现并不一致，具体地说，颠覆因子与 SNIP、SJR 具有一定的相关性，但与 IF 和 CS 却没有必然相关性，这主要是由指标的不同运算方式决定的，即 IF 和 CS 均只考虑了期刊被引次数和载文量两个因素，二者仅时间窗口有所差异。SJR 不仅考虑引文的绝对数量，也考虑引文的质量，将期刊的选题和声望等更多因素纳入期刊评价的考量，而 SNIP 从篇均引文数的角度减少不同主题领域期刊引用行为的差异，从而试图对不同主题领域的来源期刊进行直接比较，以此突破传统影响因子(IF)无法考量不同研究领域的引用情形。即 SNIP 指标消除了学科之间的差异，这在一定程度上说明，颠覆因子同样消除了不同学科因素的影响。

2.3.4 高颠覆因子论文学术影响力研究

目前评价论文学术影响力的方法主要有以下两个方面：一是基于引文分析的传统评价方法，主要表现为被引次数、期刊影响因子等引文指标的广泛应用，存在时滞较长、指标片面、引用情感不明等局限性[98]；二是基于 Altmetrics 的新型评价方法，包括引用、使用、获取、提及和社交媒体 5 类指标[99,100]，其通过衡量论文受网络关注程度，更加全面、即时地反映学术影响力。部分学者认为二者互为补充，通过将二者融合可构建更为全面系统的学术影响力评价体系[101]。颠覆因子(Disruption)[61]的提出引发了相关研究人员的关注，其基于引文关系测度论文颠覆性，迅速成为识别颠覆性研究的新兴指标。本节通过构建高颠覆因子论文这一数据集，在考察其计量特征的基础上，融合引文分析与 Altmetrics 指标，引入“公平性测试”方法评价高颠覆因子论文的学术影响力。

2.3.4.1 数据与方法

1.数据样本与指标选取

以 1954—2014 年 PubMed 数据库中被 Web of Science 核心合集收录的 12 472 382 篇期刊论文为总数据集，为保证文献计量指标及 Altmetrics 指标的可获取性，进一步限定发表年份为 2005—2014 年。同时，为避免因被引次数过低而出现颠覆因子的不一致性，本书进一步将高颠覆因子论文最低被引次数限定为 20 次[102]，设置引用时间窗为 5 年。将最终论文集中颠覆因子 top1000 论文定义为本研究中的高颠覆因子论文，也即本节具体研究对象。

考虑到融合 Altmetrics 指标与引文分析进行高颠覆因子论文学术影响力评价的优势，选取 PlumX 作为 Altmetrics 指标来源。PlumX 目前被集成于 Scopus 数据库中，是主流 Altmetrics 评价工具和平台之一，包括 5 大类综合性论文计量指标，分别为 Citations(引用)、Usage(使用)、Captures(捕获)、Mentions(提及)、Social media(社交媒体)，各大类中包含的小指标及数据来源如表 2-12 所示。本节仅涉及指标大类，将各大类下小指标之和作为最终分值。

表 2-12 PlumX 的 5 类论文计量指标信息

类别	计量指标	数据来源
引用	引文索引	Scopus、PubMed、Airiti ACI、CSCD、CrossRef、SSRN 等
	专利家族引用	USPTO、EPO、IPO、JPO、WIPO
	临床引用	Dynamed Plus Topics、PubMed Clinical Guidelines、NICE-UK
	政策引用	Policy document source lists curated by PlumX

续表 2-12

类别	计量指标	数据来源
使用	摘要浏览	Airiti、CABI、EBSCO、RePEc、SciELO 等
	点击量	bit. ly
	合作者	GitHub
	下载量	Airiti、Digital Commons、ePrints、Github、Mendeley 等
	全文浏览	CABI、PLOS、PubMedCentral、SciELO 等
	馆藏数据	WorldCat
	链出量	EBSCO
	播放量	Digital Commons、YouTube、SoundCloud 等
	浏览量	Mendeley、Dryad、figshare、Slideshare
捕获	书签	Delicious
	收藏夹	Slideshare、YouTube、SoundCloud
	关注者	GitHub
	复刻量	Github
	读者	CiteULike、Goodreads、Mendeley、SSRN
	导出/保存	EBSCO、SSRN
	订阅者	Vimeo、YouTube
	查看者	Github
提及	博客提及	Blog lists curated by PlumX
	评论	Reddit、Slideshare、Vimeo、YouTube
	论坛话题数	Vimeo
	要点计数	GitHub
	新闻提及	News source lists curated by PlumX
	问答网站提及	Stack Exchange
	参考	Wikipedia
	评论	Amazon、Goodreads
社交媒体	点赞	Vimeo、YouTube
	评论及转发	Facebook
	评级	Amazon、Goodreads、SourceForge
	得分	Reddit
	推特	Twitter via Gnip

同时，选取 Scopus 数据库中的学科归一化引文影响力（Field Weighted Citation Impact，FWCI）指标作为本节中的传统引文指标。由于高频覆因子论文存在不同文献类型、不同出版年、不同学科领域的差异，而 FWCI 是对这些差异进行归一化后的无偏性指标，其值大于 1 表示论文引文影响力超过全球平均水平，能够有效测度学术影响力。

基于 Scopus 检索 1 000 篇高颠覆因子论文的 Altmetrics 指标、FWCI 及出版模式信息，共获取完整指标数据 427 条，占总体数据的 42.7%。根据纽曼确定样本容量的经验法则，对于 1 000 条左右规模较小的总体，抽样比例达到 30%即能保证结果准确率，具备较高的信度和效度。数据采集及指标查询日期截至 2020 年 12 月 30 日，统计分析软件采用 Python 3.6 和 SPSS 26.0。

427 篇高颠覆因子论文的颠覆因子与 6 个指标的统计信息如表 2-13 所示。此外，出版模式为 OA 的论文共有 194 篇，非 OA 论文共有 233 篇。

表 2-13 颠覆因子与各指标的描述性统计

指标	最大值	最小值	均值	标准偏差
D	0.948 5	0.265 6	0.413 0	0.139 6
Citations	76 428	2	968.28	4 466.168
Usage	255 128	0	2 789.75	14 507.476
Captures	64 141	5	729.05	3 325.137
Mentions	1 394	0	7.90	69.229
Social Media	39 534	0	413.41	3 711.919
FWCI	640.78	0.00	24.835 4	78.137 35

2. "公平性测试"方法改进

"公平性测试"方法能够消除不同引用时间窗对数据采样的影响，从而给待测数据创造一个相对公平的测试环境，最初由 Mike 设计，他提出利用分组实验进行"公平性测试"，可消除不同学科、不同期刊或不同发表时间给论文带来的引用量差异，并成功应用于分析 Altmetrics 指标与传统文献计量指标的相关性。

本节借鉴该方法分析高颠覆因子论文的学术影响力，并基于实际数据进行改进。由于高颠覆因子论文均被 PubMed 数据库收录，且发表时间跨度较大，因此选取 3 篇论文作为一组比较对象，其中 3 篇论文的前后 2 篇作为参照，选取规则是全部研究对象中发表时间距离最近的前后两篇文章，大大减少了工作量。采用新方法既能够消除时间窗口的影响，确保同一组对象的数据采样区间一致，又能保证每一组数据计算的独立性，同时减少计算成本。

本节中"公平性测试"的计算模型见表 2-14。将研究样本中的某篇论文用 b 表示，颠覆因子值用 D 表示，其他某一指标则用 T 表示，a、c 为同组参照论文，且发表顺序为 a 先于 b，b 先于 c。

表 2-14 "公平性测试"计算模型

类别	测试结果一	测试结果二
成功	$D_b>1/2(D_a+D_c)$ 且 $T_b>1/2(T_a+T_c)$	$D_b<1/2(D_a+D_c)$ 且 $T_b<1/2(T_a+T_c)$
失败	$D_b>1/2(D_a+D_c)$ 且 $T_b<1/2(T_a+T_c)$	$D_b<1/2(D_a+D_c)$ 且 $T_b>1/2(T_a+T_c)$
无效	其他计算结果	

则测试结果可以分为 3 类：

(1)成功　样本颠覆因子高于同组两篇参照论文颠覆因子的平均值，且样本其他引文指标高于同组参照论文其他引文指标的平均值，或者样本颠覆因子低于同组两篇参照论文颠覆因子的平均值，且样本其他引文指标低于同组参照论文其他引文指标的平均值。

（2）失败　与“成功”情况相反，即样本颠覆因子高于同组两篇参照论文颠覆因子的平均值，且样本其他引文指标低于同组参照论文其他引文指标的平均值，或者样本颠覆因子低于同组两篇参照论文颠覆因子的平均值，且样本其他引文指标高于同组参照论文其他引文指标的平均值。

（3）无效　所有其他计算结果。

统计每一类结果的累计值，能够做如下推论：若结果中成功次数与失败次数之间的差异越明显，则表明颠覆因子与其他引文指标的关系越强；反之，若成功次数和失败次数无明显差异，那么颠覆因子与其他引文指标相关性极弱或无相关性。

2.3.4.2　描述性统计

高颠覆因子论文的文献类型及出版年分布如图 2-15 所示。由图左上方的饼图可知，427 篇高颠覆因子论文包括研究论文、社论材料、快报、综述和新闻 5 种文献类型。其中，研究论文占比最多，为 62%，而研究论文多为高原创性科技成果，这与高颠覆因子论文具有较强的颠覆性相吻合。随后是社论材料、快报等，占比最少的是新闻，仅占 1%。据统计，高颠覆因子论文中的社论、新闻报道主题均为学界普遍关注的领域最新动态、科学突破、研究资助情况等，具有

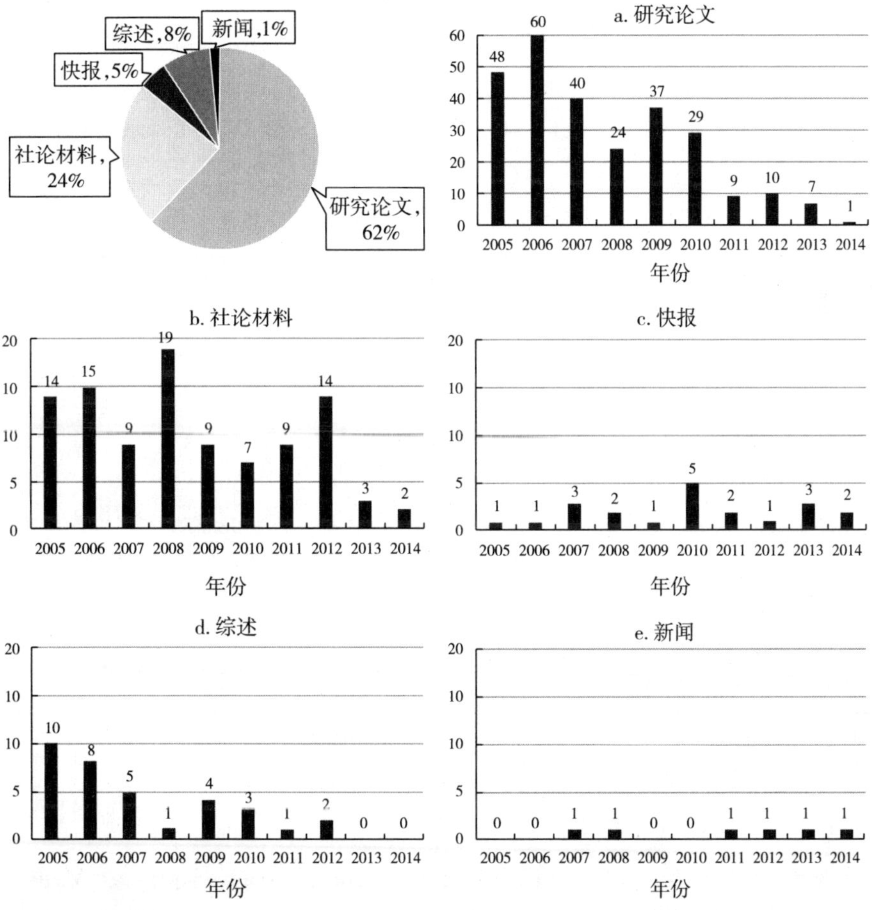

图 2-15　高颠覆因子论文的文献类型及出版年分布（纵坐标为论文数量/篇，横坐标为年份）

较高的原创性。如 2007 年刊载在 *Journal of the American Medical Association*（*JAMA*）上题为《Radiofrequency identification technology in health care-Benefits and potential risks》的社论，描述了将射频识别技术（RFID）用于改善医疗保健系统的应用前景，而当前 RFID 的广泛应用促进了各个医疗领域向智能化、智慧化发展，为行业带来颠覆式变革；2012 年发表在 *Nature* 上题为《Flu surveillance lacking》的新闻，报道了当时 *Nature* 的一项最新研究，该研究认为尽管全球已加强对禽流感病毒等大流行病的监测，但仍缺乏完善的全球监测网络，呼吁全球关注公共卫生问题。

其他 5 个子图为各类型文献的出版年分布，横坐标均为出版年，纵坐标为论文数量。从图 2-15a 中可以看出，高颠覆因子论文中研究论文共有 265 篇，其年出版量呈波动下降趋势。由图 2-15b 可知，高颠覆因子论文中社论材料共 101 篇，出版量在 10 篇左右的年份较多，波动幅度较大。由图 2-15c 可知，高颠覆因子论文中快报共 21 篇，年出版量以 1～2 篇居多。由图 2-15d 可知，高颠覆因子论文中综述共 34 篇，除 1982 年出版 3 篇以外，其他年份均为 1 篇或 0 篇。由图 2-15e 可知，高颠覆因子论文中新闻共 6 篇，年出版量为 0 或 1 篇。

按照期刊的高颠覆因子论文载文量，前 10 的主要来源期刊如表 2-15 所示。可以看出，高颠覆因子论文主要来源期刊均为欧美地区的 Q1 类权威期刊，且医学期刊占大多数，这与本节数据源取自 PubMed 有关。其中，*NEJM*、*Lancet*、*BMJ* 和 *JAMA* 为医学领域四大权威期刊，同时 *NEJM*、*Lancet* 及 *CA-A Cancer Journal for Clinicians* 为 2020 年全球影响因子 top10 期刊。除医学类期刊外，主要来源还有综合性期刊 *Science*、*Nature*，以及环境科学与生态学类期刊 *Health affairs*。从篇均被引和影响因子上看，*CA-A Cancer Journal for Clinicians* 的影响因子（508.702）和篇均被引次数（8 403.2）均为最高，多数论文具有较高的篇均被引次数和影响因子。

表 2-15　高颠覆因子论文的来源期刊分布（载文量前 10）

来源期刊	论文数量/篇	篇均被引次数	影响因子
NEJM	31	210.61	91.245
Lancet	26	559.12	79.321
Science	26	645.85	47.728
Nature	21	214.86	49.962
BMJ	21	195	39.89
Health affairs	11	228.73	6.301
JAMA	11	118.27	56.272
CA-A Cancer Journal for Clinicians	10	8 403.2	508.702
Waste Management	9	108.34	7.145
American Journal of Public Health	8	136.5	9.308

注：NEJM-New England Journal of Medicine，BMJ-British Medical Journal

2.3.4.3　基于“公平性测试”的论文学术影响力分析

1. 颠覆因子与各指标相关性分析

要分析高颠覆因子论文的颠覆因子与 Citations、Usage、Captures、Mentions、Social Media、FWCI 指标的相关性，首先需通过假设检验判断数据正态性，以确定合适的相关性分析方法。经显著性检验，D 与 6 个指标的检验结果均为 0.000，均低于显著性水平 0.05，即各指标不服从正态分布，因此选择 Spearman 相关性分析。颠覆因子与各指标的相关性如表 2-16 所示。

表 2-16 颠覆因子与各指标的 Spearman 相关性分析

		D	Citations	Usage	Captures	Mentions	Social Media	FWCI
D	相关性	1						
	显著性							
Citations	相关性	0.154**	1					
	显著性	0.001						
Usage	相关性	0.001	0.043	1				
	显著性	0.979	0.377					
Captures	相关性	0.108*	0.737**	0.409**	1			
	显著性	0.025	0.000	0.000				
Mentions	相关性	0.109*	0.376**	0.073	0.349**	1		
	显著性	0.025	0.000	0.133	0.000			
Social Media	相关性	0.025	0.106*	0.098*	0.185**	0.115*	1	
	显著性	0.603	0.029	0.044	0.000	0.017		
FWCI	相关性	0.071	0.627**	−0.115*	0.353**	0.208**	0.133**	1
	显著性	0.145	0.000	0.017	0.000	0.000	0.006	

注：表中显著性均为双侧，** 表示在 0.01 水平上显著相关，* 表示在 0.05 水平上显著相关。

经计算，颠覆因子与 6 个学术影响力评价指标的相关性均低于 0.2，可见颠覆因子与各学术影响力评价指标存在极弱的相关性。但对于发表时间差较大的论文，以上相关性分析方法并不能消除被引时间窗的影响，因此需要设计实验，以进一步验证颠覆因子与各指标是否具有相关性。

2.“公平性测试”结果分析

采用“公平性测试”方法，以 427 篇高颠覆因子论文作为样本，与每篇论文发表时间距离最近的前后两篇论文作为参照论文。将论文按发表顺序排序并编号为 1～427，每 3 篇论文为 1 组比较对象，如第 1 组为论文 1、2、3，论文 1、3 为参照，由于发表时间最早和最晚的两篇文章不具有完整的前后参照对象，故最终得到 425 组比较对象，对这 425 组结果进行分组计算、比较，“公平性测试”结果及相关性排序变化见表 2-17。

表 2-17 “公平性测试”结果及相关性排序变化

指标	成功次数	失败次数	成功率/%	失败率/%	测试前排序	测试后排序	排序变化
Mentions	244	181	57	43	2	1	↑1
FWCI	224	201	53	47	4	2	↑2
Citations	223	202	52	48	1	3	↓2
Social Media	220	205	52	48	5	4	↑1
Captures	215	210	51	49	3	5	↓2
Usage	201	224	47	53	6	6	—

由"公平性测试"结果可知，成功次数与失败次数差异不明显，颠覆因子与其他 6 个 Altmetrics 指标、引文分析指标相关性极弱，与上文的相关性分析结果整体相吻合。其中，提及指标 Mentions 成功率最高，为 57%。通过对比表 2-16 和表 2-17，发现"公平性测试"方法修正后，颠覆因子与其他 6 个指标直接相关性存在差异，修正前相关性由高到低依次为 Citations—Mentions—Captures—FWCI—Social Media—Usage，修正后相关性由高到低依次为 Mentions—FWCI—Citations—Social Media—Captures—Usage。

消除时间窗口的影响后，与颠覆因子相关度较高的指标（如 Citations、Captures）下降较多，而与颠覆因子相关度较低的指标（如 Mentions、FWCI）则上升较多，可见消除时间窗口的干扰能够一定程度上减小颠覆因子与其他指标的差距。

一方面，在测试后相关性上升的指标中，FWCI 上升最多。这与颠覆因子目前的计算方式并未区分不同学科有关，通过公平性测试，一定程度上减小了学科差异，提高了相关性分析结果的准确性。鉴于此，后续可将克服学科差异性考虑在内，进一步改进颠覆因子算法，以提高颠覆因子识别颠覆性研究的准确率。

此外，与社交媒体传播相关的指标 Mentions 和 Social Media 在测试后相关性同样有所上升。这两类指标也是 Altmetric 得分中权重最大的指标，其中提及指标 Mentions 能够衡量读者被研究吸引的程度，包括该研究的相关博客文章、评述及维基百科链接等，而社交媒体指标 Social Media 能够计量研究成果的相关点赞、转发及推特数量。可见在消除时间窗影响的测试环境下，高颠覆因子论文更易获得相对较高的社交网络关注度。这与颠覆性研究多为革命性科学突破有关，一旦发表后便引起学界乃至整个社会的爆发式关注和传播，且影响深远广泛，长期处于高被引状态，诺贝尔奖获奖论文即属于这类代表性颠覆性研究。

另一方面，测试后相关性下降最多的指标为 Citations 和 Captures。尽管颠覆因子是基于引用指标 Citations 中的被引次数进行计算的，但是在规避掉因被引次数过低而使颠覆因子出现不一致性的情况后，颠覆因子受被引次数影响的程度大大降低，进而提高了分析结果的信度和效度。这也表明在同等条件下，高颠覆因子与被引次数的关系较弱，拥有高颠覆因子的科技论文未必具有较高的学术影响力。而捕获指标 Captures 能够通过追踪用户最终添加书签、收藏夹及成为关注者等情况，来表征用户的持续访问意愿，相对而言，Captures 与高颠覆因子无直接关联。

综上所述，基于"公平性测试"后发现，高颠覆因子论文未必具有较高的学术影响力，即颠覆因子的测度角度不同于其他论文影响力评估指标，可作为评价论文创新力的补充指标。

2.3.4.4 OA 模式对高颠覆因子论文学术影响力的影响

采用非参数检验方法，从统计学角度比较分析 OA 论文与传统付费论文在各项统计指标间是否存在差异，U 检验与显著性检验见表 2-18 和表 2-19。从表 2-18 的 U 检验秩均值和表 2-19 的显著性检验（概率 P 值小于 0.05）能够判断，OA 论文与传统付费论文在颠覆因子（D）、提及（Mentions）和社交媒体（Social Media）这 3 个统计项上具有显著差异，且 OA 论文的各统计项数值均显著高于传统付费论文。

表 2-18 高颠覆因子论文各指标的 Mann-Whitney U 检验-秩

指标	出版模式	论文数	秩均值	秩和
D	OA	195	229.52	44 756.4
	付费	232	200.96	46 622.72

续表 2-18

指标	出版模式	论文数	秩均值	秩和
Citations	OA	195	225.91	44 052.45
	付费	232	203.99	47 325.68
Usage	OA	195	214.91	41 907.45
	付费	232	213.24	49 471.68
Captures	OA	195	223.67	43 615.65
	付费	232	205.87	47 761.84
Mentions	OA	195	230.07	44 863.65
	付费	232	200.49	46 513.68
Social Media	OA	195	236.86	46 187.7
	付费	232	194.78	45 188.96
FWCI	OA	195	224.44	43 765.8
	付费	232	205.22	47 611.04

表 2-19　高颠覆因子论文各指标的检验统计量[a]

	D	Citations	Usage	Captures	Mentions	Social Media	FWCI
Mann-Whitney U	25 645.500	24 942.500	22 797.000	24 505.500	25 753.500	27 078.000	24 656.000
Wilcoxon W	44 755.500	44 052.500	41 907.000	43 615.500	44 863.500	46 188.000	43 766.000
Z	2.382	1.828	0.139	1.484	2.564	3.536	1.603
渐近显著性(双侧)	0.017	0.067	0.889	0.138	0.010	0.000	0.109

注：[a]分组变量:出版模式,显著性水平为 0.05。

以上也从一定程度上表明,OA 出版模式的高颠覆因子论文更易被学者广泛阅读和引用,其颠覆性更容易得以外显。高颠覆因子论文本身多发表在领域顶级期刊,其研究内容往往是公众关注的焦点问题,开放获取的便利性使得这类论文得到更多的点赞、评论、分享及媒体宣传等,在得到大量引用的同时,更容易表现出高社会关注度和高影响力。

2.3.5　结果讨论

本节以高颠覆因子论文为切入点,通过揭示高颠覆因子论文分布特征和引文曲线类型,分析颠覆因子与传统计量指标的相关性。研究发现,高颠覆因子论文中,颠覆因子同样存在引用时滞问题,其论文数量随时间逐步减少,被引次数主要集中在 0～50 次,但仍有少量论文在 10 000 次以上,最高达 63 990 次;高颠覆因子主要来源于科技发达国家的高水平研究机构;在学科和期刊分布上看,高颠覆因子论文主要集中于临床医学和社会科学领域,且以高影响因子的医学期刊和综合性期刊为主;其引文曲线类型中,以多峰型占比最多,且存在比例相对较高的睡美人型文献,在一定程度上证明了颠覆性研究受到延迟承认的可能性较大。最后,高颠覆因子论文通常具有较高的传统计量指标值,即具有较高的学术影响力,但其颠覆因子与传统计量指标的相关性并不显著，在实际运用中，可以作为论文评价的有益补充。

为了进一步考察高颠覆因子论文的学术影响力，引入"公平性测试"方法，融合引文分析与Altmetrics指标探讨高颠覆因子论文的学术影响力，同时分析OA模式对高颠覆因子论文各指标的影响，进而探讨了颠覆因子的特征和适用性。

（1）从出版年和文献类型上看，高颠覆因子论文的整体出版量受被引时滞的影响，呈波动下降趋势，且高颠覆因子论文中原创性研究论文占比最多；从学科和期刊来源分布上看，应用型领域如临床医学、多学科科学的论文占比最多，高颠覆因子论文的主要来源期刊为Q1类欧美地区的权威医学期刊和综合性期刊。

（2）高颠覆因子论文未必具有较高的学术影响力，颠覆因子可为颠覆性研究识别、论文评价提供新思路。引入"公平性测试"方法消除时间影响后，一定程度上减小了颠覆因子与其他指标的差距，测试后FWCI相关性上升较多，这与颠覆因子目前的计算方式并未区分不同学科有关，后续考虑基于学科差异性改进颠覆因子算法，以提高颠覆因子识别颠覆性研究的准确率。与社交媒体传播相关的指标Mentions和Social Media在测试后相关性同样有所上升，即高颠覆因子论文更易获得相对较高的社交网络关注度。Citations和Captures相关性则下降最多，这表明高颠覆因子论文的学术影响力差异较大。也就是说，论文的颠覆因子与6个Altmetrics指标、引文分析指标相关性较弱，即颠覆因子不同于其他衡量论文影响力的计量指标，可作为评估学术成果创新性的补充指标。

（3）不同出版模式的高颠覆因子论文在各指标上存在差异。高颠覆因子论文中的OA论文在各评价指标上均显著高于传统付费论文，更易外显其颠覆性，也更可能表现出较高的社会关注度和影响力。

在文献计量学领域，颠覆性研究的识别和探测仍处于摸索阶段，尚未形成成熟可靠的识别理论与方法，目前仍以传统的引文分析方法为主。其主要原因在于颠覆性研究早期计量特征的捕捉和探测难度更大，即便在一定范围内捕捉到"颠覆性研究"这一特征的计量学信号，但得到的潜在颠覆性研究数量仍然很大，对于其后期能否成长为真正的颠覆性研究仍缺乏更多依据支撑，导致分析结果的准确度和有效性降低。而颠覆因子的提出为测度论文的"颠覆性"这一特征提供了一个新的观察视角，其从科学演进的角度考察论文在科学研究中的开创或继承角色，并通过其对参考文献和施引文献的联系或中断作用来表征其"颠覆性"，它的出现和应用推动了颠覆性研究识别方法体系的构建和发展，对于颠覆性研究的预测及加速重大科学突破的应用具有重要意义。为构建和完善颠覆性研究识别方法和指标体系奠定理论基础，也为颠覆性研究的识别提供分析思路和情报学基础。

2.4 变革性研究全文本文献计量分析

当前，新一轮的科学革命正在全世界范围内兴起，核心技术的发展为产业升级带来了重大机遇。与此同时，科学研究范式也发生了前所未有的深刻变革，创新驱动发展成为全世界共识，科技创新呈现出颠覆性突破的先兆。在此背景下，我国相继在诸多政策文件中提出"重视颠覆性技术创新"[103]"推进颠覆性技术创新，加快引领产业变革"[104]等关键论述。由此可见，颠覆性创新已成为国家未来发展的关键词。

托马斯·库恩曾将科学研究分为渐进性研究和变革性研究[105]。国内外也有许多学者针对变革性研究的相关课题进行了深入研究，变革性研究的识别和预测成为具有战略意义的课题。通过梳理变革性研究演进脉络上的特征，为未来有可能产生变革性研究的、变革性技术热点的识别提供参考和支撑，变革性研究对当今世界科技发展的重要性不言而喻。同时，科技创新离不开识别和预测具有变革性、颠覆性创新的研究，但当前变革性研究的研究仍处于理论探讨的摸索阶段，少有研究从引文分析的角度，特别是从引文内容分析的角度探索变革性研究的引用行为，从该角度出发或许能从中发现新一轮科学革命发生的关键节点。

2.4.1 变革性研究的相关概念及其识别方法

2.4.1.1 相关概念

在社会科学领域，变革性研究有许多相似或相关的概念，如颠覆性技术、颠覆性创新、颠覆性研究、变革性研究和突破性研究等，虽然在表述上有所区别，但其本质上都是围绕其对现有科学范式的推翻或颠覆而言的。根据研究对象所属领域的不同，其在管理学领域和情报学领域涉及的相关概念也有所差异。

在管理学领域中，常见概念包括颠覆性技术、颠覆性创新以及颠覆性技术创新等。颠覆性技术最早由 Christensen[106] 在《颠覆性技术的浪潮》一书中提出，多指最初并不能满足主流客户需求、只对小型或新兴市场有吸引力，但其性能的不断成熟逐渐吸引主流客户，最终占领主流市场的新技术。张春晖等[107]从技术与产品、产品与市场两个视角出发，对颠覆性创新的内涵进行了界定，并从能力与资产、知识管理与组织学习等方面探讨了颠覆性创新和渐进性创新的差异。王学昭等[108]认为颠覆性技术是科技创新的重要突破口，也是我国科技强国建设的重要举措，以促进颠覆性技术创新发展为目标，构建颠覆性技术创新的前瞻性治理体系。

在情报学领域，则较多使用颠覆性研究、变革性研究、突破性研究、革命性论文、颠覆性技术等相关概念，其中颠覆性研究[109]、变革性研究[110]、突破性研究[111]、革命性论文[112]等概念本质上都是指对现有科学范式的推翻或颠覆的研究；而颠覆性技术在情报学领域中更多以专利文献为代表的形式出现，罗素平等[113]从知识关联性、技术潜力和市场潜力三个维度评估技术组合，同时以中药领域为例，运用孔多塞投票法预测了有望成为颠覆性技术的专利，并进行了验证。

2.4.1.2 变革性研究数据源与识别方法

近几年来，变革性研究在情报学领域受到国内外学者的广泛关注，成为科技创新领域的热点和前沿议题，目前研究大多基于共识性的变革性研究数据、不同维度的指标和方法，试图预测和挖掘潜在变革性研究，并围绕已有变革性研究进行验证。

在数据源方面，诺贝尔奖论文和世界公认的里程碑式论文是变革性研究的首选数据源。Mazloumian 等[77]使用诺贝尔奖获得者的里程碑式论文作为他们突破性发现的代表，刘盛博等[114]以 2014 年诺贝尔生理学或医学奖获得者 J. O'Keefe 的高被引论文为例，采用文献计量学方法对引用内容主题进行分析，从引用性质和功能的角度将引用内容划分为 3 类引用。Winnink 等[65]使用 2010 年诺贝尔物理学奖获得者 Novoselov 等的研究论文探索了石墨烯的发现是如何链接理论、实验验证和新技术应用三者的，对后来的科学研究产生了怎样的影响。其次，高被引论文和睡美人文献也是变革性研究的重要数据源，Ponomarev 等[71]选择发表后 5 年内就具有很高被引次数的论文，并提出两种预测模型，研究跨学科或跨机构是否会是它们成为高被引论文的影响因素。杜建等[73]研究了 F1000 文章因子(FFa scores)和引用之间的关联，并以生物医学领域作为例证研究了研究层次和文章类型对 F1000 文章因子影响。Huang 等[115]提出了"颠覆分数"(disruption scores)，通过分析科学论文的引文模式来量化潜在的变革性研究在多大程度上改变了既定的科学范式。此外,专家知识对变革性研究进行判读也是重要的变革性研究的数据来源,如美国物理学会(APS)、国际计算机学会(ACM)等权威机构发表的一系列包含本领域重要研究的论文数据集,以及 Science 每年都会评选的年度科学突破等。在变革性研究的识别和预测方法方面,学者主要是围绕其计量学特征或文本内容展开,前者包括引文曲线、引文网络或是使用多源数据组合等,后者主要基于论文摘要和引文语料获取特征词和基于施引语句的语义挖掘等多种方法对变革性研究进行识别和预测。

1. 基于计量学特征的变革性研究识别方法

引文曲线是被引次数反映在时间上的曲线,可以用来分析引用的历史过程,从而反映论文的影响力。曹艺文等[116]和李江等[117]从引文曲线的角度出发,分别依据所选数据源构建引文曲线并进行拟合分析,从微观层面对变革性研究及突破性创新预测方法提供了参考。

引文网络指文献之间通过直接引用、共被引、引文耦合等方式形成的引用关系结构。引文网络能够体现研究主题间的相关性,也反映了研究主题的演变过程。Uzzi 等[74]基于随机引文网络,对 Web of Science 中所有论文从期刊共被引角度分析并计算了所有期刊的新颖性,结果发现,同时具有高度新颖性和常规性知识组合的研究更易获得高影响力。Chen[86]在引文网络中识别潜在的重要节点以探测里程碑式的变革性研究,并以此为基础设计了 CiteSpace 软件。Foster 等[88]通过识别提高网络连通性的节点或连线来测度创新性研究,如果一项研究能将两个引文网络上的文献联通,使原本松散的网络结构变得紧密,则这项研究具备创新性。

多源数据组合的方式则是通过多维度数据融合的方式对变革性研究进行测度,如从文献知识的内外部关联入手[91];基于文本和引文构建识别颠覆性研究的指标体系[95];与专利相结合对变革性研究进行识别与预测[90,110]。

2. 基于文本内容的变革性研究识别方法

随着文本挖掘、自然语言处理及情感分析技术的快速发展,使得对文本内容可以进行大规模的处理与加工,从而也为变革性研究的识别与预测提供了新的方法和视角。

Lu 等[118]通过引文内容分析追踪了 Hirsch 2006—2014 年发表的关于 h-index 的高被引论文学术影响变化的动态过程。杨雪梅等[111]利用 Science 评选的年度科学突破的关键文献和诺贝尔奖获得者的关键论文作为突破性研究语料数据,利用摘要和引文语料提取突破性研究的特征词,遴选出摘要语料和引文语料的特征词元,进一步对比摘要和引文的检索识别效果。Radev 等[119]从引文语义挖掘的角度探索了 ACL Anthology Network 数据库,通过研究引文目的和引文极性的变化可以预测新技术的出现或旧技术影响的下降。

在文献计量学领域,引文分析法出现已有数十年的时间,但直到 XML 格式的结构化全文数据的出现,引文分析才将引用内容纳入研究体系,逐渐演变成全文本引文分析。全文本引文分析是基于全文的引文分析,能够有效避免传统引文分析的一些缺点,如忽视引用情感、引用动机等深层次引用行为。随着近些年来自然语言处理等相关技术日趋成熟,全文本引文分析已逐渐成为情报学领域较为成熟且完善的研究方法。

当前,在已有的变革性研究的识别与探测方法的相关研究中,多围绕变革性研究产生的影响展开,如计量特征抽取,或使用典型案例进行事后验证性研究,少有研究关注到变革性研究的起源和发生过程,尤其是使用全文本引文分析的研究方法,对变革性研究的文献基础进行分析,二者的有机结合能够从另一个角度重新思索变革性研究的思想起源和知识基础,为变革性研究的发展提供有益的补充。

2.4.2 数据来源与研究方法

2.4.2.1 数据的获取

诺贝尔奖论文作为变革性研究的典型数据源，已有许多的科学家利用诺贝尔奖获得者或诺贝尔奖论文开展了对变革性研究的研究。因此，本节的原始数据源选用 Li 等[120]通过结合历届诺贝尔奖获得者的履历、所属大学网站和维基百科（Wikipedia）收集的非结构化数据，并从微软学术图谱（microsoft academic graph，MAG）中获取论文和引文数据，进而确定的诺贝尔奖获得者的论文数据集。以 1997—2016 年共 191 篇诺贝尔奖论文（其中包括物理学 58 篇，化学 71 篇，生理学或医学 62 篇）作为本节的研究数据，通过在 Web of Science 和 Scopus 检索并获取诺贝尔奖论文的引文信息和全文信息，人工标注引用信息和引用内容，获取引用长度、引用强度、引用语境等信息。

2.4.2.2 引用内容的标注

通过人工标注变革性研究论文的引用长度、引用强度、引用语境等引用内容信息，分析变革性研究的内容特征，继而探索变革性研究的引用行为，解读背后的引用情感及引用动机，比较不同学科领域之间的差异。

1. 引用长度

引文长度即为引文内容的字符串长度，探索引文内容的长度分布可以显示不同学科领域的引文特征。引用长度分析指对施引文献中引用内容的字符串长度进行分析，与引用强度相结合可以更全面地判断施引文献对参考文献的吸收利用程度。

引用可能发生在论文首句或是论文尾句，可能导致引用长度出现较大的偏差。因此，本节的引用长度仅计算引文具体内容的字符串长度，而不包括引文上下文的字符串长度。

2. 引用强度

引用强度指引文在施引文献正文中被引用或提及的次数[121]，引用的参考文献次数反映了不同参考文献的重要性。引用强度分析主要研究引文内容在施引文献中被引用的次数。Hassan 等[122]指出一篇文献在施引文献中被引用的次数越多，证明这篇文献对于施引文献的重要性越大，影响程度越高。

一篇论文可以多次引用相同的参考文献，也可以在相同的引用内容中标记多个参考文献。因此，本节将引用强度定义为：当一篇论文引用 n 次参考文献时，其引用强度记为 n，且只记录一次。

3. 引用语境

引用语境指施引文献在引用时的原文及上下文，引用语境可以更准确地表明引用时的信息焦点，展现引用时的目标、动机和情感。引用语境作为文本信息，通过标注引用语境可以进而获得引用情感和引用动机的特征词，从而进一步实现引用情感分析和引用动机分析。

本节将引用语境定义为施引文献在引用被引文献时的引文原文、引文原文的前一句和引文原文的后一句作为引用语境。

2.4.2.3 引用情感的计算方法

通过使用文本情感分析方法分析诺贝尔奖论文的引文内容，由此判断诺贝尔奖论文的引用情感，并对不同学科的引用行为进行差异化分析。由于获得的诺贝尔奖论文文本数据几乎都使用了英语作为论文撰写语言（除一篇诺贝尔化学奖论文使用法语撰写，对此篇论文进行了剔除），故本节选取了适用于英文文本情感分析、由 Stanford 大学开发的 NLTK 库作为情感分析的工具。NLTK 工具包中的 Sentiment Analyser 工具可以直接计算出单个句子的情感得分,并分为负面、中性、正面及复杂程度等 4 项进行表示,并分别进行存储。

具体的情感分析方法如下:首先,获取诺贝尔物理学、化学、生理学或医学奖的论文全文,并结合题录信息和文后的参考文献信息,根据施引文献和被引文献的 DOI 号构建二维表格。其次,人工标注引用原文及引用上下文,按照物理学、化学、生理学或医学 3 个领域分别归类存储。需要说明的是,文中对同一文本的多次引用行为均按照无关行为纳入存储之中,此处假设了多次引用行为之间不存在情感关联性。

2.4.2.4 引用动机的分类规则

在参考 Moravcsik[123]、Brooks[124]等对引用动机分类的标准上,以及朱大明[125]提出的 10 种学术性引用动机的基础上进行归类整理,由于诺贝尔奖论文作为顶尖的学术论文,可以假设其引用动机均为学术性引用动机,并依据上表及对诺贝尔奖论文引用原文和引用上下文,重新划分为理论分析型引用和实验相关型引用。

其中,理论分析型引用即为背景引用,阐明课题研究的重要性或必要性,论证其重大意义和应用价值;而实验相关型引用指使用相关理论或相关实验以论证自己提出的理论或方法的合理性和创新性。分类规则如表 2-20 所示。

表 2-20 引用动机分类规则

分类设定	包含的具体子类别
理论分析型引用 (背景引用)	①引用本研究领域近期发表的相关文献,发现现有文献均未涉及该课题研究,找到当前研究空白点,阐明该课题研究的新颖前沿性 ②引用与该课题相关但角度不同的最新文献,分析存在的问题和不足,说明该课题是当前研究的重点、难点或热点课题 ③引用相关文献报道的事实或数据,说明该课题存在的实际问题及解决的迫切需求,表明该课题研究的不可或缺性 ④引用已有的相关文献,发现未曾出现过类似的研究工作,表明该课题研究的独特性 ⑤引用该课题在实际应用中获得显著效益的文献,以此论证该课题研究涉及的理论或技术的意义及价值
实验相关型引用 (使用)	①引用相关文献的理论或方法进行对比分析,以此论证某理论或方法的创新性 ②引用经典论著或权威文献中的理论或方法作为论据或论证推导的前提,以论证某理论或方法的科学性和可靠性 ③引用相关文献中的调查或实验数据作为论据,与课题研究结果进行对比分析,为某理论或方法提供定量依据 ④引用相关文献的理论分析、实验结果,对其进行全面概括和归纳,从而发现某种规律或特征 ⑤通过分析论证引文内容从而得出新的观点见解,以此质疑或反驳某理论或方法等

2.4.3 描述性统计

文献计量分析通常运用数理统计方法对文献载体进行定量分析,包括出版时间、来源期刊、被引次数等信息。其中,在出版时间的定量分析中采用获奖时滞作为衡量诺贝尔奖论文从出版到获奖的时间长度指标,具体计算方法为获奖时间与出版时间的年份之差,以此研究变革性研究需要多长时间才可以得到科学界的认可。

2.4.3.1 获奖时滞

出版时间作为文献发布的时间要素,反映了变革性研究出现的时间背景,而大部分变革性研究都需要经过很长一段时间才会获得科学界的认可,或是在工程领域出现了新的实践场景,或是在其他领域有了崭新的应用,因此获得诺贝尔奖的时间往往与出版时间有所间隔,故选取获奖时滞这一指标研究出版时间和获奖年份之间的关系。

1.物理学

诺贝尔物理学奖论文大多发表于20世纪80年代,获奖时滞的平均数为23.52年,也就意味着大多数诺贝尔物理学奖论文平均要经过23年左右的时间,才可以获得诺贝尔奖,具体如表2-21所示。其中,获奖时滞超过平均数的论文占所有诺贝尔物理学奖论文的比例为43.55%。

表2-21 物理学奖论文获奖时滞(按获奖年份排序)

获奖年份	出版年份	获奖时滞/年	获奖年份	出版年份	获奖时滞/年
2016	1973	43	2005	1963	42
2016	1983	33	2005	2000	5
2015	1998	17	2005	2002	3
2015	2002	13	2004	1973	31
2015	2001	14	2004	1973	31
2014	1989	25	2003	1957	46
2014	1994	20	2003	1983	20
2013	1964	49	2003	1974	29
2013	1964	49	2003	1970	33
2013	1964	49	2003	1972	31
2012	1996	16	2003	1965	38
2012	1996	16	2003	1950	53
2012	1995	17	2002	1998	4
2012	1996	16	2002	1987	15
2012	1996	16	2002	1962	40
2011	1998	13	2002	1968	34
2011	1998	13	2001	1995	6
2010	2004	6	2001	1995	6
2009	1966	43	2000	1982	18
2009	1970	39	2000	1995	5
2008	1961	47	2000	1994	6
2008	1960	48	2000	1976	24
2008	1973	35	1999	1972	27
2007	1988	19	1998	1982	16

续表 2-21

获奖年份	出版年份	获奖时滞/年	获奖年份	出版年份	获奖时滞/年
2007	1986	21	1998	1983	15
2006	1990	16	1997	1988	9
2006	1992	14	1997	1988	9
2005	1963	42	1997	1986	11

其中,获奖时滞最长的一篇诺贝尔物理学奖论文是苏联物理学家 Vitaly Lazarevich Ginzburg 和 Lev Davidovich Landau 于 1950 年发表的一篇阐述超导体相关理论的论文,这项研究直到 53 年后的 2003 年才获得了诺贝尔奖,在 Landau 二级相变理论的基础上提出了 Ginzburg-Landau 方程,这个模型综合了超导体的电动力学、量子力学和热力学性质。

而获奖时滞最短的一篇诺贝尔物理学奖论文则是德国物理学家 Theodor Hansch 于 2002 年发表的一篇关于精确测量光学频率的光梳技术概念和方法,仅仅过了 3 年就获得了诺贝尔物理学奖,但其实他早在 20 世纪 70 年代就已经开展相关研究。

2. 化学

诺贝尔化学奖论文同诺贝尔物理学奖论文一样,大多发表于 20 世纪 80 年代,获奖时滞的平均数为 24.39 年,略长于物理学,具体如表 2-22 所示。其中,获奖时滞超过平均数的论文共有 32 篇,占所有诺贝尔化学奖论文的比例为 51.61%,在各个区间的分布较为平均。

表 2-22　化学论文获奖时滞

获奖年份	出版年份	获奖时滞/年	获奖年份	出版年份	获奖时滞/年
2016	1991	25	2007	1974	33
2016	1999	17	2007	1974	33
2016	1983	33	2007	1976	31
2015	1989	26	2007	1977	30
2015	1974	41	2007	1978	29
2015	1983	32	2006	1974	32
2014	2000	14	2005	1971	34
2014	1991	23	2005	1992	13
2014	1992	22	2005	1993	12
2014	1993	21	2005	1990	15
2014	1994	20	2005	1990	15
2013	1975	38	2004	1980	24
2013	1976	37	2004	1980	24
2013	1972	41	2004	1980	24
2012	1986	26	2004	1980	24
2011	1984	27	2004	1980	24
2010	1968	42	2003	1992	11
2010	1968	42	2003	1998	5
2010	1968	42	2002	1985	17

续表 2-22

获奖年份	出版年份	获奖时滞/年	获奖年份	出版年份	获奖时滞/年
2010	1968	42	2002	1988	14
2010	1972	38	2002	1989	13
2010	1976	34	2001	1968	33
2010	1976	34	2001	1968	33
2010	1979	31	2001	1980	21
2009	2000	9	2000	1977	23
2009	2000	9	2000	1977	23
2009	2000	9	2000	1977	23
2009	2000	9	2000	1977	23
2009	2000	9	2000	1977	23
2009	2000	9	2000	1977	23
2008	1994	14	1999	1988	11

其中,2008 年诺贝尔化学奖得主日裔美国科学家 Osamu Shimomura 发明了多色荧光蛋白标记技术,通过这项技术使科学家能够观察到蛋白的运动、位置以及相互作用,为细胞生物学和神经生物学发展带来一场革命,但是早在 46 年前 Osamu Shimomura 就已经发表了关于从水晶果冻水母中分离出会在紫外线下发出明亮的绿光的 GFP 蛋白的论文。

而获奖时滞最短的一篇论文是 1997 年诺贝尔化学奖得主 John Walker 在 1994 年以牛心脏为例证明了三磷酸腺苷的酶催化过程,因此与 Herbert Boyer 共获 1997 年诺贝尔化学奖。

3. 生理学或医学

诺贝尔生理学或医学奖论文的获奖时滞平均为 23.79 年,比诺贝尔化学奖论文获奖时滞略短,同诺贝尔物理学奖论文的获奖时滞类似,具体如表 2-23 所示。其中,大部分诺贝尔生理学或医学奖论文的获奖时滞集中分布在 14～32 年。

表 2-23　生理学或医学论文获奖时滞

获奖年份	出版年份	获奖时滞/年	获奖年份	出版年份	获奖时滞/年
2016	1993	23	2007	1980	27
2016	1992	24	2007	1987	20
2015	1977	38	2007	1984	23
2015	1979	36	2006	1998	8
2015	1979	36	2005	1984	21
2014	2005	9	2004	1991	13
2014	1971	43	2003	1977	26
2013	1990	23	2003	1973	30
2013	1992	21	2002	1986	16
2013	1993	20	2002	1974	28
2013	1994	19	2002	1977	25
2013	1980	33	2001	1987	14

续表 2-23

获奖年份	出版年份	获奖时滞/年	获奖年份	出版年份	获奖时滞/年
2013	1979	34	2001	1987	14
2013	1993	20	2001	1983	18
2013	1998	15	2001	1971	30
2013	1998	15	2000	1970	30
2013	1993	20	2000	1969	31
2012	2006	6	2000	1957	43
2012	2007	5	2000	1958	42
2012	1962	50	2000	1958	42
2012	1962	50	1999	1975	24
2011	1973	38	1998	1977	21
2011	1996	15	1998	1977	21
2011	1998	13	1998	1980	18
2010	1978	32	1998	1986	12
2009	1982	27	1998	1986	12
2009	1985	24	1998	1987	11
2008	1983	25	1998	1987	11
2008	1984	24	1997	1982	15
2008	1983	25	1996	1974	22
2007	1981	26	1996	1974	22
2007	1987	20			

其中，2012 年诺贝尔生理学或医学奖颁给了发现成熟、特化的细胞能够被重编程为可发育成身体组织的非成熟细胞的英国发育生物学家 John Gurdon 和日本生物学家 Shinya Yamanaka。John Gurdon 作为体细胞核移植重编程技术的发明人，1962 年发表了一系列关于体细胞培育个体的相关论文，因此获得了 2012 年诺贝尔生理学或医学奖，这一系列论文成为获奖时滞最长的诺贝尔生理学或医学奖论文。而日本生物学家 Shinya Yamanaka 等在 2006 年发表了一篇关于小鼠的成熟体细胞是如何能够被重编程为胚胎干细胞的论文，彻底改变了以往人们对于发育和细胞特化的看法，也因此仅过了 6 年就获得了诺贝尔生理学或医学奖。

总的来说，诺贝尔奖论文呈现出较高的获奖时滞，许多研究经过数十年后才有可能获得诺贝尔奖，具有变革性研究"延迟承认"的特性。但也有许多研究并非获得了诺贝尔奖才获得了世界的认可，而是在发表一段时间后体现出巨大的应用前景，或是在某一领域得到了广泛应用，就已经成为公认的具有开创性的、变革性的研究。

诺贝尔物理学奖论文的平均获奖时滞为 23.52 年，诺贝尔化学奖论文的平均获奖时滞为 24.39 年，诺贝尔生理学或医学奖论文的平均获奖时滞为 23.79 年。上述三大领域的获奖时滞均集中在 23～24 年，并未体现出明显的学科差异性。

2.4.3.2 来源期刊

学术期刊作为科学研究的文字载体，高水平的论文往往会选择发表在本专业或本领域的权威期刊上，具有影响力的期刊往往也会提高自己的审稿标准，刊登具有创新、突破性的高水平论文，二者互相影响、互相促进。

本节关于诺贝尔奖论文的来源期刊的相关指标，选取的是过去5年的期刊影响因子和2019版的JCR分区，特别需要说明的是，部分学术期刊根据不同的学科和分区分为不同的版本，具有不同的影响因子，如*Physical Review*被划分为A、B、C、D、E 5个版本，其中A为原子分子物理，B为凝聚态物理，C为核物理，D为基本粒子、场论、宇宙学，E为非线性物理等，下文为了便于统计，将同一期刊的不同版本的影响因子取平均值作为期刊的影响因子。

1. 物理学

诺贝尔物理学奖论文发表在19种不同的期刊上，其中有28篇（占比48.27%）的论文发表在物理学领域的权威期刊*Physical Review Letters*上。*Physical Review Letters*是美国1958年创办的世界著名的物理学顶级学术期刊，多次发表重要的物理研究成果。

但是也有物理学分支领域——如核物理学、天文学等领域的专业期刊刊登了本领域的优秀论文，也因此获得了诺贝尔物理学奖，这类期刊虽然不像物理学领域的顶级期刊*Physical Review Letters*等期刊具有非常高的影响因子，但是作为细分领域的权威期刊，也有许多诺贝尔物理学奖论文发表在此类期刊上，具体如表2-24所示。

表2-24 物理学论文来源期刊

期刊名称	频次	影响因子	JCR分区
Physical Review Letters	28	8.215	Q1
Physical Review	4	4.657	Q2
Science	4	44.37	Q1
Nature	3	46.49	Q1
Annals of Physics	2	2.03	Q2
The Astrophysical Journal	2	5.51	Q1
Applied Physics Letters	1	3.4	Q1
Bell System Technical Journal	1	0.438	Q2
Electronics Letters	1	1.279	Q3
IEEE Transactions on Electron Devices	1	2.737	Q2
Japanese Journal of Applied Physics	1	1.271	Q3
Journal of Experimental And Theoretical Physics	1	1.02	Q3
Journal of Physics C Solid State Physics	1	2.658	Q2
Nuclear Physics	1	1.948	Q3
Optics Letters	1	3.443	Q2
Physics Letters	1	2.76	Q2
Proceedings of the IEEE	1	11.75	Q1
Progress of Theoretical Physics	1	1.53	Q2
The Astronomical Journal	1	5.068	Q1

可以看到，刊登诺贝尔物理学奖论文最多的期刊*Physical Review Letters*其影响因子高达8.215，是物理学领域最重要的学术期刊之一。另外，*Science*、*Nature*等知名的高影响力综合类期刊也发表了部分诺贝尔物理学奖论文。但期刊*Bell System Technical Journal*过去5年的影响因子仅有0.438，1970年曾刊登一篇关于半导体元件的论文，这项研究使Willard

Boyle 于 2009 年获得了诺贝尔物理学奖。

2. 化学

诺贝尔化学奖论文共发表在 23 种不同的期刊，由于其所属不同的化学领域，如有机化学、物理化学、高分子化学、材料化学等，所以并未像物理学一样非常集中发表于本领域的某一种权威期刊。其中有 13 篇论文发表在 *Science* 上，9 篇论文发表在 *Nature* 上，7 篇论文发表在 PNAS(*Proceedings of the National Academy of Sciences of the United States of America*)这类综合期刊上，具体如表 2-25 所示。

表 2-25　化学论文来源期刊

期刊名称	频次	影响因子	JCR 分区
Science	13	44.374	Q1
Journal of the American Chemical Society	11	14.549	Q1
Nature	9	46.488	Q1
Proceedings of the National Academy of Sciences of the United States of America	7	10.62	Q1
Journal of the Chemical Society Chemical Communications	4	—	—
Physical Review Letters	4	8.215	Q1
Surface Science	4	1.717	Q4
Journal of Chemical Physics	3	2.835	Q2
Cell	2	38.62	Q1
Journal of Molecular Biology	2	4.783	Q1
Physical Review	2	4.657	Q2
Tetrahedron Letters	2	1.928	Q2
Accounts of Chemical Research	1	20.953	Q1
Biochimica Et Biophysica Acta	1	2.59	Q2
Chemical Communications (London)	1	5.818	Q1
Journal of Cellular and Comparative Physiology	1	—	—
Journal of Organic Chemistry	1	4.072	Q1
Macromolecular Chemistry and Physics	1	2.148	Q2
Optics Letters	1	3.443	Q1
Rapid Communications in Mass Spectrometry	1	2.022	Q2
Tetrahedron	1	2.04	Q2
Theoretical Chemistry Accounts	1	1.405	Q4
Trends in Biochemical Sciences	1	17.935	Q1

诺贝尔化学奖论文的来源期刊有许多论文发表在高影响力的综合类期刊 *Science* 和 *Nature* 上，另外，有 11 篇论文发表在化学与材料领域的顶级期刊 *Journal of the American Chemical Society* 上，其过去 5 年的影响因子为 14.549。而 *Surface Science* 刊登了 4 篇诺贝尔化学奖论文，均为 2007 年诺贝尔化学奖获得者 Gerhard Ertl 发表的关于非均相催化的论文，但是 *Surface Science* 过去 5 年的影响因子仅为 1.717。

3. 生理学或医学

诺贝尔生理学或医学奖论文发表在 21 种期刊上，其中有 15 篇(占比 24.19%)论文发表在生命科学领域的顶级期刊 *Cell* 上，有 14 篇论文发表在 *Nature* 上，6 篇论文发表在 *Science* 上，4 篇论文发表在 PNAS(*Proceedings of the National Academy of Sciences of the United States of America*)等综合类期刊。

另外，还有许多论文发表在生理学或医学的分支领域内的权威期刊，如细胞生物学的相关研究会选择发表在 *Journal of Cell Biology*，发育生物学的相关研究会发表在 *Developmental Biology*，医学的相关研究则会发表在综合性医学期刊 *The Lancet*(柳叶刀)等，生理学或医学来源期刊具体如表 2-26 所示。

表 2-26　生理学或医学论文来源期刊

来源期刊	频次	影响因子	JCR 分区
Cell	15	38.62	Q1
Nature	14	46.488	Q1
Science	6	44.374	Q1
Proceedings of the National Academy of Sciences of the United States of America	4	10.62	Q1
Acta Physiologica Scandinavica	2	2.581	Q2
Antimicrobial Agents and Chemotherapy	2	4.746	Q1
Developmental Biology	2	3.09	Q2
Journal of Cell Biology	2	9.058	Q1
Journal of Pharmacology and Experimental Therapeutics	2	3.57	Q2
The Lancet	2	59.345	Q1
Brain Research	1	3.011	Q3
Circulation Research	1	15.627	Q1
Development	1	6.192	Q1
Experimental Cell Research	1	3.361	Q3
Febs Letters	1	3.37	Q3
Genetics	1	4.498	Q2
Journal of Cyclic Nucleotide Research	1	—	—
Journal of Experimental Medicine	1	11.984	Q1
Journal of Physics C Solid State Physics	1	2.658	Q2
Nucleic Acids Research	1	11.797	Q1
The Embo Journal	1		—

Cell 作为生命科学领域的顶级期刊，过去 5 年的影响因子为 38.62，近 1/2 的诺贝尔生理学或医学奖论文发表在 *Nature*、*Science*、*Proceedings of the National Academy of Sciences of the United States of America* 等高影响因子的综合类期刊。诺贝尔生理学或医学奖论文的来源期刊的影响因子远远高于物理学和化学领域的重要期刊的影响因子。

总体来看，诺贝尔奖论文大多集中发表在本领域内的具有高影响力的权威期刊，其中以物理学领域表现最为明显，如诺贝尔物理学奖论文近 1/2 发表在物理学领域的顶级期刊 *Physi-*

cal Review Letters 上，诺贝尔生理学或医学的论文近 1/4 发表在生命科学领域的顶级期刊 *Cell* 上。除此之外，*Nature*、*Science*、*Proceedings of the National Academy of Sciences of the United States of America* 等高水平的综合类期刊中的获奖论文也占比较大。

但也有一些例外，很多获得诺贝尔奖的研究早期的论文往往发表在并不知名的期刊，或是这些期刊过去曾是本领域内的权威期刊，随着时间的推移，其影响力已逐渐下降。如获得 1998 年诺贝尔化学奖的 John Pople，致力于量子化学和计算化学的研究，1973 年曾在 *Theoretical Chemistry Accounts* 发表了一篇关于极化函数对分子轨道氢化能的影响的论文，而这本期刊在过去 5 年的影响因子仅为 1.405。

2.4.3.3　被引频次

被引次数作为衡量论文影响力的重要指标，是指以单篇学术论文为对象，统计该论文被其他学术论文所引用的总次数，直接反映了论文的影响力大小。由于被引次数的分布较为分散且跨度较大，为了方便后续统计分析，将被引次数区间划分为 3 个区间，分别为被引次数≤1 000、1 000＜被引次数≤10 000、被引次数＞10 000。本节数据的获取时间截至 2020 年 12 月。

1. 物理学

1997—2016 年 58 篇诺贝尔物理学奖论文，去除 1 篇未在 Web of Science 获取到被引次数这一指标的论文，其他 57 篇论文的总被引次数为 168 706 次，篇均被引次数为 2 851 次，具体如图 2-16 所示。

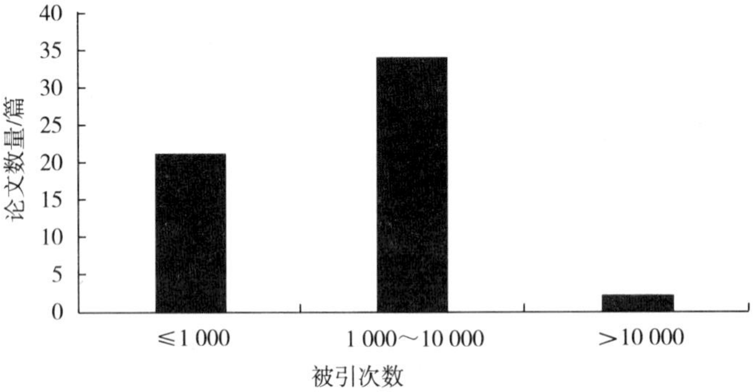

图 2-16　物理学论文被引次数

从图 2-16 中可以看出，物理学论文的被引次数均相对较高，大部分论文的被引次数在 1 000 次以上，其中获得 2010 年诺贝尔物理学奖的 Konstantin Novoselov 于 2004 年发表的一篇关于原子薄碳膜中的电场效应的论文，这篇文章取得了在石墨烯材料研究方面的革命性成就，自 2004 年发表至今，获得了 36 702 次被引，成为 1997—2016 年被引次数最高的诺贝尔物理学奖论文，其引文曲线如图 2-17 所示。该论文自 2004 年发表后，在 2006 年后获得了科学界持续的关注，在 2010 年获得诺贝尔物理学奖前后，其被引次数连续两年增长率超过 50%，之后一直维持着较高水平的被引。

而 1992 年 George Smoot 等发表的一篇关于宇宙微波背景辐射的黑体形式和各向异性的论文，在 2006 年获得了诺贝尔物理学奖，截至 2020 年 12 月也仅有 52 次被引。

2. 化学

71 篇诺贝尔化学奖论文共获得了 158 538 次引用，篇均被引次数为 2 991 次，略高于诺贝尔物理学奖论文，具体如图 2-18 所示。

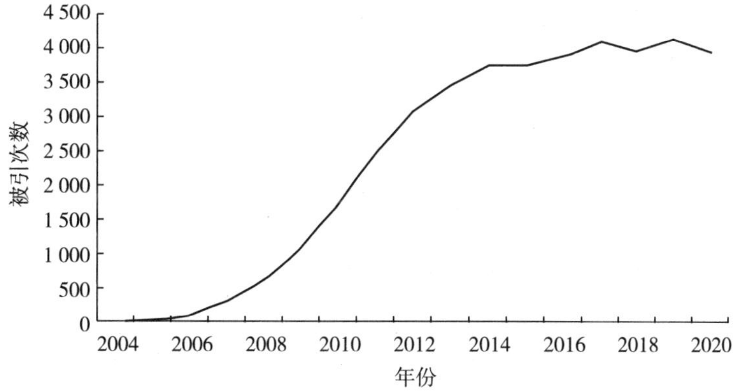

图 2-17　Electric field effect in atomically thin carbon films 引文曲线

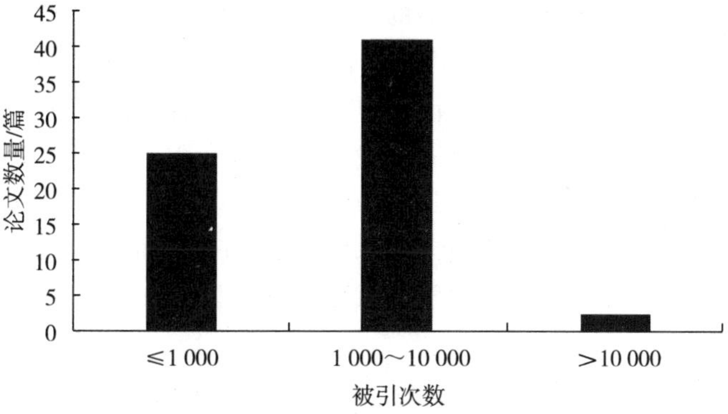

图 2-18　化学论文被引次数

从图中可以看出，诺贝尔化学奖论文中被引次数≤1 000 和被引次数>10 000 的论文篇数略高于诺贝尔物理学奖论文，其中有两篇论文的被引次数远远超出其他获得诺贝尔化学奖的论文的被引次数，分别为 33 547 次和 40 476 次，这两篇论文均为 1998 年诺贝尔化学奖得主 Walter Kohn 于 1964 年和 1965 年发表的两篇关于密度泛函理论（Hohenberg-Kohn-Sham Density Functional Theory，DFT）论文。这两篇论文的引文曲线如图 2-19 和图 2-20 所示。

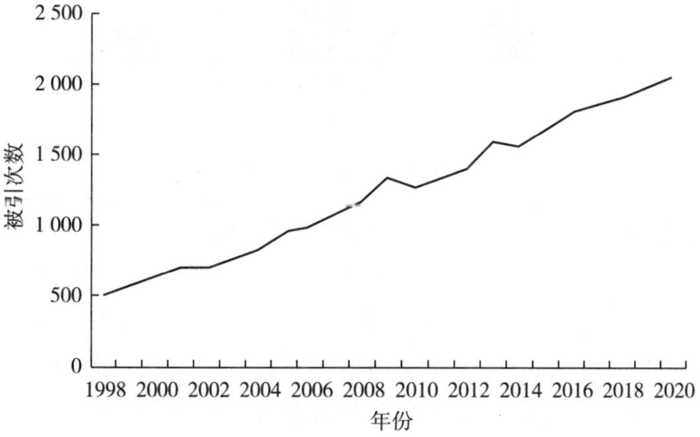

图 2-19　Inhomogeneous electron gas 引文曲线

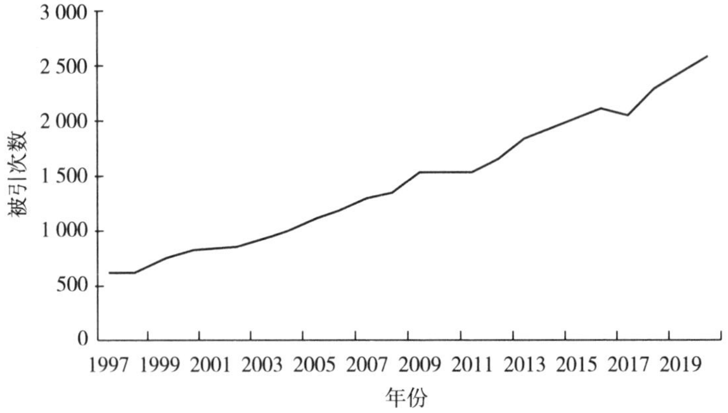

图 2-20 Self Consistent equations including exchange and correlation effects 引文曲线

从图中可以看出,这两篇论文有着类似的引文曲线,自发表之后保持着一个正常的被引次数增长速率,在 Walter Kohn 获得 1998 年诺贝尔物理学奖后也并未出现大幅度的增长。密度泛函理论作为凝聚态物理计算材料学和计算化学领域最常用的方法,在物理和化学上都有广泛的应用,因此便可以解释为何 Walter Kohn 发表的这两篇论文,过去了近半个世纪却依然受到多个领域的关注。但早在 2004 年,*Physical Review* 统计的 1893—2003 年引用次数最多的 100 篇文章,其中有 12 篇与密度泛函理论有关,2 篇位列前 10,而 Walter Kohn 是其中 5 篇文章的作者。事实上,有近半数涉及量子化学的文章,都引用了 Walter Kohn 的密度泛函理论。

3. 生理学或医学

62 篇诺贝尔生理学或医学奖论文共获得了 101 194 次引用,篇均被引次数为 3 306 次,略多于获得诺贝尔物理学奖和诺贝尔化学奖的论文,具体如图 2-21 所示。

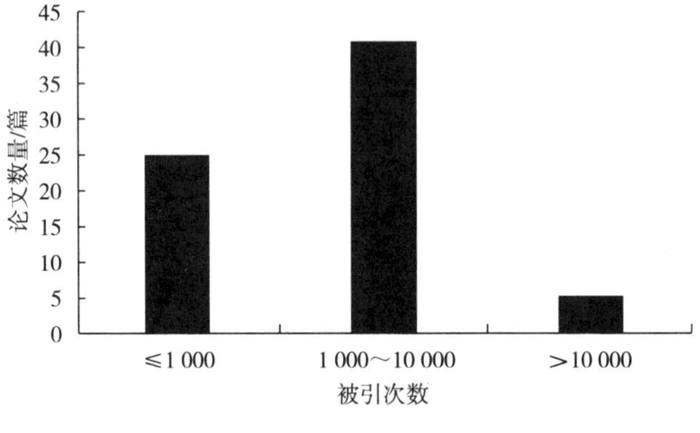

图 2-21 生理学或医学论文被引次数

从图中可以看出,诺贝尔生理学或医学奖论文被引次数分布与诺贝尔物理学、化学奖论文的分布大体相似。获得引用最多的一篇诺贝尔生理学或医学奖论文是 Oliver Smithies 于 1984 年发表在 *Nucleic Acids Research* 上关于“基因靶向”技术的论文。

很久以来,许多学者一直试图探寻论文被引次数的规律,毛国敏等[71]发现期刊论文被引次数存在幂律现象,论文被引的概率与被引次数的常数幂存在简单的比例关系。诺贝尔奖论文的被引次数分布也存在着这样的现象,绝大多数论文的被引频次集中在某一区间,但仍有部分论文自发表以来持续获得了大量的引用,吸引了许多关注。究其原因,这些论文大多是在某一领域取得了开创性、革命性、突破性的成就，而后的相关研究也大多是基于此而进行的，因此在很长一段时间内都在持续受到关注，其被引频次也保持着相对稳定的高被引水平。

根据论文的被引频次来判断其学术影响力的高低，是目前最直观，也是最普遍的论文评价方法，但是被引频次指标也存在一些不可忽视的问题，如未考虑引用内容的差异性等[48]，使得被引频次指标只能代表论文的宏观影响力和受关注程度，而无法揭示论文在他人研究中的具体作用和影响[15]，也无法代表论文真正的学术价值和应用价值。但是总的来说，诺贝尔奖作为科技领域的最高殊荣，具有极高的变革性研究价值，诺贝尔奖论文普遍还是获得了极高的被引频次，在科学发展的历程中影响深远。

2.4.3.4 参考文献类型

学术论文常常通过引用不同的文献类型证明其具有丰富的文献基础，并在此基础上开展相关研究，常见的文献类型有期刊论文、会议论文、书籍、书信、手稿等。不同学科领域诺贝尔奖论文的文献类型如表2-27所示。

表2-27 不同学科领域诺贝尔奖论文的文献类型

学科领域	文献类型			
	Article	Letter	Note	Review
物理学	91.20%	5.20%	1.80%	1.80%
化学	86.00%	3.50%	10.50%	—
生理学或医学	93.80%	4.10%	2.10%	—

可以看到，不论是物理学、化学还是生理学或医学，诺贝尔奖论文大部分为期刊论文，物理学领域中有1篇获奖论文为Review类型，1篇获奖论文为Note类型；而化学领域中Note类型的文献占10.50%，是3个学科领域中占比最高的。诺贝尔奖论文的参考文献多数也为期刊论文，本节为了方便统计，仅统计参考文献中期刊论文和非期刊论文的数量。

1. 物理学

平均一篇诺贝尔物理学奖论文有22.64篇参考文献，而诺贝尔物理学奖论文的参考文献中非期刊论文占比最低为0，最高为66.67%，如表2-28所示。

表2-28 物理学奖论文参考文献类型

获奖年份	参考文献中非期刊论文占比/%	获奖年份	参考文献中非期刊论文占比/%	获奖年份	参考文献中非期刊论文占比/%
2016	24.14	2009	16.67	2003	0
2016	0	2008	8.70	2003	12.50
2015	14.29	2008	21.43	2003	15.38
2015	0	2008	14.29	2002	14.29
2015	15.63	2007	5.88	2002	66.67
2014	12.50	2007	66.67	2002	33.33
2014	5.26	2006	12.90	2002	17.65
2013	27.27	2006	18.75	2001	18.42
2013	0	2005	19.05	2001	31.58
2013	11.11	2005	23.08	2000	22.03

续表 2-28

获奖年份	参考文献中非期刊论文占比/%	获奖年份	参考文献中非期刊论文占比/%	获奖年份	参考文献中非期刊论文占比/%
2012	0	2005	7.41	2000	8.33
2012	12.90	2005	0	2000	12.50
2012	3.85	2005	3.85	2000	50.00
2012	8.57	2005	4.76	1999	23.81
2012	9.80	2004	50.00	1998	0
2011	21.43	2004	50.00	1998	20.00
2011	16.03	2003	0	1997	22.73
2010	0	2003	17.91	1997	6.67
2009	40.00	2003	35.71	1997	8.33

诺贝尔物理学奖论文的参考文献中非期刊占比最高的一篇论文由德国物理学家 Peter Grunberg 于 1986 年发表的 1 篇关于巨磁电阻效应的论文，这篇论文的 12 篇参考文献中有 8 篇是未出版和通讯类的文章，非期刊论文占所有参考文献的 66.67%。

2. 化学

诺贝尔化学奖论文的参考文献数量平均值为 29.28 篇，剔除部分尚未获得参考文献类型的论文后，可以发现在诺贝尔化学奖论文中，有 3 篇论文的参考文献中非期刊论文占比为 0，具体如表 2-29 所示。

表 2-29　化学奖论文参考文献类型

获奖年份	参考文献中非期刊论文占比/%	获奖年份	参考文献中非期刊论文占比/%	获奖年份	参考文献中非期刊论文占比/%
2016	20.69	2010	38.89	2003	22.22
2016	10.26	2009	23.08	2002	9.09
2016	3.23	2009	4.00	2002	5.56
2015	7.14	2008	4.35	2002	6.06
2015	21.05	2008	14.52	2001	7.27
2015	20.83	2008	19.40	2001	21.95
2014	6.25	2007	25.71	2001	10.53
2014	60.00	2007	8.33	2000	50.00
2014	30.77	2007	3.33	2000	19.05
2014	7.69	2007	15.00	1999	20.83
2014	6.12	2006	47.22	1998	18.42
2013	30.77	2005	12.66	1998	5.88
2013	12.50	2005	17.78	1998	6.25
2013	0	2004	10.71	1997	7.69
2012	0	2004	28.57	1997	7.41
2011	33.33	2004	23.08	1997	10.00
2010	0	2003	24.49		

诺贝尔化学奖论文中,参考文献中非期刊论文占比最高的是2014年诺贝尔化学奖得主Stefan Hell于1994年发表的一篇关于超分辨率荧光显微技术的论文,其5篇参考文献中有3篇引用自书籍,而非期刊论文。

3. 生理学或医学

诺贝尔生理学或医学奖论文平均的参考文献数量为29.90篇,在剔除部分尚未获得参考文献类型的论文后,可以发现诺贝尔生理学或医学奖论文的参考文献中非期刊论文数量的占比不超过50%,具体如表2-30所示。

表2-30　生理学或医学奖论文参考文献类型

获奖年份	参考文献中非期刊论文占比/%	获奖年份	参考文献中非期刊论文占比/%	获奖年份	参考文献中非期刊论文占比/%
2016	8.11	2011	0	2001	25.00
2016	8.70	2011	5.88	2001	7.14
2015	40.00	2010	5.26	2000	50.00
2015	12.00	2006	7.41	1999	10.53
2014	9.52	2005	15.38	1998	0
2014	3.70	2005	0	1998	0
2013	3.33	2004	20.00	1998	5.77
2013	0	2004	3.70	1998	7.32
2012	3.70	2003	0	1997	5.17
2012	3.57	2003	0	1996	10.53
2011	6.00	2002	7.32	1996	42.86

通过分析发现,有6篇诺贝尔生理学或医学奖论文的参考文献中非期刊论文数量的占比为0,另外Arvid Carlsson于1957年发表的一篇论文,其参考文献中非期刊论文数量的占比为50%,Arvid Carlsson因为在慢性神经信息传送这一研究领域取得了突破性进展,也因此获得了2000年的诺贝尔生理学或医学奖。

总的来说,诺贝尔奖论文的文献类型包括Article、Review、Letter、Note等,其参考文献的文献类型也同样包括这些,另外还有部分诺贝尔奖论文的参考文献包括专利文献,如:获得2014年诺贝尔化学奖的Eric Betzig,曾在1993年发表的Single molecules observed by near field scanning optical microscopy引用了2篇专利文献。

比较诺贝尔物理学、化学、生理学或医学奖论文的参考文献数量,可以发现诺贝尔物理学奖论文的平均参考文献数量为22.64篇,少于诺贝尔化学奖论文和诺贝尔生理学奖论文或医学奖论文参考文献数量的平均值,分别为29.28篇和29.90篇。这可能是由于物理学相较于另外两个学科,实践性较弱,多数获得诺贝尔物理学奖的论文更注重理论的创新,因此可参考的文献较少,导致诺贝尔物理学奖论文的参考文献数量少于诺贝尔化学奖论文和诺贝尔生理学或医学奖论文的参考文献数量。

而诺贝尔奖论文的参考文献类型中非期刊论文数量占比超过50%的论文,其参考文献数量都远远低于各自领域参考文献数量的平均值,且常常引用尚未发表的论文或是专利、书籍等非期刊论文。

2.4.3.5 参考文献时间窗口

论文施引的时候往往受限于当时的时代背景，参考文献的时间窗口可以看出论文引证覆盖的时间跨度。绝大多数论文常常会引用发表前近几年最新的文献以突出论文的创新性，也常常引用发表在权威期刊的一些经典文献。参考文献时间窗口跨度可以清晰地展示论文的文献基础，以此体现论文是否在充足的理论基础上取得了一些创新性成果。

1. 物理学

诺贝尔物理学奖论文的参考文献时间窗口跨度平均为 21.93 年，常常引用出版年份当年或是上一年的论文以佐证自己的研究，具体如表 2-31 所示。

表 2-31 物理学奖论文参考文献时间窗口

出版年份	参考文献时间窗口	参考文献时间跨度/年	出版年份	参考文献时间窗口	参考文献时间跨度/年
1973	[1934,1972]	38	2000	[1984,2000]	16
1983	[1975,1983]	8	2000	[1986,2000]	14
1998	[1978,1998]	20	2002	[1984,2001]	17
2002	[1962,2002]	40	2002	[1986,2002]	16
2001	[1971,2001]	30	1973	[1954,1973]	19
1989	[1966,1989]	23	1973	[1959,1973]	14
1994	[1974,1993]	19	1957	[1937,1956]	19
1964	[1954,1963]	9	1983	[1935,1982]	47
1964	[1961,1964]	3	1974	[1957,1973]	16
1964	[1961,1964]	3	1970	[1962,1970]	8
1996	[1963,1995]	32	1972	[1961,1972]	11
1996	[1935,1996]	61	1965	[1941,1965]	24
1995	[1956,1995]	39	1998	[1978,1998]	20
1996	[1963,1995]	32	1987	[1966,1986]	20
1996	[1927,1996]	69	1962	[1957,1961]	4
1998	[1982,1997]	15	1968	[1963,1968]	5
1998	[1960,1998]	38	1995	[1924,1995]	71
2004	[1981,2004]	23	1995	[1987,1995]	8
1966	[1951,1965]	14	1982	[1957,1981]	24
1970	[1966,1970]	4	1995	[1981,1994]	13
1961	[1952,1960]	8	1994	[1982,1994]	12
1960	[1957,1960]	3	1976	[1951,1962]	11
1973	[1964,1972]	8	1972	[1934,1972]	38
1988	[1974,1988]	14	1982	[1934,1982]	48
1986	[1985,1986]	1	1983	[1965,1983]	18
1990	[1969,1990]	21	1988	[1975,1988]	13
1992	[1981,1992]	11	1988	[1976,1988]	12
1963	[1894,1963]	69	1986	[1965,1985]	20
1963	[1926,1963]	37			

由表2-31可以看到,有2篇诺贝尔物理学奖论文参考文献时间窗口跨度为69年,其一是2012年诺贝尔物理学奖得主David Wineland于1996年发表的一篇关于量子物理学的论文,正是这篇论文阐述了大名鼎鼎的“薛定谔的猫”,研究了光与物质相互作用的量子过程;另一篇论文同样也是在量子物理学领域,Roy Glauber运用量子理论来解释光学问题,为量子电动力学(quantum electrodynamics)奠定了基础,因此获得了2005年诺贝尔物理学奖。

而参考文献时间窗口跨度最小的一篇论文仅为1年,这篇论文是由德国物理学家Peter Grunberg于1986年发表的一篇关于巨磁电阻效应的论文,这篇论文的12篇参考文献均为发表近两年的相关研究,获得了2007年诺贝尔物理学奖,这篇论文同样也是诺贝尔物理学奖论文参考文献中非期刊占比最高的一篇论文。

2. 化学

诺贝尔化学奖论文的参考文献时间窗口跨度平均为33.08年,高于诺贝尔物理学学奖论文的参考文献时间窗口跨度,参考文献时间窗口跨度最长为152年,最短为4年,具体如表2-32所示。

表2-32 化学奖论文参考文献时间窗口

出版年份	参考文献时间窗口	参考文献时间跨度/年	出版年份	参考文献时间窗口	参考文献时间跨度/年
1991	[1967,1991]	24	1962	[1810,1962]	152
1989	[1976,1989]	13	1974	[1933,1974]	41
1974	[1950,1974]	24	1974	[1932,1972]	40
1983	[1964,1982]	18	1974	[1941,1974]	33
2000	[1979,2000]	21	1976	[1958,1976]	18
1991	[1928,1990]	62	1978	[1922,1977]	55
1992	[1873,1992]	119	1974	[1956,1974]	18
1993	[1944,1992]	48	1992	[1968,1991]	23
1994	[1977,1994]	17	1993	[1977,1993]	16
1975	[1956,1974]	18	1990	[1961,1990]	29
1972	[1946,1971]	25	1990	[1958,1989]	31
1986	[1963,1986]	23	1980	[1953,1980]	27
1984	[1921,1983]	62	1980	[1953,1980]	27
1968	[1902,1968]	66	1980	[1953,1980]	27
1968	[1903,1968]	65	1980	[1953,1980]	27
1968	[1903,1968]	65	1980	[1953,1980]	27
1968	[1948,1968]	20	1992	[1970,1992]	22
1972	[1968,1972]	4	1998	[1955,1998]	43
1976	[1967,1976]	9	1989	[1967,1989]	22
1976	[1960,1976]	16	1968	[1912,1968]	56
2000	[1974,2000]	26	1980	[1962,1980]	18
2000	[1978,2000]	22	1977	[1952,1977]	25
2000	[1963,2000]	37	1977	[1961,1975]	14

续表 2-32

出版年份	参考文献时间窗口	参考文献时间跨度/年	出版年份	参考文献时间窗口	参考文献时间跨度/年
2000	[1971,2000]	29	1988	[1965,1988]	23
2000	[1971,2000]	29	1973	[1951,1972]	21
1994	[1962,1993]	31	1964	[1934,1963]	29
1995	[1980,1995]	15	1965	[1927,1965]	38
1997	[1985,1997]	12	1954	[1912,1954]	42
1994	[1953,1994]	41	1994	[1966,1994]	28
1995	[1974,1995]	21	1957	[1925,1956]	31

其中,2008 年诺贝尔化学奖得主 Osamu Shimomura 发表的一篇关于提取、纯化发光水母的绿色荧光蛋白的论文,参考文献时间窗口跨度高达 152 年,该论文发表于 1962 年,这篇论文共有 36 篇参考文献,但发表时间最早的一篇参考文献发表于 1810 年,距离 Osamu Shimomura 这篇论文出版有 152 年之久。

3. 生理学或医学

诺贝尔生理学或医学奖论文参考文献时间窗口跨度的平均值为 23.85 年,略高于诺贝尔物理学奖论文参考文献时间窗口跨度,低于诺贝尔化学奖论文参考文献时间窗口跨度,参考文献时间窗口跨度从 0 年至 68 年,具体如表 2-33 所示。

表 2-33 生理学或医学奖论文参考文献时间窗口

出版年份	参考文献时间窗口	参考文献时间跨度/年	出版年份	参考文献时间窗口	参考文献时间跨度/年
1993	[1973,1992]	19	1987	[1981,1987]	6
1992	[1951,1991]	40	1984	[1970,1983]	13
1979	[1949,1979]	30	1998	[1974,1997]	23
1979	[1946,1979]	33	1984	[1938,1984]	46
2005	[1978,2005]	27	1991	[1955,1991]	36
1990	[1969,1990]	21	1977	[1958,1976]	18
1992	[1975,1991]	16	1973	[1967,1972]	5
1993	[1970,1993]	23	1986	[1966,1985]	19
1994	[1952,1994]	42	1987	[1966,1986]	20
1980	[1946,1980]	34	1987	[1974,1987]	13
1979	[1946,1979]	33	1970	[1969,1970]	1
1998	[1980,1997]	17	1969	[1964,1969]	5
1998	[1973,1998]	25	1957	[1957,1957]	0
1993	[1970,1993]	23	1958	[1930,1958]	28
2006	[1981,2006]	25	1975	[1955,1975]	20
2007	[1981,2007]	26	1977	[1951,1977]	26
1996	[1984,1996]	12	1980	[1953,1980]	27

续表 2-33

出版年份	参考文献时间窗口	参考文献时间跨度/年	出版年份	参考文献时间窗口	参考文献时间跨度/年
1998	[1968,1998]	30	1986	[1958,1986]	28
1982	[1941,1981]	40	1986	[1958,1985]	27
1985	[1938,1985]	47	1987	[1957,1987]	30
1983	[1970,1983]	13	1987	[1933,1987]	54
1984	[1967,1984]	17	1982	[1913,1981]	68
1981	[1965,1981]	16	1974	[1966,1973]	7
1987	[1973,1987]	14	1974	[1972,1974]	2

诺贝尔生理学或医学奖论文的参考文献时间窗口跨度最长的一篇论文是 1997 年诺贝尔生理学或医学奖获得者 Stanley Prusiner 于 1982 年发表的一篇关于朊病毒的论文，其引用的 174 篇参考文献中，时间窗口跨度为 68 年，这篇论文也是诺贝尔生理学或医学奖论文中参考文献数量最多的一篇论文。

而生理学或医学领域中，参考文献时间窗口跨度最短的一篇论文为 Arvid Carlsson 等于 1957 年发表的一篇论文，其引用的 4 篇参考文献均为 1957 年发表，而这篇论文也是生理学或医学领域中，参考文献中非期刊论文数量的占比最高的一篇论文。

总体来看，诺贝尔物理学奖论文参考文献的时间窗口跨度平均为 21.93 年，诺贝尔化学奖论文参考文献的时间窗口跨度平均为 33.08 年，诺贝尔生理学或医学奖论文参考文献的时间窗口跨度平均为 23.85 年。

结合上述对诺贝尔奖论文的参考文献数量分析，可以发现诺贝尔化学奖论文所引用的参考文献在时间范围上是最广的，诺贝尔物理学奖论文相较于诺贝尔化学奖论文和诺贝尔生理学或医学奖来说，参考文献时间窗口跨度较短。

2.4.3.6 跨学科性分析

跨学科研究(interdisciplinary research，IDR)作为科学创新中十分重要的手段与方法，在不同的学科领域都得到了广泛重视，跨学科研究不仅为科技管理机制和政策的制定提供了重要的依据，也为国家科技发展整体布局提供了有益的参考，极大地促进了科学技术向前发展。在跨学科研究中，常用的文献计量学方法主要包括共词分析、引文分析和作者分析等[75]。

论文参考文献的多样性从逻辑上来说是知识整合的最好测度，参考文献视角下的跨学科测度是当前跨学科测度的主要思路[76]，可以很好地测度该领域知识与信息的交叉融合情况[77]。

1. 跨学科指数的选取

跨学科指数的计算方法有许多种，基于 Web of Science 的学科分类，可以利用目标文献的学科专业化指数、基于引文文献的学科集成化指数，或是基于施引文献的学科扩散化指数[75]测度跨学科性，这 3 种方式分别从不同角度、不同主体出发计算了科学研究的跨学科性。

本节选取学科集成化指数 $I = 1 - \sum_{ij} \cos(WC_i - WC_j) P_i P_j$ 用来测度变革性研究的跨学科性，i 和 j 分别表示目标文献和其参考文献所属的 WC 学科类别；P 表示目标文献类别 i 或 j 在目标文献所属的所有类别中所占比例；$\cos(WC_i - WC_j)$ 意为集成化指数，表示学科类别 i 和 j 之间的关联程度。学科集成化指数 I 的数值越大，表明参考文献的学科跨度越大，参考文献的学科知识集成到目标文献的程度越深。

2.跨学科指数的计算与分析

(1)物理学　通过计算诺贝尔物理学奖论文的学科集成化指数,可以得到诺贝尔物理学奖论文的学科集成化指数 I 平均值为 0.48,如表 2-34 所示,其中有 17 篇(占比 29.82%)论文的 I 值低于平均值,这说明多数诺贝尔物理学奖论文具有一定的跨学科性。

表 2-34　物理学奖论文学科集成化指数

获奖年份	学科集成化指数 I	获奖年份	学科集成化指数 I	获奖年份	学科集成化指数 I
2016	0.7605	2008	0.3581	2003	0.4632
2016	0.6351	2008	0.2908	2003	0.3995
2015	0.7539	2008	0.5669	2003	0.5414
2015	0.6348	2008	0.5492	2003	0.6172
2015	0.6958	2007	0.5154	2002	0.6040
2014	0.6748	2007	0.7037	2002	0.2188
2014	0.6214	2006	0.6030	2002	0
2013	0.1403	2006	0	2001	0.5338
2013	0.6366	2005	0.5192	2001	0.6326
2012	0.2537	2005	0.6214	2000	0.3389
2012	0.6757	2005	0.7248	2000	0
2012	0.5682	2005	0.5737	2000	0
2012	0.6095	2005	0.5321	2000	0.4016
2012	0.4312	2005	0.6444	1999	0
2011	0.7246	2004	1	1999	0
2011	0.5388	2004	0.4836	1998	0.6910
2010	0.5181	2003	0.6305	1997	1
2009	0.5917	2003	0.5557	1997	0.4967
2009	0.3625	2003	0	1997	0

有 8 篇诺贝尔物理学奖论文的学科集成化指数为 0,可能是由于其发表时间较早,其引用的参考文献发表时间年代久远,导致在计算学科距离时未能成功映射期刊所属的学科类别,因此其学科集成化指数为 0。

另外,编号 34 和编号 55 的论文的学科集成化指数为 1。其中,编号 34 的论文为集成电路之父 Jack Kilby 于 1976 年发表的一篇关于集成电路的论文,其引用的 12 篇文献中仅有 2 篇电子电器类的期刊论文,属于同一学科门类,其他参考文献均为非期刊论文;编号 55 的论文是俄罗斯物理学家 Abrikosov Alexei 于 1957 年发表的一篇关于超导体的论文,其引用的参考文献时间窗口为[1937,1956],并且多为俄语期刊。因此,这可能是导致在基于参考文献计算学科集成化指数得到这两篇论文的学科集成化指数为 1 的原因。

(2)化学　使用同样的方法计算诺贝尔化学奖论文的学科集成化指数 I,可以得到诺贝尔化学奖论文的学科集成化指数 I 平均值为 0.56,有 20 篇论文(占比 35.09%)的学科集成化指数 I 低于平均值,具体如表 2-35 所示。

表 2-35 化学奖论文学科集成化指数

获奖年份	学科集成化指数 I	获奖年份	学科集成化指数 I	获奖年份	学科集成化指数 I
2016	0.6725	2010	0.5083	2004	0.6025
2016	0.6734	2010	0.6747	2004	0.5794
2016	0.6493	2009	0.6972	2003	0.6370
2015	0.6347	2009	0.5546	2003	0.5723
2015	0.6089	2009	0.5616	2002	0.1591
2015	0.7683	2008	0.6043	2002	0
2014	0.6491	2008	0.5077	2001	0
2014	0.6746	2008	0.4800	2001	0
2014	0.7048	2007	0.6046	2001	0.6017
2014	0.6572	2007	0.5800	2000	0.6760
2014	0.6971	2007	0.5599	2000	0.7968
2013	0.7261	2007	0.6014	1999	0.7118
2013	0.7981	2007	0.7271	1999	0.5242
2013	0.4578	2007	0.3164	1998	0.5476
2012	0.7477	2006	0.5252	1998	0.5188
2011	0.5295	2005	0.5918	1998	0.5383
2010	0.6304	2005	0.5500	1997	0.5231
2010	0.0816	2005	0.3356	1997	0.6246
2010	0.6248	2005	0.5743	1997	0.4907

仔细观察可以发现有 3 篇论文的学科集成化指数为 0，推断其原因可能是由于引用的参考文献所属期刊并未与期刊所属学科对照表成功映射，与诺贝尔物理学奖论文的学科集成化指数为 0 的情况相同。

（3）生理学或医学　通过计算诺贝尔生理学或医学奖论文的学科集成化指数 I，其平均值为 0.60，略高于诺贝尔物理学奖论文和诺贝尔化学奖论文，有 16 篇论文（占比 33.33%）的学科集成化指数低于平均值，具体如表 2-36 所示。

表 2-36 生理学或医学奖论文学科集成化指数

获奖年份	学科集成化指数 I	获奖年份	学科集成化指数 I	获奖年份	学科集成化指数 I
2016	0.7376	2010	0.4026	2001	0
2016	0.7233	2009	0.5969	2001	0.3971
2015	0.4721	2009	0.8070	2000	0.6570
2015	0.6516	2008	0.6898	2000	0.5803
2015	0.6696	2008	0.5823	2000	0.3769
2014	0.7059	2007	0.6157	2000	0.5652
2014	0.6753	2007	0.7442	2000	0.5552

续表 2-36

获奖年份	学科集成化指数 I	获奖年份	学科集成化指数 I	获奖年份	学科集成化指数 I
2013	0.6706	2007	0.4718	1999	0.6110
2013	0.6603	2006	0.6159	1998	0.7181
2013	0.6639	2005	0.5769	1998	0.5005
2013	0.6462	2004	0.6308	1998	0.6290
2013	0.5665	2003	0.5710	1998	0.6287
2013	0.7985	2003	0.4995	1998	0.6342
2012	0.7473	2002	0.6927	1997	0.6054
2012	0.6446	2002	0	1996	0.6915
2011	0.7614	2002	0.5806	1996	0.6204

其中,有 2 篇诺贝尔生理学或医学奖论文的学科集成化指数为 0,仔细研究发现其 4 篇参考文献数量均为 *Science* 这种综合期刊或是其他领域的专业期刊,使得这 2 篇论文的学科集成化指数为 0。

通过比较不同的跨学科指数计算方法,选择基于引文文献的学科集成化指数 I 作为衡量诺贝尔奖论文跨学科性的指标。总的来看,诺贝尔奖论文在一定程度上都具有跨学科性。经过计算,诺贝尔物理学奖论文的学科集成化指数的平均值为 0.48,诺贝尔化学奖论文的学科集成化指数的平均值为 0.56,诺贝尔生理学或医学奖论文的学科集成化指数的平均值为 0.60。也就是说,相较于物理学和化学领域,诺贝尔生理学或医学奖论文的跨学科程度更高,参考文献的学科知识集成到目标文献的程度更深。

2.4.4 全文本文献计量分析

2.4.4.1 引用长度分析

通过对物理学、化学、生理学或医学领域中诺贝尔奖论文引用长度的对比分析可以体现出不同学科间引用文献的偏好差异和共性。不同学科领域、不同引用长度区间占本学科领域内所有引文数据的百分比,如图 2-22 所示。

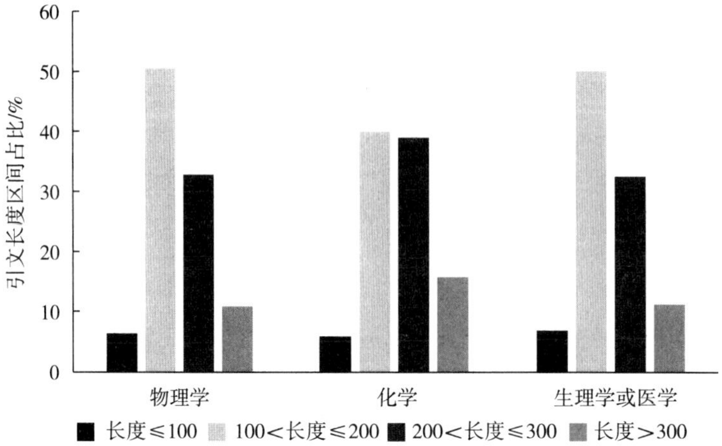

图 2-22 不同学科领域引用长度分布

将引文长度以100为单位划分区间，即100以内、100～200、200～300、300以上4种。设定引文长度在100以内为短文本，100～200和200～300为中等长度文本，300以上为长文本。从图2-22中可以看出，3个学科领域的诺贝尔奖论文中，大部分诺贝尔奖论文的引文数据都为中等长度文本，只有少量引文数据为短文本。

从学科领域的角度来看，诺贝尔物理学奖论文的引用长度分布和诺贝尔生理学奖论文的引用长度分布十分类似，短文本占比为6%左右，中等长度文本占比约为83%，而长文本占比为11%左右；诺贝尔化学奖论文的引用长度分布大多集中在中等长度文本上，占比达到了78%左右，短文本占比为7%左右，长文本占比约为12%。

2.4.4.2　引用强度分析

不同学科领域的诺贝尔奖论文引用强度分布类似，诺贝尔奖论文的引用强度大多数分布在1～2，通过进一步划分引用强度区间，并对比不同学科领域、不同引用强度占本学科领域内所有引文数据的百分比，可以得到图2-23。

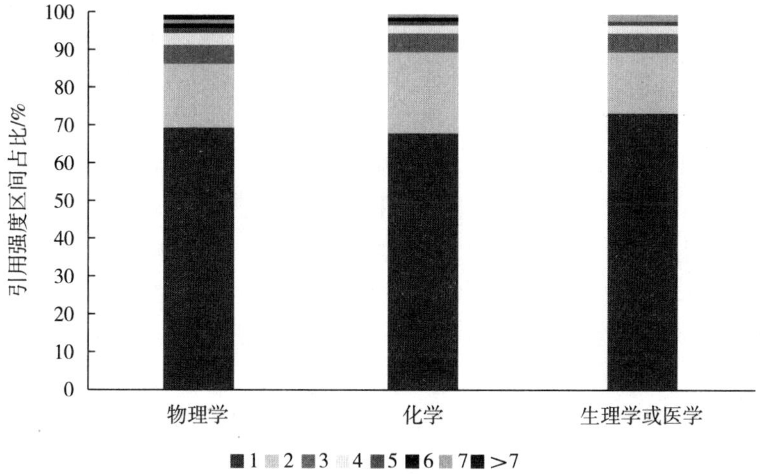

图2-23　不同学科领域引用强度占比

可以看出诺贝尔物理学奖论文和诺贝尔生理学奖论文的引用强度分布十分相似。在3个学科领域的诺贝尔奖论文中，诺贝尔奖论文中引用强度为1的占比最高，分别为70.15%、68.51%、73.73%。绝大多数的诺贝尔奖论文的引用强度集中在1～3。

在3个学科领域的诺贝尔奖论文中，引用强度的最大值为22，是2011年诺贝尔物理学奖获得者Adam Riess于1998年发表的一篇关于超新星对加速宇宙和宇宙常数的观测证据的论文，在这篇论文中他22次引用了自己在1996年发表的另一篇关于IA型超新星多色光曲线形状的论文。

2.4.4.3　引用情感分析

根据比较不同学科领域的情感得分，情感得分均分布在[－1,1]的区间内，划定一个阈值以区分引用情感的类别，将情感得分在[－1,－0.6]这一区间视作负面引用，情感得分在(－0.6,0.6]视作中性引用，情感得分在(0.6,1]视作正面引用，比较不同学科领域中各类引用情感的占比，可以得到图2-24。

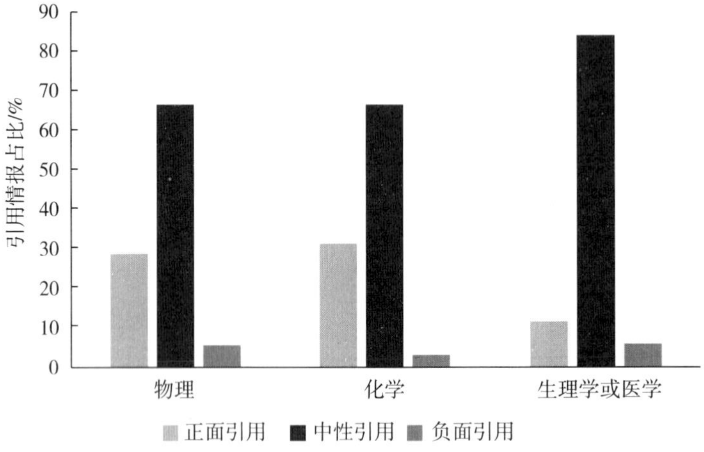

图 2-24　不同学科领域引用情感分布

从不同学科领域来看，物理学和化学的引用情感类别占比大体类似，正面引用占比约为30%，中性引用占比接近2/3，负面引用占比分别为5.73%和2.68%；生理学或医学领域中，中性引用占比是3个学科领域中最大的，为83.56%，正面引用占比是3个学科领域中最小的，仅为11.05%，负面引用占比为5.39%，与物理学领域占比大体相同。

在这3个学科领域中，大多数引用情感为中性引用。具体来说，在化学领域中，总体表现为偏向正面的中性引用；在物理学、生理学或医学2个领域中，总体未表现出明显的情感倾向，但各自分析时可发现情感得分统计中值并不相同，即物理学的总体情感倾向仍带有少许的正面倾向性。

2.4.4.4　引用动机分析

不同学科领域的引用动机呈现出不同的分布，不同的引用动机在各个学科领域中的占比也不相同，具体分布如图2-25所示。

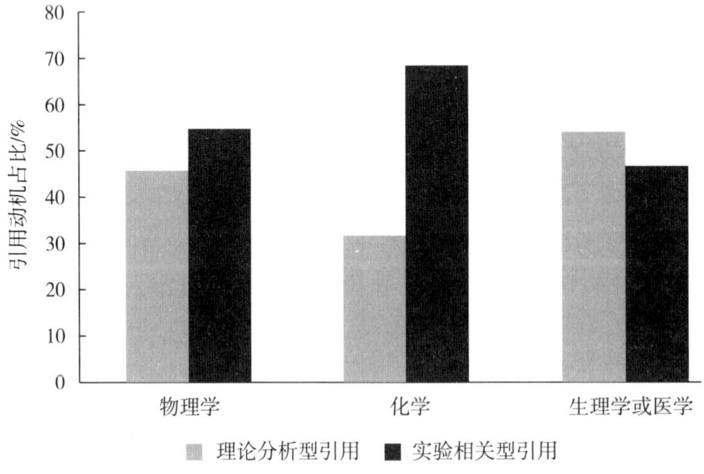

图 2-25　不同学科领域引用动机分布

由图2-25可以看出，物理学领域和化学领域都是理论分析型引用占比小于实验相关型引用，物理学领域中理论分析型引用占比为45.34%，实验相关型引用占比为54.66%；化学领域中实验相关型引用的占比最高，约为理论分析型引用的 2 倍，实验相关型引用和理论分析型引用的占比分别为 68.24%和 31.76%；而生理学或医学领域的理论分析型引用多于实验相关型引用，理论分析型引用和实验相关型引用的占比分别为 53.48%和 46.52%。下一步将基于前文的引用长度分析和引用强度分析对诺贝尔奖论文的引用动机进行进一步探究。

1. 基于引用长度的引用动机分析

将 3 个学科领域的诺贝尔奖论文的引用长度与两类引用动机进行进一步的对比分析，各个引用长度区间的引用动机分布如图 2-26 所示。

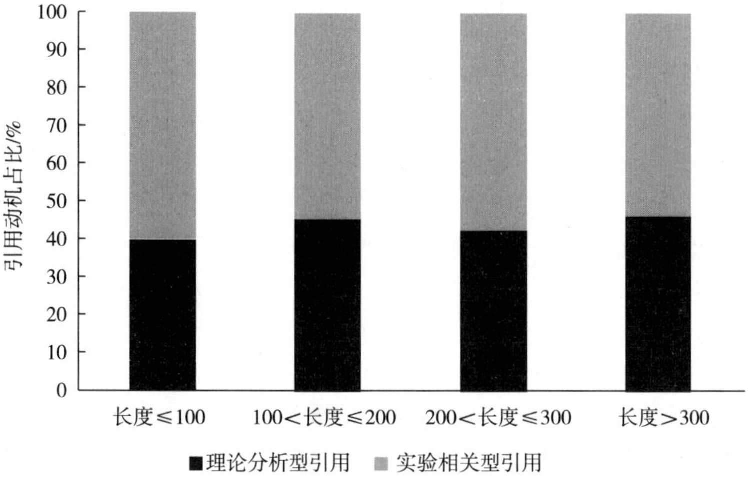

图 2-26 基于引用长度的引用动机分析

从图 2-26 可知，在每个引用长度区间中，理论分析型引用占比均为 44%左右，实验相关型引用占比均为 56%左右，与诺贝尔奖论文的引用动机总体分布是一致的，说明施引文献作者在引用时不会因为引用动机的不同而控制引文的长度。

2. 基于引用强度的引用动机分析

使用同样的方法对 3 个学科领域的诺贝尔奖论文的引用强度与两类引用动机进行进一步的对比分析，不同引用强度的引用动机分布如图 2-27 所示。

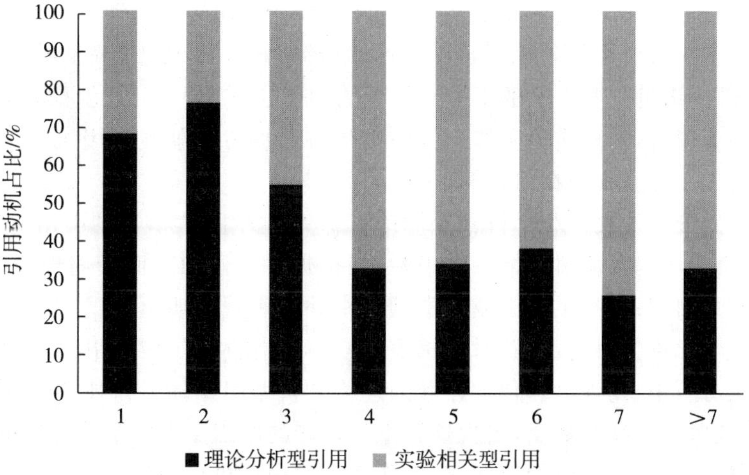

图 2-27 基于引用强度的引用动机分析

由图 2-27 可以看到，当引用强度不同时，其引用动机分布差异较大。当引用强度越小时，引用动机越有可能是理论分析型引用；反之，则越可能是实验相关型引用。究其原因，可能是施引文献作者往往需要多次使用同一理论或实验以佐证自己的论点，出于使用的角度对被引文献进行多次引用，其引用强度也就越大；而在阐述背景时，往往只需要引用 1 次或 2 次即可阐明课题研究的重要性或必要性。

2.4.5 结果讨论

本节从文献计量学的角度出发，对 1997—2016 年获得诺贝尔奖的 191 篇论文的获奖时滞、来源期刊、被引频次、参考文献类型、参考文献时间窗口进行了研究，发现诺贝尔奖论文的获奖时滞大多集中在 23～24 年，并未体现出明显的学科差异性；诺贝尔奖论文的来源期刊一般集中在本领域内的权威期刊或是 *Science*、*Nature* 等综合类顶级期刊；绝大多数诺贝尔奖论文都在发表之后获得了极高的被引频次，诺贝尔奖生理学或医学奖论文的平均被引频次略高于诺贝尔物理学奖论文和诺贝尔化学奖论文。

其次，对诺贝尔奖论文的参考文献类型和时间窗口进行了梳理，发现诺贝尔奖论文的文献类型包括 Article、Review、Letter、Note 等，其参考文献的文献类型在这些基础上，还包括专利文献、书籍等，平均每篇诺贝尔物理学、化学、生理学或医学奖论文的参考文献数量分别为 22.64 篇、29.28 篇和 29.90 篇，诺贝尔奖论文的参考文献类型中非期刊论文所占的比值最高都超过了 50%；诺贝尔奖论文参考文献的时间窗口跨度，不论何种学科其平均值均大于 21.92 年，跨度最大的为诺贝尔化学奖论文的参考文献，达到了 33.08 年，也就是说多数诺贝尔奖获得者会大量引用前人的相关研究以充实自己的论文，从而确保研究的可靠性和科学性，并在此基础上作出颠覆性创新，也因此获得诺贝尔奖。

最后，利用学科集成化指数 I 计算了诺贝尔奖论文的跨学科性，发现物理学、化学、生理学或医学这 3 个学科领域的诺贝尔奖论文多数都具备一定的跨学科性，3 个学科领域的诺贝尔奖论文的学科集成化指数 I 的平均值分别为 0.48、0.56、0.60，相较于诺贝尔物理学奖论文和诺贝尔化学奖论文，诺贝尔生理学或医学奖论文的跨学科性程度更高，参考文献的学科知识集成到目标文献的程度更深。

本节以诺贝尔奖论文作为变革性研究的典型代表，基于引文内容，从引用长度、引用强度、引用情感、引用动机 4 个方面探索变革性研究的引用行为，比较不同学科领域之间的异同。引用长度和引用强度作为引用行为较为明显的外部特征，并未体现出明显的学科特征。在引用长度分析中，大部分诺贝尔奖论文的引文数据都为中等长度文本，只有少量的引文数据为短文本。通过引用强度分析，发现诺贝尔奖论文中平均每篇参考文献被引用 1.56 次，绝大多数的诺贝尔奖论文的引用强度集中在[1,3]这个区间。

通过引用情感分析发现 3 个学科领域的诺贝尔奖论文中，大多数的引用情感为中性引用。具体来说，物理学领域的总体引用情感为中性，但仍带有少许的正面倾向性；在化学领域表现为偏向正面的中性引用；而在生理学或医学领域中并未表现出明显的情感倾向。这一特点也符合常规认知中学术论文科学严谨、对情感表达较为克制的特点，较少出现直接的负面引用。

在引用动机分析中，物理学和化学领域的理论分析型引用动机占比小于实验相关型引用动机，而生理学或医学领域则相反，出现这种差异可能的原因是不同学科领域的作者写作思路不同，写作的结构方式也有略微的不同，导致作者的引用动机也出现一定程度的不同。基于引用长度和引用强度对引用动机进一步分析发现，施引文献作者在引用时不会因为引用动机的不同而控制引用文本的长度，但引用动机的不同会在一定程度上影响引用强度的大小。

本节仍有以下不足之处：在数据获取过程中，由于部分施引文献无法获取全文，导致构建引文语料库时出现一些缺省值，所以在数据的全面性上存在一定的局限性。在引文内容分析方面，由于所选数据源时间窗口的问题，多数论文为非传统的四段式论文（引言、方法、结果、讨论），且部分文献类型为手稿、书信等，难以以一个统一的方式划分论文结构，从而进行引用位置分析。下一步将继续完善变革性研究引文内容分析的内容，选择引用位置、引用深度等更多维的指标，进一步探究变革性研究施引文献的引用行为特点，为变革性研究的识别提供内容特征和线索，也为其文献计量识别方法提供有益的补充。

第3章 研究前沿情报分析方法在学科分析中的应用实践

3.1 中美ESI高被引论文计量特征比较分析

在当前的国际竞争中，科学创新的重要性及基础性日益凸显，综合国力的竞争更加依靠持续的科学创新，加强基础研究已经成为当今世界各国科学技术发展的战略重点。在情报学领域，科技论文作为基础研究成果的主要产出形式，是评估基础研究的有效数据来源，其数量和影响力是学术评价活动中的主要指标，基于科技论文尤其是高被引论文评价国家、机构和个人等研究实体的学术绩效已成为重要的研究方向和内容。

高被引论文是文献计量学领域的重要评价指标和情报源之一，ESI将高被引论文(most cited papers)定义为过去10年被引用次数排在各学科前1%的论文，使得同一学科不同时间发表的论文能够相对公平地在一个平台上进行比较，为情报学领域的定量学术评价提供了评价工具和分析平台，受到国内外学者的广泛关注和认可[126]。高被引论文的数量特征可以从宏观上反映学科发展水平，许多学者用它衡量和评估国家[52]、机构[127,128]、学科[25,129]、期刊[130,131]或研究人员[132,133]等学术实体的学科影响力和竞争力，而其内容特征分析可以体现学科的研究热点与前沿，其在揭示研究前沿中的可行性、有效性和实用性方面已经得到广泛认可[134]。此外，也有学者将被引频次大于某一固定数值的论文视为高被引论文[135]，该方法对于选取某一学科领域内的高被引论文具有一定的适用性[136]，但在评估跨学科的研究实体如国家或机构时，阈值的选择存在一定的主观性[137]，忽略了学科间的引文差异。Yuh-Shan Ho等在研究中将被引频次大于100的论文作为高被引论文，在国家/地区层面(印度、中国台湾等)[138,139]、学科领域层面(化学工程、材料科学领域等)[140,141]对高被引论文进行了大量的文献计量分析和绩效评价研究，并提出基于作者署名贡献的角度评估机构或个人学术绩效的指标——Y指数。

Y指数是在当前大科学时代，科学研究对合作的需求越来越高，多作者论文比例和论文作者数越来越多的大背景下提出的。合著论文的不同计数方法对国家和机构等的科研实力评价存在显著差异，Waltman将计数方法分为4类，分别是全计数方法(full counting)、分数计数方法(fractional counting)、第一作者计数方法(first author counting)以及通讯作者计数方法(correspond author counting)[142]，在应用于不同的评价场景时，其研究视角各有侧重。ESI学科排名即采用全计数法，没有区分机构是否为论文的主要负责机构，在评价过程中对主要负责机构与参与机构平等对待[143]，导致主要机构的贡献被稀释。许多研究指出，论文第一作者对于论文的贡献是最多且最重要的[144,145]，而通讯作者通常具有研究的责任人和指导者的角色，其身份会带来更多的学术声誉[146,147]。Chuang K 等[148]利用 ESI 提出结合总论文数、第一作者论文数、通讯作者论文数、独著论文数、合作论文数等 5 个指标来评价国家、机构以及作者的影响力。在目前的学术评价活动中，通常给予第一作者和通讯作者较高的权重，但参与作者的身份和贡献仍然具有一定的价值和意义，多作者的贡献分配仍是科技评价领域亟须解决的现实问题。

本节以中国和美国 ESI 高被引论文为分析对象，借鉴 Y 指数的统计思想，突出强调第一作者和通讯作者，在揭示作者贡献的基础上深入洞察论文所属机构或国家的贡献特征，在中美两国高被引论文描述性统计的基础上，比较分析国家、机构、合作模式和期刊层面的计量特征，明确中美两国在引领性的基础研究中的差距，对考察中美两国高被引论文的计量特征和微观表现提供有益参考。

3.1.1 研究数据与 Y 指数

本节基于中美两国 2008 年 1 月 1 日至 2018 年 6 月 30 日共 10 年零 6 个月的高被引论文数据[在 ESI 数据库中，中国(不包括台湾和港澳数据)与台湾和香港地区并列展示，因此，本节仅以中国(不包括台湾和港澳数据)为分析对象，下同]，检索时间为 2018 年 9 月 17 日，ESI 数据库中的中美两国的高被引论文数分别为 23 692 篇和 70 796 篇。采用 Excel 和 DDA 等工具，主要从国家(地区)、主要机构和主要期刊的分布等角度，比较分析中美两国的高被引论文的计量特征。

3.1.1.1 数据处理

在一篇论文中，论文作者有以下几种身份，即第一作者、通讯作者和参与作者(非第一作者也非通讯作者)，同理国家/机构身份也可以由此分为第一作者国家/机构、通讯作者国家/机构和参与作者国家/机构。为了更好地比较中美两国的高被引论文分布情况，本节仅考虑第一作者和通讯作者的所属机构或国家，并将其视为机构或国家的主导型研究。在获取的数据中，论文的通讯作者被标记为 reprint author，论文第一作者并没有明显的标识，本节将论文的第一位作者视为第一作者，不再考虑并列第一的情况，对于作者分属两个机构以上的情况，只取第一个机构进行计算。在未指定作者身份的单一作者论文中，作者被分类为第一作者和通讯作者。在上述计算方法中，均以整数记，因此，每篇论文计数频次均为 2，在具体的数据集中存在不同程度的叠加，在此基础上区分高被引论文不同合作模式和计算 Y 指数。

3.1.1.2 Y 指数

Yuh-Shan Ho 等[19]在论证第一作者和通讯作者重要性的基础上提出 Y 指数的计算方法，并提供了极坐标图作为可视化工具，用来衡量研究实体的学术绩效。该指标基于第一作者或通讯作者数量，包含 j 和 h 两个参数，其定义如下：

$$j = \mathrm{FP} + \mathrm{RP}$$
$$h = \tan^{-1}(\mathrm{RP}/\mathrm{FP})$$

其中 j 是第一作者或通讯作者所发表的论文总数，FP 指第一作者的论文数，RP 指通讯作者的论文数。式中 j 越大，表示国家或机构的主导型高被引论文数越多，而当 $h > 0.785\ 4$ 时，说明通讯作者产出较多，当 $h = 0.785\ 4$ 时，表示第一作者和通讯作者的论文数相同，当 $0 < h < 0.785\ 4$ 时，说明第一作者的产出论文数更多，当 $h = 0$，j 即为第一作者的论文数量，当 $h = \pi/2$ 时，j 是通讯作者的论文数量。

3.1.2 研究结果

3.1.2.1 描述性统计

如表 3-1 所示，发表高被引论文的国家/地区共 152 个(表中仅显示前 10 名)。从高被引论文占比来看，美国高被引论文数占据全球高被引论文总量的 24.38%，以 70 796 篇遥遥领先于其他国家。其次是中国和英国，分别为 8.16%和 7.06%；从篇均被引频次来看，中国与其他国家差距明显，仅为 9.81，荷兰最高，达到 19.55，其次是英国和美国，分别为 17.89 和 17.55。从高被引论文在本国论文的比例来看，中国在前 10 名中仍排末位，仅略高于全球平均阈值 1%，为 1.08%，其中仍以英国、荷兰、加拿大等科技强国表现出明显优势。

表 3-1 全球高被引论文数产出前 10 名的国家/地区

国家	高被引论文数量/篇	篇均被引次数	高被引论文比例/%	高被引论文占本国论文比例/%
美国	70 796	17.55	24.38	1.84
中国	23 692	9.81	8.16	1.08
英国	20 549	17.89	7.06	2.18
德国	17 668	16.43	6.07	1.73
加拿大	11 875	16.42	4.08	1.86
法国	11 676	15.77	4.01	1.63
澳大利亚	10 339	15.2	3.55	1.94
意大利	9 442	15.06	3.24	1.52
荷兰	9 198	19.55	3.16	2.47
西班牙	7 860	14.11	2.70	1.46

图 3-1 显示了 2008—2017 年(2018 年仅半年数据，图中未显示)的中美两国的高被引论文

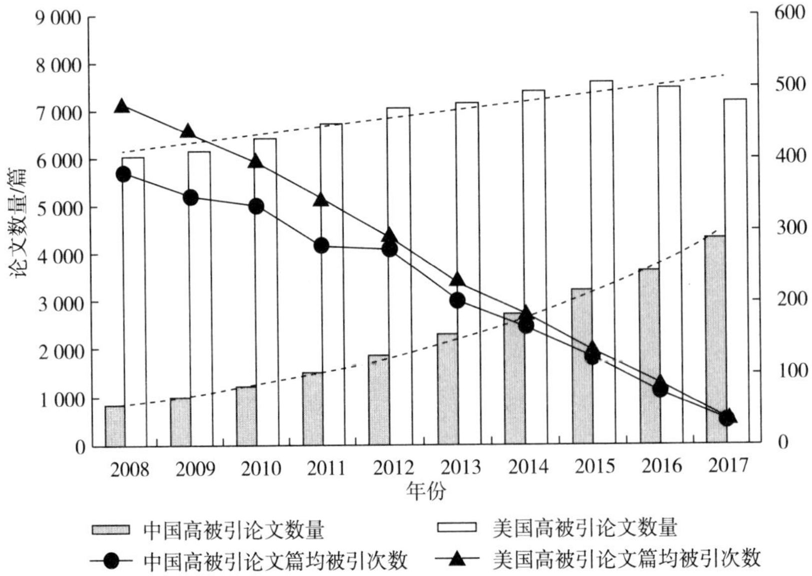

图 3-1 2008—2017 年中美的高被引论文数量与篇均被引频次的时序变化

数与篇均被引频次的时序分布，左 Y 轴为高被引论文数的柱状图刻度，右 Y 轴为篇均被引频次的折线图刻度。从高被引论文数量上看，中美两国的高被引论文数均呈现增长状态，但中国在 2008 年以来呈现持续递增态势，2013 年以后的增长更加显著。而美国增长幅度相对稳定，起伏较小，且在 2015 年后出现连续下降，两国差距逐步缩小。其次，中美两国高被引论文的篇均被引频次显示了高度相似的时序变化趋势，说明高被引论文的形成存在累积效应，论文发表时间对被引频次有直接的影响：发表时间越早，被引用的机会越多，被引频次就会相对提高。此外，篇均被引频次差距的逐渐缩小，也说明随着时间的延长，美国的高被引论文吸引了更多的引用。

3.1.2.2 主要期刊分布

根据高被引论文的来源刊分布情况，中美高被引论文覆盖期刊数量分别为 2 268 种和 4 723 种。中国高被引论文发文量前 10 的期刊中（表 3-2），只有 *Nature Communications*、*Nature* 和 *Science* 3 种综合性期刊，且分别排在第 6、第 7 和第 10 位，其余均为化学材料和纳米相关领域的期刊，其中以 *Nature* 的篇均被引频次最高，为 345 次。而美国高被引论文发文量前 10 的期刊中（表 3-3），前 3 名为 *Nature*、*Science* 和 *PNAS*（美国科学院院报）3 种综合性顶级期刊，载文量占美国所有高被引论文的 28.34%。其余涉及 *New England Journal of Medicine*（医学领域）、*Journal of the American Chemical Society*（化学领域）、*Lancet*（医学领域）、*Nano Letters*（纳米领域）、*Physical Review Letters*（物理领域）、*Journal of Clinical Oncology*（临床肿瘤领域）等顶级或权威期刊，其学科领域覆盖广泛，其中的 *Nature* 和 *Science* 高达 2 701 篇和 2 377 篇，以 *New England Journal of Medicine* 期刊的篇均被引频次最高。

中美高被引论文在期刊覆盖范围及其发文量上存在较大的差距，我国的发文量前 10 的期刊学科覆盖范围非常单一，尽管化学材料与纳米相关领域对我国高被引论文的产出和整体影响力的提升具有很大的贡献和推动作用，但也揭示出我国其他领域以及在 *Nature* 和 *Science* 等顶级综合性期刊中表现力十分薄弱。

表 3-2 中国高被引论文前 10 来源刊分布

期刊	载文量/篇（占比/%）	篇均被引次数	影响因子
Advanced Materials	803(3.38)	217	21.950
Journal of the American Chemical Society	701(2.95)	233	14.357
Angewandte Chemie-International Edition	541(2.28)	202	12.102
Chemical Society Reviews	400(1.69)	304	40.182
Acs Nano	384(1.62)	266	13.706
Nature Communications	368(1.55)	153	12.353
Nature	355(1.50)	345	41.577
Nano Letters	307(1.29)	219	12.080
Nanoscale	303(1.28)	139	7.233
Science	271(1.14)	331	41.058
其他期刊(2 258 种)	19 207(81.1)	141	

表 3-3　美国高被引论文前 10 来源刊分布

期刊	载文量/篇(占比/%)	篇均被引次数	影响因子
Nature	2 701(11.38)	384	41.577
Science	2 377(10.02)	356	41.058
PNAS	1 742(7.34)	227	9.504
New England Journal of Medicine	1 526(6.43)	460	79.260
Journal of The American Chemical Society	1 174(4.95)	267	14.357
Lancet	949(4)	358	53.254
Nano Letters	938(3.95)	285	12.080
Physical Review Letters	864(3.64)	247	8.839
Journal of Clinical Oncology	824(3.47)	265	26.360
Nature Communications	738(3.11)	151	12.353
其他期刊(4 713 种)	56 305(79.5)	217	

3.1.2.3　合作国家比较

表 3-4、表 3-5 分别显示了中美高被引论文的合作国家分布及其第一作者和通讯作者的论文数量排序。中美两国的国际合作对象分别为 161 个和 220 个国家，美国仍是中国高被引论文最主要的合作对象，有 28%的高被引论文是与美国合作发表的，其次是英国和澳大利亚，分别占 12%和 7.8%。而对美国而言，英国是国际合作最多的国家，高被引论文比例达到 29%，其次是德国和中国，分别占到 25.7%和 19.7%；在中美主要合作国家中，G7 国家(德、美、英、法、日、加、意)均居于前列，这表明中美均与 G7 国家保持着密切的合作关系。此外，日本、新加坡、韩国、印度是中美两国在亚洲地区的主要合作国家。

表 3-4　2008—2018 年中国高被引论文主要合作国家

国家	TP	TP 排名(占比/%)	FP 排名(占比/%)	RP 排名(占比/%)
美国	6 632	1(28)	1(9.9)	1(11.8)
英国	2 836	2(12)	3(1.4)	2(1.7)
澳大利亚	1 858	3(7.8)	2(1.7)	3(1.6)
德国	1 273	4(5.4)	4(1.3)	4(1.47)
日本	1 218	5(5.1)	6(0.7)	6(0.87)
法国	1 150	6(4.8)	8(0.49)	8(0.60)
意大利	918	7(3.9)	10(0.291)	14(0.31)
新加坡	901	8(3.8)	5(1.2)	5(1.26)
西班牙	842	9(3.5)	11(0.283)	11(0.34)
韩国	823	10(3.5)	7(0.5)	7(0.64)
荷兰	791	11(3.3)	9(0.33)	9(0.60)
沙特阿拉伯	757	12(3.2)	17(0.097)	13(0.33)
瑞士	725	13(3.1)	13(0.24)	12(0.34)
瑞典	607	14(2.6)	14(0.22)	15(0.27)
印度	578	16(2.4)	16(0.148)	17(0.13)

续表 3-4

国家	TP	TP 排名(占比/%)	FP 排名(占比/%)	RP 排名(占比/%)
巴西	534	17(2.3)	18(0.092)	19(0.03)
俄罗斯	534	18(2.3)	19(0.034)	18(0.06)
丹麦	505	19(2.1)	15(0.17)	16(0.21)
其他国家或地区(143)	1 002			

根据两国合作国家中第一作者和通讯作者的排序和占比来看，中美两国均在对方国家中排在第 1 位，而美国的第一作者或通讯作者的比例分别高达 9.9%和 11.8%，表明中美合作最为紧密，且美国在其中具有较高的学术领导力。对中国而言，第一作者和通讯作者的高被引论文比例在 1%以上的国家有 5 个，分别是美国、英国、澳大利亚、德国和新加坡；对美国而言，第一作者和通讯作者的高被引论文比例在 1%以上的国家有 8 个，分别为中国、英国、德国、加拿大、澳大利亚、法国、荷兰和意大利。与中国相比，美国不仅具有更多的国际合作对象，且国际合作关系也更加深入广泛。

表 3-5　2008—2018 年美国高被引论文主要合作国家

国家/地区	TP	TP 排名(占比/%)	FP 排名(占比/%)	RP 排名(占比/%)
英国	20 565	1(29)	2(3.2)	2(3.3)
德国	18 277	2(25.7)	3(2.4)	3(2.5)
中国	13 936	3(19.7)	1(4.5)	1(3.9)
法国	13 630	4(19.2)	6(1.4)	6(1.4)
加拿大	13 255	5(18.7)	4(2)	4(2)
意大利	12 830	6(18.1)	8(1)	8(1)
澳大利亚	9 872	7(13.9)	5(1.5)	5(1.5)
荷兰	8 226	8(11.6)	7(1.1)	7(1.1)
西班牙	7 245	9(10.2)	10(0.7)	10(0.7)
日本	6 332	10(8.9)	11(0.5)	11(0.5)
瑞士	5 457	11(7.7)	9(0.9)	9(1)
瑞典	4 302	12(6)	13(0.54)	13(0.5)
韩国	3 397	13(4.8)	12(0.53)	12(0.55)
比利时	3 310	14(4.7)	14(0.45)	14(0.45)
丹麦	3 185	15(4.5)	15(0.37)	15(0.37)
巴西	2 849	16(4)	19(0.21)	19(0.18)
苏格兰	2 580	17(3.6)	16(0.32)	16(0.34)
印度	2 134	18(3)	20(0.20)	20(0.17)
奥地利	2 026	19(2.9)	18(0.29)	18(0.26)
俄罗斯	2 002	20(2.8)	21(0.06)	21(0.07)
以色列	1 868	21(2.6)	17(0.3)	17(0.3)
其他国家或地区(199)	2 761			

3.1.2.4 合作模式比较

本节除将高被引论文分为国际合作(IC)和国内合作(NC)两种模式外,依据第一作者和通讯作者归属划分高被引论文的分布情况,如图 3-2 所示,左 Y 轴为高被引论文数的柱状图刻度,右 Y 轴为篇均被引频次的折线图刻度。

图 3-2 显示了中美两国的高被引论文基于作者身份的不同合作模式下的分布情况,从高被引论文数量的分布看,中美两国高被引论文的国际合作比例分别为 51%和 49.8%,相差不大。在不同的合作模式下的产出比例也非常相似。但两国的篇均被引频次分布出现几乎完全相反的分布趋势,首先,就国际合作而言,中国国际合作产生的高被引论文(IC)的篇均被引频次高于非国际合作高被引论文(NC),其中,以第一作者和通讯作者均非本国(Not FP+RP)的国际合作高被引论文的篇均被引频次最高,这意味着中国仅为参与角色的国际合作论文的篇均被引频次最高,其次是通讯作者或第一作者非本国(Not RP/Not FP)的高被引论文,而以本国为主导的高被引论文(NC、FP、RP、FP+RP)的篇均被引频次最低;而美国的高被引论文中,第一作者和通讯作者均非本国的国际合作高被引论文(Not FP+RP)的篇均被引频次最低,而以本国为主导的高被引论文(NC、FP、RP、FP+RP)的篇均被引频次最高。由此可见,国际合作在中美两国的高被引论文产出中的角色不同,中国高被引论文产出在国际合作中仍处于从属地位,对合作对象存在较大的依赖关系,国际合作对其论文影响力的提升具有显著的带动作用。而美国则在国际合作中居于领导地位,其所主导的高被引论文影响力高于其处于从属地位的合作论文的影响力。

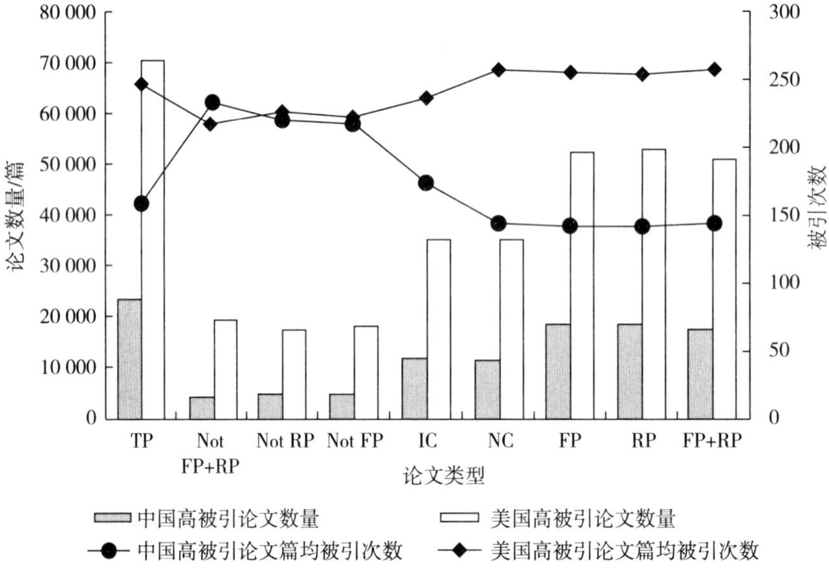

图 3-2 2008—2017 年中美两国的高被引论文数量与篇均被引次数

注:以中国为例,TP 为所有论文,Not FP+RP 为第一作者和通讯作者所属国家均非中国,Not RP 为通讯作者所属国家不是中国,Not FP 为第一作者所属国家不是中国,IC 为国际合作论文,NC 为国内合作论文,FP 为第一作者所属国家为中国,RP 为通讯作者所属国家为中国,FP+RP 为第一作者和通讯作者所属国家均为中国。美国同上。

3.1.2.5 主要机构分析

1. 基于 Y 指数的机构分布

图 3-3、图 3-4 为中美基于 j 值排名前 50 位的机构的分布情况,为了便于说明,根据机构 j

值分布，将机构以 $j=800$ 分为 2 个机构群。其中，中国科学院（$j=5\ 327$）、哈佛大学（$j=5\ 257$）、麻省理工学院（$j=3\ 454$）、斯坦福大学（$j=3\ 273$）、加州大学伯克利分校（$j=2\ 462$）遥遥领先，稳居前列。

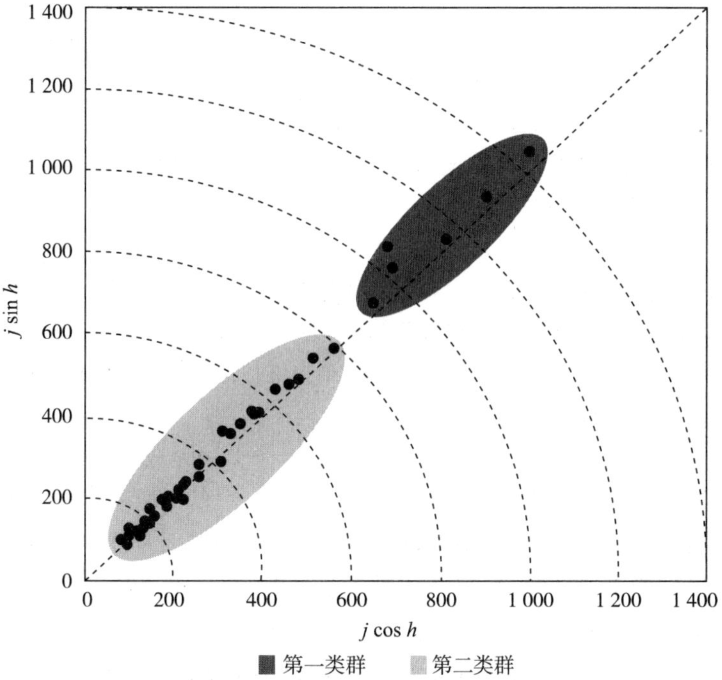

图 3-3　中国高被引论文产出前 50 个机构分布（$j \geqslant 128$）

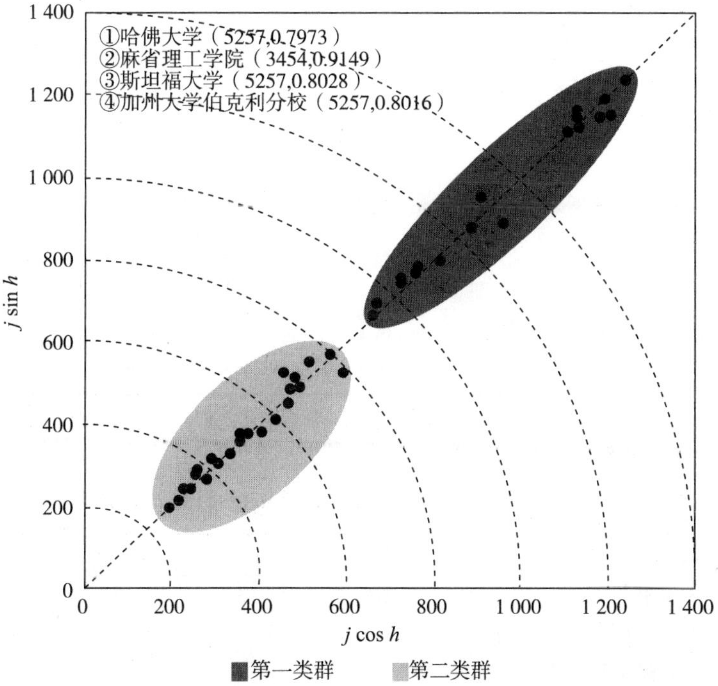

图 3-4　美国高被引论文产出前 50 个机构分布（$j \geqslant 275$）

从 j 值分布来看，中国的机构在 $j=800$ 以上的第一类群中只有 6 个机构，排列较稀疏，包括清华大学、南京大学、浙江大学、中国科学技术大学、北京大学、武汉大学 6 所大学。而 $j=800$ 以下的类群分布相对紧密。$j=400$ 线以上的所有机构均排列在 $h=0.785\ 4$ 线以上，但随着 j 值的减少，机构逐渐靠近 $h=0.785\ 4$ 线。$j=400$ 以下的机构聚集在 $h=0.785\ 4$ 线附近。在美国机构的 j 值分布中，除了哈佛大学等 4 个领先机构外，第一类群的机构数远远大于中国的机构数量，且出现在 $j=1\ 600$ 线附近的较为集中，分布的 8 所高被引论文的高产出机构，即加州大学洛杉矶分校、华盛顿大学西雅图分校、华盛顿大学、密歇根大学安娜堡分校、耶鲁大学、加州大学圣地亚哥分校、哥伦比亚大学、宾夕法尼亚大学 8 所顶尖高校。

比较而言，美国机构的分布较为均匀，高产出机构比例较高，且只有少部分机构出现在 $j=400$以下。中国高产出机构不多，且机构之间的差距明显。此外，随着机构 j 值的增大，即机构高被引论文产量的提高，中国的高产出机构表现出明显的通讯作者占比优势，与中国不同的是，美国机构并没有随着 j 值增大，机构向 $h=0.785\ 4$ 线以上偏离，而是分布在 $h=0.785\ 4$ 线附近，也即大多数美国机构的第一作者论文数和通讯作者论文数出现持平，这可能与其机构规模和更加广泛的国际合作有关。

2. 中美 top10 产出机构比较

表 3-6、表 3-7 为中美两国发文量前 10 机构的不同合作模式特征。对比可知，美国发文量前 10 机构高被引论文产出总量远超中国，科研实力相差悬殊，且中国科学院、哈佛大学高被引论文产出总量分别占前 10 机构高被引论文产出总量的 37%和 22%。美国发文量前 10 机构的篇均合作机构数量明显高于中国。

表 3-6　中国发文量前 10 机构的产出特征(TP≥562)

排名	机构	TP	ICP	IC	NC	II	INC
1	中国科学院	4 912	6.7	2 343	2 569	1 022	3 890
2	清华大学	1 368	10	756	612	297	1 071
3	北京大学	1 146	10	708	438	122	1 024
4	南京大学	1 139	6.1	555	584	211	928
5	浙江大学	1 002	6.3	578	424	211	791
6	中国科学技术大学	832	7.6	388	444	175	657
7	上海交通大学	788	10.9	494	294	115	673
8	复旦大学	722	10	372	350	151	571
9	武汉大学	710	8.4	347	363	154	556
10	哈尔滨工业大学	562	4.4	357	205	82	480

注：TP 为高被引论文总量，ICP 为篇均合作机构数量，IC 为国际合作论文量，NC 为国内合作论文量，II 为机构独立发表的论文量，INC 为机构间合作论文量。下同。

表 3-7　美国发文量前 10 机构的产出特征(TP≥2026)

排名	机构	TP	ICP	IC	NC	II	INC
1	哈佛大学	7 557	13	4 153	3 404	604	6 953
2	麻省理工学院	4 606	14.9	2 816	1 790	394	4 212
3	华盛顿大学西雅图分校	3 898	17.7	2 284	1 614	7	3 891
4	斯坦福大学	3 890	14.9	2 094	1 796	561	3 329

续表 3-7

排名	机构	TP	ICP	IC	NC	II	INC
5	加州大学伯克利分校	2 895	13.4	1 601	1 294	458	2 437
6	密歇根大学安娜堡分校	2 604	16.8	1 346	1 258	0	2 604
7	加州大学洛杉矶分校	2 437	13.4	1 334	1 103	347	2 090
8	加州大学圣地亚哥分校	2 242	12.9	1 225	1 017	0	2 242
9	耶鲁大学	2 131	15.4	1 144	987	294	1 837
10	华盛顿大学	2 026	17.7	1 061	965	217	1 809

从国际合作论文量上看，美国机构均表现为更倾向于国际合作(IC)，国内合作(NC)论文数均低于国际合作论文数，而中国的中国科学院、南京大学、中国科学技术大学、复旦大学和哈尔滨工业大学，则表现为国内合作高被引论文数高于国际合作；从机构合作分布来看，中美两国均表现为机构间合作论文量远高于机构独立发表的论文量，其中以北京大学最为显著，独立机构发表论文数仅为机构间合作论文数的 12%。美国表现更为明显，如华盛顿大学-西雅图分校和密歇根大学安娜堡分校独立发表的论文量为 0，而加州大学圣地亚哥分校独立发表的论文仅为 7 篇。机构独立发表的论文量仅占机构间合作论文量的 1/10，大部分机构对机构间合作表现出高度依赖性。

3.1.3 结论

近 10 年来，我国科研投入和产出都大幅度提升，质量与数量并重，科研水平显著提升，国际竞争力也显著提高，在科技体量上已经进入科技大国行列，但中国与美国、英国、加拿大等科技强国相比还具有显著的差距。ESI 高被引论文更能反映国家的科研实力和发展趋势，已经成为国家和机构评价的重要指标。本节从 ESI 高被引论文的观察视角，借鉴 Y 指数的统计思想，考虑作者身份和贡献，明确中美两国在引领性的基础研究中的差距，对考察中美两国高被引论文的计量特征和微观表现提供有益参考。

在中美高被引论文的计量特征对比中，可以发现：①从论文体量上看，中美两国自 2015 年已经出现了差距逐步缩小的趋势，但篇均被引频次和高被引论文比例仍是我国进一步提高国际影响力的短板。②从期刊分布上看，中美两国的期刊覆盖范围和发文量都存在显著的差距，从发文量最高的前 10 名期刊可以看出，我国化学学科表现尤其突出，但其他学科缺乏表现力，期刊学科覆盖领域相对单一，综合性顶级期刊的表现力仍需进一步提高。③从合作国家来看，中美两国的合作程度非常密切，具有高度相互依赖关系，其第一作者和通讯作者比例显示，美国在其中占据更多的学术领导地位，此外，G7 国家均为中美两国的主要合作国家。④从合作模式上看，中美两国在不同合作模式下的产出比例相似，但篇均被引频次分布出现几乎完全相反的分布趋势，我国的国际合作论文篇均被引频次高于国内合作论文，主导型论文的篇均被引频次最低，仅为参与角色的国际合作论文的篇均被引频次最高；而美国的国内合作论文的篇均被引频次高于国际合作论文，其主导型论文的篇均被引频次最高，充分说明了美国学术影响力的主导地位。⑤从机构分析来看，我国高产出机构具有明显的通讯作者占比优势，但除中国科学院外，高产出机构较少，机构间差距较大；而美国高产出机构分布均匀，且在国际合作和机构间合作中更加深入广泛，表现出更强的依赖性。

在学术评价活动中，合著作者的贡献分配问题一直是研究人员关注的焦点，也是科研管理部门在科技奖励、人才引进和岗位聘任中的重要参考。但当前主流的计量指标，如论文数量、(篇均)被引频次、h 指数等都没有把合著作者的贡献分配纳入考量范围，二者在具体的实践过程中仍无法有效融合。Y 指数基于第一作者和通讯作者观察视角，为个人、机构和国家的评估提供了新的角度和方法，是当前学术评价指标体系的有益补充和完善。但在实际运用中，仍存在一些需要厘清的问题和不足之处，首先，对并列(第一或通讯)作者的取舍是 Y 指数计算需要考虑的首要问题，本节没有考虑并列作者的情况；其次，当论文数达到一定规模时，第一作者和通讯作者数量会趋向持平，进而在极坐标图中缺乏区分度，因此，相比于机构和国家，Y 指数更适合个人层面的评价。

3.2 研究前沿演进时序分析

3.2.1 研究前沿演进模式

基本科学指标数据库(ESI)已成为当今世界范围内普遍用以评价高校、学术机构、国家/地区国际学术水平及影响力的重要评价指标工具之一。ESI ResearchFronts 是 ESI 数据库的组成部分之一，它是在近 5 年的高被引论文基础上通过共被引分析和聚类分析得出各学科领域研究前沿。2013 年，汤森路透以上述聚类为基础发布了《2013 年研究前沿：自然科学与社会科学的 100 个学科领域》报告，确认多个科学领域的 100 个重要研究前沿。2014 年以来，科睿唯安(原汤森路透)和中科院科技战略咨询研究院战略情报研究所联合发布《研究前沿》系列报告，每年遴选出当年自然科学和社会科学的 10 个学科领域排名最前的 100 个热点研究前沿和若干新兴研究前沿，在我国科技界和社会上引起反响，并得到国际科技界的高度关注。2016 年，中科院科技战略咨询院战略情报所继续推出《2016 研究前沿》。基于 Clarivate Analytics (原汤森路透知识产权与科技事业部)的 ESI 数据库中的 12 188 个研究前沿，遴选出 2016 年自然科学和社会科学的 10 个学科领域排名最前的 100 个热点前沿和 80 个新兴前沿。

研究前沿在每个学科内部非常活跃，具备鲜明的活动规律，这种规律突出表现在研究成果数量以较快的加速度增长，且有较强的学术辐射力，形成了一定的研究规模和影响力。根据研究前沿的演化规律，其演进模式可以分为渐进型、衰退型、一过型和突发型。其中，渐进型和衰退型研究前沿是研究前沿演化的一般表现模式，即大多数研究前沿的演化属于这两种类型，其研究内容持续受到关注，并随着研究的深入转变成其他研究前沿或逐渐衰退，成为学科领域的“知识基础”。而一过型和突发型均为受到内部或外部因素的影响，在短时间内迅速成为研究前沿，但区别在于一过型研究前沿多为受到外部事件的影响，衰退速度较快，并且研究领域的基本问题得到解决，而突发性研究前沿仍可能演化成渐进型研究前沿。

因而，对研究前沿成果特征和研究内容的分析，可以追踪某领域的产生、发展、分化、相互渗透的情况及其动向，从而判断、挖掘研究前沿的演进规律和发展特征。《2016 研究前沿》报告中的十大学科领域分别为：①农业、植物学和动物学；②生态与环境科学；③地球科学；④临床医学；⑤生物科学；⑥化学与材料科学；⑦物理学；⑧天文学和天体物理学；⑨数学、计算机科学和工程学；⑩经济学、心理学及其他社会科学。研究前沿的分析提供了一个独特的视角来揭示科学研究的脉络，这些研究前沿的数据连续记载了分散的研究领域的发生、汇聚、发展(或者是萎缩、消散)，以及分化和自组织成更近的研究活动节点。一直以来，农业、植物学和动物学以及生物科学都是我国农科院校的重点建设学科，2013 年以来，该领域每年均发布 10 个热点前沿和若干数量不等的新兴前沿，本节梳理两大领域的研究前沿演进路线，判断研究前沿的演进类型，揭示研究前沿的演进规律和特征。本节基于历年《研究前沿》报告，以上述两大领域为例，以 40 个热点前沿及其核心论文内容为依据，通过解读分析热点研究前沿的演进时序和发展态势，结合研究前沿的演进类型，揭示研究前沿的演进规律和发展特征，为有效地遴选和追踪重点研究领域尤其是前沿领域的动态演化，识别研究前沿的发展时序和演化脉络提供一些借鉴和参考。

3.2.2 生物科学研究前沿演进时序分析

生物科学 40 个研究前沿（表 3-8）中，医学与人类健康的相关研究占相当大的比例，其次是技术方法突破和基础理论研究等。以下结合研究前沿的时空背景，根据研究内容将其分为艾滋病及免疫系统领域、神经退行性疾病领域、流行病领域、技术应用与更新、药物检测和作用机理研究等五大方向，对前沿演进的合理性进一步论证阐释。

表 3-8　2013—2016 年生物科学领域热点前沿

2013 年热点前沿	2014 年热点前沿	2015 年热点前沿	2016 年热点前沿
DNA 甲基化分析和遗传性缺失	利用全基因组关联方法研究人类疾病	中东呼吸综合征冠状病毒的分离、特征与传播	中东呼吸综合征冠状病毒的分离、鉴定与传播
阿尔茨海默病的 β 淀粉样蛋白（Aβ）低聚物毒性	利用荧光指示剂示踪体内神经元活动并成像	棕色和白色脂肪组织的功能及其代谢调控	阿尔茨海默病相关基因位点的关联分析
滤泡辅助性 T 细胞（TFH）的功能与分化（CD4＋T 辅助细胞）	成纤维细胞直接重编程转化为神经元细胞或心肌细胞	混合谱系激酶结构域蛋白和受体相互作用蛋白激酶参与调控的细胞坏死机制	T 细胞的分化、功能与代谢
β2 肾上腺素 G-蛋白偶联受体（GPCRs）	树突状细胞、巨噬细胞与免疫治疗	组织巨噬细胞的自我更新和动态平衡的维持	巨噬细胞起源、发育分化的分子机制
泛素线性自组装复杂体和核因子-κB（NF-κB）激活	*C9orf72* 六核苷酸重复扩增与额颞叶痴呆和肌萎缩性侧索硬化症	*C9orf72* 基因六核苷酸重复扩增引起的额颞叶痴呆症和肌萎缩侧索硬化症	*C9orf72* 基因六核苷酸重复扩增引起的额颞叶痴呆症和肌萎缩侧索硬化症
LGR5 受体表达的肠道干细胞	草药类产品中合成大麻素和卡西酮衍生物的危害与检测	新型毒品中的精神活性物质合成大麻素和卡西酮衍生物	RNA 二级结构及腺嘌呤甲基化修饰
TET 突变，减少 5-羟甲基（5 hmC），恶性肿瘤	氯胺酮快速抗抑郁的分子机理	Tau 蛋白和 α-突触核蛋白在常见神经退行性疾病中的致病机理	PINK1/Parkin 介导的线粒体自噬分子机理研究
线粒体去乙酰化酶和代谢调节	基因组编辑技术——转录激活因子样效应蛋白核酸酶（TALEN）	CRISPR-Cas9 系统的免疫机制及其在基因组编辑中的应用	飞秒 X 射线激光在生物大分子的纳米晶体结构测定中的应用

续表 3-8

2013 年热点前沿	2014 年热点前沿	2015 年热点前沿	2016 年热点前沿
HIV-1 Vpu 和 Vpx 蛋白以及 SAMHD1 和 BST-2/Tetherin 抑制其复制的作用	免疫系统感应蛋白相关信号途径的研究	先天性淋巴样细胞的免疫调节功能	广谱中和抗体与艾滋病疫苗设计
雷帕霉素靶标(TOR)抑制剂信号转导,延长存活期,衰老机制与疾病	褪黑素在氧化胁迫中的作用	新型 H7N9 禽源流感病毒的传播与致病机理	褪黑素在植物和人类中的生物学功能

3.2.2.1 生物科学研究前沿演进时序

1. 艾滋病及免疫系统领域

艾滋病在世界范围内广泛传播,严重威胁着人类健康和社会发展,艾滋病及免疫系统相关研究持续受到科学家们的关注(表 3-9)。2013 年研究前沿中,研究人员找到了细胞因子 SAMHD1 蛋白抑制骨髓细胞感染艾滋病病毒(HIV)的机制,扩展了人们对艾滋病患者免疫系统如何对付 HIV 以及 HIV 如何逃避免疫反应的理解,为后续的研究奠定了基础;随后,先天免疫信号转导通路中的重要接头及感应蛋白结构生物学研究成果(2014),以及对先天性淋巴样细胞的免疫调节功能的解析(2015)加深了人们对自身免疫疾病和免疫缺陷疾病的理解,进而可以在此基础上找到疫苗开发的新策略;2016 年,"广谱中和抗体与艾滋病疫苗设计"成为热点前沿,在最新的文章报道中,HIV 疫苗的开发连续取得重大突破,为人类攻克艾滋病带来了新的希望[149]。

表 3-9 艾滋病及免疫系统领域的研究前沿演进

领域	时间	热点前沿
艾滋病及免疫系统	2013 年	HIV-1 Vpu 和 Vpx 蛋白以及 SAMHD1 和 BST-2/Tetherin 抑制其复制作用
		雷帕霉素靶标(TOR)抑制剂信号转导,延长存活期,衰老机制与疾病
		滤泡辅助性 T 细胞(TFH)的功能与分化(CD4+T 辅助细胞)
		TET 突变,减少 5-羟甲基(5 hmC),恶性肿瘤
	2014 年	免疫系统感应蛋白相关信号途径的研究
		树突状细胞、巨噬细胞与免疫治疗
	2015 年	先天性淋巴样细胞的免疫调节功能
		组织巨噬细胞的自我更新和动态平衡的维持
	2016 年	广谱中和抗体与艾滋病疫苗设计
		巨噬细胞起源、发育分化的分子机制
		T 细胞的分化、功能与代谢

同时,免疫系统在健康状态维持与疾病发展中的作用同样受到科学家高度关注,巨噬细胞、树突状细胞和 T 细胞等免疫细胞的作用、起源、分化以及代谢机制等持续成为热点前沿。树突状细胞和巨噬细胞的研究将为癌症免疫疗法带来新希望,T 细胞免疫功能与分化及其调控机制的解析也备受关注。此外,代谢重编程在 T 细胞命运决定方面的研究也是当前的研究

热点，有关代谢的转录调控机制陆续被发现。

2. 神经退行性疾病领域

神经退行性疾病是一类大脑和脊髓的神经元细胞丧失的疾病状态，随着老龄化加剧，神经退行性疾病患病率节节攀升，科学家们一直在寻找神经退行性疾病的发病机制和治疗方法。

该领域的研究前沿主要是阿尔茨海默病、额颞叶痴呆和肌萎缩性侧索硬化症等神经退行性疾病的相关研究（表 3-10）。大脑中 β 淀粉样蛋白异常沉积是阿尔茨海默症病人脑内老年斑周边神经元变性和死亡的主要原因，但针对 tau 蛋白的病理过程比针对 β 淀粉样蛋白的治疗更有利于改善临床症状。tau 蛋白致病机理研究为后期开发治疗神经变性疾病的新型疗法或新药提供了新的思路和线索。第一个旨在修饰 tau 蛋白治愈阿尔茨海默病的人类疫苗 ADAMANT 的Ⅱ期临床研究已成功启动。2016 年，该病症的相关致病基因的关联分析再次成为热点前沿。2012 年，研究人员确定了 *C9orf72* 基因与肌萎缩侧索硬化症（ALS）以及额颞痴呆（FTD）之间的关联，随后的研究一直致力于解释 *C9orf72* 六核苷酸重复扩张引发这两种疾病的病理分子机制，自 2014 年开始，该项研究连续 3 年成为热点前沿。此外，2016 年研究前沿还发现，与帕金森病密切关联的 PINK1 蛋白能够帮助细胞清除功能失调的线粒体，揭示神经退行性疾病药物开发新靶点，对于靶向线粒体自噬通路的药物开发具有重要意义。

表 3-10　神经退行性疾病领域的研究前沿演进

领域	时间	热点前沿
神经退行性疾病	2013 年	阿尔茨海默病的 β 淀粉样蛋白（Aβ）低聚物毒性
	2014 年	*C9orf72* 六核苷酸重复扩增与额颞叶痴呆和肌萎缩性侧索硬化症
	2015 年	*C9orf72* 基因六核苷酸重复扩增引起的额颞叶痴呆症和肌萎缩侧索硬化症
		Tau 蛋白和 α-突触核蛋白在常见神经退行性疾病中的致病机理
	2016 年	*C9orf72* 基因六核苷酸重复扩增引起的额颞叶痴呆症和肌萎缩侧索硬化症
		阿尔茨海默症相关基因位点的关联分析
		PINK1/Parkin 介导的线粒体自噬分子机理研究

3. 流行病领域

流行病学是在人们不断地同危害人类健康的严重疾病作斗争中发展起来的。近年来，由于在人口密集的市场中人与不同种类动物的频繁接触，以及人入侵动物的自然栖息地等多种原因，促进了新病毒的出现，如以 SARS 冠状病毒、中东呼吸综合征冠状病毒、禽流感和寨卡病毒等为代表的新发和再发传染病，对全球公共卫生造成了威胁。

中东呼吸道综合征冠状病毒（MERS-CoV）是继 SARS 冠状病毒之后出现的又一种能够引发严重呼吸道感染的人类新发冠状病毒。研究人员在 MERS-CoV 致病机理方面开展了大量的研究工作，于 2015 年和 2016 年连续两年入选热点前沿。MERS-CoV 功能性受体的发现为人类新型冠状病毒溯源和跨种进化研究、病毒传染研究和流行病学特征分析提供了重要依据，随后，科研人员又对 MERS-CoV 识别该受体分子的机制进行深入研究。上述研究工作为更深入了解 MERS-CoV 的致病机制指出了新的研究方向。

禽流感在亚太地区的暴发流行，对动物和人类健康造成巨大威胁，H7N9 型禽流感作为一种新型禽流感，于 2013 年发现，2014 年即入选新兴前沿，随后，研究人员对 H7N9 禽流感病毒的起源、传播途径、生物学特征等方面开展了大量的研究，其传播与致病机理在 2015 年成为热点研究前沿。2016 年，相关研究分别入选生物科学和临床医学领域的热点前沿(表 3-11)。

表 3-11 流行病领域的研究前沿演进

领域	时间	热点前沿
流行病	2014 年	2013 年中国东部地区人感染 H7N9 禽流感的临床特征、病毒学与流行病学研究(临床医学新兴前沿)
	2015 年	中东呼吸综合征冠状病毒的分离、特征与传播
	2016 年	新型 H7N9 禽流感病毒的传播与致病机理
	2016 年	中东呼吸综合征冠状病毒的分离、鉴定与传播
		人感染 H7N9 禽流感病毒传播、流行及生物学特性(临床医学)
		新型重组禽流感病毒(H5N8 和 H5N6)的鉴定及其特征(新兴前沿)

4. 技术的应用与更新

近年来，以 ZFN、TALEN 和 CRISPR-*Cas* 为代表的基因编辑技术已经广泛应用于生命科学与医学的各个方面。TALEN 技术在 2010 年正式发明，2014 年成为热点前沿(表 3-12)。CRISPR-*Cas* 技术作为最新涌现的基因组编辑工具，为构建更高效的基因定点修饰技术提供了全新的平台，目前已被成功应用于多个动植物的功能研究。2014 年 CRISPR-*Cas* 系统首次作为新兴前沿出现，于 2015 年成为热点前沿，同时其分子机理及其在人类细胞中的应用研究分别入选新兴前沿，2016 年再次入选新兴前沿，展示了其广阔的应用前景。

表 3-12 技术的应用与更新研究前沿的演进

领域	时间	热点前沿
基因编辑技术	2014 年	CRISPR-*Cas*9 基因组编辑技术(新兴前沿)
		基因组编辑技术——转录激活因子样效应蛋白核酸酶(TALEN)
	2015 年	CRISPR-*Cas*9 系统的免疫机制及其在基因组编辑中的应用
		CRISPR-*Cas*9 系统的分子机理研究(新兴前沿)
		CRISPR-*Cas*9 系统在人类细胞研究中的应用(新兴前沿)
	2016 年	CRISPR RNA 引导性核酸酶脱靶效应的全基因组检测(新兴前沿)
		CRISPR-*Cas*9 调控的基因组规模转录激活(新兴前沿)
遗传学新方法	2013 年	DNA 甲基化分析和遗传性缺失
	2014 年	利用全基因组关联方法研究人类疾病

此外，DNA 甲基化是真核生物表观遗传学的重要机制之一，在维持正常细胞功能、遗传印记以及人类肿瘤发生中起着重要作用。2014 年研究前沿的论文主要是从遗传统计学角度探讨和研究全基因组关联分析(GWAS)方法，同时解决 GWAS 分析过程中出现的“遗传性缺失”等问题。全基因组关联方法首先在人类医学领域的研究中得到了极大的重视和应用，使许多重要的复杂疾病的研究取得了突破性进展，成为研究人类基因组学的关键手段。

5. 药物检测和作用机理研究

褪黑素是迄今发现的最强内源性自由基清除剂。近年来，研究发现植物中也含有褪黑素并已经在多种植物特别是食用和药用植物中检测出来，国内外对褪黑素的生物学功能，尤其是作为膳食补充剂的保健功能进行了广泛研究。研究表明，其具有促进睡眠、抗衰老、抗肿瘤等多项生理功能。在植物中广泛进行褪黑素的研究，将对人类的营养、医药和农业提供非常有益的信息(表 3-13)。

表 3-13　药物作用机理研究前沿的演进

领域	时间	热点前沿
褪黑素	2014 年	褪黑素在氧化胁迫中的作用
	2016 年	褪黑素在植物和人类中的生物学功能
合成大麻素和卡西酮衍生物	2015 年	草药类产品中合成大麻素和卡西酮衍生物的危害与检测
	2016 年	新型毒品中的精神活性物质合成大麻素和卡西酮衍生物

此外，滥用策划药的问题在全球呈快速蔓延之势，社会危害日益严重。策划药是指在现有管制药物的分子结构中一些无关紧要的地方加以修饰，得到的一系列与原来的药物结构不同、效果却差不多甚至更强的“合法”药物。合成大麻素和卡西酮衍生物从 2008 年后在欧美迅速蔓延，其在草药类产品和新型毒品中的危害性和检测分别进入 2015 年和 2016 年热点前沿，引起国际社会的密切关注。

3.2.2.2　生物科学研究前沿演进特点

从上述生物科学研究前沿演进路线可以看出，生物科学研究前沿分布相对较为集中，超过半数的热点前沿与人类健康密切相关，其研究进展迅速，凸显了生物科学的研究焦点和热点。

首先，渐进型前沿数量占领域主导地位，显示出科学发展的长期稳定性。持续威胁人类健康的重大疾病(如神经退行性疾病、艾滋病和肿瘤等)致病机理和药物作用机理相关研究持续受到关注，共占热点前沿 21 个。近 10 年来，随着分子生物学和神经生物学等多学科知识研究手段的迅猛发展，上述重大疾病病变机制研究有了许多新的发现。该部分研究内容主要包括上述疾病的致病机理和临床研究，并外延至神经、免疫系统在健康状态维持与疾病发展中的作用等理论研究，其演化路径具有明显的渐进性。此外，药物作用机理如褪黑素从其在植物中被发现到其生物学功能研究，再到对人类的保健功能研究，其演化过程也具有非常明显的深入和递进特点。

其次，突发类型前沿数量快速上升，显示出科学发展的阶段性、跳跃性。突发型研究前沿通常预示着研究领域出现了重大发现或突破性成果，或是受到外部突发事件(传染病，恐怖袭击、环境污染或新型药物等)的影响，占热点前沿 10 个。具体突发型前沿的发展方向需要具体分析，如新型策划药的检测和危害研究，随着检测技术成熟和相关法律法规的完善，该研究前沿将逐步转为衰退型研究前沿；MERS-CoV 和禽流感研究前沿已逐步演进为渐进型研究前沿，其演进路径表明：从发现到分析，再到公共卫生响应，人类社会对新病毒的响应周期正在缩短；技术方法的应用与突破是推动学科发展的重要动力，也是出现突发型研究前沿的重要因素。如基因编辑技术的更新换代和全基因组关联方法的应用研究，表现出显著的渐进性。

最后，在分析过程中，也存在一过型研究前沿，如“氯胺酮快速抗抑郁的分子机理”“利用荧光指示剂示踪体内神经元活动并成像”和“飞秒 X 射线激光在生物大分子的纳米晶体结构测定中的应用”等，其具体形成机制可能还需要深入分析，也为进一步改进研究前沿识别方法提供了新机遇。

3.2.3 农业科学研究前沿演进时序分析

2013 年以来，农业、植物学和动物学作为上述十大学科领域之一，每年均发布 10 个重点研究前沿和若干数量不等的新兴前沿，2013—2017 年，共发布 50 个热点研究前沿(表 3-14)。根据核心论文及其研究内容将其分为植物逆境胁迫、作物改良基础、食品安全与营养、系统发育与分类、动物学、植物学和信号调控机制共 6 个方向，其中，植物逆境胁迫和作物改良基础研究占相当大的比例，主要集中在作物逆境胁迫尤其是抗病虫害研究方向，凸显了农业生产在科学研究中的重要性。其次是食品卫生和分类学等，动物相关研究相对较少。以下结合研究前沿的时空背景，对前沿演进及其合理性进一步论证阐释。

表 3-14　2013—2017 年农业、植物学和动物学热点前沿

2013 年热点前沿	2014 年热点前沿	2015 年热点前沿	2016 年热点前沿	2017 年热点前沿
气候变化对农作物的影响	美国食源性疾病的统计和经济损失评价	高光谱成像和计算机视觉技术在食品加工与检测中的应用	食品检测中的高光谱成像技术	植物基因组编辑技术及其在农作物中的应用研究
基于分子进化分析的真菌分类	植物内生真菌物种识别的系统发育方法	果实发育与成熟的分子调控机理	生鲜食品微生物污染的暴发与防控	斑翅果蝇的入侵生物学研究
拟南芥叶绿体 RNA 编辑	细胞器 RNA 编辑	植物内质网应激与自噬机理	子囊菌和半知菌的分类学与系统发育学	植物中钾离子的吸收、传输与植物耐盐胁迫的生理机制和调控
茉莉酮酸的生物合成与信号转导	生长素生物合成与调控	干旱导致树木死亡的机理	田间高通量作物根系表型分析	海洋渔业资源评估及基于生态系统的管理策略
蜂群崩溃症候群与东方蜜蜂微孢子虫	黑曲霉属真菌的识别、生长发育和毒素产生	蜜蜂健康和蜂群衰竭的影响因素研究	害虫天敌蝙蝠的白鼻综合征	植物 DNA 甲基化的调控机理及其作用
被子植物系统发育分类群	物种形成的基因学理论	NAC 转录因子在植物应对非生物胁迫中的作用	抗氧化肽的分离与表征	棉花基因组序列与重要性状 QTL 分析
家畜中的耐甲氧苯青霉素金黄葡萄球菌(超级病菌)	拟南芥生物钟调控	植物系统获得性抗性的信号转导	细菌 VI 型分泌系统的结构与调控	子囊菌和半知菌的分类学与系统发育学
基因组选择与估计育种值	利用 DNA 测序研究根际真菌群落	除草剂抗性及其遗传学原因	营养物质纳米乳递送系统	植物细胞壁纤维素的生物合成机理

续表 3-14

2013 年热点前沿	2014 年热点前沿	2015 年热点前沿	2016 年热点前沿	2017 年热点前沿
植物病原卵菌 RXLR 效应蛋白与植物的免疫抑制	C4 光合作用的进化及二氧化碳浓度对叶肉导度的影响	害虫 Bt 抗性及生物防治	光合作用捕光蛋白复合物的结构与功能	丛枝菌根的共生关系及营养与信号机制研究
昆虫对 Bt 杀虫毒素转基因作物的抗性	入侵害虫的天敌生物防治	植物天然免疫的分子诱导机制	植物先天免疫机制	全球土壤碳高分辨率地图

3.2.3.1 农业领域研究前沿演进时序

1.植物逆境胁迫领域

近几年来,随着全球气候变化,环境的不断恶化和病虫害日益猖獗,给植物尤其是农业生产造成了很大的损失。植物抗逆胁迫研究前沿主要包括生物胁迫和非生物胁迫两个部分,其中生物胁迫中提高植物病虫害的防控水平,尤其是如何赋予植物一种可持续的抗病性,是科研人员的关注焦点。

在该领域中,生物胁迫主要指农作物病虫害。作为农业生产中的主要农业灾害之一,其发生范围和严重程度对我国国民经济、农业生产常造成重大损失。病虫害防控研究连续 4 年(2013—2016)入选热点前沿。苏云金杆菌(Bt)作为一种有益生物安全、不污染环境的微生物杀虫剂得到广泛应用和研究,但害虫对 Bt 转基因作物不可避免的产生抗性,逐渐威胁其可持续利用。2013 年以来,“Bt 转基因作物与抗虫性”“入侵害虫的天敌生物防治”和“害虫 Bt 抗性及生物防治”持续入选热点前沿,引起了科学家的共同关注。随后,该领域的研究范围不断扩大和深入。2015 年,植物系统获得性抗性和先天免疫成为关注重点,植物系统获得性抗性是一种能够诱导植物持续抵御病原微生物侵害的一种防御机制。目前,各国在植物系统获得性抗性及其信号转导方面开展了大量研究,对植物抗胁迫信号转导途径有了比较清晰的认识,研究重点聚焦研究和发现其信号转导途径中的相关成分和基因。此外,寻找植物细胞表面针对各种病原微生物相关分子的特异性识别受体(2016),成为理解植物先天免疫反应的关键。上述研究工作不断丰富和充实了植物病虫害防控基础理论研究,为作物抗病育种奠定了重要的理论基础。2017 年,该领域深入植物基因组技术相关研究,“植物 DNA 甲基化的调控机理及其作用”前沿围绕 DNA 甲基化的建立和维持机制、胁迫环境下 DNA 甲基化的改变及其影响,以及 DNA 甲基化检测技术等开展了大量研究。

非生物胁迫研究主要涉及干旱、除草剂和 NAC 转录因子等研究。随着全球气候变暖,干旱逐渐成为影响植物生长发育的重要非生物胁迫因素,特别是近年来对森林生态环境的重视引发了研究人员对树木干旱的关注,该前沿主要揭示了“水力失效”和“碳饥饿”两个引起植物死亡的可能关键因素,但干旱引发森林消亡的确切机制仍在探索阶段。而“NAC 转录因子在植物应对非生物胁迫中的作用”前沿研究也表明,在涉及高盐、干旱、低温和机械损伤等非生物胁迫应答过程中,NAC 转录因子也起着激活或抑制目标基因表达的功能。2015 年新兴前沿“植物中钾离子的吸收、传输与植物耐盐胁迫的生理机制和调控”于 2017 年入选热点前沿,盐碱胁迫给农业生产造成的损失仅次于干旱,严重威胁了农业可持续发展,该前沿围绕植物耐盐问题从多角度展开了机理研究,了解植物耐盐机理、培育耐盐作物、有效控制和利用盐碱土等对农业发展和生态环境有重要意义。植物逆境胁迫领域的研究见表 3-15。

表 3-15 植物逆境胁迫领域的研究

领域	时间	热点前沿
植物逆境胁迫	2013 年	昆虫对 Bt 杀虫毒素转基因作物的抗性
		植物病原卵菌 RXLR 效应蛋白与植物的免疫抑制
	2014 年	入侵害虫的天敌生物防治
	2015 年	植物天然免疫的分子诱导机制
		植物系统获得性抗性的信号转导
		植物内质网应激与自噬机理
		害虫 Bt 抗性及生物防治
		干旱导致树木死亡的机理
		NAC 转录因子在植物应对非生物胁迫中的作用
	2016 年	植物先天免疫机制
		细菌 VI 型分泌系统的结构与调控
	2017 年	植物中钾离子的吸收、传输与植物耐盐胁迫的生理机制和调控
		植物 DNA 甲基化的调控机理及其作用

2. 作物改良基础研究

在作物改良基础研究领域，科学家们同样关注到气候变化如温室气体浓度升高、光照变化和极端气候的出现等对农作物的影响。叶肉导度(2014)和捕光蛋白复合物(2016)在植物生理生态及全球气候变化和陆地生态系统相互关系的研究中具有重要作用，对其深入研究将有助于理解植物如何适应及响应外界环境变化的机理和过程。此外，除草剂抗性及其遗传学原因(2015)具有广泛的应用而备受关注，主要集中在除草剂抗性基因的挖掘和改良，除草剂抗性机理与遗传学研究等。在现代植物研究与育种中，田间表型是表型组学最亟需发展的领域之一，2016 年“田间高通量作物根系表型分析”成为研究前沿，高通量地获取植物的表型信息，可以为研究人员提供有价值的数据，深入了解田间作物的生长情况。2017 年，“植物基因组编辑技术及其在农作物中的应用研究”和“棉花基因组序列与重要性状 QTL 分析”入选热点前沿，植物基因组技术在作物研究领域取得了重大突破。其中，基因组编辑技术已连续多年在生物科学领域入选热点前沿，该前沿是其在农业作物领域的应用与发展，是应用基因组编辑技术对特定植物基因组的定向诱变和修饰，其中主要是利用 CRISPR-Cas9 技术，针对拟南芥、烟草等模式植物，及水稻、大豆等重要作物的基因组编辑(表 3-16)。

表 3-16 作物改良基础研究领域的研究前沿演进

领域	时间	热点前沿
作物改良基础研究	2013 年	气候变化对农作物的影响
	2014 年	C4 光合作用的进化及二氧化碳浓度对叶肉导度的影响
	2015 年	除草剂抗性及其遗传学原因

续表 3-16

领域	时间	热点前沿
作物改良基础研究	2016 年	光合作用捕光蛋白复合物的结构与功能
		田间高通量作物根系表型分析
	2017 年	植物基因组编辑技术及其在农作物中的应用研究
		棉花基因组序列与重要性状 QTL 分析
	2018 年	作物产量相关性状的遗传网络分析

3. 食品卫生与营养

食品微生物污染是受到广泛关注的全球公共卫生问题，根据流行病学监测数据显示，在过去 10 多年间全球食源性疾病发病率不断上升，且有严重暴发的趋势。食源性疾病是指通过食物进入人体内的致病因子导致的感染或中毒，大多数食源性疾病是由细菌、病毒、蠕虫和真菌引起的。2014 年以来，相关前沿包括微生物污染来源、致病菌爆发流行趋势、社会经济影响和预防控制手段等，如美国食品供应链上的病原体危害对公共健康的影响研究(2014)和围绕生鲜食品中致病性微生物引起的食源性疾病的爆发风险、来源与防控策略研究(2016)。同时，日益凸显的食品质量与安全也要求食品品质安全信息的客观准确检测，高光谱成像技术在食品加工和检测中的应用在 2015 年和 2016 年连续两年入选研究前沿。2016 年，随着功能食品产业规模在全球范围内的剧增和纳米技术的迅猛发展，纳米功能性食品的开发利用成为研究焦点(表 3-17)。此外，评价和筛选具有强抗氧化活性的天然资源成为生物学、医学和食品科学研究的新趋势。

表 3-17　食品卫生与营养领域的研究前沿演进

领域	时间	热点前沿
食品卫生与营养	2014 年	美国食源性疾病的统计和经济损失评价
	2015 年	高光谱成像和计算机视觉技术在食品加工与检测中的应用
	2016 年	生鲜食品微生物污染的爆发与防控
		食品检测中的高光谱成像技术
		营养物质纳米乳递送系统
		抗氧化肽的分离与表征
	2018 年	纳米乳液研发及其在食品工业中的应用
		食品和动物饲料中霉菌毒素污染及其毒性研究

4. 系统发育与分类

系统发育学研究的是进化关系，系统发育分析就是要推断或者评估这些进化关系。近代分子生物学技术的发展为物种的分类与鉴定提供了新方法，进而可以从分子水平、遗传进化的角度去认识物种。2013 年，基于分子水平的真菌分类和被子植物分类均进入热点前沿，在植物亲缘关系的基础上对被子植物进行分类，进而对分类系统进行监理，以阐述被子植物之间的演化关系。随后，物种的识别及其形成基因学理论分别入选热点前沿，物种识别和生物多样性评估是生命科学研究的重要基础环节，同时对物种本身如黑曲霉真菌的识别、生长发育等研究也具有重要意义。“子囊菌和半知菌的分类学与系统发育学”在 2016 年和 2017 年连续成为热点前沿，且与作物病虫害防控密切相关，子囊菌和半知菌引起农作物局部坏死病害，少数引起系统性维管束病害，是重要的植物病原菌，同时半知菌也在生态系统中的物质和能量转化中起重要的作用(表 3-18)。

表 3-18 系统发育与分类领域的研究前沿演进

领域	时间	热点前沿
系统发育与分类	2013 年	基于分子进化分析的真菌分类
		被子植物系统发育分类群
	2014 年	植物内生真菌物种识别的系统发育方法
		黑曲霉属真菌的识别、生长发育和毒素产生
		利用 DNA 测序研究根际真菌群落
		物种形成的基因学理论
	2016 年	子囊菌和半知菌的分类学与系统发育学
	2017 年	子囊菌和半知菌的分类学与系统发育学

5. 动物学领域

动物学领域的研究前沿仍与农业生产领域密切相关。蜂群衰竭现象研究在 2013 年和 2015 年连续入选热点前沿，从科学家对蜂群崩溃症候群的关注到蜂群衰竭的影响因素分析，体现了该前沿研究的演进性。蜂群崩溃症候群导致蜂群衰竭，农作物和草料就失去传播花粉的途径，于是就会无法生长，导致大规模的家畜灭绝和食物短缺，进而严重威胁人类的安全。但该现象目前仍没有找到有效的治疗方法。此外，受到物种衰退威胁的还有蝙蝠(2016)，该前沿与病虫害防控研究密切相关。蝙蝠在生态系统中扮演着重要的角色，是森林和粮食作物害虫的天敌，蝙蝠的白鼻综合征造成其种群衰退和生态系统破坏。在农业生物产业链中，家畜的健康和品种培育占有十分重要的地位，金黄葡萄球菌是引起食物中毒最常见的病原菌，在全球范围内具有很高的发病率和病死率，是全球公共卫生与医疗健康领域中的研究焦点(2013)。而作为育种的重要手段，选择育种的核心是育种值估计，在家畜育种中，基因组选择凭借其准确性高、世代间隔短和育种成本低等优势被应用于种畜选择中(2013)。2017 年，水果害虫"斑翅果蝇的入侵生物学研究"入选热点前沿，主要围绕斑翅果蝇在不同地区的发现记录、种群动态和生物学特征研究，当前对其防治手段仍依赖化学方法，具有一定的局限性(表 3-19)。

表 3-19 动物学领域的研究前沿演进

领域	时间	热点前沿
动物学领域	2013 年	蜂群崩溃症候群与东方蜜蜂微孢子虫
		家畜中的耐甲氧苯青霉素金黄葡萄球菌(超级病菌)
		基因组选择与估计育种值
	2015 年	蜜蜂健康和蜂群衰竭的影响因素研究
	2016 年	害虫天敌蝙蝠的白鼻综合征
	2017 年	斑翅果蝇的入侵生物学研究
		斑翅果蝇的入侵生物学和防治策略

6. 植物学及其信号调控机制

植物信号转导和调控机制研究，促进了被子植物基因组学和表观遗传学的发展，为作物改良奠定了基础。植物激素作为一类重要的植物信号转导化合物，在细胞分裂与伸长、组织与器官分化、开花与结实、成熟与衰老、休眠与萌发以及离体组织培养等方面，分别或相互协调地调控植物的生长、发育与分化。茉莉酮酸和生长素具有信号转导作用，其生物合成和信号转导调控在 2013 年和 2014 年分别成为热点前沿。其中，茉莉酮酸对哺乳动物的癌细胞呈现毒性，诱导这类细胞程序性死亡。这些发现引起了科学家对茉莉酮酸研究的关注，以考察其作为抗癌药物的潜力。而生长素作为调控植物生长发育最重要的植物激素，其研究成果在作物产量或抗逆遗传育种中具有广阔的应用前景。随着激素在植物体内的合成与调控机制研究，果实发育与成熟的分子调控机理进入 2015 年研究前沿，提供了果实发育和成熟的代谢调控网络。2017 年，"植物细胞壁纤维素的生物合成机理"前沿中，有关细胞壁各组分的生物合成，细胞壁与植物的生长发育等问题，特别是植物细胞壁的形成及其调控机理研究成为人们关注的焦点。而丛枝菌根真菌作为土壤中广泛存在的一类功能菌，它与寄主植物的专性营养共生关系及其信号机制研究也成为植物营养领域的热点前沿（表 3-20）。

表 3-20　植物学及其信号转导调控机制的研究前沿演进

领域	时间	热点前沿
植物学及其信号调控机制	2013 年	茉莉酮酸的生物合成与信号转导
	2014 年	生长素生物合成与调控
		拟南芥生物钟调控
	2015 年	果实发育与成熟的分子调控机理
	2017 年	植物细胞壁纤维素的生物合成机理
		丛枝菌根的共生关系及营养与信号机制研究

3.2.3.2　农业领域研究前沿演进特点

上述分析可以看出，农业领域涵盖农业科学、植物学与动物学三大子领域，其研究前沿的分布具有内容范围较广但分布相对集中的特点，超过半数的热点前沿与农业生产领域直接相关，如植物逆境胁迫、作物改良基础研究和物种衰竭现象等，研究进展迅速，关注度较高，突显了该领域的研究焦点和热点。

（1）渐进型研究前沿占据主导地位，显示了科学发展的继承性和长期稳定性。近几年来，随着分子生物学技术和手段的迅猛发展，与人类生存休戚相关的农业生产问题研究受到了高度关注。持续威胁农业生产的逆境胁迫和作物改良基础研究持续受到关注，从 Bt 转基因作物抗性到害虫生物防治，再到植物系统性获得性抗性和先天免疫机制研究，其演化路径具有明显的渐进性，为作物抗病育种奠定了重要的理论基础。其次，在食品卫生领域中，食品微生物污染的爆发，防控引起各国政府的关注，其检测手段尤其是高光谱成像技术在食品检测中的应用研究连续入选热点前沿，其在食源性疾病发病率显著增加的大背景下出现，具有非常明显的深入和递进关系。

（2）平移型研究前沿演进是科学发展的典型范式，即科学研究在已有研究成果的启发、借鉴和吸收的基础上不断发展。随着已有研究前沿的发展，研究范围或对象不断扩大，在相同研究背景下不断有新的元素加入，并成为新的研究前沿，如植物信号调控机制研究领域。在高等植物中，植物激素广泛参与了植物生长发育各个阶段的调控，如茉莉酮酸、生长素以及果实发育和成熟中不同激素作用等。不同真菌或被子植物的系统发育分类的系列前沿也与此类似，各研究前沿具有明显的相互影响和促进关系。

(3)突发型前沿体现了科学发展的阶段性、跳跃性。突发型研究前沿通常预示着研究领域出现了重大发现或突破性成果，或是受到外部突发事件(环境因素、森林消失、物种衰竭等)的影响。如蜂群崩溃症候群研究和“害虫天敌蝙蝠的白鼻综合征”前沿，前者从对蜂群衰竭现象的关注到影响因素分析，后者同样关注到物种的衰竭对生态系统的破坏，但由于对白鼻综合征的了解不多，对其研究仍处于初始阶段，该研究前沿仍可能持续。2017 年，农业资源相关研究前沿在 2013 年以来首次入选“海洋渔业资源评估及基于生态系统的管理策略”和“全球土壤碳高分辨率地图”，其突发原因与当前海洋生态系统的持续恶化和全球对土壤碳的关注以及现代化技术手段的发展是分不开的。

(4)一过型研究前沿的出现因素相对复杂，需要在更大的时空背景下判断解读。一过型研究前沿的出现，有新技术方法的应用，如“利用 DNA 测序研究根际真菌群落”和“基因组选择与估计育种值”等，也有科研人员对环境因素的关注，如“干旱导致树木死亡的机理”。但其具体形成机制可能还需要深入分析。

3.2.4 结论

研究前沿的演进呈现了学科主题的新陈代谢过程，体现了学科的发展态势和未来走向，是研究学科发展规律的重要内容。为了分析基于时序的研究前沿演进规律与特征，本节以 2013—2016 年《研究前沿》报告中的热点前沿为例，分析研判生物科学和农业、植物与动物学两大领域的研究内容，明确该领域研究前沿具有学科特色的演进规律和发展特征，为有效地遴选和追踪重点研究领域尤其是前沿领域的动态演化、识别研究前沿的发展时序和演化脉络提供一些借鉴和参考。

研究前沿的演进时序分析尝试从更大的学科背景和时空背景下考察研究前沿的演进规律和发展态势，进而呈现学科主题的新陈代谢过程，为政策管理部门和国家智库研判科技发展战略方向、前瞻与布局前沿科技领域等提供科学依据和研究基础。可以发现，根据热点前沿的内容解读，上述两大研究领域中的热点前沿也呈现出一些共同的特征，如具有较高关注度的研究问题在近几年来持续深入发展并取得了瞩目的进展，在生物科学领域，持续威胁人类健康的重大疾病(如神经退行性疾病、艾滋病和肿瘤等)致病机理和药物作用机理等相关研究，而受到外部突发事件(传染病，恐怖袭击、环境污染或新型药物等)影响出现的突发性研究前沿也有所上升，反映了科技界对此类问题的高度关注和积极响应。而在农业领域涵盖了农业、植物学和动物学三大子领域，研究内容范围较广，可以分为植物逆境胁迫、作物改良基础、食品安全与营养、系统发育与分类、动物学、植物学和信号调控机制共 6 个方向，其中大部分前沿与农业生产有密切联系，其研究内容显示出显著的深入和递进关系，以农业生产、食品安全等为代表的问题导向和技术方法的突破是推动该领域发展的重要动力。

综上所述，基于《研究前沿》报告中热点前沿的遴选机制，该报告仅从文献计量的角度为当前学科领域的研究前沿分布提出了一种分析和解释，每个领域选择前 10 个热点前沿，在范围上难以覆盖或代表整个领域的研究前沿。但该方法能够部分揭示学科中的重要研究前沿的发展态势和特征，后续还需要在判读基础上，综合新闻媒体报道和科技政策等多源数据，借助专家知识进一步完善识别方法体系，重点关注重点前沿和新兴前沿动态演化，提高研究前沿演进判断与预测效果，在科技政策的制定和科研部署中提供更加全面的决策依据和参考。

3.3 合成生物学领域发展全景图谱分析

3.3.1 数据来源与研究方法

合成生物学是关于设计和重新合成生命的一门新兴交叉融合性学科，是利用基因组测序技术、计算机模拟技术、生物工程技术和化学合成技术等，在工程学思想的指导下，通过设计生命、合成再造、重塑生命，开创全新科学研究模式，在生命科学、化学、材料学、医药与健康等多领域形成颠覆性技术。合成生物学作为一门正处于快速发展阶段的并有望成为21世纪引领生命科学领域乃至整个科学领域的重要学科，正以其独特的研究理念、富有挑战性的研究目标和巨大的科学价值与社会应用价值，在世界范围内激起新一轮的科技热潮。

我国《“十三五”国家科技创新规划》《“十三五”生物技术创新专项规划》都将合成生物技术列为“构建具有国际竞争力的现代产业技术体系”所需的“发展引领产业变革的颠覆性技术”之一；《国家自然科学基金“十三五”学科发展战略报告——生命科学》将“生命及生物学过程的设计与合成”列为重要的交叉研究优先资助领域之一。针对合成生物学在全世界范围内蓬勃发展的现状，以及合成生物学巨大的应用前景和发展潜力，我们有必要对这一领域进行全面而深入的了解，以推动和促进我国在这一新兴前沿领域的发展，本节旨在利用情报学的计量分析手段，探测、识别和解读合成生物学的发展历程及其研究前沿，以期为相关领域的研究人员提供参考。

3.3.1.1 *数据来源*

在数据来源的选择上，由于合成生物学研究不仅发表在期刊上，而且还发表在会议上，所以本节除了选择 Web of Science 核心合集中的 SCIE、SSCI 数据库，还选择了 CPCI-S 数据库作为检索源。为了反映合成生物学领域的整体发展趋势并提高检准率，限定为 Article、Letter 和 Review 3 种文献类型，时间跨度为所有年份，结合已有研究和专家建议，构建检索式进行精确匹配检索，此外，还通过人工判读补充了 PubMed 中的合成生物学领域中的文章。检索式如下：

TS=("synthetic biolog*" OR "synthetic cell" OR "synthetic cells" OR "artificial cell" OR "artificial cells" OR ("gene* circuit*" NOT "general* circuit*") OR "synthetic genom*" OR (((Artificial or synthetic) AND ("gene* network*" OR "gene* network*")) NOT "general* network*") OR "bio brick" or "biobrick*" or "bio-brick*" OR "Chassis cell" OR "Chassis cells" OR ((construction OR design) AND ("genetic device" OR "genetic devices")) OR "synthetic life" OR (Construct* SAME (artificial OR new OR novel) SAME "biosynthetic pathway*") OR "standard biological part*" OR "artificial genetic system*" OR "Design-Build-Test-Learn" OR "synthetic chromosome*" OR "synthesized chromosome*") OR TI=((synthetic or synthesized) and chromosome*)。检索时间为2018年10月8日，在 Web of Science 核心合集中共检索到10 058条记录，经人工判读并补充共得到10 708篇文献。

3.3.1.2 *研究方法*

本节在深度结合专家建议的基础上，完成合成生物学领域检索策略的构建，然后，基于构建的检索策略，完成本底数据集的构建。在分析方法上，报告从以下两个分析思路展开。

首先，基于 CitNetExplorer 对合成生物学领域进行可视化和发展历程分析，本节使用 CitNetExplorer 分析合成生物学的主题演变，以期描绘出合成生物学的发展历程和重要研究成果。CitNetExplorer 可以用于分析和可视化科学出版物的引文网络。该工具具有处理更大的引文网络的优势，并提供深入挖掘引文网络的复杂功能。因此，用户可以从包含多个出版物的完整网络级别开始，逐步向下深入，对其子网络深入分析。此外，CitNetExplorer 可以分别在宏观和微观层面分析引文网络。在宏观层面，可以根据不同的参数描绘研究区域并获得不同的聚类组。同时还可以深入挖掘或扩展网络，以便在微观层面上实现子网络和最短或最长的开发路径。

其次，本节主要分析主题聚类和主题演化路径。进而以合成生物学相关论文的聚类主题为测度单元，结合文献的共耦合关系、SLM 聚类算法和 OpenOrd 布局算法，绘制合成生物学全景图谱。最后，借助文献检索与可视化图谱技术，辅助专家完成合成生物学前沿的遴选、判读与归类。研究思路如图 3-5 所示。

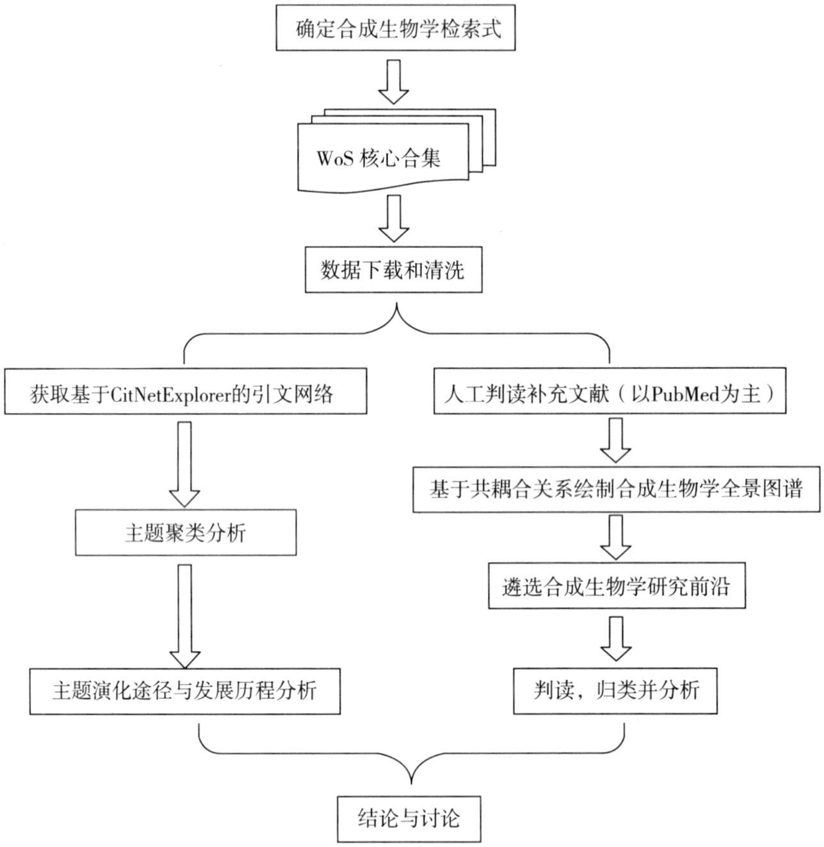

图 3-5　研究思路

3.3.2　基于 CitNetExplorer 的合成生物学主题演化

CitNetExplorer 通常包括来自网络的一系列出版物，默认情况下，包括 40 个高被引用的出版物。图 3-6 显示了前 40 篇被引文献。在可视化中，每个圆圈表示一个出版物，该出版物由第一作者的姓氏标记。CitNetExplorer 使用曲线表示引文关系。此外，圆的垂直位置由出版物的详细时间确定。水平方向的出版物取决于出版物的密切性。如图 3-6 所示，位于引文网络最高点的出版主题被视为基础知识。2000 年，Gardner 等在大肠杆菌中成功设计并构建了一个合成的双稳态基因调控网络，称为基因“拨动开关”（Toggle switch）。该研究标志着合成生物学的正式诞生。2003 年，合成生物学委员会及标准生物元件注册处在麻省理工学院成立。次年，第一届国际遗传工程机械大赛在麻省理工学院举行，BioBricks 基金会成立，第一届合成生物学国际会议召开，这些事件进一步推动和促进了合成生物学领域的发展。

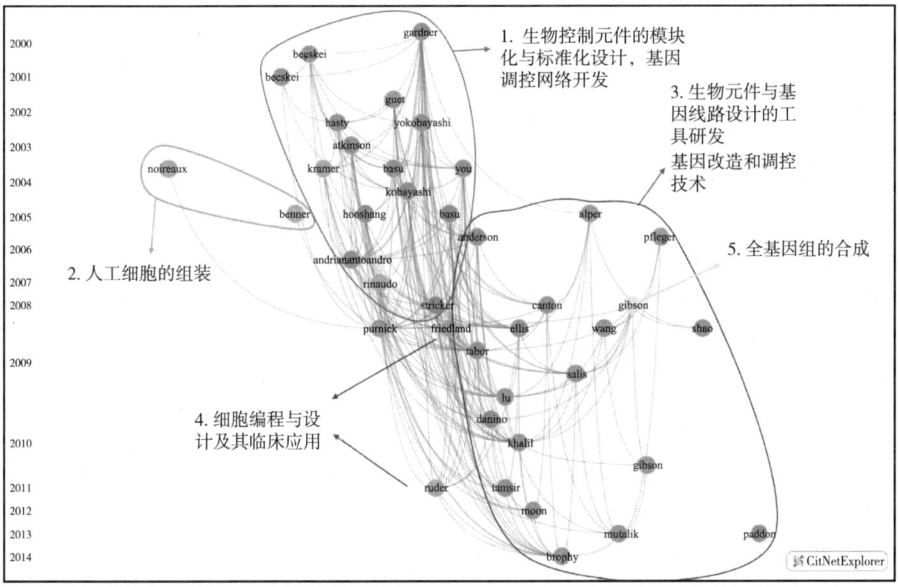

图 3-6 彩色图

图 3-6　合成生物学领域中高被引文献的文关系网络

CitNetExplorer 的聚类方法基于以下理论：在引文关系方面彼此紧密相关的出版物往往位于同一个集群中。群集通常被解释为代表科学文献中的一种主题。聚类的主要参数是分辨率，它控制生成的聚类的大小。参数值越大，将获得的簇的数量越多。从细小的细粒簇中，可能难以突出趋势主题。参数值越小，簇的数量越少。其聚类结果见图 3-6，40 篇高被引文献形成了 5 个大小不一的类团，通过对文献内容的解读，可以看出合成生物学的研究主题演化，反映了合成生物学的发展历程。

从图 3-6 中可以看出，40 篇高被引论文被分为 5 个不同颜色的类团，根据对类团中的文章判读，结合不同类团的发表年代顺序，可以发现，合成生物学领域的研究具有明确的研究内容和目标，从头设计并构建新的生物组件、设备和系统，或对现有的、天然的生物系统进行重新设计和改造，以达到利用工程化的生物系统或生物模块来处理信息、操作化合物、制造材料、生产能源、提供食物、保持和增强人类健康以及改善环境等目的。为了实现这些目标，科学家们从不同层次、不同角度进行了探索。目前，合成生物学的研究主要集中在以下几个方面：①生物元件标准化及生物模块的设计与构建；②最小基因组研究；③基因组的设计、合成与组装。

类团 1 涉及生物控制元件的标准化与模块化，设计具有预测功能的生物模块是当前合成生物学最受关注的领域之一，随着合成生物学的发展，人工合成的基因网络已成为孤立和分析自然基因网络的有效工具，而基因自调控模块是合成生物学的主要设计和研究对象。为实现对生命系统的理性设计，生物元件的标准化与模块化一直是合成生物学家追求的目标。从启动子、核糖体结合位点到终止子，目前均实现了强度跨度大、梯度密集的元件库的构建，并且其强度可进行软件预测，为后续生物合成途径的代谢流平衡优化与复杂遗传环路的设计等提供了坚实的保障。

生物学的一个核心问题是确定基因如何作为功能网络的一部分进行交互，作为最简单且最典型的网络模块，基因自调控环路(其构成的反馈调控可以抑制或激活基因自身的表达)广泛存在于生物调控网络中，且是许多生物学功能的产生基础。揭示基因自调控环路的生物学功能是理解更复杂生物调控网络运行机制的基础，可对合成生物学的设计原理提供指导 。

类团 2 是人工细胞的组装，2004 年，Libchaber 领导的研究小组尝试创造了一个模拟人造生物——“囊生物反应器”，其组成部分来自不同的生物材料，由蛋清中的脂肪分子和大肠杆菌细胞提取物组成。基于合成生物学的生物技术研发模式是在细胞中构建由天然或非天然功能元件组成、自然界不存在的合成代谢途径，开发的遗传材料“零件”系列能在构建的基因调控线路和代谢网络中可靠工作，不产生设计之外的相互作用，以及生成安全、稳健的宿主细胞。形成有生物制造能力的细胞工厂。

类团 3 是生物元件与基因线路设计的工具和基因改造技术研发。首先，随着合成生物学的发展，从头设计并构建新的生物元件、模块和系统，实现生物系统的标准化是合成生物学家追求的目标。人工合成启动子文库作为合成生物学的重要元件，在代谢途径精细调控方面已表现出巨大的应用潜力。作为控制基因表达最重要的一环，启动子是最早被合成生物学家鉴定与标准化的元件，Alper 等通过添加核酸类似物 8-oxo-dGTP 和 dPTP 对噬菌体 PL-λ 启动子进行易错 PCR 扩增，最终得到了 22 个不同强度的启动子，启动子的强度分布范围可达 196 倍。其次，随着基本生物控制元件在制造方法和植入上的标准化和模块化，促使统一生物元件备件库的建立。建立开放的、通用的、可以和其他数据库兼容的元件模块库是促进元件标准化蓬勃发展的重要途径和基石。2003 年成立于 MIT 的 BioBricks 元件库(2006 年已经更名为 Bio Bricks Foundation)，现在以基金会形式运作，是合成生物学标准化元件库。标准化使得未来的基因线路就如现在的集成电路一样，只需用不同的生物元件，即可设计组装新的基因线路产生所希望的功能。模块化则使基因线组装变得容易，并且可以充分利用前人组装出的生物元件，组合出更加先进的基因调控网络，并可应用强大的计算机工程工具(如 CAD 计算机辅助设计)进行综合设计。其次，基因调控网络的研究一直是合成生物学的关注焦点，有学者利用组织工程技术 (如细胞打印)构造的三维多细胞体系进行其他方面的研究，如发育生物学上的模式建成，在这个阶段，合成生物学旨在设计、合成和表征新的生物元素，或重新设计自然系统，可以将它们集中在一个“工具箱”中，应用于优化原核生物和真核生物合成操纵子中多个基因的表达。而基因编辑技术的发展，可以在细胞内实现同时对多个关键基因的改造和调控，极大地提高了对人工细胞的改造能力。

类团 4 主要涉及细胞编程与设计及其临床应用。2007 年，哈佛大学 FAS 系统生物学中心的 Benenson 研究组提出了一种体内 DNA 计算机的新思路。他们利用了生物体普遍存在的 RNA 干扰机制，根据不同的信号(DNA 分子)输入，该 DNA 计算机可以通过 RNA 干扰机制实现编码，并据此进行逻辑判断，最后通过一种可发出荧光的蛋白质产生光学信号输出。他们在人肾细胞中初步实现了这一计算过程，显示出 DNA 计算机具有探测和监控基因突变等细胞内活动的特征信息的能力，因此有可能用于确定癌细胞等病变细胞，成为一种真正的“分子医生”。

类团 5 涉及全基因组的合成。20 世纪 70 年代，DNA 合成技术、重组 DNA 技术的建立为后来的遗传工程及生物学研究开辟了新的道路。J. Craig Venter 研究所(JCVI)的研究团队于 1995 年开始的最小基因组及合成基因组学研究不断取得突破性进展，2008 年完成了化学合成、组装并克隆生殖道支原体的全基因组，这是第一个人工合成的原核生物基因组。JCVI 研究所“合成细胞”的研究无疑是合成生物学发展历程中重要的一笔。这项工作不仅为合成生物学提供了相应的技术体系（如基因组设计、合成、组装、移植技术等），同时对于揭示生命现象和本质具有重要的科学价值。

3.3.3 合成生物学全景图谱分析

合成生物学全景图谱分析是指以合成生物学相关论文的聚类主题为测度单元，结合文献的共耦合关系、SLM 聚类算法和 OpenOrd 布局算法，绘制合成生物学全景图谱，如图 3-7 所示。以 10 708 篇论文为基础，共聚类得到 532 聚类主题，涉及论文 9 300 篇。其学科分布见表 3-21。

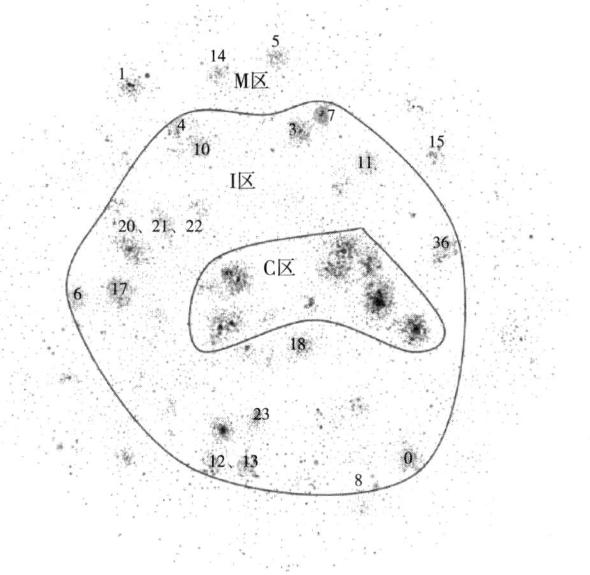

图 3-7 彩色图

图 3-7 合成生物学领域的全景科学图谱

表 3-21 合成生物学领域聚类主题及其论文的学科分布

	地球科学与环境	工程科学	化学	计算机科学	农业科学	社会科学	生物科学	数学	物理学	医学	交叉学科
研究主题数	1	25	11	1	2	4	321	2	13	12	140
论文数	2	198	54	5	6	118	5 923	6	48	261	2 679

合成生物学是关于设计和重新合成生命的一门新兴交叉融合性学科，是利用基因组测序技术、计算机模拟技术、生物工程技术和化学合成技术等，在工程学思想的指导下，通过设计生命、合成再造、重塑生命，在生命科学、化学、材料学、医药与健康等多领域形成颠覆性技术，在医学、制药、化工、能源、材料、农业等领域都有广阔的应用前景。从表 3-21 可以看出，合成生物学领域的论文分布学科比较广泛，无论主题数还是论文数，均以生物科学和交叉学科领域最

多,其次还包括医学、工程学、社会科学、化学、物理学等10个学科。其中社会科学涉及主题虽然不多,仅为4个,但论文数达118篇。图3-7的全景图谱中,不同的颜色表示不同的学科领域,根据聚类主题及其论文的判读,将其分为3个区域,即核心区、边缘区以及连接二者的中间层。

首先,核心区(C区)基本包含了合成生物学的核心理论和经典文献,类团涉及主题和论文数量最多,也最为密集,叠加明显;显著可见的类团有6个,其中左侧有两个主题联系紧密,涉及基因组的设计、合成与组装和细胞合成。右侧4个类团联系紧密。主要涉及基因调控网络、细胞通信和基因电路等内容。如表3-22所示。

表3-22 合成生物学领域的核心类团及其研究内容

核心类团主题	研究内容
基因组的设计、合成与组装	涉及基因组测序技术和DNA合成,以及生物分子组件的编程,DNA合成技术体系是合成生物学发展的重要前提之一
最小基因组和细胞的合成	主要涉及最小基因组或全基因组的必需基因研究以及微生物基因组的合成
生物传感器,细胞通信	生物传感器作为重要的合成生物学工具,能够感应细胞内代谢物浓度的变化,转化为特定信号输出。该类团主要涉及生物识别元件和信号输出元件
基因网络与电路开关	主要涉及控制转录、翻译、蛋白调控、信号识别等各个生命活动的遗传电路的开发
基因调控网络	涉及关键调控网络重构与多重调控通路交叉协同机制的建立;基因回路设计的动态网络建模优化等
合成生物学开放语言	主要涉及合成生物学开放语言的拟议数据模型及平台

其次,中间层(Ⅰ区)特征明显,有些区域即便没有形成类团,同类文章分布也相对集中。如图3-7所示,图中出现若干类团,其组成主题相对单一,边缘普遍比较清晰,可以被认为是基于基础理论发展出了新的研究方向或分支。其中有些类团的分布较为孤立,且边缘清晰,如类团0,涉及合成生物学在计算机辅助设计和建模上的应用,包括计算机辅助设计,安全系统构建,整合模型等内容;与其相近的类团8,主要涉及基因组合成和分析等遗传学应用;类团11,涉及RNA在生物合成中的作用;类团18,讨论合成生物学对当前社会和自然界的影响;类团23涉及无细胞蛋白质合成;类团36涉及从基因开关,基因电路和转基因装置的人工合成;类团6和类团17,分别涉及蓝藻合成生物学和生物燃料,二者边缘清晰,但邻近。目前科学界普遍看好以蓝藻为原料生产生物燃料的潜力。此外,还有些类团位置临近,且存在交叉分布现象,在内容上相近,形成了一个更大范围的类团或研究主题,如类团3和类团7,二者互相交叉,但和外界边缘清晰,均是基于CRISPR技术在合成生物学的应用;类团4和类团10位置临近,其研究主题也较为相近,类团4主要涉及天然产物的代谢工程和药物的生产,类团10涉及天然产品的发现和合成途径研究;与此分布类似的还有类团12和类团13,主要是细胞合成途径中囊泡和胶囊体的制备与合成;类团20、类团21和类团22同样联系紧密,共同组成了一个更大的类团,其主题比较集中,主要涉及植物中代谢物的生物合成及其生物学功能研究。

最后,边缘层(M区),该区域大多分布较为分散,研究主题不集中,其研究大多不成规模,从其文章的学科分布和不同颜色上看,也是合成生物学进入其他领域的活跃层。M区仅有少数较明显的已形成的边缘清晰的类团,如1、5、14和15等。类团1涉及生物材料的设计和应用，类团 5 涉及氨基酸和蛋白质的合成，类团 14 涉及核酸合成和人工遗传信息工程等，类团 15 涉及光遗传学工具、蛋白或激酶等相关研究。

3.3.4 结论

本章首先基于 CitNetExplorer 对合成生物学领域进行可视化和发展历程分析，高被引文献形成了 5 个大小不一的类团，通过对文献内容的解读，可以看出合成生物学的研究主题演化，反映了合成生物学的发展历程。其次，通过主题演化路径和主题聚类的分析方法，以合成生物学相关论文的聚类主题为测度单元，结合文献的共耦合关系、SLM 聚类算法和 OpenOrd 布局算法，绘制合生生物学全景图谱。最后，借助文献检索与可视化图谱技术，辅助专家完成合成生物学前沿的遴选、判读与归类。

第4章　讨论与展望

研究前沿情报分析方法是情报学领域的重要研究方法之一，也是科技评价和学科服务的重点。研究前沿的不断更迭变换引领学科的发展，指示了学科领域的演化和科技创新的方向，体现不同时期科学家关注点以及科学研究侧重点的变化。对于研究型大学、政府以及企业研发的管理者而言，识别、监测科学研究前沿的演进和迁移，有利于把握科技领域知识的流动规律，追溯科技领域的发展轨迹，对科技管理部门明确发展重点，制定科技发展政策也具有重要意义。

本篇在梳理研究前沿识别与探测方法和工具的基础上，从理论研究和应用实践两个方面介绍了研究前沿情报分析方法在学科服务中的探索与应用，不仅从科技媒体视角提出了研究前沿新的识别方法，也揭示了研究前沿情报分析方法中不同数据源的特征，进而为机构评价、学科前沿演进时序、研究领域全景图谱和研究态势提供了案例分析，验证了研究前沿情报分析方法在学科分析中的有效性。

1. 提出了基于科技媒体视角的研究前沿识别方法

通过科技媒体对科技研究前沿的关注和解读识别研究前沿，本质上是以科技媒体的新闻报道为数据源识别和预测具有潜在影响力的最新研究成果或进展，进而探测研究前沿的发展趋势和动态特征。该方法结合科学计量和内容分析方法，提出一种基于科技媒体视角的研究前沿识别与探测方法，作为科学计量学识别研究前沿的重要补充，该方法有助于情报研究人员和科研工作者更及时准确地识别研究前沿，掌握最新研究动态，对于科学家和决策者们从科学知识体系中探索到一些新的趋势具有重要意义。

2. 提出了基于学科前沿性的科研机构评价角度和框架

为了制定客观可靠的研究规划，我们需要更微观的研究领域分布模型及相应研究方法，从而能够更准确地把握当前科学研究的现状，并进一步为促进科研机构学科结构优化提供有针对性的建议，以供决策部门学习、借鉴和吸收这些学科结构模式中的积极要素，结合本校学科建设的实际情况，制定长期的学科发展规划，优化学科的结构布局。本书通过科研机构在研究前沿的参与和引用情况揭示机构在该研究前沿中的贡献与定位，提出一种基于学科前沿性的科研机构评测方法，并通过知识图谱对其内容特征进行深入挖掘，在更细粒度的研究主题层面对机构进行 SWOT 分析，最后以中国农业大学为例进行实证研究，验证该方法的有效性。

3. 颠覆因子的特征研究

颠覆性研究的识别和探测已经成为科技创新领域的热点和前沿议题，不仅有助于为国家科技管理部门和基金资助机构早期识别、及早部署具有颠覆性创新的基础研究提供决策支持，也有助于在科学发展过程中占领先发优势，提高综合竞争实力。在情报学领域，颠覆性研究及其一系列相关概念的识别研究均在于对“颠覆性”这一特征的计量学信号的捕捉、探测和判断，往往具有较高的不确定性和突变性，也是颠覆性研究识别的重点和难点。

颠覆因子(Disruption)从引文网络角度测度论文的颠覆性，为颠覆性研究的识别和探测提供了新视角。在引文分析视角下，科学范式从不断的科学进步到发生科学革命，发生了各种规模的引用级联，通过分析颠覆性研究论文的"增强效应"，能够揭示颠覆性思想如何实现突破，并在现有科学范式中占据优势。以高颠覆因子论文为切入点，在考察高颠覆因子论文分布特征的基础上，探讨了颠覆因子与传统计量指标的相关性，不仅有助于加深认识颠覆因子的特征、测度目的和角度，也能够帮助研究人员正确理解和使用颠覆因子，进而与其他指标或特征相结合，形成更加全面、精确的测度体系，以使其在计量指标体系和科技评价中发挥自己的功能和效用。

4. 变革性研究的全文本计量分析方法

近几年来，变革性研究在情报学领域受到国内外学者的广泛关注，成为科技创新领域的热点和前沿议题，目前研究大多基于共识性的变革性研究数据、不同维度的指标和方法，试图预测和挖掘潜在变革性研究，并围绕已有变革性研究进行验证。本书以诺贝尔奖论文作为变革性研究的数据源，选择了物理、化学、生理学或医学这三大自然科学领域进行横向的学科比较，以及纵向的时间演化比较，更侧重于在他们的差异比较中提取一些共有特征和学科特征，能够为变革性研究的识别提供一些内容方面的参考和借鉴。

5. 基于 Y 指数的中美高被引论文计量特征比较分析

近10年来，我国科研投入和产出都大幅度提升，质量与数量并重，科研水平显著提升，国际竞争力也显著提高，在科技体量上已经进入科技大国行列，但同美国、英国、加拿大等科技强国相比还具有明显的差距。本书以中国和美国ESI高被引论文为分析对象，借鉴 Y 指数的统计思想，突出强调第一作者和通讯作者，在揭示作者贡献的基础上深入洞察论文所属机构或国家的贡献特征，在中美两国高被引论文描述性统计的基础上，比较分析国家、机构、合作模式和期刊层面的计量特征，考虑作者身份和贡献，明确中美两国在引领性的基础研究中的差距，对考察中美两国高被引论文的计量特征和微观表现提供有益参考。

6. 研究前沿演进时序分析

根据研究前沿的演化规律，其演进模式可以分为渐进型、衰退型、一过型和突发型，进而以中科院发布的历年《研究前沿》报告中的热点前沿及其核心论文内容为依据，梳理生物科学(2013—2016年)和农业科学(2014—2018年)两大领域的研究前沿演进路线，判断研究前沿的演进类型，揭示研究前沿的演进规律和特征，并对前沿演进的合理性进一步论证阐释。

2015年，国家提出了"双一流"建设战略，明确提出要通过一流学科的建设带动世界一流大学的建设，一流学科是一流大学建设的基础。目前，世界公认的一流大学都拥有一批竞争力强劲的一流学科作为支撑，在此背景下，高校图书馆作为高校公共服务体系的重要组成部分，如何顺应时代发展需求，重新思考图书馆管理与服务的转型与创新，已经成为研究人员和从业人员关注和思考的焦点，本书主要总结了高校图书馆学科服务工作中的案例和思考，也从一定角度反映了在当前的时代环境下图书馆工作的服务转型中的工作理论研究与实践。

下篇

专利分析在学科服务中的探索与应用

第5章 专利分析的起源与发展

专利分析最早出现在1925年，当时只是简单分析了一个专利药品[150]，并没有开展实质的专利分析内容。直到1947年专利引文的思想在美国出现，当时H. C. Harry向美国专利商标局专员Ooms提议建立专利引文系统以便进行专利分析，虽然该专员对此表示支持，但最终无果。1949年，A. H. Seidel正式著文提议建立专利引文体系[151]，并给出具体的实现方案。1965年，Garfield详细论述了专利引文的特点以及在科学文献中专利引文的应用，为专利检索及科学研究提供了新的维度[152]。1966年由Garfield建立起世界上第一个专利引文索引Patent Citation Indexing，为专利分析的开展提供了有力支撑，专利分析由此走向快速发展的道路。

5.1 专利分析的概念

专利分析目前没有统一的概念。杨铁军[153]认为，专利分析是对专利信息进行科学的加工、整理，采用定量和定性的方法，结合产业、技术等信息，经过深度挖掘与剖析，转化为具有较高技术与商业价值的可利用信息的过程。马天旗[154]将专利分析的概念描述为对专利文献中大量或个别的专利信息进行加工组合，并利用统计方法或数据处理手段，使这些信息具有纵览全局及预测的功能，并通过专利分析使他们由普通的信息上升为企业经营活动中有价值的情报。丛玲[155]阐述专利分析是统计学、科学计量学、文献计量学以及信息科学等多学科交叉形成的应用学科。专利分析以科学技术信息、数据分析为基础，以信息科学前沿技术为手段，综合集成各方面专家的战略性智力，对专利及其相关的科学技术活动进行动态监视、测量、分析及表达。林志坚等[156]认为专利分析是指对来自专利文献中蕴含的技术、法律和商业信息等内容，进行筛选、标引及组合，利用统计方法和数据处理手段，结合产业、技术等信息，经分析、解读形成具有较高技术与商业价值的专利情报，服务各类科技决策的过程。

综合多种专利分析概念的描述，本书将专利分析定义为对来自专利文献中技术、法律和商业等信息进行筛选、加工、组合处理，并采用定量、定性以及可视化等数据处理手段，进行深度挖掘与剖析，最后经过分析和解读，使这些专利文献信息成为具有高商业价值和技术价值的情报，服务于政府、企业、高校、科研院所的各类科技决策的过程。

5.2 专利分析的发展

20世纪70年代末以后，随着计算机技术的迅速发展、美国等主要国家专利数据库的建设以及专利计量学(Patentometrics)等一系列重要成果的提出，专利分析方法才真正发展起来。

20世纪90年代后随着信息技术、网络技术与专利数据库的不断发展、完善，专利分析开始真正适用并应用于企业战略与竞争分析之中，其方法体系开始不断建立和完善[157]。专利已不再只为法律界所关注，为了实现战略性商业目标，许多大型企业的业务、产品和研发经理都在进行专利信息的监控和分析[158]。国外许多知识产权咨询机构都定义了不同的专利分析指标，如美国摩根研究与分析协会(Mogen Research & Analysis Association)、美国知识产权咨询公司(CHI Research)、汤森路透(Thomson Reuters)等。

随着计算机的普及、信息技术和网络技术的发展，专利信息分析逐渐从手工处理过渡到计算机处理的时代。由于面对的专利数据非常庞大，各种专利分析方法往往需要依赖于专利分析工具加以实现，专利分析工具直接影响到专利信息分析的效率和准确性，为专利分析提供了极大的便利，促进了专利信息分析方法的研究和拓展应用，也促使专利分析方法向自动化、智能化、网络化和可视化方向发展[159]。当前出现了多种多样、各有专长的专利分析工具，如Derwent Innovation、PatentStrategies、Innography、PIAS、incoPat、PatSnap和Patentics等。这些专利分析工具的出现，将专利分析推向了快速、准确、直观、全面的新阶段。这个阶段，越来越多的专利研究成果得到快速、有效传播，专利分析的研究价值也得到更大范围的认可。逐渐地，专利成为衡量企业无形资产和产业核心竞争力以及科研机构绩效的重要因子。随着各个国家、地区和机构组织的普遍重视，越来越多的研究人员、商业化机构加入专利分析研究工作中，越来越多的软件工具、数据模型和指标体系计算方法也被融入专利分析这一研究活动中，频繁地出现全球性的学术交流活动，这充分说明专利分析已经成为一种被全球所认可的专业学科，这些现象都是全球专利分析进入繁荣阶段的重要特征[160]。

5.3 高校对专利分析的需求

高校是国家创新体系的重要组成部分，是专利主要产出地之一。国家知识产权局发布的《2020年知识产权统计年报》指出，2020年国内高校发明专利拥有量达22.6万余件，占总量的16.8%，成为仅次于企业的专利主要产出地，高校对专利信息的需求日益增强，高校专利的监督及分析工作成为国家创新体系发展的必然产物。

为深入实施国家创新驱动发展战略，完善知识产权信息公共服务网络，提升高校创新能力，支撑高校"双一流"建设，国家知识产权局、教育部于2017年联合制定了《高校知识产权信息服务中心建设实施办法》，明确指出高校知识产权信息服务中心是由高校设立并开展知识产权信息服务和人才培养等工作的机构。知识产权信息服务中心为高校知识产权的创造、运用、保护和管理提供全流程的服务，支撑高校协同创新和优势学科建设，促进高校科技成果转化。目前，高校知识产权信息服务中心多挂靠在高校图书馆，高校图书馆拥有丰富的数据库资源和专业的情报分析人员，专利信息服务已经成为高校图书馆深层次学科服务探索的发展方向。

高校作为国家科技创新体系的关键环节，每年都会承担大量科研项目，并由此派生出大量的专利信息服务需求。高校拥有的专利数量近年来增长迅速，具有较高的科研价值，但是科研人员对专利申请、专利维护和转移转化知识面不够广、重视度不高，需要有专门情报分析人员提供专利信息分析服务。

高校图书馆开展专利信息服务有便利的条件。①高校图书馆具有丰富的数据库资源：图书馆是校内最大的文献资源搜集、整理、收藏、传播、利用的机构，拥有多种免费或付费专利数据库。②具备专业性的情报分析人才：图书馆员是一批拥有丰富情报学知识，较高信息素养能力和信息收集、处理能力的专业人员，具有对各类文献、信息进行收集、加工处理和分析的专业能力。③相应业务的开展增强了专利分析技能：图书馆已有如科技查新、信息检索、定题服务、参考咨询、信息素养培训等服务体系，为专利信息服务在学科服务中的探索和应用提供了先决条件。

5.4 专利分析在学科服务中的应用

高校发展的核心是学科的建设和发展，要成为一流的大学，首先要有一流的学科。高校专利信息服务的中心任务就是为学科服务。专利分析在学科服务中的应用，主要有以下两个方面。

1. 为科研活动提供专利信息分析

通过专利分析为科研活动提供服务，可采用嵌入项目的模型开展，将专利分析服务嵌入项目申请前、项目研发阶段和项目完成阶段。项目申请前可以通过专利分析评议了解项目组的研发情况以及国内外在该领域的研发情况，从而对该课题是否应该申请立项或立项方向的调整提供参考。专利分析人员通过广泛收集相关领域的专利技术信息，进行领域态势分析、竞争对手分析、专利动态预警分析，帮助申请人全面准确了解相关技术，结合技术功效矩阵和研究基础，辨析研究热点和技术空白区，定位研究领域，避免重复研究；通过专利信息跟踪服务，帮助科研人员随时掌握最新的专利技术动态，及时做出科研方向的相应修正，避免侵权[161]。在项目研发阶段，专利分析人员提醒科研人员在研发取得重大进展时及时申请专利保护，合理进行专利布局，保护自主知识产权。通过对国内外该项目领域专利申请趋势、专利权人情况、国家地区布局、技术主题布局等方面的分析，为科研人员客观呈现该领域国内外技术研发与保护现状，为相关课题组的专利申请与布局提供参考。在项目完成阶段，科研人员需进行结项、申报奖励以及专利技术价值评估等工作，专利分析人员可协助科研人员进行专利查新，帮助科研团队进行成果转化前的专利评估，为成果转移转化部门提供信息支持服务。

2. 为管理人员的学科发展决策提供依据

高校知识产权信息服务中心可实时跟踪本校各学科专利情况，通过定期的专利监测年报、月报和不定期的领域专报为校内管理人员掌握不同学科创新研发情况提供支撑。学校职能部门掌握着学科发展建设、资金资源配置、成果评估奖励等方向，在进行决策时需要客观系统的数据作为决策评估的依据[161]。专利信息服务人员运用自身的技术和资源优势，深入了解学校职能部门的信息需求，采用专利数据挖掘与分析方法，对学校整体情况及不同学科进行全面分析，为科研成果管理、学科发展决策的制定以及资源的有效配置等提供参考依据。专利全景分析报告、学科研究热点发掘、学科研究空白点的探测、竞争力评估、学科发展趋势预测、创新人才评价等，是高校领导层面和相关职能部门的主要关注方面，通过这些方面的专利分析，梳理以往规律，把握各方面的现时动态，发现创新方向，了解本校在全球的竞争力水平，将专利信息服务与决策支持服务结合起来，满足学校发展和职能部门需求，助力管理决策层前瞻的预测，及时调整发展方向，科学地进行相关决策。

第6章 专利分析方法

专利分析按照分析的深浅程度，可分为一维分析、二维分析以及综合分析。按照研究对象的维度，可分为专利技术分析、市场主体分析和区域分析。所有的这些不同维度和对象的专利分析，均是以对专利数据的定量和定性分析为基础。定量分析主要是通过专利文献的外部特征进行数据统计，结合相关因素对有关数据的变化进行解释，揭示动态发展趋势，例如计量学方法和引文分析法。定性方法除了可利用调查问卷或通信、召开专家咨询会议等方式，结合德尔菲法等方法，开展专利信息分析以外，还可以专利文献中的技术内容为依据，按照技术特征来归纳并使其有序化，例如聚类分析和文本挖掘方法。在实际的专利分析过程中，往往需要将多种专利分析方法结合使用。本章仅介绍目前较为常用的计量学方法、引文分析法、聚类法以及文本挖掘方法。

6.1 专利计量学方法

6.1.1 专利计量学的概念

专利计量学(Patentometrics)的概念是1994年由Narin首先提出。专利计量学是将科学计量学与文献计量学的理论用于专利分析，通过对专利分布规律和专利信息的定量分析，实现对国家、地区、机构等专利进行评价的学科[162]。专利计量一词是由文献计量发展而来，文献计量是以学术文献中的计量信息作为分析研究的基础，而专利计量则是以专利中的计量信息作为分析研究的基础[163]。专利计量的概念被提出以后，专利信息计量逐渐从文献计量学、信息计量学、科学计量学中独立出来，发展成为一个新的研究领域，这引起了专利研究和信息计量研究领域的共同关注。

6.1.2 专利计量学的起源与发展

文献计量学是采用数学、统计学相结合的方法，对图书文献的部分特征进行分析研究，是情报学科体系里面一个重要分支，是一门揭示文献情报规律、文献情报管理科学的学科[164]。文献计量学最早可以回溯到20世纪初，1917年F. J. 科尔和N. B. 伊尔斯首先采用定量的方法，研究了1543—1860年所发表的比较解剖学文献。1923年E. W. 休姆提出“文献统计学”一词，并解释为“通过对书面交流的统计及对其他方面的分析，以观察书面交流的过程，及某个学科的性质和发展方向”。1969年，美国目录学家Alan Prichard提出文献计量学是将数学和统计学的方法运用于图书馆及其他交流介质的研究的一门学科。1968年，苏联学者提出科学计量学，即关于科学技术进步的计量研究。1979德国Otto Nacke提出情报计量学的概念，

1994年Narin提出了专利计量学的概念[165]。自Narin把专利计量作为一个独立的领域进行研究以来，专利计量学开始逐渐发展成一个相对独立的学科：Patentometrics[166]。专利计量方法具有适用范围广、可拓展性高、客观性强等特点，但当时数据的获取是该方法广泛实施的最大阻碍，CHI Research公司投巨资建立了自己的专利数据库以保证专利分析指标的使用[162]。近年，在国内外学者Narin、Verbeek、陈达仁等众多学者的持续推进下，专利计量学相关研究不断扩展和深入[163]。调研专利计量学的主要研究成果，国内外对专利计量学的主要研究可以概括为指标研究和应用研究两方面[163]。

1. 指标研究

专利数是最基本的专利计量指标，除专利数外，Narin等提出可用专利影响因子(CII)和技术强度(TS)作为专利计量评价指标[167-170]。专利影响因子的计算方法与科技文献影响因子的计算方法相似，技术强度的计算方法是某企业在该行业中的专利数与其专利影响因子的乘积，该项指标通过对专利数量规模进行质量加权来描述机构的技术实力。Narin所在的CHI公司和MIT技术评论每年发表的作为美国技术评价权威报告之一的《TR Patent Scorecard Report》将TS指标用于美国8个技术领域的排名前150位的企业，并且CHI公司还将此指标申请了专利。2007年，台湾大学陈达仁、黄慕萱等进一步修正了TS指标，提出了必要专利指数(EPI)和必要技术强度(ETS)等新指标[171]。他们认为除了引文次数，还有专利权人的重要性及引文年龄两个因素需要被考虑。这些理论创新与实践相结合的专利计量研究对专利计量理论与实践具有推进意义。

2. 应用研究

对于专利计量的研究最早是从专利与经济之间的关系开始的。哈佛大学的Griliches教授用专利数据进行统计分析，描述了专利和专利数据的一些主要特点，研究了专利与R&D费用之间的关系及专利在技术变革中的指标作用[172]。该研究引起了学界对专利与经济关系的重视和深入研究。后来，Narin证实了在对国家生产力、发明者创造力、引用周期、引文因子和国内引文偏好等方面论文和专利所做的贡献具有明显的相似性，随后指出专利指标能够在不同应用层面上评价工业研究的产出[165, 167]，并提出计量研究的3种类型，包括文献计量、专利计量及两者的联系计量都可以被应用于测度各政府的表现和结果。其所作的相关研究为专利计量奠定了理论基础和实证研究的基本思路，此后，众多学者更着眼于通过研究方法的创新来从不同角度论证或反映专利计量的有效性。

在国内，栾春娟等通过专利计量的分析方法预测了不同技术领域的发展趋势，还运用大型文献处理软件BibExcel和信息可视化绘图软件Pajek等，对国际软件专利申请的国家分布、高产机构分布、高产发明者及其合作网络等进行了计量分析并绘制了知识图谱[173]。栾春娟和侯海燕还运用专利计量方法，从纳米专利的年度分布、国家分布、机构分布和热点技术领域分布等方面对世界纳米技术发展前沿进行了计量分析[174]。邱均平等通过从宏观、中观、微观3个层次分别构建专利计量的指标体系，对全球有机电激发光技术领域的相关专利从年代分布、国际专利号分布 、高被引专利分布等方面进行了计量分析研究[175]。李乾瑞等将专利计量方法运用到颠覆性技术识别方面，并选取5个领域开展实证研究，验证了识别模型的有效性[176]。国内外的这些研究从不同角度丰富了专利计量学的理论与实践。

6.1.3 专利计量学方法的应用

采用计量学方法开展专利分析，除了可以对专利数量、申请人、发明人、合作机构或合作发明人、IPC数量、专利年龄、引文计数等较多方面进行计量分析以外，还可以从反应专利技术价值的指标、经济价值指标以及法律价值指标等角度开展计量分析。其中同族专利数量、被引频次以及权利要求数量等技术指标被广泛应用，同时可以融入政府投资、专利诉讼等经济、法律价值指标开展计量分析，结果会更加全面准确，参考价值会更高。基于专利计量学方法的定量分析在专利分析中应用最为广泛。在专利信息日益复杂的情况下，多维计量指标的结合使用可有效避免专利分析结果的片面性，其优势在于针对不同的分析目的选用不同计量指标，还可以根据分析目标，灵活进行计量指标的设计和计算。例如计算某企业的专利影响因子和技术强度，可以反映其专利质量和实际的技术影响力。此外，由统计指标生成的其他评价指标，如"专利活动指数""相对技术实力""技术生命周期""科学-技术关联度"等均可从不同方面反映专利的质量与技术水平[162]。

6.2 引文分析法

6.2.1 专利引文的起源与发展

引文分析通过研究文献间存在的施引、被引、耦合、共被引关系进行研究，是图书情报学科的经典研究方法。Seidel在1949年提出将引文分析方法应用于专利信息分析领域，随后Garfield在1966年建立起世界上第一个专利引文索引Patent Citation Indexing。1994年Narin提出了专利计量学的概念[165]，开拓了专利引文分析的新思路。此后，关于专利引文分析方法的研究逐步加深，专利引文分析方法稳步发展，到2000年进入了快速发展期。由于我国专利起步较晚，我国的专利引文分析方法发展相对缓慢，初期对专利引文的关注一直停留在如何使用国外专利引文索引数据库进行检索的基础层面上。到2004年相关研究才开始逐步深入探索，2008年以后对专利引文分析的定量研究逐渐增多。

6.2.2 专利引文的类型

专利引文指在专利文件中列出的与本专利申请相关的其他文献，根据引用目的不同，专利引文可分为引用参考文献和审查对比文件。专利引文信息可以分为两类：第一类是专利引用的其他专利文献，第二类就是专利引用的非专利的文献，称为非专利引文(non-patent references, NPR)，它是一类在专利文件中列出的因与本专利相关而引用的非专利的一些参考文献，具体包括科技期刊、论文、著作、会议文件等[177]。因此，专利引文分析方法可简单划分为专利-专利引文分析方法和专利-非专利引文分析方法两种类型[178]。专利-专利引文分析中，专利引用先前公开的专利文献，代表了新技术对之前技术的继承与发展。对专利引文中专利文献类引文的分析可提供施引专利的技术背景，帮助确定技术热点，了解技术发展路径，从而为跟踪监测前沿技术的发展并进行突破性技术预测提供了可能性[179]。专利-非专利引文分析中，非专利引文作为专利文献中包括的重要信息，在一定程度上体现了技术开发过程中所受到的科学研究成果的影响，是观察科学-技术关联的窗口[180]。在科学与技术之间的联系越发紧密的环境下，综合分析专利与论文之间的引文特征可为揭示科学与技术之间相互作用规律及探索分析识别科技前沿和关键技术的方法提供新途径[181]。

6.2.3 专利引文分析方法

在专利-专利引文分析方法中，高被引分析方法是相对常用的方法，它以专利被引频次表示专利的竞争力,但高被引的阈值难以确定。关键路径识别方法着眼于专利权人掌握技术领域中的核心技术的情况,通过从源点到终点的遍历权重和表示竞争力,但该方法受所选技术路线和技术终点的影响很大。专利引证率四方图则统计专利被引频次和自引频次,通过专利权人被引率和自引率的比率表示竞争力,但对于高竞争力的比率还没有明确统一的划分[182]。在专利-非专利引文分析方法中,最基本的就是对专利中非专利引文的数量和来源分布进行统计分析。在科学与技术关联研究中,产生了非专利引文的平均引用量、引用率以及科学文献中Science Citation Index (SCI)收录文献所占比率和科学文献所属类型等量化指标,形成了定量指标分析方法。A. Verbeek等[183]设计科学-技术关联研究方案,裴云龙等[184]基于专利对科学文献的引用和重组搜索理论,建立了一个分别分析国内和国外基础研究成果直接和间接影响专利有效性的概念模型,还有许多学者进行了进一步的模型构建研究,逐步形成了模型研究方法。非专利引文作为一种引文,本身就可以应用于引文网络分析,网络计量法作为一种成熟的引文分析方法,也能够很好地应用于非专利引文的自身特点研究[180]。目前,专利引文分析方法还处在逐步探索发展的阶段。

6.2.4 专利引文分析的应用

随着专利数量的不断增长,专利引文分析在专利信息分析中的应用越来越广泛。专利引文分析法应用于专利聚类和分类,依靠专利间的耦合引用、共引、同被引的关系构建专利间的相似度,从而寻找同族专利或相似专利以及专利识别;通过专利引文网络分析及指标识别,应用于专利估值和新兴技术识别;通过知识扩散特征识别、测度指标计算以及模型构建,应用于知识流动与知识扩散研究。目前,专利引文分析应用过程中仍面临着一些挑战,如研究方法还不够丰富、缺乏完整的评测体系、应用研究存在领域差异不利于推广、存在语种壁垒等[185]。

6.3 聚类法

6.3.1 聚类分析的概念

聚类分析是指对事物间的相似性进行判断,将相似或相近的一类事物归为一类的分析方法。聚类的过程实际上是对相似性进行计算的过程。聚类分析和分类分析有相似的作用,都是起到分类的目的,但是分类分析是已知分类然后总结出分类规则,是一种有指导的学习;聚类分析则是有了一批样本,不知道它们的分类,甚至连分成几类都不知道,希望用某种方法把样本数据进行合理的分类,使得同一类的样本性质比较接近,不同类的样本性质相差很大,是无指导的学习。聚类分析是对数据对象进行分类,把一组数据对象分到不同簇中。簇是一组数据对象的集合,簇内各对象间具有较高的相似度,而不同簇的对象差别较大[186]。

6.3.2 聚类分析算法

聚类技术正在蓬勃发展,目前已有多种聚类算法。对于具体应用,聚类算法的选择取决于数据的类型、聚类的目的。如果聚类分析被用作描述或探查的工具,可以对同样的数据尝试多种算法,以发现数据可能揭示的现象和规律。主要的聚类算法可以划分为如下几类:划分方法、层次方法、基于密度的方法、基于网格的方法以及基于模型的方法[186,187]。每一类中都存在着得到广泛应用的算法,例如:划分方法中的 K-means 聚类算法、层次方法中的凝聚型层次聚类算法、基于模型方法中的神经网络聚类算法等。目前,每一个数据并不是只能被归为一类，模糊聚类也是聚类分析中研究较为广泛的一个分支。模糊聚类通过隶属函数来确定每个数据隶属于各个簇的程度，而不是将一个数据对象硬性地归类到某一簇中。目前已有很多关于模糊聚类的算法被提出，如著名的 FCM 算法等[188]。在聚类分析算法中，具有代表性的算法主要有以下几类[188]。

1. *K*-means 聚类算法

K-means 是最常用的基于划分方法的聚类算法。由于该算法的效率高，所以在对大规模数据进行聚类时被广泛应用。目前，许多算法均围绕着该算法进行扩展和改进。*K*-means 算法以 k 为参数，把 n 个对象分成 k 个簇，使簇内具有较高的相似度，而簇间的相似度较低。*K*-means 算法的处理过程如下：首先，随机地选择 k 个对象，每个对象初始地代表了一个簇的平均值或中心，对剩余的每个对象，根据其与各簇中心的距离，将它赋给最近的簇，然后重新计算每个簇的平均值。这个过程不断重复，直到准则函数收敛。

2. 层次聚类算法

根据层次分解的顺序是自底向上的还是自顶向下的，层次聚类算法分为凝聚（Agglomerative）的层次聚类算法和分裂（Divisive）的层次聚类算法。凝聚型层次聚类的策略是先将每个对象作为一个簇，然后合并这些原子簇为越来越大的簇，直到所有对象都在一个簇中，或者某个终结条件被满足。绝大多数层次聚类属于凝聚型层次聚类，它们只是在簇间相似度的定义上有所不同。广泛采用的簇间最小距离的凝聚层次聚类算法流程如下：

（1）将每个对象看作一类，计算两两之间的最小距离；

（2）将距离最小的两个类合并成一个新类；

（3）重新计算新类与所有类之间的距离；

（4）重复（2）、（3），直到所有类最后合并成一类。

分裂的层次聚类与凝聚的层次聚类相反，采用自顶向下的策略，它首先将所有对象置于同一个簇中，然后逐渐细分为越来越小的簇，直到每个对象自成一簇，或者达到了某个终止条件。该种方法一般较少使用。

3. SOM 聚类算法

SOM 神经网络是由芬兰神经网络专家 Kohonen 教授提出的，该算法假设在输入对象中存在一些拓扑结构或顺序，可以实现从输入空间（n 维）到输出平面（2 维）的降维映射，其映射具有拓扑特征保持性质，与实际的大脑处理有很强的理论联系。SOM 网络包含输入层和输出层。输入层对应一个高维的输入向量，输出层由一系列组织在 2 维网格上的有序节点构成，输入节点与输出节点通过权重向量连接。学习过程中，找到与之距离最短的输出层单元，即获胜单元，对其更新。同时，将邻近区域的权值更新，使输出节点保持输入向量的拓扑特征。算法流程如下：

（1）网络初始化，对输出层每个节点权重赋初值；

（2）输入样本中随机选取输入向量，找到与输入向量距离最小的权重向量；

（3）定义获胜单元，在获胜单元的邻近区域调整权重使其向输入向量靠拢；

（4）提供新样本、进行训练；

（5）收缩邻域半径、减小学习率、重复，直到小于允许值，输出聚类结果。

4. FCM 聚类算法

1965 年美国加州大学柏克利分校的扎德教授第一次提出了“集合”的概念。经过十多年的发展，模糊集合理论渐渐被应用到各个实际应用领域。为克服非此即彼的分类缺点，出现了以模糊集合论为数学基础的聚类分析。用模糊数学的方法进行聚类分析，就是模糊聚类分析。FCM算法是一种以隶属度来确定每个数据点属于某个聚类程度的算法。该聚类算法是传统硬聚类算法的一种改进。FCM算法流程如下。

(1)标准化数据矩阵。

(2)建立模糊相似矩阵，初始化隶属矩阵。

(3)算法开始迭代，直到目标函数收敛到极小值。

(4)根据迭代结果，由最后的隶属矩阵确定数据所属的类，显示最后的聚类结果。

6.3.3 专利聚类的应用

专利聚类分析可以从多个角度开展。例如可以通过IPC、专利权人、引证关系进行聚类，还可以对专利文本中的技术内容(如技术术语、技术特征等)聚类。对专利文本内容聚类可以实现对专利的技术主题的挖掘，还可以进行专利技术空白点、技术演化路径分析、研发热点分析等。不同角度的分析可以得到不同的分析结果，揭示不同的现象和规律，实现不同的分析目标。

目前有较多的可视化工具以及专门的专利分析工具，可方便地开展专利聚类分析。例如Derwent Innovation(DI)提供了专利地图(ThemeScape)和文本聚类(Text Cluster)功能，可以较为方便地进行专利聚类。Innography可以对检索结果中的专利进行文本聚类和专利组合聚类。Innography的专利文本聚类可以单独选择对标题或摘要进行聚类，也可以选择对标题、摘要和权利要求书进行聚类。Innography也提供了专利地图分析功能，可以通过PatentScape工具实现对专利组合的聚类，以细胞图的形式呈现。Patentics可以根据合作关系对发明人进行聚类，发现研发团队内部以及不同团队之间的关联。还有许多其他工具可以实现各种不同维度的聚类，例如Orbit具有根据技术主题聚类的专利地图。印度INDUS TechInnovation公司的Relecura专利检索分析工具可以按照关键词聚类以及按照IPC、CPC、USPC等分类对检索结果进行分组。澳大利亚的Ambercite公司的专利引证分析工具Network Patent Analysis可以根据专利引证关系进行聚类等。

6.4 文本挖掘方法

6.4.1 文本挖掘的概念

文本挖掘(Text Mining，TM)最早由Ronen Feldman等提出，但是当时被描述为文本数据库中的知识发现(Knowledge Discovery in Textual Database，KDT)[189]。文本挖掘尚无统一的定义，一般来说，文本挖掘是将数据挖掘的成果用于分析自然语言描述的文本，这种方法被称为文本挖掘或知识发现。文本挖掘可以有针对性地分析大量文本内容，满足很多实际需求，适用于批量处理专利信息中的非结构化数据，从中提取有价值的信息，也可以进一步转换为结构化数据，作为新的维度与其他结构化数据共同分析。

6.4.2 文本挖掘的方法

文本挖掘方法有很多，可以根据文本挖掘系统的输入和要执行的数据挖掘任务，从不同角度进行分类。一般地，基础的方法主要有以下几类[190]。

1. 中文分词

与英文的以空格分隔单词不同，中文不存在分隔符，因此，将中文拆分成最小语义表达单位，将句子转化为词的集合，是处理中文首先要做的事。Jieba 是现今应用最多的中文分词工具，结合了规则分词和统计分词的方法，分词较为准确。由于在专利文献中具有较多的技术术语，这些术语可以在编程时以加入自定义词表的方式进行准确分词，与技术关联较小的通用词可以加入停用词表，从而不在分词结果中体现。一般来说，分词后需要统计结果，对自定义词表和停用词表进行多次迭代，从而达到理想的分词结果。

2. 关键词提取

关键词能代表文章的重要内容，能让读者快速获取信息，对文本聚类、自动摘要等技术也起到关键的作用，因此自动提取关键词具有重要意义。TF-IDF 算法结合了词频统计和逆文档频次，即同时考虑词频和词对文档的区分度(在大规模文档中只在少数文档里出现)，能较合理地提取关键词，但是逆文档频次需要基于大规模文档的学习，即需要有某词在一类文档中的出现频率数据。而 TextRank 算法可以脱离语料库，基于句子维度的分析，对词进行打分，从而在单篇文档中提取出关键词。

3. 共现分析

共现分析的基本原理是在成规模的文本中，对一组词两两统计它们在同一组文献中出现的次数，通过这种共现次数来测度它们之间的亲疏关系。对关键词的共现分析，是把一维的信息提升至二维，通过关键词之间的联系可以更深层地抽取出文本中蕴含的信息。现有工具 CiteSpace 能够对从 CNKI、Web of Science 等数据库提取的信息进行关键词、引用、合作情况的共现分析，其依赖信息源于数据库的结构化数据。而专利中由于不存在关键词这一标引信息，利用现有工具尚无法直接分析，可通过分词、提取关键词后得到系列专利中的关键词共现关系矩阵数据，并通过 VOSviewer 等软件进行可视化。

6.4.3 文本挖掘方法的应用

文本挖掘的概念自 1995 年被提出以来，被广泛关注并得到迅速发展，由于专利文献的学科特殊性，早期的专利分析需要有相关学科背景的技术人员来完成。1997 年文本挖掘技术被应用于专利分析领域，提出基于序列分析等方法，对某时间段中专利文献内容的发展趋势进行分析，研究专利技术主题发展变化，突破了技术壁垒，大大节约了人力物力。由此可以看出，专利文本挖掘是技术发展决策活动中必不可少的一环，在技术研发的起始与收尾过程中扮演着发掘重要知识、支持战略制定以及总结发展现状的重要角色。因此，如何准确高效地进行海量专利文献的文本挖掘，同时识别并获取其中所隐藏的关键技术内容及潜在的重大机遇，目前已经成为研究与应用中被广泛关注的重点。

当前专利文本挖掘技术主要分为以下 3 个方面：①文档分割及语法分析(Document Segmentation and Parsing)；②关键词提取 (Keywords Extraction)；③文本聚类(Text Clustering)[191]。文档分割是指利用自然语言将专利文本按照文本结构或内部结构进行分割的技术。目前斯坦福大学(2006)开发的“Stanford Word Segmenter”技术已经相当成熟，可以处理英文、中文及阿拉伯语文本分割任务[192]。句法分析利用自然语言对根据特定形式对文本内容进行分析来确定其语法结构，在专利分析中用于信息抽取、文本处理以及专利检索效果的提升，具有较高的应用价值。关键词提取对于专利文本内容的概括具有重要意义，在专利文本挖掘中，辅助专利检索、文本分类与聚类，其方法大致分为：基于词频、基于词频—逆文档频率、基于方差以及基于权重的方法[193]。专利文本聚类可以根据专利中的非结构化文本来进行，以文本本身的主题进行聚类，可以发现同一个技术主题内所涉及到的 IPC、USPC、发明者情况、单位分布情况等，对专利分析具有很大的实际操作意义[191]。随着专利申请日益增多，文本信息作为重要的信息来源，也呈现出日益复杂的特点，专利文本挖掘作为知识发现领域的重要方法，在专利文献分析领域必将大有作为。

第7章 专利分析工具

随着科技的发展，技术创新步伐的加快，全球专利申请数量急剧增加。面对庞大的专利数据，要快速而有效的对其进行多角度、全方位的分析挖掘，合适的专利分析工具必不可少。专利分析工具的主要作用在于提供准确的专利数据，为开展科学的专利分析提供有效和便利的途径，同时要为分析报告的撰写提供直观的可视化分析结果的呈现。专利分析工具为专利分析提供了技术保障和极大的便利，专利分析工具在专利分析中的重要性日益增强。

现有的专利分析工具主要为两类：一类是专门用于专利检索和分析的工具和平台，例如，科睿唯安公司的 Derwent Innovation，索意互动（北京）信息技术有限公司的 Patentics；另一类是常用的数据分析或可视化软件，例如 Excel 软件、CiteSpace 可视化软件。本章仅对第一类专利分析工具进行介绍，通过对这些工具的介绍，使专利分析人员能够了解各种专利分析工具的基本功能及其特色，从而可以选择合适的分析工具进行专利分析。

7.1 Derwent Innovation(DI)

7.1.1 DI 简介

德温特创新平台(Derwent Innovation，DI)是科睿唯安公司的产品，是集检索与分析于一体的专利分析工具。DI 是由知识产权专家和数据科学家构建的专利研究和分析平台，搭载了德温特世界专利索引（Derwent World Patents Index，DWPI）和德温特专利引文索引（Derwent Patents Citation Index，DPCI)，提供全球 150 多个国家和地区、超过 1 亿篇标准化专利数据。DI 是在云端运作的专利数据库，不需安装。DI 的特点主要在于对数据进行深度加工，通过人工改写英文标题和摘要、深度分类标引，改写成德温特世界专利索引(DWPI)，改写的专利记录通俗易懂，并从技术应用角度进行分类，为准确检索和分析提供了便利。

Derwent Innovation 的设计是一个账号对应一个用户。登录时需确认登录邮箱并要求初次使用的用户重设新密码。需要注意的是，同一账号，后登录者会将前面的登录者踢出。登录之后进入 DI 的首页，如图 7-1 所示。

图 7-1　Derwent Innovation 首页

7.1.2　DI 专利检索

DI 的检索方式有快速检索和完整检索。快速检索强调速度快、方便，但支持的字段条件只有智能检索及公开号检索。若要执行更精细的检索作业，以支持输入更多的检索条件，可点选检索模块进入完整检索功能。完整检索以表单的形式呈现，如图 7-2 所示。

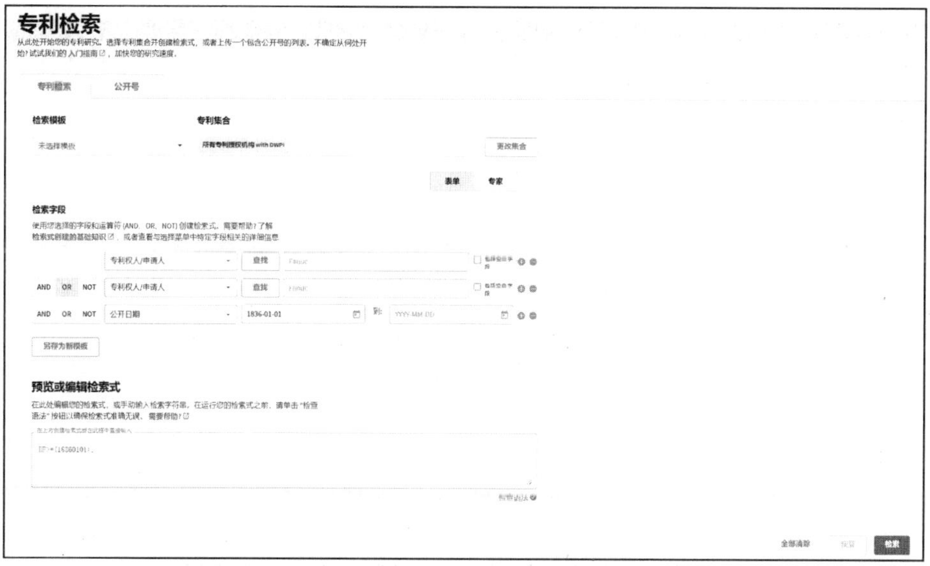

图 7-2　Derwent Innovation 表单检索界面

表单检索常用的字段有：

文本字段（Text Fields）：检索专利中全部的内容有符合检索条件的目标

标题/摘要/权利要求（Title/Abstract/Claims）：检索专利文本的标题/摘要/权利要求字段的内容有符合检索条件的目标

专利权人/申请人(Assignee/Applicant):检索专利权人,包括企业名称/组织单位名称/学校名称/自然人名称…

国家/地区代码(Country Code):检索来自于指定国家/地区的专利,常用于搭配其他检索条件限定

优先权年(Priority Year(s)):检索来自于该优先权年区间的专利

CPC-全部(CPC-Any):检索专利中出现的所有 CPC 分类号,使用者可进一步在中间"查询"按钮查询分类号

在表单检索界面,可根据需要选择要检索的集合。"检索字段"下拉框选择要检索的字段。单击任何字段旁边的问号图标,以查看该字段的详细描述。在相关字段中输入要检索的检索词或日期,每个检索字段文本框内的斜体文本提供了该字段有效检索词的示例。"浏览"按钮显示查找工具,可帮助用户针对需要包含在检索式中的字段发现和选择代码、名称或其他检索词。"运算符"下拉框选择 AND、OR 或 NOT 来连接检索中的两个字段,这样即可按照需要扩大或缩小检索范围。表单检索界面有预览/编辑检索式功能,预览要提交的精确检索式,并使用半命令行式界面对它进行编辑。在单击检索后,将当前字段和集合选择保存为你的首选项,再次加载"表单检索"页面时,您选择的字段、集合和选项将用作默认值。"清空所有检索条件"按钮可清除所有字段中的所有条目,但将当前的字段选择保留不变。"重置"按钮可撤销对检索所做的所有更改,"重置"功能在运行检索之前和之后稍有不同:在运行检索之前,"重置"会显示您的默认字段和集合;在运行检索之后,"重置"会显示运行的最后一次检索(包括字段、集合和关键词)。

完整检索功能还可以进行公开号检索(图 7-3),公开号检索的用途是可以针对特定一批数据进行检索,然后应用 DI 的分析功能开展专利分析。

图 7-3 Derwent Innovation 公开号检索界面

7.1.3 DI 专利检索结果

DI 的检索结果单次显示最高上限是 100 万项,若检索结果超过 100 万项,且希望能显示

超过100万项结果，则需要通过分切时间或加入其他限缩条件，将每次显示的结果切割成100万项以下来实现。对检索结果的处理有：分析当前的检索结果、自定义字段、追踪特定专利（需勾选）、将检索结果下载至本地、将检索结果保存在云端文件夹、追踪当前的检索式（未来有更新会通知）、将检索结果加到云端文件夹、导出著录项目信息、打印记录。

在检索结果页面，可以通过筛选器对检索结果进行筛选，快速统计检索结果的各项指标，包括申请人、国家、年份、引用等，还可以在检索结果页面进行二次检索。检索结果页面可对显示方式进行设定，用户根据需要决定显示字段与排序方式。用户在选取字段时数量不受限制，但是为了较好的页面浏览体验，建议选择7～8个字段以内。如果选择"附图"字段，则可以通过选择附图大小来控制附图在检索结果中显示时的大小。结果列表上方的"高亮显示"按钮可控制结果列表和记录视图的高亮显示设置，高亮显示可以强调检索词或其他感兴趣的检索词，使这些词在上下文中突出显示，有助于用户查找关键检索词，在上下文中快速呈现检索词并建立关联。

DI设置检索结果的解读功能如图7-4所示，点击"解读"即由检索结果界面切换至解读界面。解读界面用于回答专利研究中的常见问题，包括主要参与者、技术的国家/地区分布、竞争对手的技术分布、技术趋势、发明的潜在市场和目前正在开发的技术。每张图表显示于一张选项卡上，用户可以通过展开或关闭选项卡来选择以详细列表或者概述的形式查看信息。

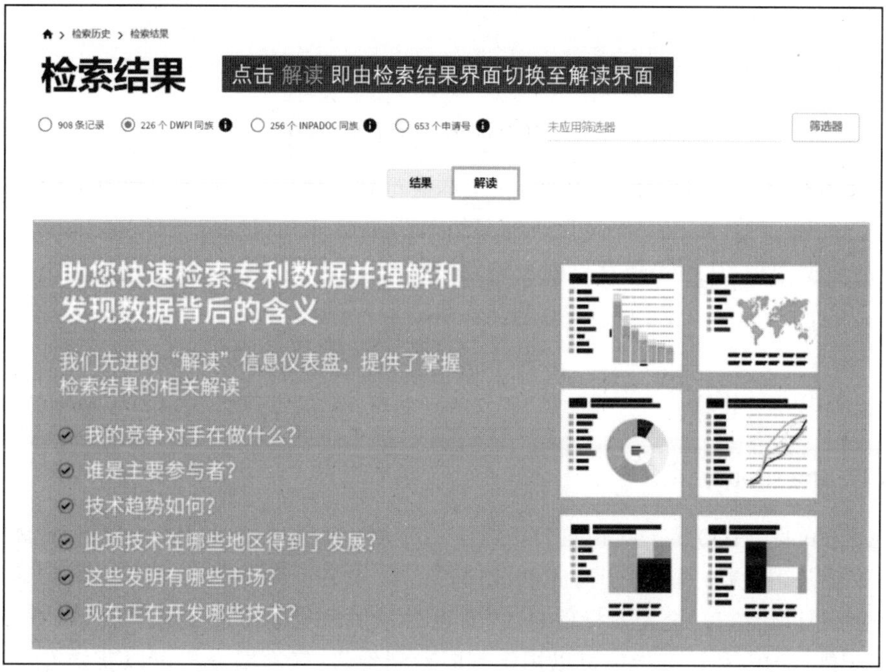

图7-4 Derwent Innovation 检索结果解读界面

7.1.4 DI专利分析功能

DI平台目前内置了针对专利权人/申请人、趋势和市场、分类以及引用4个方面的图表分析功能。用户还可以根据自己的需求，自行选择字段，绘制不同类型的图表，对检索结果进行分析和可视化。在绘制完成的图表界面可以完成二次筛选、保存和导出等操作。导出有多种方式：①点选右下角的导出图像；②在图表中右键另存为图片；③选择打印，保存为PDF。二次筛选可以直接得出相同条件下按照筛选结果作为数据集合的新图表。

DI 平台还具有专利地图(ThemeScape)和文本聚类(Text Clustering)功能,如图 7-5 所示。专利地图是一种数据分析工具,它将专利或文献上的内容,以图像化的方式表现出主题全景图(Content Map)。这是一种按主题内容对所选文献进行编排后的直观表现形式,有助于快速地从大量数据中找到感兴趣的主题,做更进一步的挖掘或分析。由于 DWPI 的全英文摘要中使用一致的语言,使主题分布专利地图具有更高的质量。

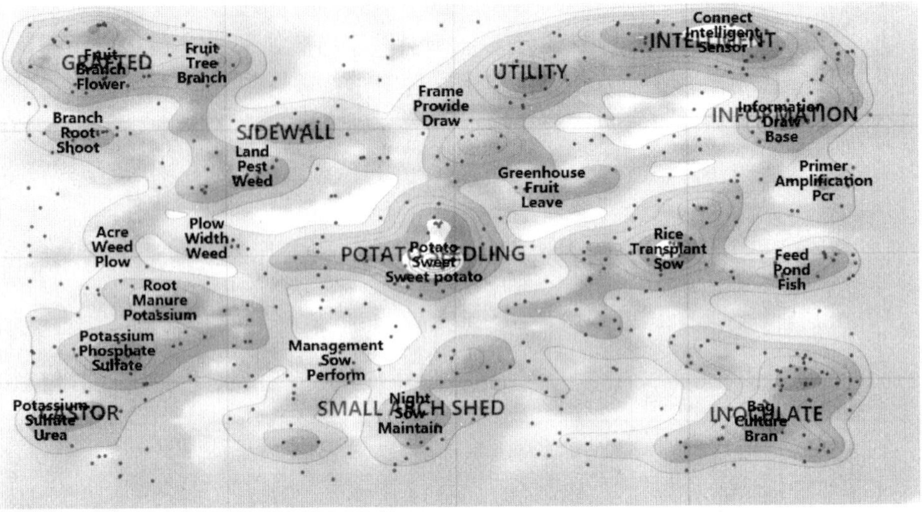

图 7-5 ThemeScape 专利聚类地图

DI 的文本聚类功能可对用户检索到的文本进行语义分析,从而对专利或文献记录进行自动分类。它采用一种类似于文件夹目录的层级结构来整理和组织检索结果,这种结构很容易进行向下的数据挖掘,从而实现对检索策略的精炼处理,并在主题词和专利权人之间建立新的关联。

7.2 Innography

7.2.1 Innography 简介

Innography 是 ProQuest Dialog 公司旗下的专利检索与分析平台,2020 年被科睿唯安公司收购。收录范围包括中国、美国、日本、德国、EPO、WIPO 等超过 100 个国家和地区的专利文献、美国专利诉讼信息、全美商标信息、与专利文献关联的非专利文献信息,数据每周更新。Innography 独有的专利强度指标可以用于判断专利价值;气泡图分析可以获知专利申请人的经济、技术综合实力,从而有效地把握市场竞争状况;聚类分析能够帮助用户进行相关技术领域的专利挖掘。

7.2.2 Innography 专利检索

Innography 的检索功能分为 5 大模块,有专利检索、公司检索、诉讼检索、无效侵权检索、语义检索及非专利文献的检索,各检索模块均提供了单独的检索入口。Innography 专利检索分析平台首页如图 7-6 所示。

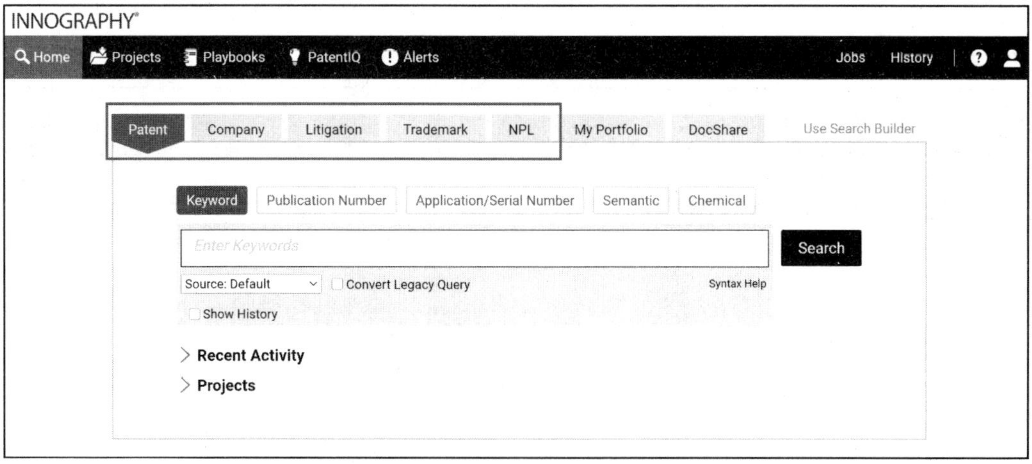

图 7-6　Innography 专利检索分析平台首页

1. 专利检索

Innography 可通过关键词、公开号、申请号、分类号等多种手段进行检索，其中关键词检索中有丰富的检索字段，比如可对标题、摘要、权利要求、说明书、专利权人等检索字段进行检索，并且还可采用逻辑运算符(and、or、not)以及多种连接符(比如:NEAR 运算符、邻近运算符等)和通配符“ * ”(替代词语结尾字母)进行检索。

2. 公司检索

不仅可对特定的公司进行检索，也可支持最多 10 家公司的对比检索，可帮助用户了解某个公司的专利申请状况、发生的诉讼状况等内容，还可对比分析不同竞争对手的专利状况。

3. 诉讼检索

检索有诉讼历史的专利是产品进入市场前风险预警和评估的一个重要手段，同时也是挖掘和判断专利重要性的指标之一。检索结果中涉及诉讼的专利通常是该领域或者行业内具有重要价值的专利。在诉讼数据里可以获得涉案专利、案件原被告、律师、法庭等信息和案宗文件归档记录以及文档外链等。专利数据和诉讼数据可对应查看和分析。

4. 无效侵权检索

专利相似度(Patent Similarity)利用国际统一的专利文献分类系统(IPC)和专利引文数据，通过 Innography 的相似度算法，生成专利相似度指标，可快速查找相似专利。专利相似度指标可以应用到专利的无效分析、侵权分析等工作中，为深入地挖掘、分析相关专利提供支持。

5. 语义检索

Innography 语义检索，可输入一个专利号码或者一组文本信息，例如专利摘要、一项权利要求等，进行相近专利的检索，Innography 可自动检索出与检索对象最相关的专利。

6. 非专利文献检索

Innography 收录了超过 1 800 万件的非专利文献信息，支持关键词检索和语义检索，检索结果支持文本聚类分析和时间趋势分析。Innography 中收录的非专利文献内容包括公开时间、作者、标题、摘要、引用信息等，提供原文的下载连接，同时还可以查找相似的专利或文献。

7.2.3　Innography 专利检索结果

检索完成后，检索结果将显示在结果页面的表格中。检索结果页面有检索框，显示已运行的检索策略，可进行检索词（在关键字检索的情况下）或检索文本（在语义检索的情况下）的调整重新检索。图 7-7 展示的是 Innography 专利检索结果界面。

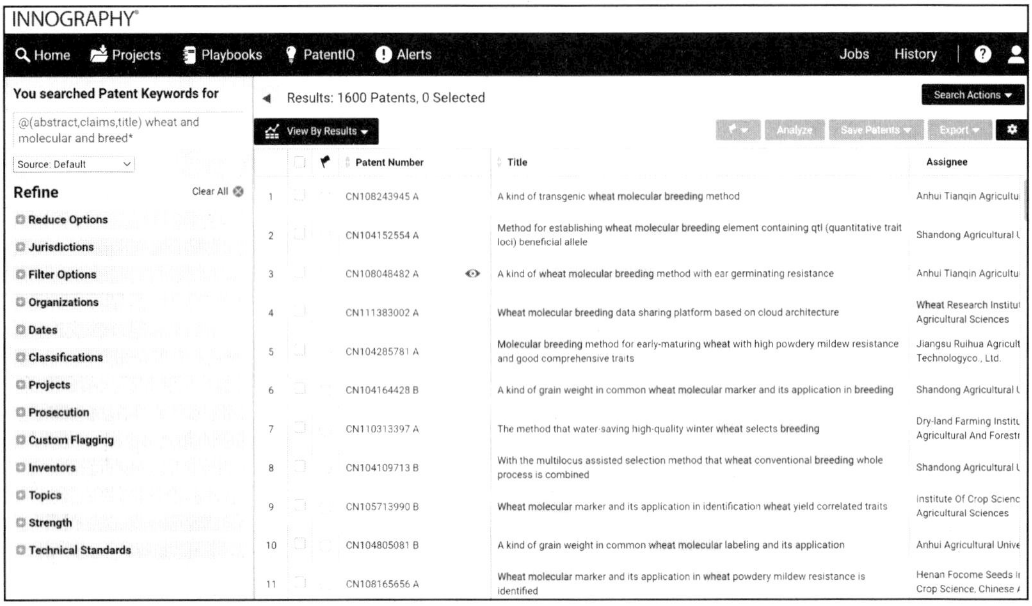

图 7-7　Innography 专利检索结果界面

通过交互式过滤器可对检索结果进一步筛选，可以根据过滤器类型进行分组。例如，Source 是一个类别过滤器，允许对分类组织的数据进行多种选择。类别过滤器可以单独选择，也可以多次选择（连续或非连续），此外，还可以选择排除过滤器。Active 是一个选项过滤器，是一个简单的单选按钮，只选择集合中的有效专利。优先日期是一个日期过滤器，可以设为“不早于”“不迟于”或“在这些日期之间”，日期可以输入为年份、月份和年份、或月、日和年。专利强度过滤使用双端滑动条更改下限和/或上限。例如，将下限设置为 7，则显示专利强度分数为 7 以上的专利。

7.2.4　Inography 专利分析功能

Innography 的专利分析功能包括专利价值（专利强度）分析、年份趋势分析、技术领域分析、专利权人竞争力分析、发明人分析、技术来源国分析、技术应用国分析、文本聚类分析、专利地图分析等。

1. 专利强度分析

专利强度是 Innography 独创的专利评价指标，是来自于加州大学伯克利分校及乔治梅森大学的研究成果。Innography 的专利强度采用复合指标算法模型筛选，参考多项指标，包括专利引用/被引次数、权利要求数量、专利家族数量、专利诉讼等。其作用是从海量的专利数据中快速有效地筛选出核心专利，优先阅读和分析核心专利，有效提高工作效率和质量，为专利分析开辟了一个新的思路。

2. 气泡图分析

气泡分析图综合了专利权人的商业、诉讼和专利信息，可开展专利权人实力分析。能够帮助用户分析市场态势，寻找合作伙伴或兼并收购对象。其中气泡不同的色度代表不同的专利权人，气泡大小代表专利数量。横坐标结合了 3 个重要因素：专利数量、专利分类数量以及专利引证数量。气泡位置越靠右，机构在所分析领域的关注程度和专利表现越突出，代表机构在所分析技术领域的技术实力。纵坐标结合了 3 个重要因素：总收入、诉讼案件和发明能力。通常气泡在纵轴上所处位置越高，该机构利用专利的能力越强，可据此确定机构整体资源和财富。图 7-8 为 Innography 气泡分析图示例。

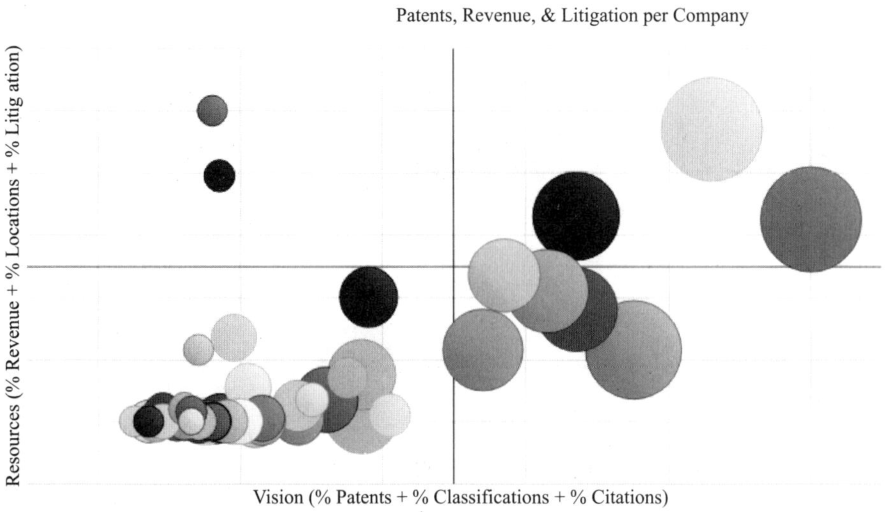

图 7-8 彩色图

图 7-8　Innography 气泡分析图

3. 文本聚类分析

Innography 的文本聚类分析功能可帮助用户快速直观了解所分析专利组的主要技术点，对专利技术进行评估。还可以对两个或多个专利集进行快速直观比较，找出其不同研究技术点。Innography 的文本聚类图示例如图 7-9 所示。

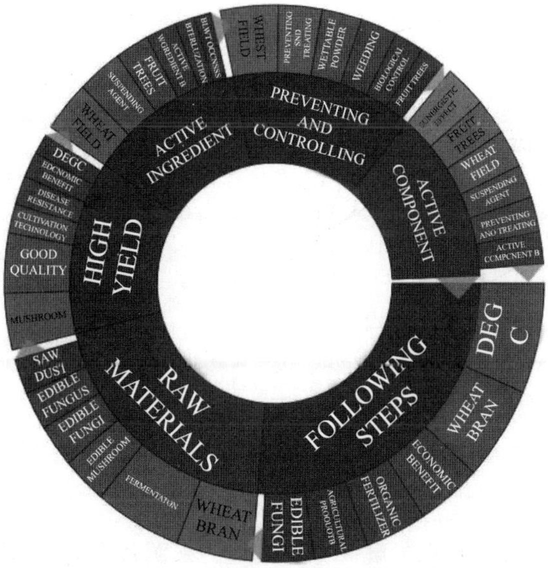

图 7-9　Innography 的文本聚类图

4. 专利地图分析

专利地图可呈现技术分布态势，用于监控竞争对手专利技术分布情况，为研发中的“回避设计”“技术地雷”等战略提供重要的信息依据和参考。可分析不同专利申请人，不同时间段以及不同国家的研发技术热点。Innography 的专利地图如图 7-10 所示。

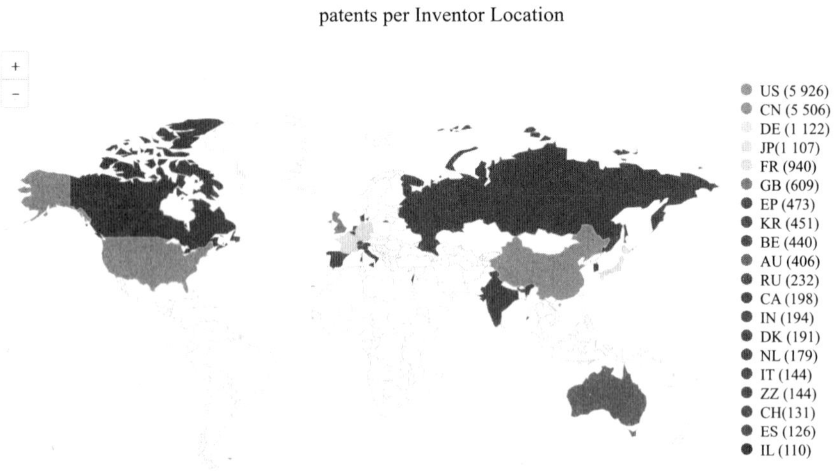

图 7-10　Innography 的专利地图

5. 公司对比分析

Innography 支持最多 10 家公司的对比分析，对比维度包括专利申请地域、申请时间、专利强度和专利种类等。Innography 不同公司比较的雷达图示例如图 7-11 所示。

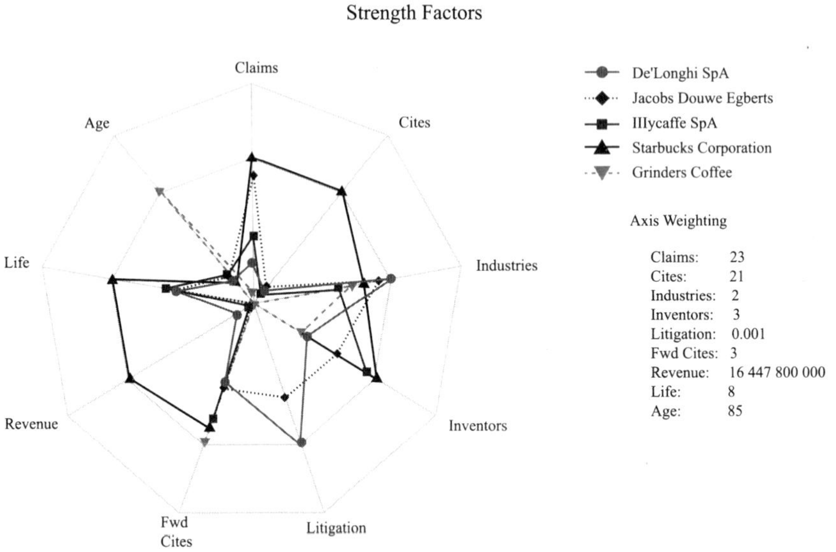

图 7-11　Innography 不同公司比较的雷达图

6. 专利引证分析

专利引证分析可帮助用户直观了解该专利技术的来源及去向，了解专利的外围布局态势。Innography 几乎每项专利都有一份引文清单，这些在跟踪引文连接时尤为重要，为专利无效分析、侵权分析、技术回避设计提供参考。

7.3 Patentics

7.3.1 Patentics 简介

Patentics智能化信息处理系统是索意互动(北京)信息技术有限公司自主开发的产品,采用新一代文本自动理解/概念搜索技术,被国家知识产权局、高校院所、企业、知识产权服务机构等广泛应用于专利分类、检索、分析、挖掘、运营、管理各方面。

Patentics 共收录了全球 114 个国家、地区和组织的专利数据,同时还收录了引文、同族、法律状态等数据信息,收录总量超 1.4 亿条。其中包括中、美、日、韩、德以及欧洲专利局、世界知识产权组织(WIPO)等世界主要国家、地区和组织的专利全文数据,并持续扩充更新。除专利数据外,还收录了 ETSI、中国硕博论文和期刊摘要数据。高价值专利挖掘方面,Patentics 提供了攻防分析、流检索和价值图谱等一套完整的解决方案。此外,还具有高效率分组、无限嵌套分析、丰富的可视化、点位组、阅读-标引-统计互通、本地库、专利价值谱图、可终端共享的 cls 文件等诸多特色。专利全文数据被翻译为英文、中文两种语言,专利摘要数据全部提供英文版本,可跨越语言障碍。

7.3.2 Patentics 专利检索

Patentics 既有网页版,也有客户端,客户端不仅继承了网页版全部功能,还具有丰富的多视角分析功能。建议用户使用客户端进行检索和分析专利,客户端是一个软件,需要在电脑上安装。

1. Patentics 检索界面布局

Patentics 客户端界面(图 7-12)由菜单栏、工具栏、显示区域和状态栏 4 个区域构成。显示区域集成了左右两个窗口:左窗口也称主窗口,为主操作窗口。主窗口有以下 3 个区域。

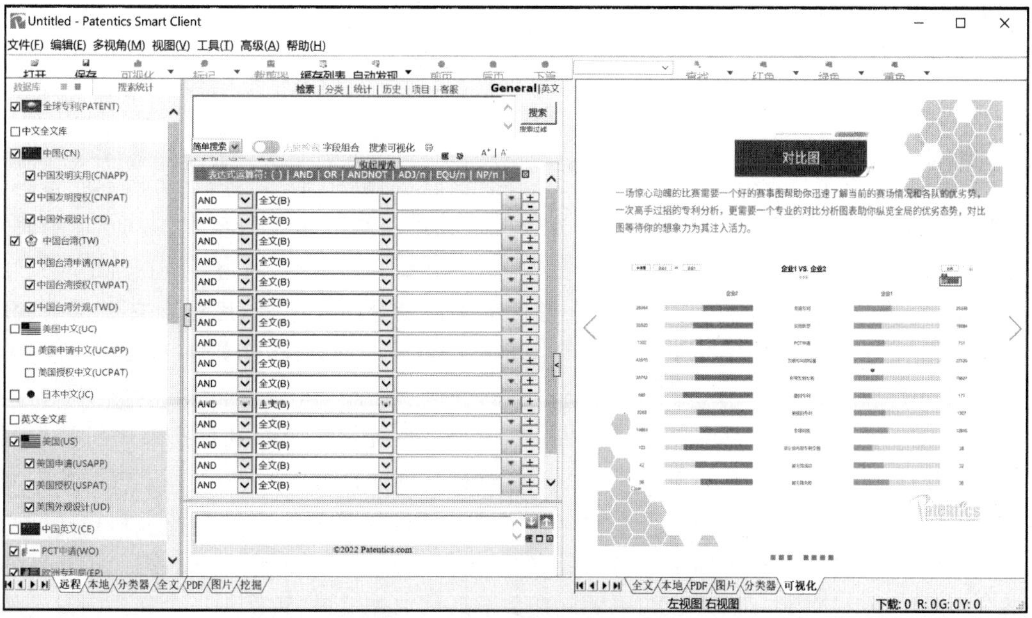

图 7-12 Patentics 客户端界面

搜索区域：Patentics Web 版内嵌于此，功能与 Patentics Web 版完全一致。

操作区域：包含本地页面、分类器页面，为本地操作区域。

浏览区域：包含全文、PDF、图片页面，全文页面用于浏览全文、标注、标记、定位和查找关键词等。

全文页面操作一般在右窗口进行。PDF 和图片页面为辅助浏览页面，与全文同步显示，方便对照阅读。右窗口也称辅助窗口，由全文、本地、PDF、图片和分类器（右窗口分类器页面是左窗口分类器的浏览列表）5 个页面构成。显示区域集成了多个区域于一体，使搜索、浏览、阅读、分析等变得方便、灵活，极大地提高了工作效率。

Patentics 检索框分为上下两个检索框，分别称之为“主搜索”“从搜索”，是完全独立的两个检索框，这样设计主要是为了检索方便。可以在保持检索结果不变的情况进行二次检索。检索框主要使用检索字段命令式检索。

2. Patentics 主要检索方式

Patentics 可进行向导搜索、简单检索、高级检索、表格检索、公司检索等。向导搜索相当于语义检索，可以输入词、短语、一段文字或专利号，搜索结果将依据输入内容按照相关度进行排序。简单检索以表格的形式列出多个检索字段和检索框，可根据需要对检索字段和逻辑关系进行选择，然后在不同检索字段后面的检索框中输入相应内容即可进行检索。高级检索提供了更加丰富的检索字段，但不能对检索字段和逻辑关系进行下拉式选择。表格检索页面上方提供检索表达式输入框，下方显示查询字段的列表供参考。Patentics 还提供了公司检索功能，主要是对标准化申请人（ann/）字段检索结果公司的结构查询，例如，集团公司下包含哪些子公司以及公司名称的各种写法。标准化公司经过翻译可以中英文互检。

3. Patentics 语义检索

Patentics 专利检索分析系统专注于智能语义技术、科技长文的自动理解和深度文本挖掘。Patentics 中语义检索命令为“R/”，其中“R”即是 Rerank 的缩写，也就是重排序的意思。“R/”命令后可以输入文字内容或者专利号码，输入专利号码时，系统会自动提取该篇专利的全文文本进行语义检索。在命令“R/”后任意输入一段自然语言，Patentics 就可以按照给定内容的含义对海量的专利文献进行重新排序，将最相似的专利文献排在最靠前的位置，越往后相关度越低。

为了满足审查员日常新颖性检索需要，Patentics 还提供“RDI/”命令，后可跟专利号码，含义是检索该专利申请日前公开的最接近专利文献。在单独使用“R/”命令或“RDI/”命令时，系统会对全库进行语义重排序，但只会给出最相关的 400 篇专利文献，因为系统在给出检索结果时，已将更相关的放在了最前面，排名 400 以后的相关度会越来越低，因此会有默认的截断。但如果想查看更多，可以使用“CTOP/”命令限定要查看的专利数量，例如“CTOP/1000”，可查看最相关的 1 000 篇。

“R/”命令的执行过程，大概可分为 3 步：第 1 步是系统对整个专利数据库中每篇专利全文抽取关键词，将每篇专利都转变成一个由多个词构成的文档向量，然后使用这些大量的文档向量训练语义模型，就是将这些本在不同空间使用不同标尺衡量的向量都转换到相同的语义向量空间中，以便在同一个坐标系中去测量它们，使得他们之间具有可比性。第 2 步是输入一个专利申请号或文本内容进行检索，系统同样会对其抽取关键词，转换为一个文档向量。然后使用训练好的语义模型对其进行向量合成，将输入的内容也放到语义向量空间模型中。第 3 步就是将输入内容的文本向量和数据库中的专利的文本向量进行向量运算，计算它与每篇专利的相关度，最后按照相关度从高到低，对数据库中的专利文献进行重新排序，就可以在靠前位置获得相关的专利文献了。

7.3.3 Patentics 专利检索结果

检索结果列表显示专利公开号、标题、申请人、发明人、分类、相关度，可以点击公开号和相关度进行排序，点击公开号是按照公开日排序(倒叙)。检索结果可以浏览全文、附图比较、下载导出或将检索结果发送至 Email。将检索结果当前页发送到指定邮箱，支持同时发给 4 个邮箱。可以添加附言信息，接收到的邮件信息与 Patentics 网页格式一样，点击公开号自动链接到 Patentics 网站全文，点击邮件中其他链接可自动检索。下载导出搜索结果包括：①导出 csv 文件：导出项包括公开号、申请号、标题、申请人、分类号、特征度、专利度、引用、被引用等 20 多项；②导出公开/申请号：分段按格式导出，可直接(或便于编辑)用于其他系统；③导入到主搜索：为方便上传专利，此处增加多篇公开号或申请号上传入口，上传后再使用导出，可方便获取 Patentics 独有的数据。除此之外，最重要的是可以将检索结果导入分类器，进一步开展专利分析。Patentics 检索结果导出见图 7-13。

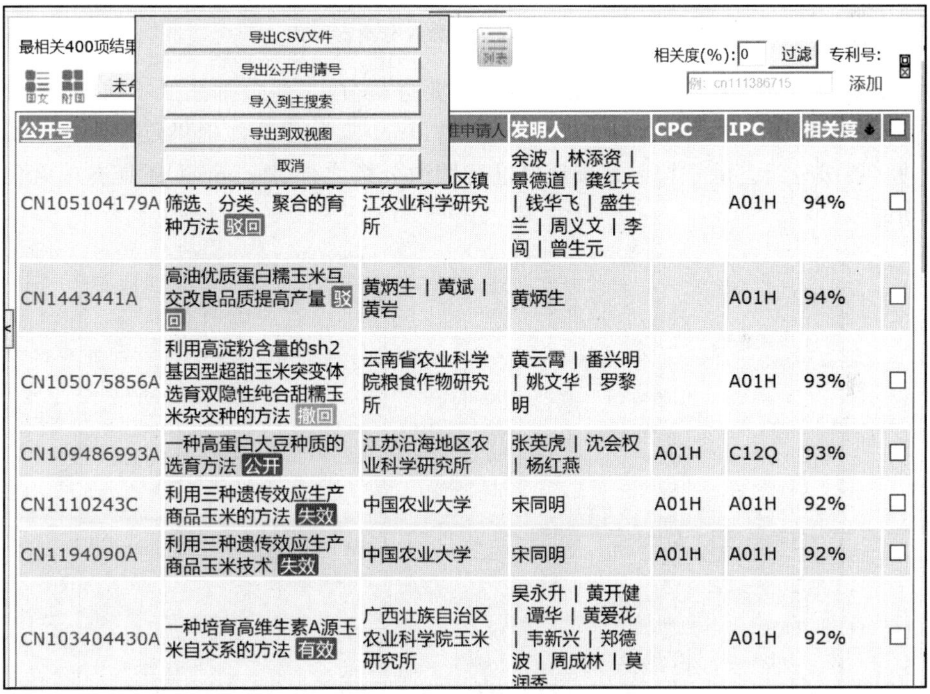

图 7-13 Patentics 检索结果导出

7.3.4 Patentics 专利分析功能

分类器是 Patentics 客户端最强大专利分析工具，集智能性、实用性、易操作性于一体，实现多方位、立体化自动分析。代表性分析功能有：语义聚类、智能分组、语义技术分组(非 IPC 分组)、对比分析、组合、导出智能库、创建移动数据库等。高级分析功能包括：Patentics 独创的专利攻防分析、搜索分组、雷区专利分析、功效矩阵分析、数据透视(多维分析)、超级分析、价值评估、bingo 排序等。检索结果导入分类器页面见图 7-14。

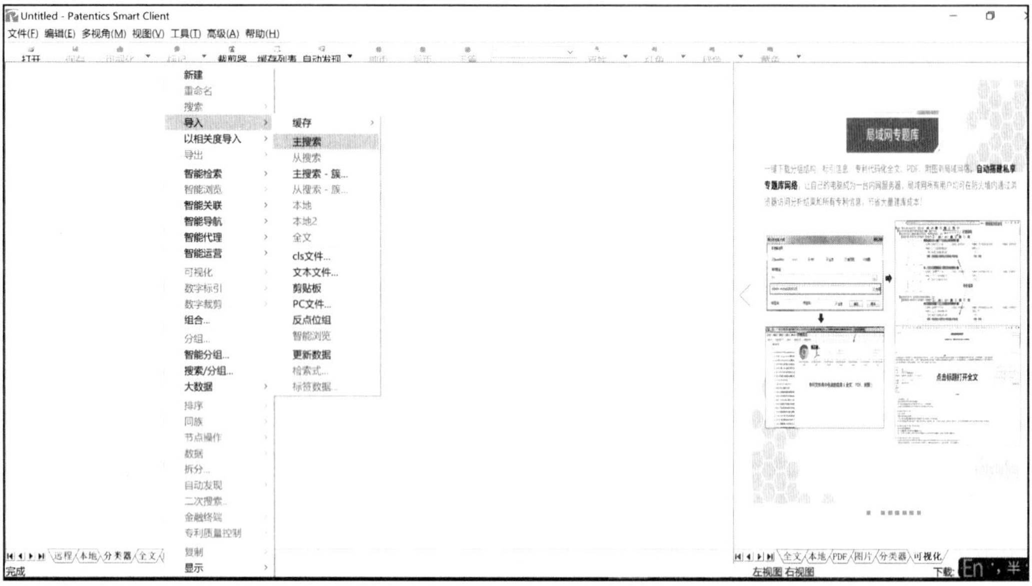

图 7-14　检索结果导入分类器页面

检索结果导入分类器后，就可以根据分析需要进行分组，将数据按照不同项分组，是 Patnetics 专利分析最常用的功能，如图 7-15 所示。Patnetics 分组功能提供近 70 项分组，且是无限递进的多层级分组。除了按照著录项目进行普通分组之外，Patentics 还具有搜索分组和智能分组功能。

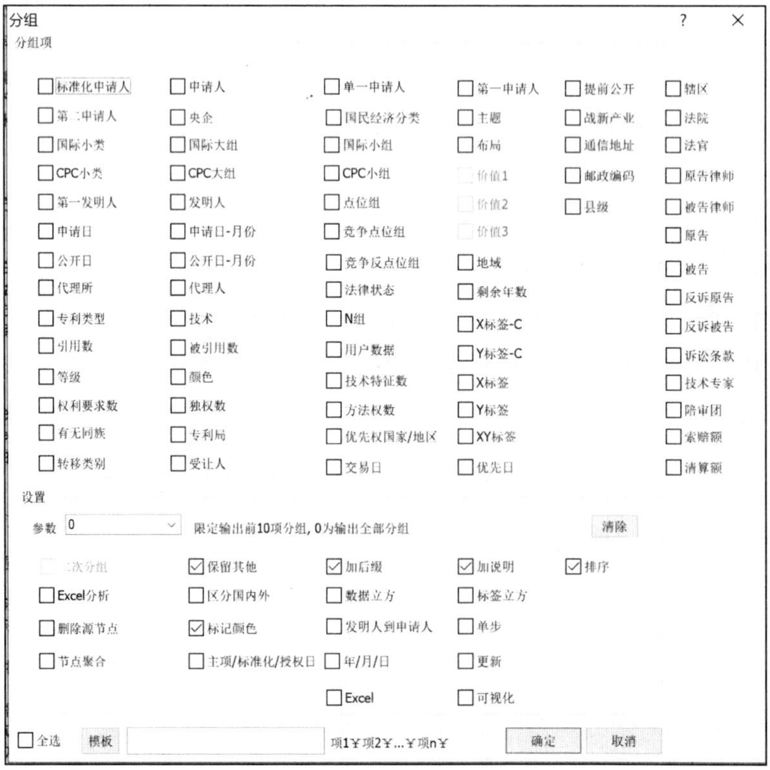

图 7-15　Patentics 分组项

在分类器中可以对单篇专利、整个节点专利、多个节点专利进行标记颜色、等级、标签。还可以对专利、节点和节点文本数进行剪裁，方便地删除或保留目标专利或节点。对专利进行分组之后，即可进行各种维度的可视化分析。Patentics 提供二维图、高维图、复合图、技术演进图、周期图等多种可视化方式，还提供统计分析功能。

绘制好可视化图形后，除了一些在图形上有 Word 、PPT 输出快捷键外，在工具栏的“可视化”按钮下，还有一个统一输出接口，如图 7-16 所示，适用所有图形(无论是否有快捷键)。

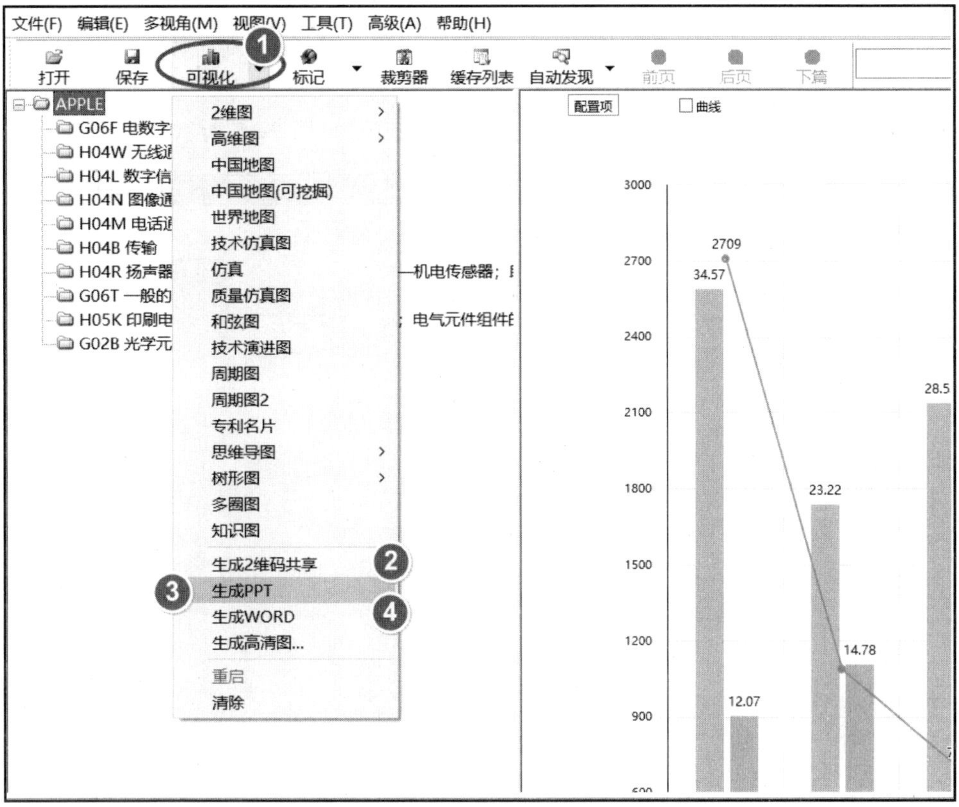

图 7-16 Patentics 分析报告的输出

7.4 incoPat

7.4.1 incoPat 简介

incoPat 专利信息平台是北京合享智慧科技有限公司产品，2020 年被科睿唯安公司收购。incoPat 将全球专利数据深度整合，并翻译为中文。incoPat 详细收录并将 120 个国家、组织和地区自 1782 年以来的 1.5 亿项专利技术翻译成中文，并不断扩增新的专利。同时，incoPat 加工知识产权法律状态信息、技术功效信息、行业引用信息、科技诉讼信息、技术许可转让信息、海关备案信息、通信标准专利信息、FDA 药品专利信息、国防解密专利信息等数据。运用自主研发的专利 DNA 分析技术，incoPat 将人工智能与知识产权应用深度结合，实现专利数据的智能检索、全景分析、热点预测等功能，帮助用户提高创新效率、提升知识产权竞争力、锁定新兴市场商业机会。

7.4.2 incoPat 专利检索

incoPat 不仅收录了非中文专利的英文著录信息，还对其进行了标题和摘要信息的中文翻译，对于在中国公开的专利，incoPat 还提供了英文的著录信息。因此，在 incoPat 系统中，可用中、英文检索和浏览全球专利，快速提升了检索和阅读效率。另外，在专利基本信息、权利要求和说明书标签页还提供了中、英、日、韩四国语言互译功能，且专利详情页的在线翻译支持翻译所有小语种专利，跨越了语言障碍。

incoPat 集成了专利检索、智能/导航库、分析和监视预警等多个功能模块，在首页界面，可以根据使用习惯定制显示不同的功能模块。在首页可自定义显示的功能模块包括简单检索、常用智能库、常用导航库和我的分析项目。incoPat 的首页见图 7-17 所示。

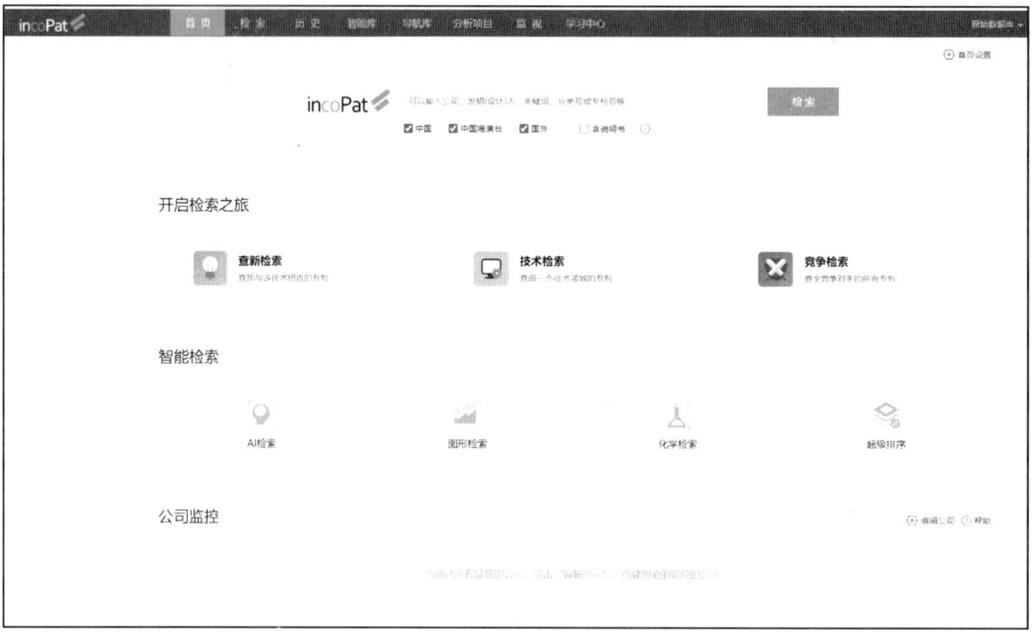

图 7-17 incoPat 主界面

incoPat 分为原始数据库和同族数据库两个数据库，两者可自由切换。原始数据库按照专利申请的国家/地域，将每件专利文本分开进行检索和展示。同族数据库将专利家族作为一项进行检索和展示。

incoPat 原始数据库提供了 9 种检索入口，分别是：简单检索、高级检索、批量检索、引证检索、法律检索、AI 检索、语义检索、扩展检索和图形检索。

1. 简单检索

简单检索是一种较模糊的检索方式，在检索框中输入任意信息即可实现同时对多个字段的检索。另外，默认检索字段可自定义设置，即设置是否需要在说明书字段中进行检索。简单检索界面如图 7-18 所示。

图 7-18　incoPat 简单检索界面

2. 高级检索

高级检索是一种精准的检索方式。在检索区域选择检索字段，输入对应的检索要素即可检索，而且字段内部以及多个字段之间可以进行逻辑运算。另外，还可自行编辑逻辑关系复杂的检索式来检索。高级检索界面的“主要信息”字段包括“主要著录信息”和“主要著录信息或说明书”，其功能等同于简单检索。高级检索的界面分为“选择数据范围”“表格检索”和“指令检索”3 个区域。incoPat 高级检索界面见图 7-19 所示。

图 7-19　incoPat 高级检索界面

在“超级排序”栏，输入某公开(公告)号或者关键词、语句、段落、篇章等进行检索，检索结果会自动按照与“超级排序”栏中所输入内容的相似度进行排序。在“指令检索”区域，可以自行编辑逻辑关系较为复杂的检索式，并且支持将其他检索系统中的检索式一键转换为 incoPat 支持的格式。指令检索框内增加了智能纠错的功能，系统可自动识别出检索式错误并将其位置高亮标记，悬停在高亮标记处可以查看具体错误原因，检索字段输入有误时，系统将智能推荐出正确的字段。

在 incoPat 中选择“标题”和“摘要”两个字段进行检索时，会同时检索原文和翻译数据，检索结果往往多于其他检索系统，因此如果仅希望对标题和摘要原文进行检索，可使用“TIO(标题原始)”和“ABO(摘要原始)”字段。

3. 批量检索

批量检索界面如图 7-20 所示，可以批量输入公开(公告)号、申请号、优先权号和申请人，或从本地导入 TXT 文件检索对应的专利文献，还可以直接批量下载 PDF 全文。输入号码时，可以用逗号、分号、空格或者回车分隔。导入专利号列表时，仅支持上传 TXT 文档，输入申请人时需要用回车分隔，每个申请人一行。批量号码检索时，最多可输入 5 000 个号码；批量下载 PDF 时，单次最多支持 100 项专利的下载。可以输入一段带号码的文字内容，支持匹配文字里的号码，文字内容最多可输入 2 万个字符。批量检索界面还可查看号码的匹配情况，包括重复号码的提示，而且对未查到的号码可以通过模糊匹配检索是否有其他公开版本。目前，可同时查看 2 000 个号码的匹配情况，未匹配到的号码详情还可以下载到本地。incoPat 批量检索示例如图 7-20 所示。

图 7-20 incoPat 批量检索界面

4. 引证检索

在引证检索入口，可以通过表格检索和指令检索的方式来实现多种引证相关信息的检索。在引证检索页面有“被引证(forword 信息)”和“引证(backword 信息)”选项，“引证”信息对应该专利引证的相关专利，“被引证”信息对应该专利被引证的相关专利，用户可根据检索目的进行选择。还可输入申请人名称，检索该申请人全部专利的引证专利和被引证专利。在结果限制字段中可以对引证检索结果作进一步限定筛选。incoPat 引证检索界面如图 7-21 所示。

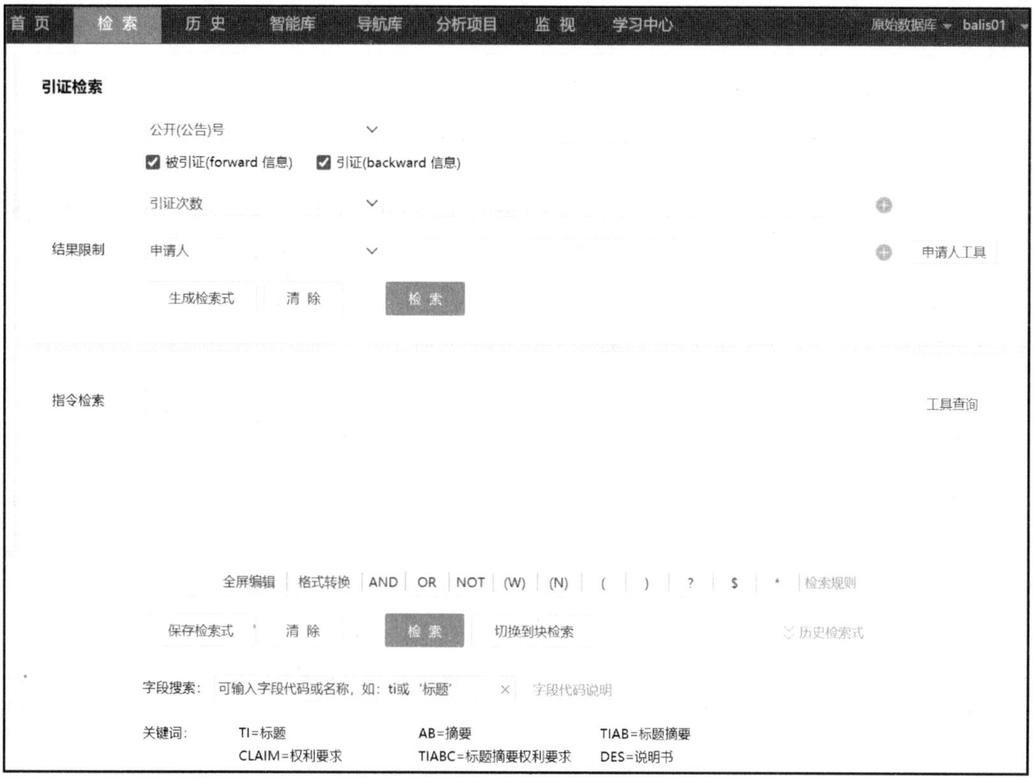

图 7-21　incoPat 引证检索界面

5. 法律检索

法律检索入口包含 6 个子入口,分别为“法律状态检索”“专利诉讼检索”“中国专利许可检索”“专利转让检索”“中国专利质押检索”和“中国复审无效检索”,如图 7-22 所示。在“法律

图 7-22　incoPat 法律状态检索界面

状态检索”入口可检索 3 种不同细致程度的法律状态信息：检索法律状态全文中所包含的文字信息；检索专利的有效性，包含有效（获得授权且法律状态全文中未公布失效）、失效和审中 3 种状态；检索专利当前的详细法律状态。在“专利诉讼检索”入口可以利用表格检索中国、美国、日本等的诉讼信息，也可将诉讼当事人、法律文书内容、裁决发生地等信息与专利基本著录信息进行联合检索。在“中国专利许可检索”入口可以利用表格检索在中国知识产权局进行许可备案的数据，也可将许可人、被许可人与专利基本著录信息进行联合检索。在“专利转让检索”入口可以利用表格检索中国和美国专利的转让数据，也可将转让人、受让人与专利基本著录信息进行联合检索。在“中国专利质押检索”入口，可以检索出中国知识产权局登记的质押信息，也可结合出质人、质权人等信息与专利基本著录信息进行联合检索。在“中国复审无效检索”入口，incoPat 将复审申请和无效宣告申请进行了区分，并增加了相关口审的检索，可以通过表格检索的方式将请求人、复审决定全文等信息与专利基本著录信息进行联合检索。

6. AI 检索

AI 检索利用知识图谱及人工智能技术，可实现发明内容的精准识别、精准匹配。AI 检索有 3 个子入口，分别为“查新检索”“无效检索”和“侵权风险检索”，如图 7-23 所示。在“查新检索”入口，在“技术描述”栏输入一段文字，可匹配出一些有可能会影响新颖性、创造性的对比文件。当输入的技术描述为中文、数据范围为中国时即可进入第二步——绘制 DNA 图谱。

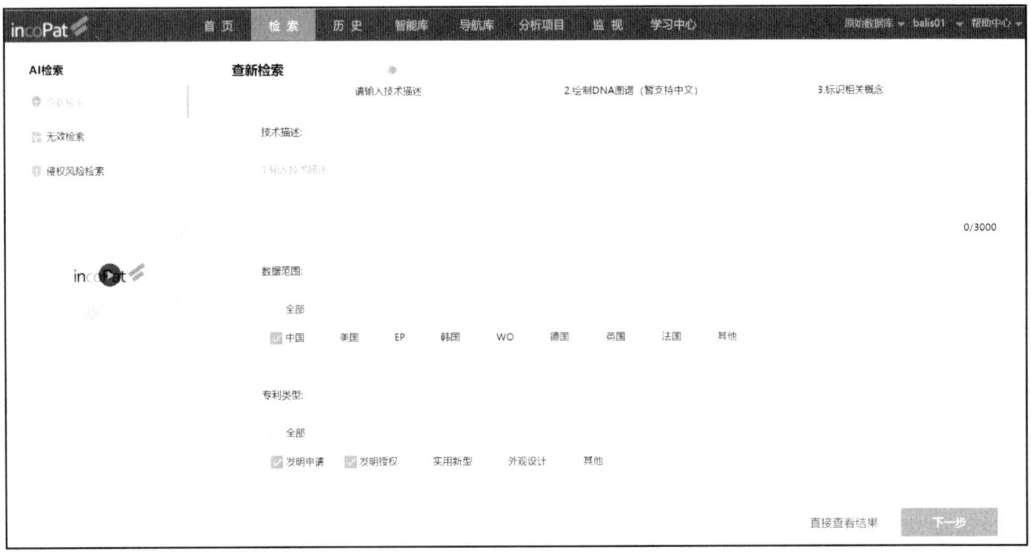

图 7-23 incoPat AI 检索界面

在 DNA 图谱中，可绘制出核心技术及其关系，可使结果的排序更准确。修改技术描述中的部件及构成关系，可以重新生成结构，或者直接在画布上对部件结构进行调整。打开部件智能推荐，点击画布上的部件，系统将自动推荐与之相关的部件，辅助用户快速绘制合适的部件关系。绘制 DNA 图谱界面可手动删减和调整专利技术结构，替换和修改关键词，也可重点分析点亮的核心部件关系。incoPat 绘制 DNA 图谱界面如图 7-24 所示。

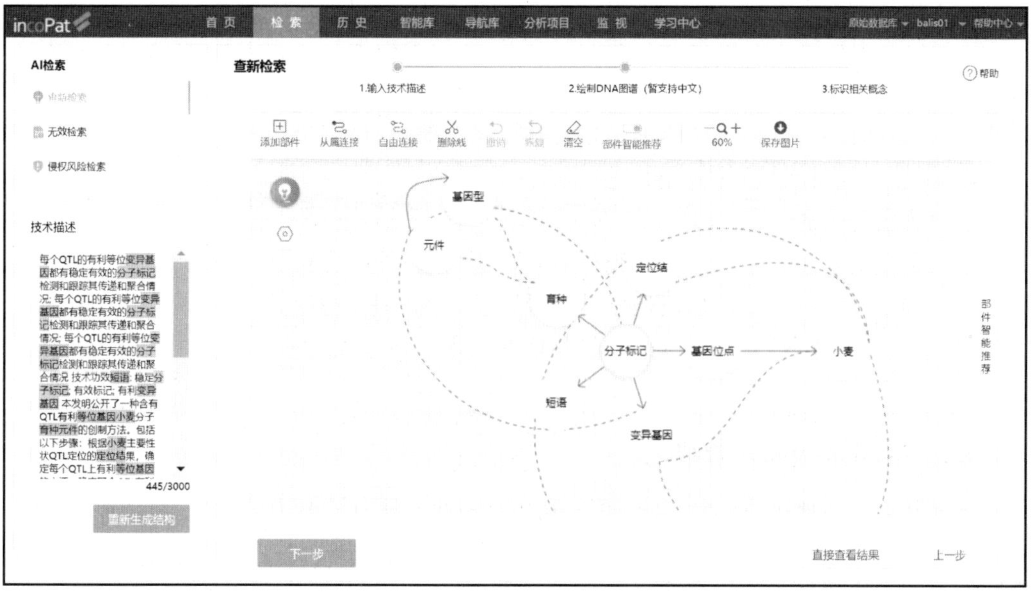

图 7-24　incoPat 绘制 DNA 图谱界面

在“无效检索”入口，通过输入无效对象的专利号进行检索，检索结果将自动排除申请日之后的专利。当输入的号码为中国专利号码且数据范围选择中国时，则“下一步”进入 DNA 图谱绘制界面。在“侵权风险检索”界面中，输入一段技术描述的文字，可自动检索出可能存在一定侵权风险的相关专利。

7. 语义检索

在语义检索界面输入专利公开号或一段文字，则可根据语义算法模型自动匹配出一些相关度较高的专利，无需花费较多时间选择检索关键词及编写检索式，是查新和无效宣告检索的一种较好辅助手段。图 7-25 为 incoPat 语义检索界面。

图 7-25　incoPat 语义检索界面

8. 扩展检索

在扩展检索界面输入专利公开号或一段文字，系统会提取出一批关键词，并列出这些关键词的扩展相关词，包含同义词、近义词、关联概念、上下位概念等。将系统自动生成的相关词添加到选中区，选择检索字段点击“添加到检索式”按钮，便可自动生成检索式。对于生成的检索式，可进一步进行编辑或者直接检索。

9. 图形检索

图形检索界面支持上传的图片单独检索，或与其他条件结合检索，即在图形检索时可同时限定关键词(标题摘要)、申请人、洛迦诺分类号、公开国别和日期等条件，系统会根据输入的内容，在外观设计专利数据中进行匹配，提供相似的结果。通过点击或者拖拽图片到图形区即可上传图片。

7.4.3 incoPat 专利检索结果

在检索结果显示界面，用户可自行设置检索结果排序方式、显示方式、显示字段、关键词高亮和去重。在专利附图的展示窗口，点击图片可以进入大图浏览模式，支持附图放大、缩小和旋转浏览。在语义检索结果显示界面，专利标题前方会显示出检索结果与输入相关概念的语义相关度。AI 检索后的检索结果显示界面，选择“图文显示”，每个专利右上角将显示“查看对比结果”，可逐一将无效对象与检索出来的结果进行技术特征对比。

用户可使用 60 种方式对检索结果进行排序，除相关度、公开(公告)日、申请日排序外，还可以按照被引证次数、同族数量和合享价值度排序，一定程度上帮助用户从众多的检索结果中快速找出重要程度较高的专利。其中，合享价值度是依赖合享智慧公司自主研发的专利价值度评估模型来对专利评分的。该模型选取了业内常用的专利价值评估指标，从技术稳定性、技术先进性和保护范围 3 个维度来综合衡量专利的价值。

检索结果有 5 种显示方式可供选择，分别是列表显示、图文显示、首图浏览、深度浏览和多图浏览。在“图文显示”方式下，还可以自行设定所需显示的字段。检索结果显示界面如图 7-26 所示。

图 7-26 incoPat 检索结果的显示

对检索结果可按照申请号或者同族进行合并，以便于按照专利件数或同族个数来统计和分析检索结果。目前，原始数据库支持对 100 万条内（≤100 万条）的专利文本执行申请号/同族合并操作。申请号合并和同族合并规则可以自行设定，即申请号合并后保留申请文本还是授权文本，以及同族合并的首选专利是先按时间顺序还是先按机构顺序来呈现。用户可以对检索结果进行二次检索、统计筛选。

在检索结果界面的右侧有一系列工具栏，可以对检索结果执行在线保存（导入智能库/导航库、加入备选/对比），下载（保存著录项、PDF）以及检索引证、检索同族等操作。

在专利详情页面增加了专利文献的技术功效信息。技术功效检索，可以快速查询某个功能优化或效果改进的解决方案。技术功效支持与其他维度组合统计分析，可以帮助用户快速掌握行业和竞争对手的技术研发方向。

incoPat 可以对检索结果在线保存，包括“智能库”“导航库”和“保存的检索式”。“智能库”中保存的是专利文献，用户可基于专利文献搭建专利导航项目，并可以对专利文献进行标引、分析以及分享。“导航库”中保存的是检索式，导航库中检索式命中的专利会实时更新，可以实现与其他账号的共享。“保存的检索式”中保存的是检索式，仅为账号私有。在线保存的检索式命中记录和专利数据状态不仅可实现与 incoPat 的最新数据同步，而且还可实现数据的共享和标引。

7.4.4 incoPat 专利分析功能

incoPat 分析功能包括统计分析、聚类分析、3D 专利沙盘分析以及引证分析。其中，引证分析的功能按钮位于专利详览页面；统计分析、聚类分析的功能按钮位于检索结果显示界面、智能库/导航库的详情界面；3D 专利沙盘分析的功能按钮位于检索结果显示界面、智能库详情界面。图 7-27 展示了 incoPat 检索结果显示界面的统计分析、聚类分析、3D 专利沙盘分析功能的入口。

图 7-27　incoPat 检索结果显示界面的分析功能入口

1. 统计分析

统计分析是对专利常用著录信息进行的量化统计，并以图表形式展示结果。incoPat 系统提供了常用的分析模板列表供选择。在分析项目保存与导出区域，可以看到分析项目的数据来源，可将建好并完成设置的分析保存为分析项目或导出分析报告，已保存的分析项目可随时调用、更改或另存。

2. 聚类分析

聚类分析是基于语义算法，提取专利标题、摘要和权利要求中的关键词，根据语义相关度聚出不同类别的主题，从而进行个性化的技术类别分析。聚类分析的结果可以地图、分子图、矩阵图和饼图 4 种方式呈现，其中聚类地图的颜色深浅代表专利密集程度。使用“刷子”或“铅笔”工具选择指定区域可进行专利统计，不同统计类别下的专利数据可在专利地图上以不同的颜色点来呈现。聚类分子图的圆圈大小代表不同聚类主题的专利数量多少，一个圆点代表一件专利，与地图方式类似，可以根据不同类别进行统计并在图中呈现。聚类矩阵图是以矩阵的形式展示各聚类技术主题的不同著录信息统计结果。饼图以圆环的形式展示各聚类技术主题专利数量分布情况，饼图内侧的圆环代表一级聚类主题的数量分布情况，外侧圆环代表二级聚类主题的数量分布情况。incoPat 聚类分析分子图示例如图 7-28 所示。

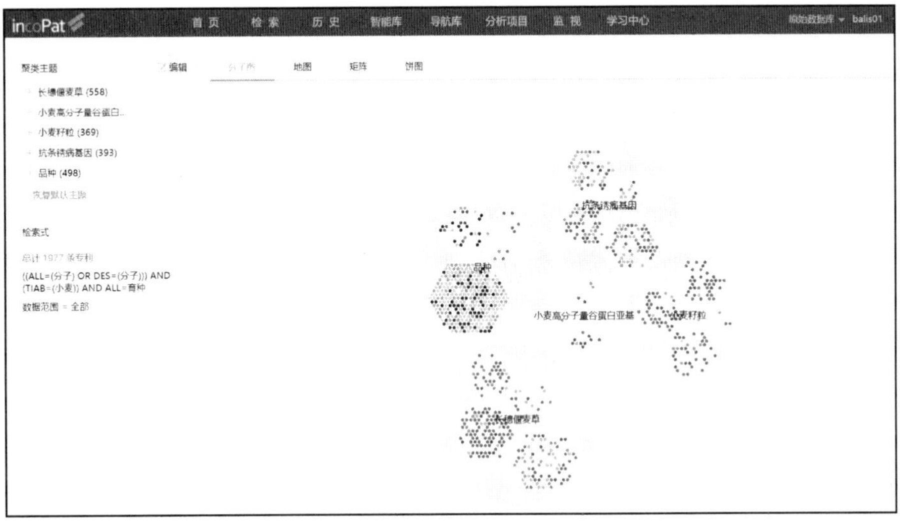

图 7-28 彩色图

图 7-28 incoPat 聚类分析分子图

3. 3D 专利沙盘

3D 专利沙盘是专利战略分析工具，可以快速聚焦专利布局的热点，掌握竞争对手的研发方向和专利布局。3D 专利沙盘用三维地形图展示技术的竞争态势，波峰代表技术密集区，波谷代表技术空白点。不同颜色可以标记不同的专利申请人，用以清晰展示竞争态势。每个点代表一件专利，点的距离越近，表明技术的相关度越高。同时可以对沙盘中的专利进行分组并编辑组名，不同分组的专利在 3D 沙盘上用不同的颜色显示，每个山丘(聚类)的主题名称上方有色条标记，专利在沙盘上的分布情况一目了然。incoPat 3D 专利沙盘示例如图 7-29 所示。

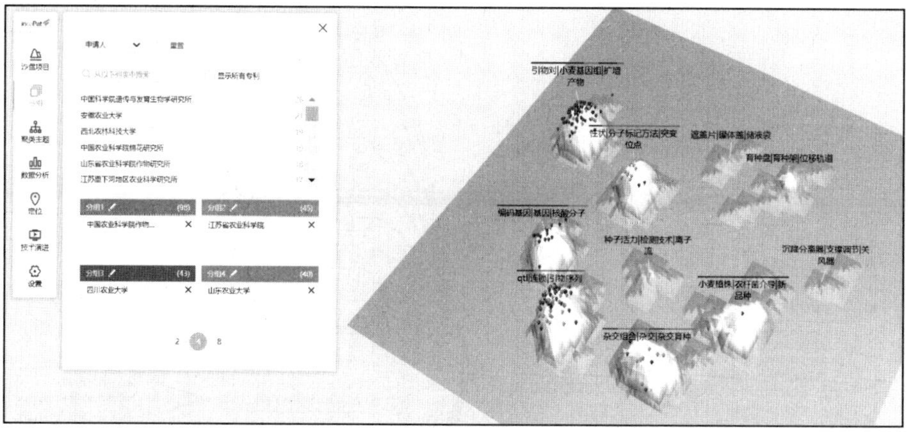

图 7-29 彩色图

图 7-29　incoPat 3D 专利沙盘示例

3D 专利沙盘还有聚类功能，通过智能语义分析，将专利按照相关性自动分组。点击聚类分组的名称，可以查看该分组内的专利列表及专利详细信息。自动生成的聚类主题名称可自定义编辑，自动聚类的数量及每类显示的标签数量也可自行设置（每类最多可显示 10 个标签）。在“数据分析”标签页，可自动对专利沙盘中的专利进行分析，并生成相应的图表列表，点击图表可放大显示。在“定位”标签页，可根据筛选条件检索出符合条件的专利结果列表，通过点击专利列表中的“标记”操作则可将筛选结果定位在 3D 沙盘上。在“技术演进”标签页，选择时间范围，则可根据所选的时间范围，以动态三维地形图来形象地展示技术布局的变化。动画视频支持录制以及下载。

沙盘对抗利用 incoPat 专有的数学模型，自动生成两组专利的对比数据。分别从专利数量、专利价值度、技术价值度、权利范围、运用经验值等不同的角度对两组专利的竞争实力进行对比，并给出专利综合实力的对抗分值，可快速、直观地了解双方的专利对比情况，从宏观上掌控双方的竞争态势，从而为决策分析提供依据。

4. 引证分析

引证分析可以快速跟踪一项技术的发展历程，发现企业对核心技术的保护策略和专利布局策略。在单件专利详览页面的“引证专利”标签页下，可对该专利的前、后多级引证情况进行图形化的展示。当引证专利较多时，可开启“缩略图”按钮，通过缩略图调整引证分析图的位置。开启“高亮本专利相同申请人”按钮，可快速高亮自引专利。引证分析的结果示例如图 7-30 所示。

在“分组显示”菜单栏处，可选择不同的分组方式，如按照申请人/公开国家来分组展示前引和后引专利，清晰呈现出各大企业或者全球技术企业的技术发展脉络。

7.5　PatSnap

7.5.1　PatSnap 简介

智慧芽专利数据库为 PatSnap 旗下产品，集检索和分析于一体。智慧芽具有多种搜索途径，既可以通过逻辑组合进行高精度的检索，也可以通过语义匹配进行快捷的检索，同时支持以图搜图的方式探索外观设计类的相似专利。PatSnap 专利数据库收录的 1.6 亿项全球专利

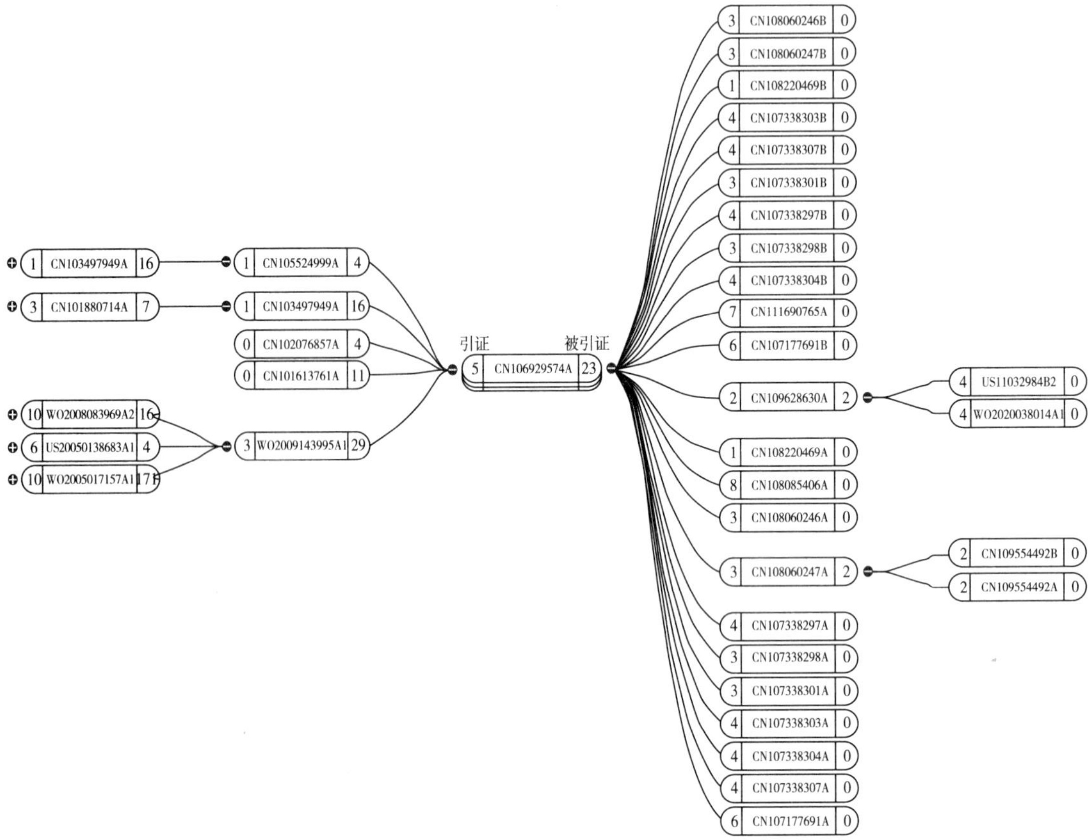

图 7-30　incoPat 引证分析的结果

数据，覆盖 126 个国家/地区。通过 PatSnap 专利数据库的多维度专利信息情报，可挖掘专利背后的竞争关系、公司战略、市场机会、技术风险等。

7.5.2　PatSnap 专利检索

1. 简单检索

简单检索界面可以直接输入技术关键词、公司名称、人名或者专利号码等内容直接进行检索。在随后的后台数据匹配中，系统将自动识别输入内容的类型。包含简单检索在内，系统共支持 9 种检索类型。简单检索框下方，有其他类型检索方式的快捷入口。系统最多可支持检索式中使用 1 024 个逻辑运算符，且检索式长度不超过 15 000 字符。其中单个汉字、英文字母、数字、空格、特殊字符均作为一个字符统计。单击检索框，下方自动展示历史记录、常用检索字段等内容，有助于更高效地输入内容。PatSnap 简单检索界面如图 7-31 所示。

2. 高级搜索

对检索要素和检索范围有一定的了解，且检索内容具有明确的检索逻辑时，可以使用高级搜索中的字段搜索进行专利检索。此外，具有复杂的检索逻辑需求时，高级搜索支持通过专业的检索式编辑进行检索，可以通过高级搜索（编辑检索式）和高级搜索（编辑组合检索式）方式进行检索。系统默认第一行的字段为主要字段。此时针对输入的关键词将进行多字段的匹配，检索范围包括标题、摘要、权利要求、说明书、公开号、申请号、申请人、发明人和 IPC/UPC/LOC 分类号。图 7-32 显示的是 PatSnap 高级检索界面。

图 7-31　PatSnap 简单检索界面

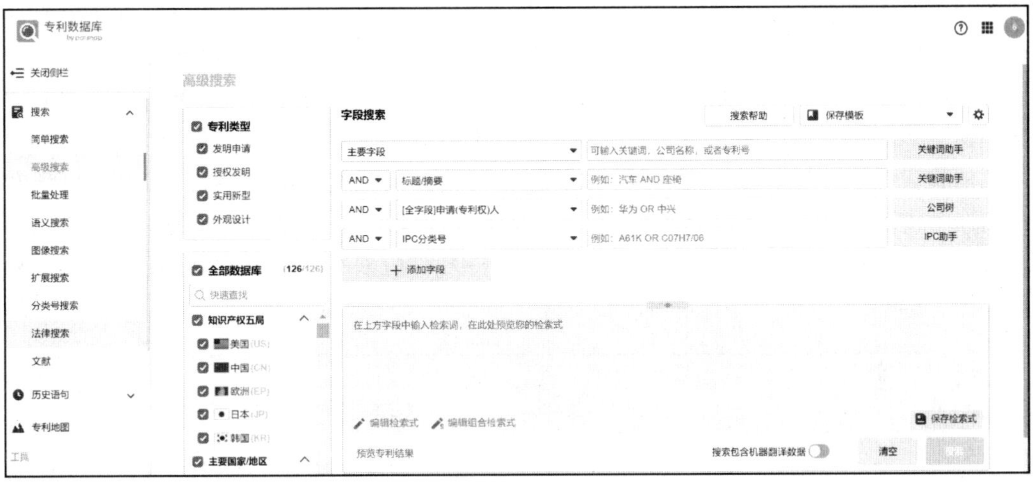

图 7-32　PatSnap 高级检索界面

当需要尽可能全地检索出专利数据时，可以使用小助手对关键词、公司树或者分类号进行扩展。进行字段搜索前，需要确认是否开启“搜索包含机器翻译数据”功能。当输入中文/英文关键词，并开启机器翻译功能时，系统在中文或英文专利原文检索的同时，也将检索所选数据库范围内勾选的各个国家/地区其他语言的中文或英文译文。中文/英文的机器翻译数据包括专利标题、摘要、权利要求和说明书字段。

3. 批量处理

当有大量申请号/公开号的专利数据需要检索、分析时，可以在批量处理中输入这批专利的申请号/公开号进行检索，批量处理检索结果顺序与用户输入顺序保持一致，方便您后续进行数据合并或对比。将检索结果保存到工作空间，依据系统提供的多种分析方式，开展分析工作。PatSnap 也支持申请人的批量处理。当在进行某个分析项目时，需要分析大量申请人的专利数据，也可以通过批量处理匹配、查询。PatSnap 批量处理界面如图 7-33 所示。

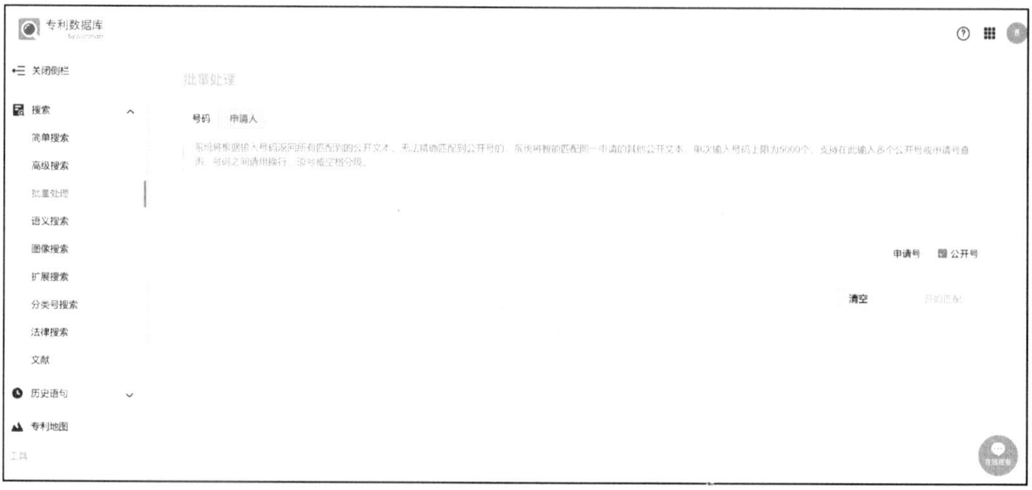

图 7-33　PatSnap 批量处理界面

4. 语义搜索

用户需要对研发人员递交的技术交底书进行查新检索时，可以使用系统提供的语义搜索进行专利检索，提升专利检索效率。语义搜索通过在 Web 页面上输入待检索的文本（比如权利要求）或者公开（公告）号，系统结合输入内容，挖掘文本的语义信息，通过智慧芽自主开发的语义相似度 AI 模型，与智慧芽专利数据库中的专利全文做全面的相似性匹配，从而得到与其最相关的检索结果。语义相似度 AI 模型主要包括关键词及其扩展模型、语义向量模型和语义图谱向量模型（其中包含关键词、IPC/CPC、申请人/发明人等多维度关联关系），同时结合专利审查员多年实践经验形成的规则。语义搜索支持号码检索和文本检索。PatSnap 语义检索界面如图 7-34 所示。

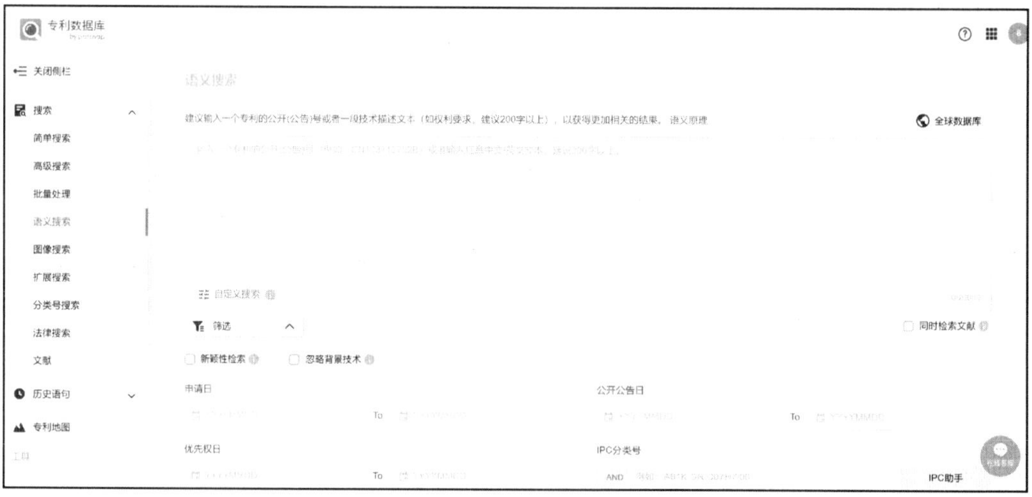

图 7-34　PatSnap 语义检索界面

语义检索界面，在检索框中输入一个专利的公开（公告）号执行号码检索，可指定检索范围或者申请日/公开（公告）日范围，系统根据该专利信息，检索出前 1 000 件最相关的检索结果。为保证单个专利号码检索结果的精准性，建议尽量输入完整的公开（公告）号。系统支持一定程度的模糊匹配。若需要检索出与一段专利文本内容相似专利时，可以在语义搜索中输入文本信息，指定检索范围或者申请日/公开(公告)日范围，系统结合文本内容，检索出前 1 000 件最相关的检索结果。

5. 图像检索

当需要检索出符合某图片的外观设计专利，或者需要快速检索出某个领域内的外观设计专利时，可以在图像搜索页面中上传图片或选择检索字段输入关键词进行检索。系统根据检索条件列出所有符合条件的外观专利，同时展示前 20 000 条的检索结果。外观设计可检索全球 53 个外观数据库。图 7-35 为 PatSnap 图像检索界面。

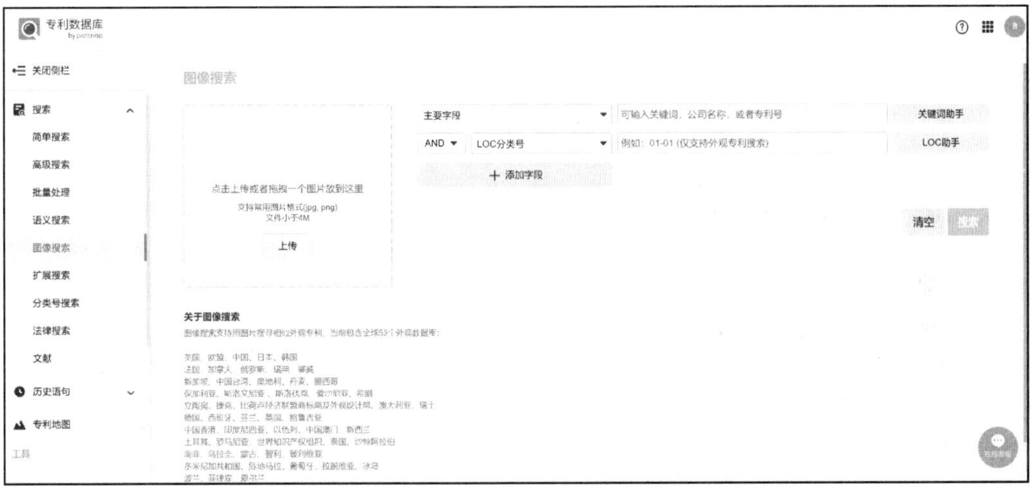

图 7-35　PatSnap 图像检索界面

6. 其他类型搜索

除了常用的搜索方式外，PatSnap 还提供了扩展搜索、分类号搜索、法律搜索以及文献搜索。若需要了解一个新领域，了解技术发展趋势或者已有技术情况，要进行文献信息检索时，可以根据需求进行选用。

7.5.3　PatSnap 专利检索结果

完成初步的专利检索后，进入检索结果页面，可以对初步的检索结果进行二次筛选、检索结果展示设置、检索式处理、专利导出、保存到工作空间、搜索同族专利、搜索引用专利、邮件及微信提醒设置以及各类分析等操作。公开(公告)号前的蓝点以及公开(公告)号下方的专利诉讼、专利许可、标准必要专利图标，会在检索结果界面的表格视图、图文视图和全文附图中体现。PatSnap 检索结果界面如图 7-36 所示。

PatSnap 最多可按 3 个字段的维度同时排序。可以按照相关度、申请日、公开日、授权日、优先权日、预估到期日、申请号、公开号、引用专利数量、被引用专利数量、简单同族成员数量、PatSnap 同族成员数量、INPADOC 同族成员数量、原始申请(专利权)人、当前申请(专利权)人、发明人数量、权利要求数、专利价值的维度进行显示顺序优先级的排序。表格视图、图文视图和全文附图中可设置检索结果的视图显示字段。检索结果最多可支持同时显示 16 个字段的内容。

PatSnap 支持在检索结果页和工作空间搜索专利集合的引用专利。引用专利类型包括引

图 7-36　PatSnap 检索结果界面

用与被引用。同时，系统支持对扩展后的专利集合进行分析、导出的操作。

PatSnap 支持对比任意两项不同的专利，对比结果提供了专利的整体相似度、权利要求和说明书的相似度百分比。当开启权利要求/说明书的文本对比功能时，可一键查看两篇专利的差异点，同时，系统自动提取了两篇专利的高频词，通过不同颜色、不同字号展示每篇专利的高频词。

7.5.4　PatSnap 专利分析功能

在检索结果页或者工作空间中可进行多元化的专利分析。点击检索结果展示区域左上方的“分析”图标，可以进行专利分析模块的选择。可以针对当前检索结果，通过高级分析快速得出申请人、发明人、技术领域、申请/公开趋势等图表内容。图 7-37 为 PatSnap 专利分析界面。

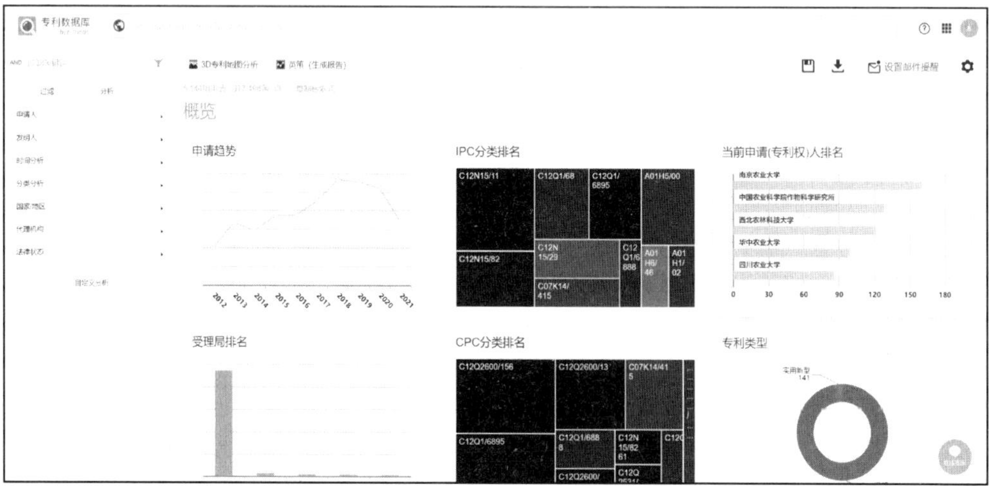

图 7-37　PatSnap 专利分析界面

PatSnap 具有 3D 专利地图分析功能，可根据专利集合进行特征聚类并投射到不同区域中，根据每个聚类的专利数量形成可视化的山峰山谷。PatSnap 3D 专利地图如图 7-38 所示。

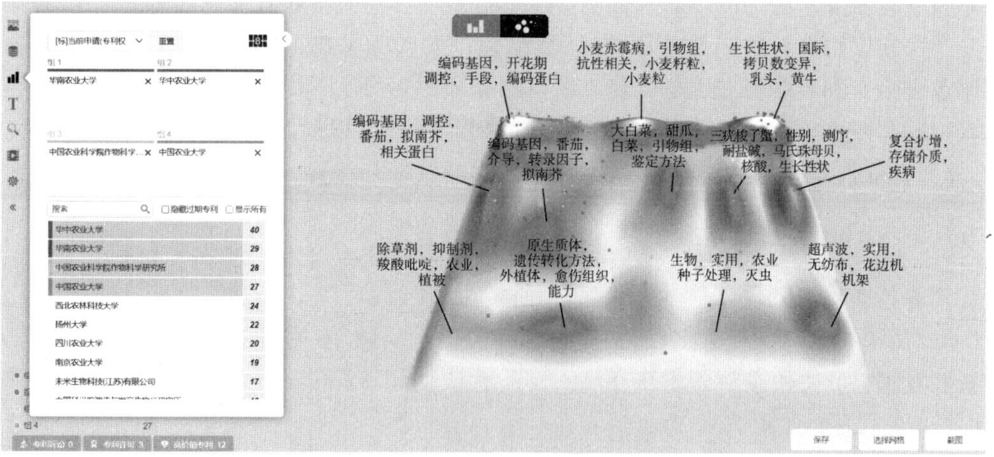

图 7-38　PatSnap 3D 专利地图分析界面

PatSnap 英策是智慧芽旗下的专利分析系统，可以结合当前检索结果或者某个空间文件夹的专利集合，直接利用该产品完成快速的专利技术分析、商业情报分析报告等操作。

PatSnap 的矩阵分析是基于某个空间文件夹的专利集合，根据用户选择的自定义标引字段进行分析，形成可视化的图形，帮助了解某一技术领域中专利密集区和专利空白区的分布情况。PatSnap 矩阵分析示例如图 7-39 所示。

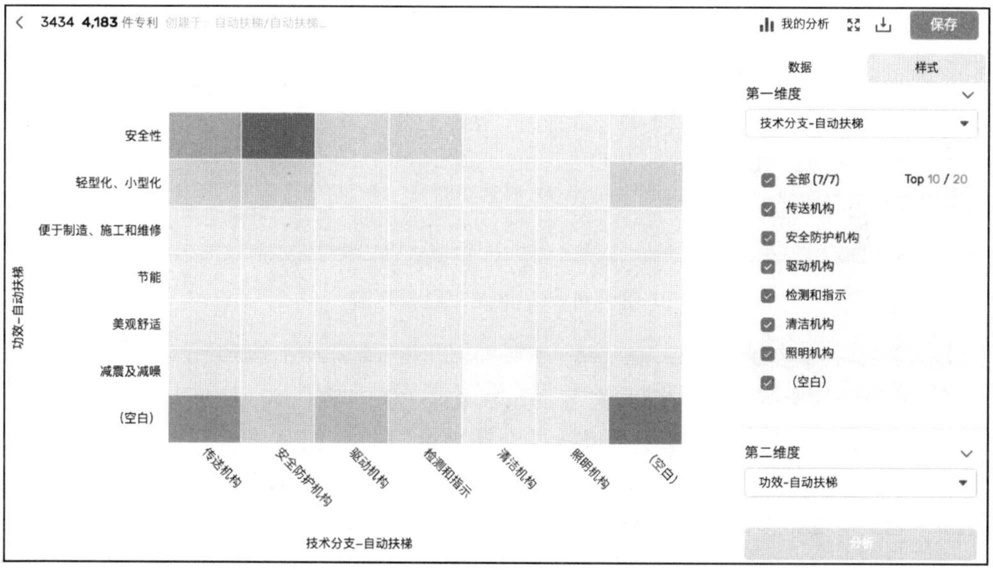

图 7-39　PatSnap 矩阵分析示例

7.6　Orbit Intelligence

7.6.1　Orbit 简介

Orbit Intelligence (简称 Orbit) 是法国科思特尔(Questel)公司产品。Orbit 平台收录三大数据库：Fampat、Fullpat 和 Fulltext。这三大数据库分别以专利族，专利申请及专利法律状态为单位整理数据。Fullpat 及 Fulltext 数据库的内容被完整收录于 Fampat 之中。Fampat 全球专利家族库包含全文和著录项信息，数据是以发明为基础的专利家族；Fullpat 全球专利国别库包含全文和著录项信息，检索结果以国家单独显示；Fulltext 数据是 24 国专利全文。目前，Orbit 中绝大多数的分析都是基于专利家族，用户可以通过这个指标来识别哪些公司、技术、发明人等拥有高价值的专利发明，以及技术的发展趋势等。

7.6.2 Orbit 专利检索

1. 简单检索

Orbit 简单检索默认检索字段为：标题、摘要、技术领域、发明目的，对比原有技术优缺点、独立权利要求，可使用逻辑运算符和截断符，默认使用 Fampat 专利家族数据库进行检索。Orbit 简单检索界面如图 7-40 所示。

图 7-40 Orbit 简单检索界面

2. 高级检索

Orbit 的高级检索界面可进行关键字、分类、化学式、专利权人/发明人/代理人、号码、法律状态等的检索。关键字检索除了可以选择专利名称、摘要、权利要求等常用字段检索以外，还可以选择 Orbit 特有的字段进行检索，包括发明目的、对比原有技术的优缺点、主权利要求以及概念。Orbit 支持多语种混合检索。Orbit 高级检索界面如图 7-41 所示。

高级检索中的分类检索包含的分类字段有：技术领域（Orbit 特殊字段）、IPC 类、CPC 分类、IPC 或 CPC 分类、欧洲两大分类 ECLA 或 IPC、美国分类（主）、美国分类（主 & 副）、日本 FI 分类、日本 F-Terms 分类。技术领域字段将 IPC 分类号划分为 5 大技术领域，35 个子领域。

Orbit 化学结构式检索支持通用名、商品名称、药物名称、缩略语、CAS 号、IUPAC 名称和一般系统名称以及 SMILES 名称的检索。Orbit 化学结构式检索界面如图 7-42 所示。

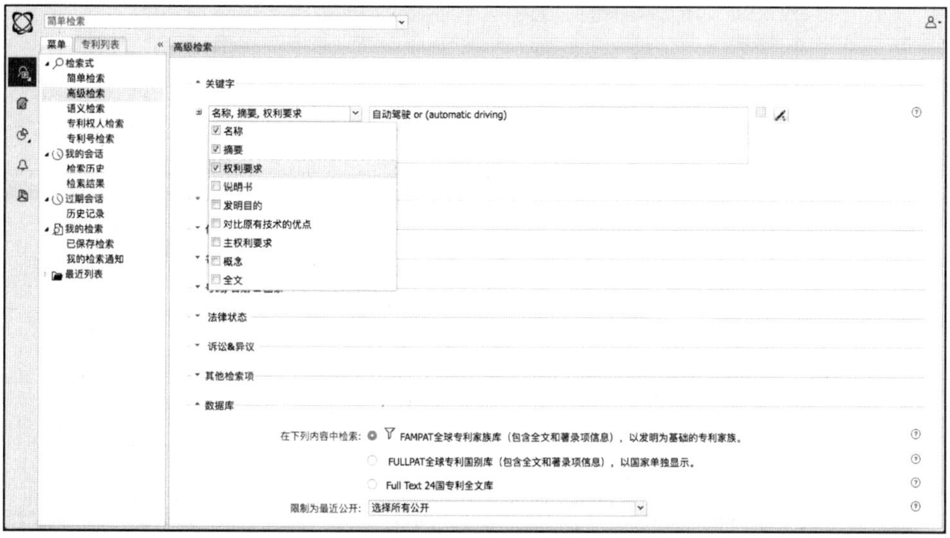

图 7-41　Orbit 高级检索界面

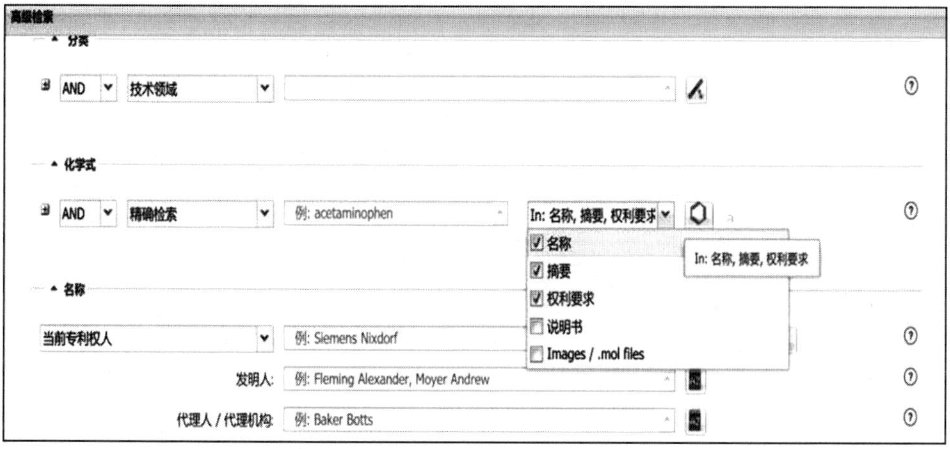

图 7-42　Orbit 化学结构式检索界面

高级检索中的专利权人/发明人/代理人检索，有“公司树”功能，选中母公司，子公司自动选中，还显示不包含检索关键词的子公司名称。Orbit 公司树功能如图 7-43 所示。

高级检索的号码检索可以选择不同的专利号类型，在文本框中直接输入专利号进行检索，系统会自动进行标准化。也可以从电脑导入 Excel 或者文本格式的文档，须采用一行一个专利号码的格式。可导入的号码类型包括公开号、标准公开号、专利家族号、申请号和 Questel 标准申请号(APID)，导入完成后会提供 Excel 表格的导入报告。

法律状态检索包括法律状态、法律事件和过期日。其中法律状态包括有效、失效、无限制；法律事件包括诉讼、异议、许可、专利权延长、专利转让、提交到国家阶段等。

3. 语义检索

Orbit 的语义检索功能是系统根据英文文本提取技术概念词进行检索，用户还可以通过点击“自定义检索助手”筛选想要检索的技术概念。对于非英文文本发给第三方进行翻译后再执行检索。Orbit 语义检索界面如图 7-44 所示。

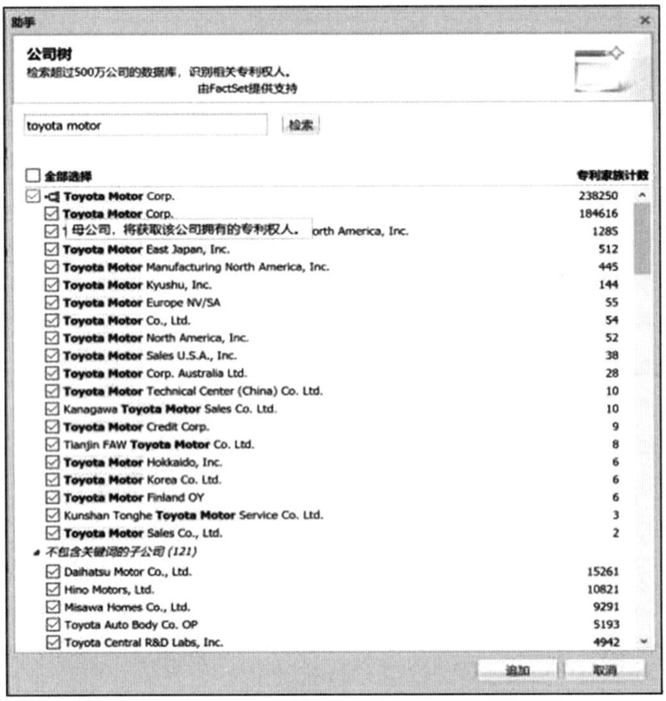

图 7-43　Orbit 公司树功能

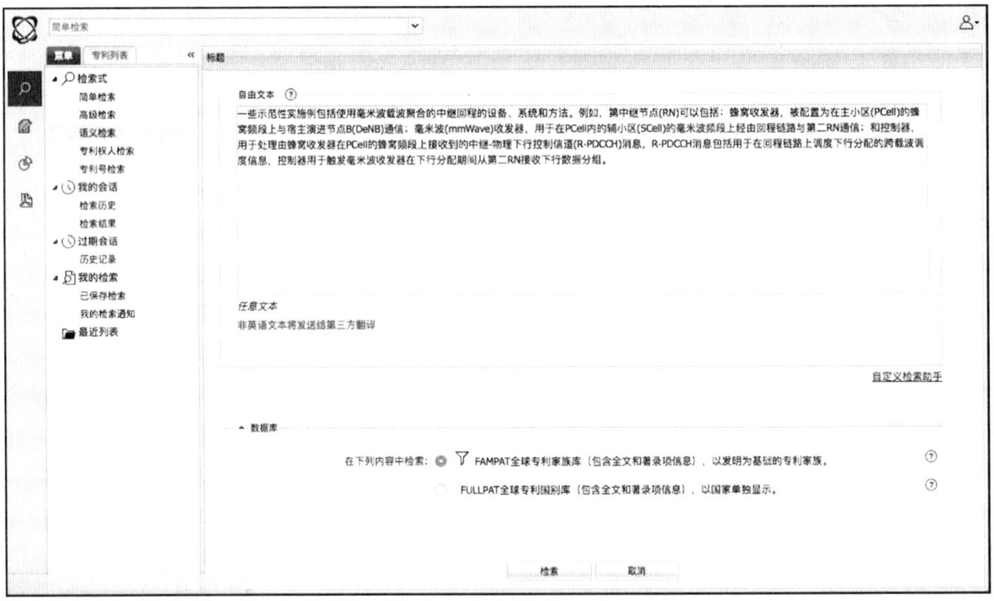

图 7-44　Orbit 语义检索界面

4. 专利号码检索

此专利号码检索不同于高级检索中的号码检索，该专利号码检索具有智能号码检索功能，可自动识别各国公开文本上的公开号格式，并自动匹配不同公开文本类型的公开号，还可以自动识别和补全缺失的号码位数，可有效避免漏检。专利号码检索还具有家族化归并功能。图 7-45 为 Orbit 专利号码检索界面。

图 7-45　Orbit 专利号码检索界面

7.6.3　Orbit 专利检索结果

Orbit 检索结果有多种显示方式，包括简单列表、详细列表、图像等方式。还可以选择想要查看的字段自定义显示。检索结果少于 20 万条时，可按照相关度排序。KWIC 标签页中，可显示关键词出现频率、包含关键词的段落。可对检索结果进行专利家族的归并、二次检索、导出 Excel、发送邮件（收到导出数据的下载链接）、批量下载 PDF 文档等。通过工作文件模块可以共享以下信息：新导入的专利数据、添加附件、专利评级（星级）。

在检索结果列表可以点击显示当前专利家族的引证信息，并进一步生成引用关系图（如图 7-46 所示）。从检索结果列表或全文文档中还可以生成专利家族图。

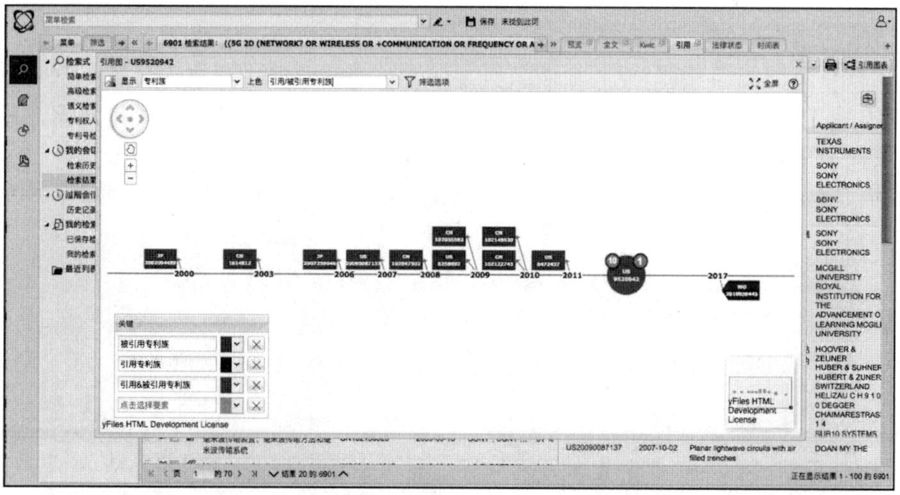

图 7-46　Orbit 引用关系图

7.6.4　Orbit 专利分析功能

在检索结果页面点击“分析”气泡图标，即可进入分析页面。Orbit 预设了多种专利分析模版，如图 7-47 所示。概括起来具有 6 组分析维度：年份、权利人、发明人、国家、技术、法律状态，用户也可以根据需求自己设定和添加分析维度。

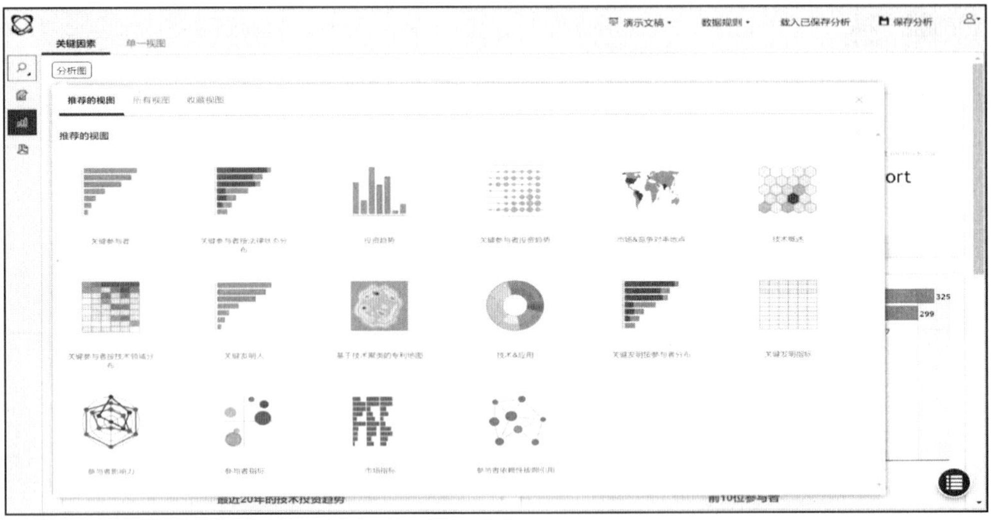

图 7-47 Orbit 专利分析界面

用户可设定数据归并规则，使用筛选栏可同时归并多个号码、权利人，然后将新的数据规则应用于分析图。

Orbit 可对专利进行被引次数、专利家族大小、权利要求长度、技术影响力、通用性、原创性、辐射度、专利价值等多个维度的评价。如技术影响力指标是基于专利家族的前项引用数量，并考虑专利年龄和技术领域而得出的数值。通用性的值介于 0 和 1 之间，该值对每个专利家族进行计算并取平均值，简单来说，引用的 IPC/CPC 子类越广泛，值越高。原创性的值介于 0 和 1 之间，该值对每个专利家族进行计算并取平均值，简单来说，被引用的 IPC/CPC 子类越广泛，值越高。

Orbit 具有专利地图功能，专利地图上每一个点代表一个专利（族），是基于提取的技术概念进行聚类后生成，默认显示 3 个相关概念，点之间的距离表示它们之间技术概念的相关程度，距离越近表示技术越接近，反之越远。Orbit 专利地图示例如图 7-48 所示。

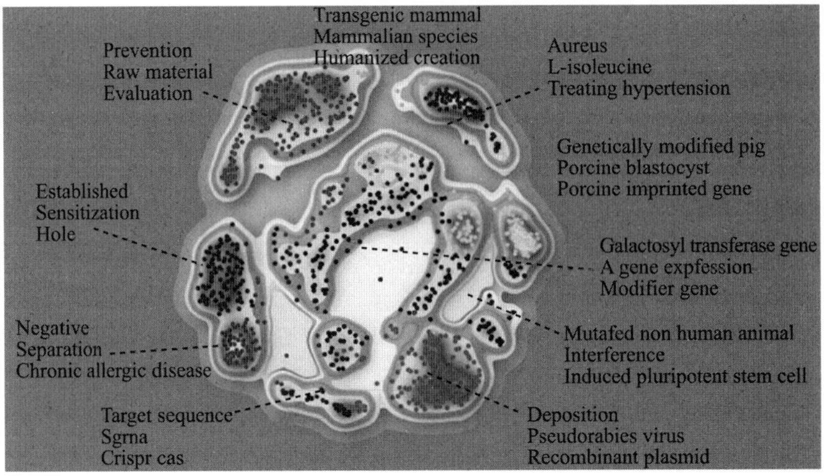

图 7-48 Orbit 专利地图示例

第8章 专利分析主要类型

目前专利分析并没有一个系统的分类体系，不同的角度有不同的划分方法。根据分析目的、分析内容、分析对象、分析规模、分析的深度和广度以及应用群体的不同，会有不同的划分方式。如根据创新主体划分，有企业实体专利分析、学术机构专利分析、个人专利分析；根据分析规模划分，有宏观专利分析、中观专利分析和微观专利分析；根据应用群体划分，有面向政府、面向行业和产业、面向机构的专利分析；按照应用场景可以分为管理类、技术类和市场前景类专利分析；按照法律角度的用途划分，有侵权分析、无效分析等。本书主要面向学科服务的专利分析人员，因此，主要介绍该群体较为常见的专利分析类型及其主要内容：一是按照分析目的划分的专利导航、专利预警、专利布局和专利评议；二是根据分析内容划分的学科领域专利分析、专题专利分析、机构专利分析、人员专利分析以及单件专利分析。

8.1 根据分析目的划分

8.1.1 专利导航

专利导航是在宏观决策、产业规划、企业经营和创新活动中，以专利数据为核心，深度融合各类数据资源，全景式分析区域发展定位、产业竞争格局、企业经营决策和技术创新方向，服务创新资源有效配置，提高决策精准度和科学性的新型专利信息应用模式。专利导航是在我国深化创新驱动发展中，基于产业发展和技术创新的需求，在充分运用专利信息资源方面总结出的一系列新理念、新方法和新模式。是推动构建专利数据与各类数据资源相融合的专利导航决策机制，有助于提升知识产权治理能力，加快技术、人才、数据等要素市场配置化，更好地服务于各级政府创新决策和市场主体创新活动，加快构建现代化产业体系，支撑高质量发展[194]。

1. 专利导航的历史

2012 年 9 月，国家知识产权局提出专利导航的理念并专题研究决定开展专利导航探索试点工作。这项决定对于充分发挥知识产权引领作用，推动创新驱动发展具有深远意义。2013 年 4 月，国家知识产权局印发《关于实施专利导航试点工程的通知》(国知发管字〔2013〕27 号)，首次正式提出专利导航是以专利信息资源利用和专利分析为基础，把专利运用嵌入产业技术创新、产品创新、组织创新和商业模式创新，引导和支撑产业科学发展的探索性工作。2016 年，在国家知识产权局组织研制、国家标准化管理委员会批准的国家标准《科研组织知识产权管理规范》(GB/T 33250—2016)和《高等学校知识产权管理规范》(GB/T 33251—2016)中，将专利导航定义为：在科技研发、产业规划和专利运营等活动中，通过利用专利信息等数据资源，分析产业发展格局和技术创新方向，明晰产业发展和技术研发路径，提高决策科学性的一种模式。自试点以来，专利导航理念不断深化，内涵外延不断丰富，关键技术不断突破，适用场景不断拓展，其功能由最初的导航产业创新发展拓展到重大项目分析评议、区域创新资源布局等，被广泛应用于区域规划、产业规划、企业经营、研发活动、标准运用和人才管理等应用场景之中，形成了多层次、开放式、立体化的方法体系，并紧贴创新发展的需求继续发展完善[195]。

近年来，国家知识产权局大力推进专利导航在地方、园区、产业和企业等不同层面的制度创新实践，以数据运用推动知识产权治理创新，全面推动产业创新发展。专利导航作为践行新发展理念的重大改革创新举措，从启动专利导航工程的试点探索，到列入国家知识产权战略和专利事业发展战略的年度推进计划，再到全面纳入国家和地方重大产业政策文件，逐步发展成为我国产业政策和创新发展不可或缺的重要内容。2018 年在深化党和国家机构改革中，专利导航被确定为重新组建后的国家知识产权局的重要工作职责。专利导航工作职责的法定化，标志着专利导航正式成为我国知识产权管理部门转变政府职能、提升治理能力的重要内容[195]。

2020 年 11 月 9 日，由国家知识产权局组织起草的《专利导航指南》(GB/T 39551—2020)系列推荐性国家标准批准发布，并于 2021 年 6 月 1 日起正式实施。该系列标准将专利导航试点工程、知识产权分析评议和知识产权区域布局等实践探索的专利信息利用方法，拓展为面向区域规划、产业规划、企业经营、研发活动、人才管理等不同应用场景的专利导航方法，以总则提出专利导航项目实施通用模板，以各专项指南提出面向不同应用场景的逻辑分析模型和特殊要求，以服务要求规定在有外部机构提供相关服务的情况下针对服务提供的全面要求，既有专利导航服务创新资源有效配置的产业、区域等战略层面的内容，又有服务企业技术创新、合规管理、风险防控和投资并购等操作层面的内容[196]。

2. 专利导航的特征

专利导航在专利信息分析方法的基础上，综合了专利预警等具体应用场景，以大数据分析为依托，将聚焦于权利保护的分析拓展到全面支撑创新发展决策的分析，并以路径导航的方式将专利信息运用从权利保护的技术层面提升到有效配置创新资源的制度层面，因而具有区别于一般决策支撑方法和传统专利信息分析方法的鲜明特征[195]。

专利导航与传统专利信息分析的显著区别是，其理念的开放包容性决定了具体操作方法的灵活性及多样性。专利导航根据具体的应用需求，可以构建面向不同运用场景的逻辑模型；根据不同的逻辑模型，可以有针对性地设定数据采集的数量、维度及精确度等边界参数；根据不同的数据范围，可以按需取舍关联分析的网格宽度，确保适当颗粒度的有效信息高效率析出。专利导航模型、数据和分析的针对性运用，使得专利导航具有面向产业需求和研发活动的自适应性，对信息力度和粒度的强弱与大小进行加工处理，确保面向各类决策支撑的信息精准性，从而更好地服务产业创新发展。

专利导航的制度基础是专利制度以信息公开换取权利保护的基本规则，其核心目标就是藉由信息价值的最大化实现创新资源配置效益的最大化。通过构建专利数据与作为“催化剂”的其他多维度数据的联接，不断拓展专利数据挖掘的深度和广度，提取多样化、多维度的高质量信息，促进供给产业创新发展决策信息的价值最大化，提升支撑决策的精准度，有效促进产业创新要素的高效流动，提升创新水平和效率，从而在专利信息价值最大化的基础上实现产业创新资源配置效益的最大化，助力产业自主可控发展。

专利数据是专利导航的基本信息元素，也是专利导航在信息来源上区别于其他决策方法的最核心特征。专利数据作为承载技术创新的重要载体，其所包含的创新信息的密度远高于普通数据。专利数据具有高度的信息集成性，不仅包含了技术、法律、市场等多维度综合信息，还能够在时间、空间上及时反映出信息的动态变化;专利数据具有便于信息互联互通的良好包容性,专利数据形式趋于标准化,全球各国的专利数据虽然语言文字不同,但以基本一致的格式发布;不同国家的专利数据之间,专利数据与产业、经济、科技等多元多态数据之间,都能以专利数据为中心进行顺畅的数据维度扩展。专利数据作为优质数据所表现出的显著特征,具有其他类型数据难以达到的高度契合性,可以很好地结合大数据技术进行数据相关性分析,高效率、高质量地挖掘创新决策支撑信息。

3.专利导航在学科服务中的应用

专利导航产生伊始,其发展初衷即聚焦于产业的创新发展,通过客观的专利数据和严谨的专利分析,为产业技术创新发展决策洞悉竞争全景、洞悉发展趋势、洞悉风险隐患、洞悉对手伙伴,提供理性、中立、客观、实证的分析研判支持。因此,就基本概念而言,专利导航是一种运用产业、技术、市场、专利等多维度大数据,对特定研究对象在相关领域所面临的产业、专利、技术竞争进行结构化分析,为其实现创新发展和核心竞争力的提升提供决策支撑和发展路径指引的研究范式[197]。基于此,专利导航的目的主要是为产业的创新发展与运营服务。而对于高校及科研院所来说,更注重技术的研发与创新,虽然其最终目的也是为产业发展服务,但相对于企业其更偏向于技术价值而非经济价值,高校开展专利导航的目的,是探索将专利信息分析与高校学科建设决策相融合、专利创造与高校科研创新能力高度匹配、专利布局对高校科技成果的竞争地位提供保障、专利价值实现对成果有效转化支撑的工作机制,从而推动高校的专利协同运用,培育形成高校特色的专利导航发展新模式[198]。因此高校专利导航与产业专利导航会有所区别,须根据实际情况来进行有针对性的设计,实现创新决策的有效支持和资源配置效益的最大化。高校的专利导航可以从以下几方面开展。

(1)挖掘技术热点和空白点　在专利导航信息分析过程中,可以通过划定技术分支,标引技术功效,构建技术功效图,并依据技术功效图中所反映的技术研发热点与空白点信息,有针对性地展开高价值专利的创造,如针对热点研发方向,各大企事业单位布局的专利较多,技术较为成熟,此处不适宜再投入大量的人力、物力进行基础研发,但可根据竞争对手或基于目标专利,进行技术方案替代,在外围以及上下游产业等相关方向进行技术研发,布局用于抵御竞争对手的高价值专利;对于技术空白点,则需要成立研发团队,进行技术研发的可行性分析,在具备技术研发的前提下,重点创造基础型、标准型或开拓型专利,并以此为出发点,构建专利群,形成专利壁垒,保护研发成果。

(2)借助专利导航创造高价值专利　通过专利导航分析,可以发掘现有技术中的基础或核心专利,并围绕基础或核心专利布置外围专利,以寻求技术突破[199]。目前高价值专利或和核心专利评价方法较多,从专利分析工具来说,Innography有专利强度、智慧芽有专利综合指数、incoPat有合享价值度、Orbit有通用性/原创性/辐射度等专利价值评估指标,通过这些工具,可方便地进行专利价值的评价。除此之外,专家学者也探索了多种核心专利挖掘的指标和方法,通过这些工具和方法可在一定程度上快速筛选核心专利,并根据这些核心专利涉及的技术方向或领域开展定向培育。在定向培育过程中,也需要不断更新技术领域的专利公开情况,实施掌握最新的技术发展动态,一旦出现重复研究,有必要考虑研发方向的调整。通过前瞻性的专利布局,形成保护合理的专利组合,是高价值专利培育过程中的最关键环节之一。

8.1.2 专利预警

1. 专利预警的定义

专利包含着丰富的技术价值、经济价值、战略价值、市场价值、法律价值，其所携带的信息具有内容来源真实可靠、涵盖范围广泛、实用性较强等特点，越来越受到人们的关注，已经日渐成为各国提升竞争力的核心资源之一。

专利威胁是指在知识经济时代，由于专利技术发展不均衡所导致的一种动态的、相对的组织外部威胁，这种威胁以专利保护为名义，以获取巨额利润或市场份额为目的，以专利壁垒、专利技术标准准入、专利诉讼等为表现形式[200]。从法律层面，专利拥有专利权，而专利权具有排他性，拥有专利权的发明人可以借助专利的转移转化，取得丰厚的收益，实现专利的最大价值，同时专利权人也可凭借着法律效益实现对自己拥有专利的保护，打击各种侵权行为，消除专利威胁，维护自身利益。

近年来，随着国际上的技术竞争日益加剧以及我国国民专利保护意识的普遍增强，专利预警成为人们最为关注的问题之一。针对企业专利威胁预警的研究日益丰富，研究内容主要包含对专利威胁预警的内涵探析、机制建设、预警模型及方法研究、指标体系构建、预警平台及系统设计等方面[201]。

随着经济全球化的发展，越来越多的中国企业进入了国际市场，参与国际竞争，但是我国整体创新技术保护仍然处于较低水平，对于核心技术保护力度不足，致使专利侵权事件不断发生，造成很大的损失。为了减少经济损失、降低侵权风险，知识产权界的学者提出了一种以预防为主的专利权益保护思想，专利预警应运而生。

专利预警从狭义上讲，是指企业、公司在输出制造的产品过程中，评估专利侵权风险并采取一定的防范措施，降低侵权诉讼可能性或把侵权损失降至最低的机制；广义的专利预警是一种专利情报分析过程，是企业、公司在生产、经营全过程中提前对专利风险进行警示和主动防范的机制。相对于狭义的专利预警而言，广义的专利预警不仅包括产品进出口和参展过程中降低法律风险，而且还渗透在上游的研发过程和企业的资本运作中[202]。综合专利预警的狭义和广义定义，可以得出，专利预警是指通过对与产品相关的专利、市场等信息进行收集、整理、分析判断，明确自身定位，随后对外部的各种专利威胁加以识别、分析和评价，了解其威胁程度和可能导致的危害，最后再向决策层发出警报以维护自身利益与安全[200]。专利预警作为专利情报分析的重要手段之一，对于识别潜在专利风险、及时采取应对措施、推动科学技术创新发展具有重要意义。随着国际知识产权保护制度逐渐完善，专利预警作为专利保护的一道重要防线，已成为社会各产业部门最为关注的热点。

2. 专利预警机制

专利预警作为一项系统工作，有特定的工作机制，其主要机制依赖于各要素之间的结构、功能及其相互关系和作用方式。专利预警机制的建立是为了实现专利预警目标的整个管理体制和运作程序。专利预警机制主要包括 3 个方面：信息情报收集机制、分析处理机制和警告机制。由于专利预警机制是一个复杂的动态系统，包含的内容丰富，故本节从框架和流程两个方面加以介绍。

第一，专利预警机制框架从不同的角度出发有不同的划分方式。从专利所属主体的角度进行划分，可以分为企业专利预警机制和行业专利预警机制；从区域的角度进行划分，可以分为国家专利预警机制、地区专利预警机制。企业专利预警机制的构建更侧重于预警工作具体操作层面的内容。行业或区域专利预警机制的构建则相对比较宏观，主要包含组织机构（预警主体的角度）、运行方式（流程角度）、制度保障和资源条件3个方面。

通过对比分析不同的专利预警机制的优缺点，发现从组织机构、运行方式、制度保障和资源条件3个方面构建行业专利预警机制框架比较合理。其中，组织机构包括预警机制主体、知识产权行政管理部门和其他合作单位；运行方式是从组织机构到专利信息平台，再到专利预警服务的运行过程；制度保障和资源条件则是专利预警机制建设所需的规范、制度以及技术、人力和法律资源等。

第二，机制的建设需要以主体为支撑，企业专利预警机制建设的主体即为企业自身，而行业专利预警机制的建设涉及多个主体。专利预警机制的流程是对专利预警机制运行过程的描述。一般专利预警的主要流程包括4个方面：信息的检索和采集，数据处理分析，专利预警信息发布，专利预警信息反馈。

信息的检索和采集是专利预警机制流程的第一步，也是专利预警机制的基础工作，工作人员需要根据用户需求构建检索式，采集相关信息，如专利申请和授权信息，涉及专利争议纠纷的信息，国家重大科技、投资和技术标准制定活动中的专利信息。第二步是以采集的专利信息为基础，构建专利指标评价体系，采用相关专利分析软件进行具体分析，结合专家意见，撰写专利预警分析报告。第三步是企事业单位根据专利预警分析报告，密切关注国内外相关专利技术发展状况，了解知识产权保护动态。第四步是专利预警信息反馈，相关工作人员需要针对提供的专利预警报告对委托人的帮助进行评估，并进行后续跟踪，可以针对预警分析意见进一步修正。

随着对专利预警的研究深入，相关研究人员对专利预警机制流程的划分进行了补充、完善，企业专利预警机制的流程与行业专利预警机制的流程大体相同。行业专利预警机制的流程在原有的基础上扩充为5个主要环节：收集专利预警信息、建立专利信息数据库、开展专利警情分析、进行专利警度评价和制定预警控制对策。

3.专利预警的意义

（1）知识产权强国的现实需求　中国知识产权制度经过多个发展阶段，从无到有再到较为全面，在知识产权的创造、管理、运营和维护等方面取得了巨大进步。《2021年全球创新指数报告》显示中国排名第12位，相比2020年上升2位，位居中等收入经济体之首，是世界上经济发展最快的国家之一，已成为名副其实的知识产权大国，具备了向知识产权强国迈进的坚实基础[203]。对于知识产权强国的"强"主要有三重含义：一是知识产权本身的质量要求，拥有具有竞争力的核心技术或产品；二是以知识产权为动力推动国家强大，通过对知识产权进行底层控制，获得高收益，甚至制约竞争对手；三是借鉴国外经验，使知识产权成为我国对外发展的硬核实力，构建自身知识产权文化并融入国际规则中，增强国家软实力[204]。知识产权制度是加快建设科技强国的重要保障，知识产权界定是加快科技强国创新发展的激励机制，知识产权交易是加快科技强国资源高效配置的杠杆机制，知识产权限定是加快科技强国利益均衡的价值机制[205]。

研究发现，建立以知识产权为导向、多种政策协调的制度体系，是许多发达国家提升自主创新能力、增强国家竞争优势的普遍做法[8]。从2008年国务院颁布的《国家知识产权战略纲要》到2021年中共中央和国务院联合颁布的《知识产权强国建设纲要（2021—2035年）》，足以看出国家对于知识产权保护的重视，如何从知识产权的"大"转变为"强"，已成为未来15年的奋斗目标。《知识产权强国建设纲要（2021—2035年）》中针对如何有效运行知识产权制度做出了战略规划：①建设面向社会主义现代化的知识产权制度；②建设支撑国际一流营商环境的知识产权保护体系；③建设激励创新发展的知识产权市场运行机制；④建设便民利民的知识产权公共服务体系；⑤建设促进知识产权高质量发展的人文社会环境；⑥深度参与全球知识产权治理；⑦组织保障。当前，中国已经进入贯彻新发展理念、构建新发展格局阶段，这需要国内充分利用知识产权制度的功能和特点促进创新型国家建设与经济社会发展[206]。

尽管中国在知识产权总量上已经跃居世界首位，但是从知识产权大国向知识产权强国转变仍然面临众多挑战：一是各国竞争与摩擦加剧，国际环境中挑战不断。随着逆国际全球化以及单边主义、霸权主义的复苏，知识产权作为当今国际博弈中的重要砝码，被频繁应用于政治、经济等领域。一方面个别知识产权强国作为规则主要制定者，为了自身利益，不断挑战和破坏既有规则；另一方面知识产权强国将知识产权作为本国技术利益收入的来源，既形成高尖端科技垄断，又通过输出“边缘技术”获取高额利润[207]。竞争复杂的国际局势使得各国面临巨大的压力和挑战，对于发展中国家更是一个新的挑战。二是创新成果转化为经济、社会效益率较低。中国的知识产权总量位居世界第一，但是这些知识产权在质量水平、实际应用能力上却与西方发达国家相差甚远，许多知识产权技术含量较低，难以转移转化成经济效益。重视知识产权而轻视具体应用，重视科技研发而轻视产权转化，大量的专利未能通过转让、许可方式变为现实生产力。

专利作为知识产权中最核心、最主要的组成部分，成为科技和经济等领域竞争的热点[208]。有学者以高校专利为例，分析知识产权转移转化过程中存在的问题，如当前国内专利总量较大，但是专利转化率较低，只有少部分专利通过转化运营实现经济效益，究其原因主要有两点：一是重数量而轻质量，专利规模大但质量较低，前置市场审查欠缺使得低质量专利数量多；二是重申请而轻管理，专利成果流失现象严重，专利管理和服务有待加强[209]；三是原始创新和核心技术不足，知识产权结构布局不合理，中国以往的创新主要来源于引进消化吸收后的再创新、模仿创新和集成创新，基础研究投入不够，原始创新能力和基础研究相对薄弱，限制了国内产业创新能力的提升[210]。

在知识产权大国向知识产权强国转变的过程中，专利预警起着至关重要的作用。从微观上来讲，专利预警通过对技术发展趋势、专利申请人状况、专利地域保护等专利战略要素进行定性和定量分析，使得决策者对所在行业领域内的发展趋势、竞争态势有一个综合了解，能够更加全面、有效地利用专利信息进行风险防控；从宏观上讲，专利预警可以辅助政府科学决策、促进行业资源整合、助力企业技术创新、提升创新驱动发展效率，增强国家、产业和企业抵御和化解风险的能力，打破国外企业的技术封锁，突破“卡脖子”技术，形成有效的专利战略布局。

(2)企业和高校创新的重要保障　在未来的市场竞争中，科技对于企业自身发展越来越重要，是决定企业是否具有市场核心竞争力的关键。施行专利预警，不仅能保护核心专利，保护企业的创新成果，保护企业投放在市场上的最新产品，还可迅速占有市场，发挥竞争优势，为企业带来高额利润。随着我国专利技术与国际接轨步伐的加快，如果没有准确的专利预警作为战略支撑，必然会面临大量的侵权威胁，阻碍中国企业的国际化。

高校不仅拥有高水平的科研团队，而且在国家政策引导下，大量的基金项目进入高校，成为专利研发的强大推动力。但高校研发人员知识产权保护意识相对薄弱，专利预警也未受到重视，致使高校专利成果流失严重。因此，对于企业和高校两大创新主体，实行专利预警是科技创新的重要保障。

4. 专利预警的发展现状

近年来，专利分析工作者对于专利情报分析方法、工具和新技术的应用进行了较为系统的研究，这对相关人员开展专利情报工作以及提高工作效率、提高工作质量意义重大而深远[211]。目前专利预警过程中数据批量加工、分析等项目实施步骤，以及与企业对接需求、流程管理等项目管理均需要大量人工参与完成，导致存在专利预警人工成本高、工作效率低的问题，严重限制了专利预警工作的广泛开展。随着大数据时代的到来，各行各业都开始重视数据挖掘，专利情报研究也将在大数据的海洋中进行更新，未来大数据平台技术与专利分析的深度融合将是专利情报研究的发展趋势[212]。

8.1.3 专利布局

1. 专利布局的定义

专利布局一般是指综合产业、市场和法律等因素，对专利进行有机结合，涵盖了与申请人利害相关的时间、地域、技术和产品等维度，构建严密高效的专利保护网，最终形成对申请人有利格局的专利组合。通过专利布局评估，掌握专利竞争格局及态势变化，详细了解竞争对手的专利布局特点，并有针对性地采取相应措施，确定专利布局地区的优先级、专利布局的技术重点和策略，做到专利布局区域的精准部署，实现专利组合在空间分布上的价值优化。

2. 专利布局的意义

合理的专利布局可以提高企业、高校或其他研发机构专利的整体价值，提升市场竞争力，最大限度地发挥专利武器在竞争中的作用。具体而言，合理的专利布局至少有以下 4 个作用：①有利于正确引导研发方向，促进理性研发，提高研发成效；②有利于理性进行专利申请，节省申请成本；③有利于构建合理的专利保护网，避免零散和杂乱无章的专利申请情形的出现；④有利于在保护自身的同时，削弱竞争对手的优势，抑制对手的发展或者转移对手的视线[213]。

3. 专利布局策划过程[213]

(1)专利布局策划一般包括以下过程

①设定研发主题。专利布局一般来说是对某一技术主题的专利申请进行系统筹划，以形成有效排列组合的精细布局行为，因此，企事业单位在进行专利布局前首先要设定研发主题，明确将要进行的研发属于哪一技术领域的哪一技术主题。

②检索专利文献。在设定研发主题后，企业必须就该技术领域之专利在先技术进行检索，以了解相关技术及竞争者目前的发展情形、专利布局的相关概况等内容。

③进行专利分析。在检索到相关专利文献后，需要对相关信息作深入的专利分析，以了解该领域的技术发展状况、该领域技术研发参与者的状况、对比企业自身的研发实力等，从而明确企业的研发方向和主题。

④制作布局方案。围绕某一技术主题，找出其关键技术部位和关键弹着区，依据拟申请机构的研发能力、经营策略和经营状况等因素确定适宜采用的专利布局模式，制作针对该技术主题的专利布局方案。

(2)布局策划中的专利分析

一般来说，在专利布局策划中所进行的专利分析主要包括以下几种 。

①技术功效分析。技术功效分析是指对专利技术手段与该技术手段实现目的或效果(功效)的分析。通过技术功效分析可以了解技术和功效之间的关系，较好地解析专利中较为隐晦的信息内容和潜在的技术特征，了解技术密集区、地雷区、尚未被开发区域以及有利可图的领

域等内容，为企事业单位确定研发和专利布局方向提供条件和依据。

在进行技术功效分析时可以先对技术主题进行技术分解和功效点的筛选，之后对检索到的专利文献进行分析，制作技术功效矩阵，如表 8-1 所示。通过技术功效矩阵分布图可以选择和确定具体的研发方向和研发路线。

表 8-1　技术功效矩阵分布示例

技术/功效	提高充放电寿命	提高稳定性	提高储存性能	环保	高能量密度
电极	1	2	4	0	1
集电器	2	4	1	5	0
电解质	0	3	0	1	0
绝缘膜	2	2	0	0	5
密封材料	1	2	7	5	2

②技术独立性分析。技术独立性分析是指对本技术研发内容与其他竞争者的技术差异性的分析。技术独立性数值较高，表示该技术独特性较高。技术独立性分析可以用来区分某特定技术主题的研发路线与其他竞争者研发技术内容的相似程度。技术独立性的高低，常常通过专利引证指标来进行判断，具体分析时可以通过引证率来表示，引证率以研发机构引用自身专利的次数除以总引证次数的比值来表示。技术独立性越高，表示企业技术研发内容与其他竞争者之间的技术差异性越大。

③技术生命周期分析。技术生命周期是指在专利技术发展的不同阶段，专利申请量与专利申请人数量的一般性和周期性的规律，一般分为技术起步期、技术发展期、技术成熟期和技术下降期等阶段。通过技术生命周期分析可以观察某技术之未来发展的趋势与潜力，为企业和研发机构确定专利布局的方案和策略提供依据。在技术起步期，厂商投入意愿低，专利申请量与专利权人数量均较少，此时可以采取路障式专利布局，将布局的重点放在部署基础专利或核心专利上，使得竞争者较难进行回避设计。在技术发展期，产业技术有了较大突破，厂商对于市场价值有了认知，竞相投入发展，专利申请量和专利申请人数量急剧上升，此时可以采用城墙式或地毯式专利布局，通过合理的布局形成对竞争者研发的阻碍，防止竞争者进入特定技术行业。在技术成熟期，厂商投资于研发的资源不再扩张，只剩下少数企业继续发展此类技术，其他厂商再进入此市场的意愿较低，专利申请量与专利权人数量增长均趋于减缓，此时可以采用围栏式或糖衣式专利布局，尤其可采用围栏式专利布局，对竞争者已有的专利进行包围，因为此时单一的基础专利或核心专利已经发展成熟，所以必须采用多个小专利包围竞争者的核心专利或重要专利，通过这些小专利的布局和应用，阻碍竞争者核心专利或重要专利的商业使用。在技术下降期，产业技术发展遭遇瓶颈难以突破，或此类产业已经过于成熟，专利申请量与专利权人数量呈现逐步下降趋势，此时的专利布局既可以考虑采用围栏式专利布局，还可以考虑寻找其他替代技术以适应技术的飞速发展。

专利布局是一项非常重要的工作，需要通过深入的专利分析找出关键技术部位和弹着区，并根据不同的阶段采取不同的布局措施。专利布局分析对于专利申请策略的制定具有指导意义。

我国的发明人和申请人的专利布局意识较差，高校在专利布局方面更为欠缺，尤其海外专利布局的意识和能力严重不足，导致我国在国际市场竞争中往往处于劣势。因此在专利申请前评估环节对发明人的技术研发给出合理的专利布局建议，会起到很好的战略引领作用。

8.1.4 专利分析评议

1. 相关概念

国家知识产权局发布的《知识产权分析评议工作指南》中指出：知识产权分析评议是指综合运用情报学分析方法评议经济科技活动中的知识产权，一般涉及对相关技术的专利等进行竞争态势综合分析，对活动中的知识产权问题或是技术创新问题进行核查、评价与论证，根据发现的问题提出对策和建议，为政府和企事业单位开展经济科技活动提供参考咨询[214]。

2. 专利分析评议的起源与发展

2011年12月30日，国务院印发《工业转型升级规划(2011—2015年)》，首次提出建立知识产权评议机制，随后国家知识产权局《重大经济科技活动知识产权评议试点工作管理暂行办法》出台，并迅速启动。2017年，国家知识产权局印发了关于《知识产权分析评议工作指南》的通知，通知中对知识产权分析评议的概念、原则和类别等方面进行了明确的指导。知识产权分析评议的基本原则为目标性、科学性、综合性和建设性。具体来说，目标性是指知识产权分析评议实施机构应从委托方经济科技活动的知识产权切实需求和实际问题出发；科学性是指应根据委托方需求确定分析评议的任务，科学全面地开展法律、技术、市场方面的信息检索与情报分析；综合性是指应立足经济科技活动的实施要求，在系统分析知识产权相关情报的基础上，结合产业环境、市场环境和法制政策环境等信息，进行综合研究与判断；建设性是指应针对经济科技活动中的知识产权竞争态势特点、问题和风险，提出具可操作性的策略建议。知识产权分析评议的类型主要包括法律类分析模块、技术类分析模块和市场类分析模块。实施方应根据经济科技活动的适用活动特点和具体要求，选择组配具体分析模块开展分析评议工作[214]。

知识产权分析评议由最初提出到现在，经过不断规范和发展完善，已经成为为企事业单位开展经济科技活动保驾护航的重要决策依据。《国家知识产权战略纲要》中提出的建立健全重大经济活动知识产权审议制度，促进了知识产权分析评议制度在各地逐步得到认同，并取得了一些实效，越来越多的国家职能部门和知识产权服务机构重视和开展了知识产权分析评议服务[215]。知识产权分析评议不论对企事业单位还是对国家来说，都是情报竞争和风险防控的重要程序[216]。

专利是知识产权的一种，因此知识产权的分析评议包括专利的分析评议工作内容，且《知识产权分析评议工作指南》明确指出，知识产权分析评议的技术类分析模块包括：专利技术趋势分析、专利技术竞争热度分析、创新空间分析、创新启示分析、技术可替代性分析、技术核心度调查、技术创新度评价、技术成熟度调查等[214]。专利分析评议也是为各企事业单位的经济科技活动提供决策依据的重要工作内容。所谓专利评议一般指利用不同纬度指标和多种措施对项目专利技术领域、团队人才、竞争态势的综合分析评价。在一定程度上，专利评议决定了企业与市场对接的紧密程度及技术转移的成败，对企业长远发展产生重要影响[217]，为政府和科研机构的人才引进、科技活动、技术交流等开展专利风险评估，提高应对国际知识产权纠纷的能力。

3. 专利分析评议的意义

一件专利只有通过了全面准确的分析和评议，才能真正体现该项专利的价值，找到真正的定位，进而将其运用到合适的领域，充分发挥其内在价值[218]。专利分析评议的意义可归纳为3个方面：对国家来说，专利分析评议有利于提高国家决策水平、优化创新资源配置、避免重大经济导向决策失误、低水平重复研发，节省有限的资源，促进对外经济贸易发展；对企业来说，在企业并购、技术交易等重大经济活动中，能够避免自主知识产权流失和低估，同时了解企业内部的专利价值情况、专利发展的现状和其经济效益，还可以通过分析竞争对手的专利发展，掌握核心技术动态，及时调整自身研发方向，从而获得开拓市场的机会；对立项来说，可以较为全面地了解所述项目中所涉及的专利状况，熟悉项目中重要技术的发展现状和趋势，有利于为研发决策提供更科学、更全面的支持[218]。

4. 专利分析评议主要内容

专利分析评议的具体内容根据评议的目的而有所不同。政府部门的专利分析评议目的多是为了调整产业方向、产业布局等，因此应从专利内容、前沿、趋势等方面开展专利评议。企业专利分析评议的目的多与专利转化运营、潜力市场布局等有关，因此可从企业内部的专利价值、专利发展的现状及其经济效益等方面开展评议。对于高校等研发机构来说，研发计划的制定和项目申报是专利评议主要目的之一。

专利分析评议作为立项环节中十分重要的一环，可以为项目立项提供研发方向、竞争对手状态、方案规划等辅助决策信息，也可以为专业性科研项目提供技术细节、技术方案设计等技术辅助信息，从而辅助确定项目的必要性和可行性，同时，可以通过专利检索与分析来识别和规避专利侵权风险，实现项目在立项阶段的专利风险预警。因此，发达国家的创新主体在科技项目立项时都十分重视其中的知识产权评议与分析。一般而言，在项目立项阶段的专利分析评议的内容主要涉及以下几个方面[219]。

(1)拟立项技术概况　首先要通过检索专利文献，了解拟立项项目相关技术的发展趋势、可能应用的领域以及相关技术研究的现状。通过对专利文献中的相关信息进行挖掘、加工、整理及分析，可以确定该领域的发展重点或发展趋势。

(2)竞争对手的技术研发情况　通过对专利文献中的申请人、发明人及其所申请专利的相关领域等相关信息的分析，不仅可以得知相关领域的主要竞争对手、其所拥有的核心技术及其在各阶段核心技术的发展变化，而且可以掌握相关专利的发明人，以便于制定本单位的人力资源战略、专利战略。

(3)侵权风险评估　通过将拟立项项目技术方案与专利文献进行对比，分析是否存在专利侵权风险，考虑是否能够规避有风险的专利，或者考虑通过其他途径获取该技术，努力避免研究成果造成侵权，浪费研发投入。

8.2 根据分析内容划分

8.2.1 学科领域专利分析

学科建设是高校发展的核心，学科的特色和水平反应高校的科研特色和水平，是高校科研实力的象征，建设高水平大学首先要有一流的学科。学科领域的专利分析可以全面了解该学科领域的技术研发总体情况、态势及学科领域的布局情况，为高校管理人员了解该领域的总体状况，合理进行资源配置以及制定学科发展计划提供参考。通过学科领域的专利分析，还可以追踪学科发展趋势，挖掘技术研发热点及空白点，为研发人员的研发方向提供指引和参考。

1. 专利趋势分析

学科领域的申请趋势可以根据不同年份或不同时间段内的专利产出情况，分析该领域的专利技术随年代发展情况。可以从全球视角进行分析，也可以从不同国家、不同专利权人角度比较该领域的专利产出趋势。除此之外还可以从优先权国家和申请国家角度进行趋势比较。通过对不同对象的专利申请趋势分析，可以得到以下信息[154]。

(1)全球专利申请趋势　全球专利申请趋势在一定程度上反应出该学科领域技术发展历程、技术生命周期的具体阶段，以及预测未来一段时间的发展趋势。

(2)不同国家/地区优先权专利趋势　优先权国一般可以认为是技术产出国或技术来源国，在一定程度上可以反映出某一国家或地区在该领域的创新能力和活跃程度。

(3)不同国家/地区专利申请趋势　不同国家/地区专利申请趋势在一定程度上反映出该领域在不同国家或地区被关注度，一般而言只有在技术研发较为密集或者市场开发潜力更大的国家或地区，申请人才会更加重视该领域的专利布局。

通过专利优先权国和申请国的趋势比较，可以了解哪些专利产出国在该领域比较重视，以及一般向哪些国家进行专利布局，这也从侧面说明被布局的国家或地区有较好的市场开发前景。

(4)不同技术分支的全球专利申请趋势　不同技术分支的全球专利申请趋势在一定程度上反映出目前或未来该技术研发的热点方向。领域内专家可根据不同技术分支的发展趋势决定是否进入、退出或调整未来研发方向。

(5)不同申请人的专利申请趋势　领域内不同申请人的专利申请趋势在一定程度上反映出申请人对技术的关注程度，预测未来的技术及市场竞争格局，帮助企业、高校或其他科研院所发现潜在的竞争对手或合作伙伴。

2. 技术热点分析

(1)通过IPC分类进行分析　国际专利分类(International Patent Classification, IPC)是世界各国专利机构普遍采用的专利分类方法，是专利检索和分析必不可少的工具。1951年，法国、德国、英国和荷兰等国的专利专家组成分类法工作组，共同编制国际通用的专利分类法。1968年分别用英文和法文同时出版。1971年《斯特拉斯堡协定》建立的国际专利分类(IPC)，提供了一种由独立于语言的符号构成的等级体系，用于按所属不同技术领域对一切专利文件进行分类标注。除了在检索过程中需要IPC分类来对专利检索范围进行限定、减少噪声数据之外，采用IPC来进行技术热点领域的分析，也是一种较为便捷的方法。例如高楠等[220]以专利IPC号为基础，结合Pearson相关系数，对专利差异性矩阵进行专利技术聚类；时春丽等通过IPC分类分析了世界热核聚变反应堆专利热点技术[221]；江屏等[222]将专利的IPC聚类分析与技术成熟度结合，确定待规避的专利群及专利规避目标。由于IPC是已经明确的分类，根据IPC建立向量空间维度，然后计算相似度代价较小，但只利用IPC对专利进行技术热点等分析，粒度较粗。采用IPC分类分析技术热点示例如图8-1所示。

(2)通过主题聚类进行分析　适用于技术主题的分析方法有多种，主要包括术语词频统计、共词分析、文本聚类分析等。术语词频统计是最早、最简单的分析方法，利用术语抽取技术，从专利文本(如专利标题、摘要、权利等)中获得技术术语来反映技术主题，依据高频词分布情况确定技术研究热点。共词分析同时考虑了词语之间的联系，根据词语关联度的高低进行分析。共词分析可划分为共词网络分析、共词聚类分析和战略图分析3种。可通过对专利关键词共现的研究，实现对关键技术主题的识别。文本聚类分析则将每个文档中各个词语出现

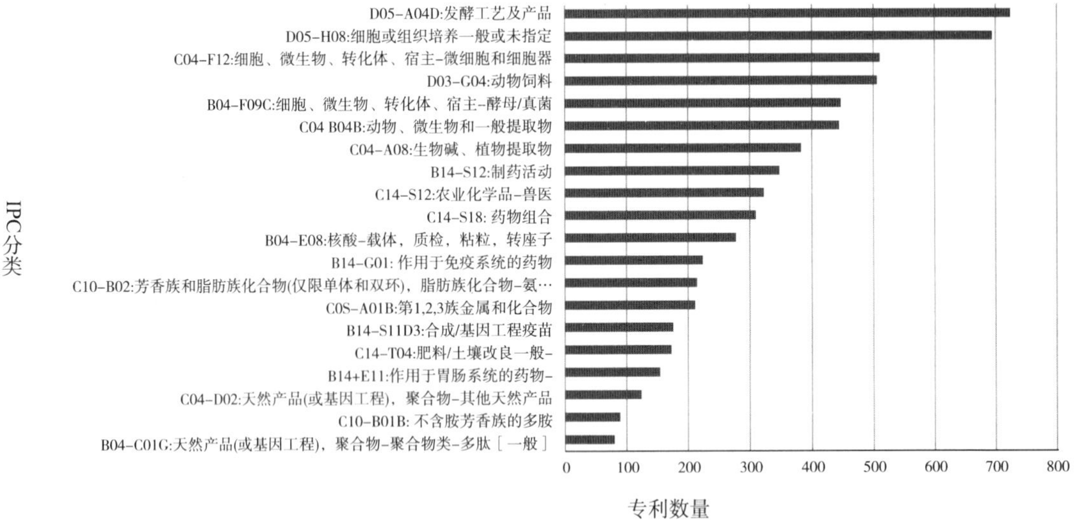

图 8-1　基于 IPC 分类的技术热点分析

的频率转换为该文档的特征向量，利用特征向量间的距离来量化不同文档间的相似程度，按照相似程度的高低将文档分为不同技术主题的团簇进行分析。用专利文本聚类方法对技术主题进行研究，首先是对专利文本进行聚类，形成不同技术主题的团簇；其次各团簇生成主题词来代表该团簇的技术主题。常用的主题词生成方法是选取团簇中的高频技术术语代表该团簇技术主题。

(3)借助专利地图进行热点分析　专利地图是专利数据的视觉化呈现[223]。专利地图可以揭示科学技术研发热点、发展趋势及未来的技术走向。专利地图在发达国家和地区很早就受到重视与利用。其中日本的研究程度最深，应用范围最广。日本于 20 世纪 60 年代就开始了专利地图的研究，1968 年，日本专利办公室出版了日本第一份专利地图，该专利地图能显示出技术功能性和应用方面的扩展方式，并能通过专利随时间的变化关系找出它们之间的联系。随后，专利地图的应用逐渐扩展到工业。为了企业的科技发展战略、开发新的商机和进一步促进对专利信息的使用，日本政府收集和分析了许多技术领域的专利信息来制作专利地图，并将这些地图免费放在网上。

专利地图的定义较多，根据世界知识产权组织相关资料中对专利地图的解释，专利地图也叫技术路线图，是对专利分析全部结果的可视化表达，通过对目标技术领域相关专利信息进行收集、处理和分析，使复杂多样的专利情报得到方便有效的理解，是用以解释多样化的专利情报分析结果的图表，此乃广义的专利地图概念。概括来说，即是一种专利情报研究方法和表现形式。可分为定量分析地图（统计分析地图）和定性分析地图两类，前者包括数量图、趋势图、关联图、雷达图、比例图、排行图等，后者包括清单图、矩阵图、TEMSET 图、技术发展图、问题与解决方案地图等[224]。狭义的专利地图是指基于专利文献数据信息，采用专利分析工具直接作出的类似地图形式的专利分析结果表现形式。专利地图是许多专利分析工具都具有的功能，其特点是操作简单、直观生动、清晰明了、便于比较、简单易懂。

专利地图的原理，在一定程度上与文本聚类有些相似，也从内容角度进行分析，但又有所不同。如 DI 的专利地图是对检索到的文本进行语意分析，从而对专利记录自动分类。从工具上来说，专利分析工具有特有的专利地图表现形式，而聚类分析可以采用多种可视化软件选择不同的角度（引证、共词、词频）进行聚类。

（4）借助技术功效矩阵进行分析　功效矩阵分析是一种专利定性分析，指通过对专利文献反映的主题技术内容和技术方案的主要技术功能之间的特征研究，揭示它们之间的相互关系[225]。专利技术功效图一般表现为二维图，达成功效作为横（纵）轴，技术手段作为纵（横）轴，表或图中一般是专利数量。技术功效矩阵是指由技术手段和功能效果指标形成的二维矩阵图，通过该分析可知当前该学科领域的技术聚集点（热点技术）和技术空白点，这对规避专利壁垒、进行自主专利布局、了解竞争对手的技术实力及其未来发展方向，推测未来技术发展趋势有着巨大的指导意义。技术功效矩阵示例如图 8-2 所示。

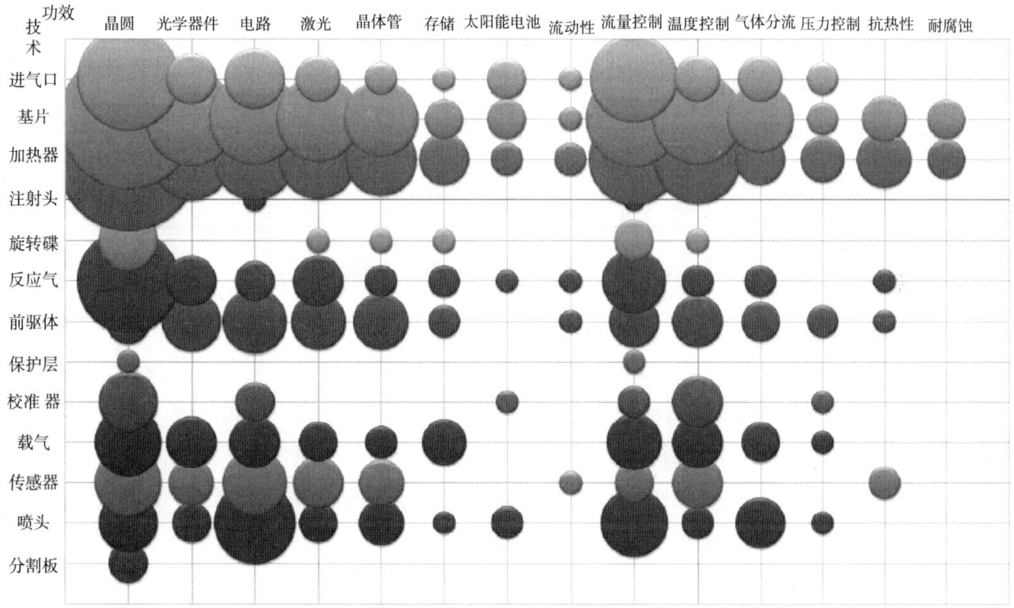

图 8-2　技术功效矩阵示例

专利技术功效矩阵分析的前提是专利技术功效矩阵的构建。其含义包括两个方面：一是矩阵结构的构建，即矩阵的技术分类和功效分类的定义；二是矩阵单元项的填充，即将专利号（或专利数量、公司名称等）添加到对应的矩阵单元格中。其中，前者是关键和基础，其完整性和准确性对专利技术功效矩阵分析结果的有效性和准确性具有决定性意义。矩阵结构的构建主要以手工为主，涉及两项重要的工作，即技术点和功效点的筛选。针对专利技术功效矩阵结构中技术点、功效点相关词汇界定模糊、词汇来源较为广泛等问题，陈颖等[226]定义了一个三维矩阵构建词汇模型。随后又提出一种基于特征度指标和矩阵构建词汇模型的矩阵结构生成方法。特征度指标用于提高构建矩阵结构的候选技术词、功效词的相关度，矩阵构建词汇模型用于技术词、功效词的聚类优化和矩阵结构生成。此方法可以为自动构建专利技术功效矩阵提供技术支持和新思路[227]。

借助 IPC 或 CPC 等分类体系也可以构建类似技术功效的矩阵，进行技术热点和空白点挖掘，该方法相较于技术功效矩阵方法，粒度较粗，较适用于宏观决策的支持。技术功效矩阵分析方法，较适用于比较具体的技术热点和空白点的分析，因此可根据分析目的和需求采用不同的分析方法。基于 IPC 分类的技术功效图示例如图 8-3 所示。

	过热保护	即时加热	降低能耗	提高舒适性	消除水垢
分层加热导电	A47K003/22, E03D009/08	A47K003/22, E03D009/08, F24H001/20, H05B003/06, H05B003/16, H05B003/48	E03D009/08	技术空白点	
加热器迷宫结构	A47K003/22	A47K003/22, E03D009/08, F24H001/10	E03D009/08		
加热器整体结构		E03D009/08, F24H001/10	E03D009/08		
加热丝蛇形结构		H05B003/48			
加热元件在加热管外表面		E03D009/08			
空气吸入装置		E03D009/08	E03D009/08	E03D009/08	
流体通过加热器外表面与加热箱之间	A47K003/22	A47K003/22, E03D009/08, F24H001/10, F24H006/00			
内外层双层加热	E03D009/08		E03D009/08		
热交换器	E03D009/08	E03D009/03, E03D009/08	E03D009/08	E03D009/08	
蛇形水管		E03D009/08	E03D009/08	E03D009/08	
水管螺旋结构		E03D009/08, F24H001/10, H05B001/02			E03D009/08,

图 8-3　借助分类体系的技术功效图示例

8.2.2　专题专利分析

专题专利分析一般是根据委托人的委托内容开展的定题分析。专题分析是根据某个具体的研究目标，集中资源聚焦研究目标及内容，深入、系统地分析该专题专利信息全貌的过程。该类型的专利分析与学科领域专利分析的不同之处，在于学科领域专利分析比较宏观，而专题分析相对微观。一个大的学科领域会有较多技术分支，因此，分析的内容较多，分析粒度较粗。而专题分析比较聚焦，会针对某一个或几个技术点开展具体分析。专题专利分析一般以该技术点的专利数据集合为基础，分析内容一般从年度变化趋势、国家布局、法律状态、发明人及共同发明人、技术领域、技术主题、核心专利筛选、转化情况，转化的技术主题等方面开展分析。通过此类型专利分析报告，使委托人对自己研发技术主题的专利情况有较详细的了解，为研发规划的制定、方向调整、专利申请及如何布局提供参考。

专题专利分析的开展要注重以下几方面：①明确的主题。专题专利分析一定要有明确的主题，边界清晰，不可含混模糊。对于任何一个专题分析，不能随意扩展，只有与主题相关的、有直接影响的因素才能纳入分析范围。②数据全面。专题专利分析，一般是针对某一个具体的技术分支进行分析，专利数量不会太多，因此，在检索专利确定分析数据集的过程中，要深度检索，保证数据的全面。③多角度分析：专题分析须从多个角度综合考虑研究目标指向的问题，不仅立足现状，还要考虑历史起源与未来趋势，同时要考虑横向多维度的分析比较，还可以将具有逻辑关系的变量交叉组合，提升分析深度。④结论的实用性。专题专利分析一般是为了解决委托人的疑惑，或者是为研发人员在研发方向上的调整以及专利申请和战略布局提供依据，因此结论要契合专题分析目的，聚焦且有实效性。

专题专利分析一般是受具体人员委托，因此要非常重视与委托人的沟通。除了在明确分析主题时需要与委托人进行沟通，防止分析方向有所偏颇之外，还要就分析内容与委托人进行交流确认。专题分析注重内容翔实，因此要对委托人的技术要点有非常详细的了解，深入理解技术要点的含义、覆盖的范围及与其相关的因素，这需要与委托人做反复深入沟通。在数据获取以后，还须找专家对数据的准确性进行鉴别和确认。由于专题分析的技术比较聚焦，范围相对较小，因此检索到的专利数量不会太多，确认起来相对比较容易。专利专题分析除了上述常规分析内容之外，8.2.1 节中介绍的学科领域的专利分析内容同样适用，只是分析粒度要更细，内容要更具体。专题专利分析一般是委托人的定题服务，因此，分析工作主要是根据委托人的目的和要求开展，最大限度地满足委托人的需求。

8.2.3 机构专利分析

针对机构开展专利分析，要注重分析视角的全面性。一般从学科建设、人才情况、成果情况进行分析，还可与同类型机构开展对标分析，了解自身的优势与劣势。机构专利信息分析，可为管理人员和科研人员展示该机构的总体情况，为研发人员科研方向的确定及调整、专利的申请和布局，以及管理人员科学地制定未来发展规划及合理配置资源提供参考依据。

1. 机构专利数据的获取方法

机构专利全景分析，首先要把该机构的专利数据查全。由于某一机构的专利数量是确定的，这与学科领域专利数据情况不同。学科领域的专利检索命中记录数受关键词的准确性和 IPC 分类限定范围等因素的影响较大，分析人员的检索经验和学科背景也会对检索结果的准确性造成影响，因此不同的检索人员获得的检索结果会有区别。而开展机构专利分析数据获取相对较为容易，一般来说要注意两个方面：一是机构名称的更改情况；二是要注重专利检索系统中机构标准化名称或机构名称代码的利用。一些商业性的专利检索或分析工具将机构名称标准化，为获取某机构的数据提供了便利。有些工具则通过机构名称扩展功能，将属于本机构的下属机构名称或曾用名进行推介，用户可根据实际情况选择是否采用。

2. 对标机构的选择

对标机构的选择，原则上须选择同一性质的机构，如中国农业大学须选择农业类高校开展对标分析，如果学科特性相差太大，则缺乏可比性。除了选择性质相近的机构之外，在实力上也需要考量，合理选择高、中、低实力的机构进行比较分析。机构之间的对比分析，还分为国内对比和国外对比，是否选择与国外机构对比，可根据本机构的具体情况和比较分析的目的确定，如某高校的发展目标是建设国际一流高校，那就需要与国外一流高校对比，才能了解本身在全球范围内的实力，明确与国际同类型高校的的差异。

3. 分析的主要内容

机构专利分析的内容可以从学科建设、人才情况、成果情况等方面开展。学科建设专利分析，通过对学科所属技术领域的专利数据分析、对标院校竞争分析、技术发展态势分析、人才竞争分析等内容，为学科的建设与发展提供决策依据。学科建设专利分析的特点是侧重于宏观、态势类的分析，也可以具体到某一技术分支类分析，还可以开展核心专利的挖掘，与其他机构对比在学科建设上差距与优势。学科建设类专利分析在实施过程中，涉及学科的具体技术内容，一级学科往往下辖复杂、繁多的技术分类，将各个技术分类下的专利进行数据标引、分析，工作量较大，且由于分析人员往往不具备该学科的专业背景，解读起来会比较困难，因此需要学科专家的参与，还会涉及数据的清洗、去噪工作，因此学科建设类专利分析是比较复杂的工作，每个项目实施者需要面临较大的挑战。图 8-4 为不同机构技术分支专利分析示例。

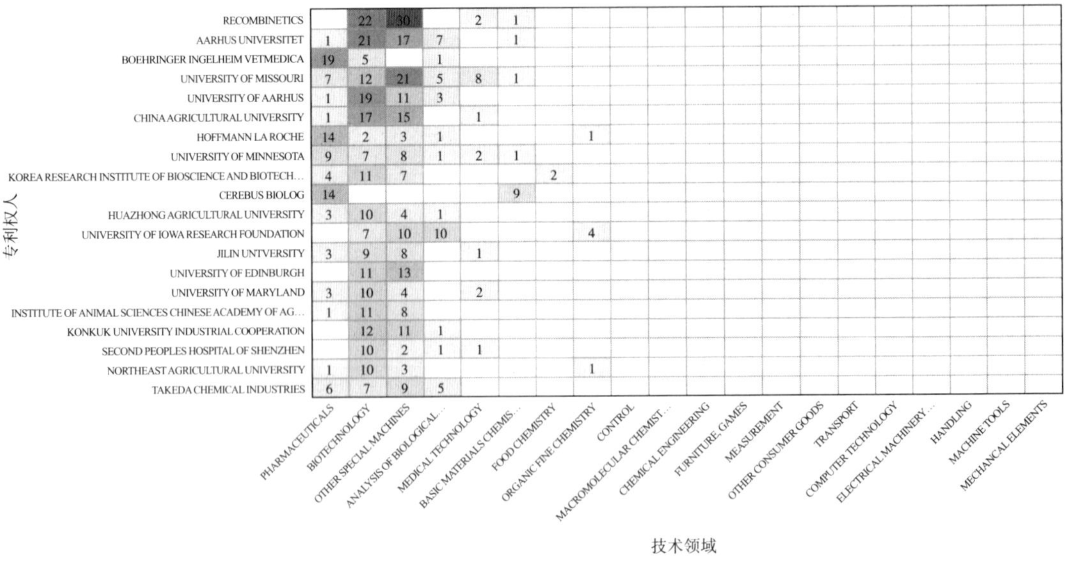

图 8-4　不同机构技术分支专利情况示例

人才是高校乃至所有企事业单位发展的根本。通过专利开展人才分析，不但可了解本机构人员研发情况，还可以了解创新技术主要掌握在哪些人才手中，对本机构的资源分配以及人才引进都有很高的参考价值。人才专利分析以服务人才的综合管理为导向，以专利数据为基础，通过对人才持有的专利数据分析、所擅长的技术领域分析、竞争者分析，为人才引进、人才评估提供参考依据。人才专利分析不仅仅服务于某位重要学术带头人，还覆盖到其率领的科研团队，分析维度除了对技术领域的创新趋势分析，对人才的竞争力分析、核心技术分析、转化及布局分析均是主要内容。

专利成果的评价，可以从高价值专利成果角度进行，也可以从成果的转移和转化角度进行评价。通过专利成果评价，不但可以了解本机构成果的具体情况，还可以通过与其他机构或行业总体水平的比较，掌握本机构成果质量的具体情况。

对于高校专利分析来说，院系贡献统计工作也是一项重要内容。对某一高校开展专利分析，可以通过分析不同院系的专利产出、发展趋势、技术概况、核心专利等方面，了解院系高校专利成果的总体贡献情况，为弱势学科的扶持和优势学科的保持与进一步发展提供决策支持。

8.2.4　人员专利分析

如果要全面了解某一目标发明人的技术创新情况，需要开展具体深入的专利内容分析。对于要引进的目标人才，可以从其专利成果产出、专利成果的影响力、专利转化情况、核心专利、专利技术研发方向、专利布局情况等方面进行分析，来确定该发明人的技术研发水平和方向，评估其创新能力。根据其研发方向、水平和创新能力等，确定是否为本机构需求的人才类型，为人才的引进提供客观依据。

对本机构的研发人员开展专利分析，除了对其专利基本概况的了解之外，还需在专利布局、专利转化方面给出合理建议。其中，给出合理的转化建议是一项非常具有实用价值的工作。具体操作步骤如下。

(1)全面检索发明人的专利　专利的分析工作一般采用商业专利检索和分析数据库方法

开展,但这些商业数据库的专利数据往往会有一定的时滞,因此检索结果要与国家知识产权局的专利数据库的检索结果进行对比,然后对漏检的专利进行补充,以保证分析结果的准确性。

(2)挖掘未转化的高价值核心专利　可以综合不同专利分析工具的指标进行高价值核心专利的筛选,也可将数据下载采用自定义的指标和方法进行筛选。

(3)寻找转移转化对象　寻找高价值专利转移转化对象有两种方式:一种是筛选出核心专利后,将核心专利文本内容作为检索内容,采用语义检索方式对相似技术专利进行查找,然后提取其中已转化专利的受让企业,作为该高价值专利可能的转移转化对象。另一种是根据核心专利技术内容,在企业查询网站直接寻找相关企业。最后将找到的企业名单推荐给专利发明人或成果转移转化部门作为参考。具体流程如图8-5所示。

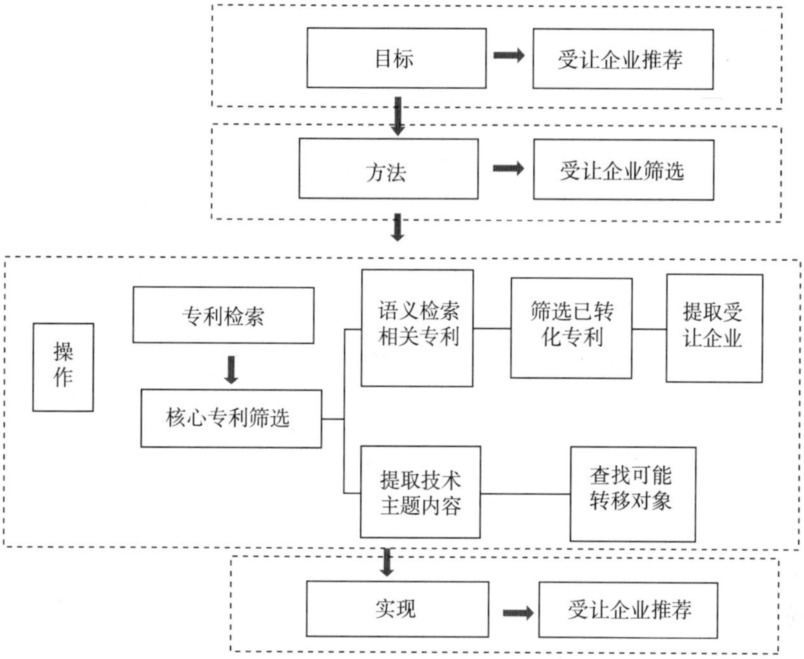

图8-5　专利转移对象筛选和推荐流程

8.2.5　单件专利分析

对于某一高价值专利或委托人委托的某件专利,可以开展单件专利的分析。通过具有代表性的单件专利的深入分析,挖掘该件专利所涉及的创新内容。单件专利的分析内容可以从该专利的概况、权利要求、技术领域、竞争态势、专利组合、潜在竞争对手或转移对象、同族专利的布局等方面开展。

1.专利组合的识别

专利组合的识别方法可以采用该专利发明人的研发团队的所有专利为数据基础,然后通过IPC或CPC技术领域的耦合关系,测度这些专利的相关性,建立耦合矩阵。然后基于专利相关性构建专利相关网络(图8-6),根据节点间的连接关系,对网络进行不同区域的划分,包含该目标专利的区域内专利即可看作该专利的专利组合。通过专利组合可以了解竞争对手的策略性行为,也可为本人或本机构的专利策略提供决策支持。

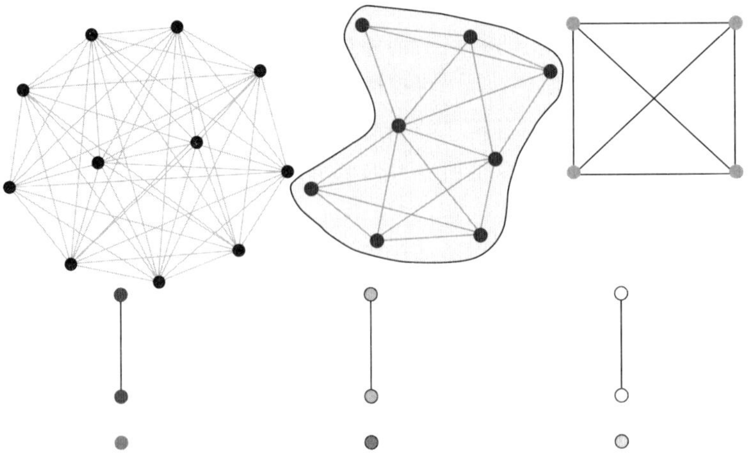

图 8-6 专利组合相关网络示例

识别出专利组合后，可以通过专利组合的时间轴梳理，了解该团队研发历史、趋势和发展情况，获取专利组合布局路线等信息。专利组合布局路线示例如图 8-7 所示。

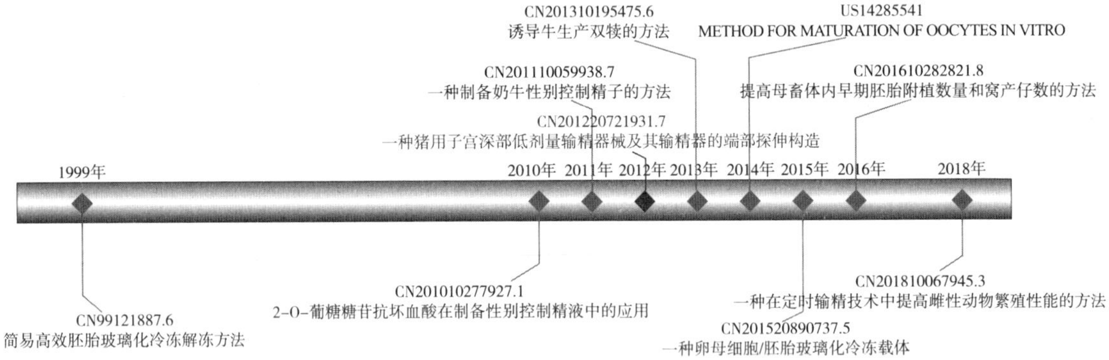

图 8-7 专利组合布局路线示例

2. 潜在竞争对手或转移对象

识别专利技术的潜在竞争对手或转移转化对象，既要考虑技术内容或技术领域的关联性，又要考虑专利权人的布局策略。布局策略一方面表现为其专利总的申请量，另一方面也表现为其专利的申请趋势。识别潜在竞争对手或转移对象可以从 3 个视角开展：一是基于引用网络识别重要专利权人。如专利组合被识别以后，可以专利组合中的专利为对象检索这些专利的引用和被引专利，再对这些专利进行同族扩展，选择产出量大的专利权人作为潜在竞争对手或转移对象进行深入分析。二是基于专利间的相似度识别潜在竞争对手或转移对象，可采用专利检索分析平台中的语义分析功能查找相似专利。三是可以通过近 3 年组织机构的活跃状态来判断筛选。近 3 年发明创造核心组织、首次发表成果以及未发表成果的组织机构能够反映近期组织机构的研发活跃状态。如果近 3 年不再有专利产出，说明该组织机构在该技术领域已逐步衰退或进行了研发方向的调整，如果是后者，可进一步追踪分析。近 3 年的核心组织一般来说实力较强，而近 3 年首次进入的组织可能是该领域的新生力量。近 3 年组织机构活跃状态分析示例见表 8-2。

表 8-2　近 3 年组织机构活跃状态分析示例

近 3 年核心组织	近 3 年首次发表成果的组织	近 3 年不再发表成果的组织
Foshan Qianyu Technology Co. Ltd. ,Foshan,Guangdong, 528000,CN(57)	柳州市宏华生物科技有限责任公司,柳州市,广西壮族自治区, 545027,CN(12)	Qingdao Zhongtai Poultry Husbandryl Professional Cooperatives,Qingdao, Shandong,266000,CN(114)
郑州绿赛农牧业有限公司,郑州市,河南省,450000,CN(30)	福泉市胜科饲料有限公司,黔南布依族苗族自治州,贵州省,550508, CN(11)	柳州市安顺养殖专业合作社, 545000,CN(64)
广东省农业科学院动物科学研究所,广州市,广东省,510640,CN (30)	合肥华龙生物工程有限公司,合肥市,安徽省,231201,CN(11)	新昌县大成生物科技有限公司,绍兴市,浙江省,312500,CN(59)
安徽天行健农业股份有限公司,宣城市,安徽省,242300, CN(27)	Guangxi Wanshougu Investment Group Co. Ltd. ,Hechi,GuangxiZhuang AutonomousRegion, 547600, CN (9)	青岛诚一知识产权服务有限公司,青岛市,山东省, 266300,CN(59)
Anhui Tianxingjian Agriculture Co. Ltd. , Xuancheng, Anhui, 242300, CN(26)	华北制药集团动物保健品有限责任公司,石家庄市,河北省, 050000,CN(9)	ZHANG Ai-li, Qingdao, Shandong,266000,CN(56)
Wuwei Songlin Ecological Farming Co. Ltd. ,Wuhu, Anhui,238300,CN(23)	无为县绿森源家庭农场,238300, CN(8)	定远县朱湾镇绿农养殖专业合作社,滁州市,安徽省,233200,CN (56)
合肥合丰牧业有限公司, 合肥市,安徽省,230000, CN(23)	无为县春平养殖专业合作社, 238300,CN(8)	LIU Wu-yang,Dengfeng,Henan, 452470,CN(52)
Changsha Ruiduokang Biotechnology Co. Ltd. , Changsha,Hunan,410005, CN(20)	白洪响,苏州市,江苏省, 215155,CN(8)	马鞍山市五谷禽业专业合作社,马鞍山市,安徽省, 243100,CN(50)
安徽省强家庄生态农业有限公司,芜湖市,安徽省, 241000,CN(20)	Jiangsu Aonong Biotechnology Co. Ltd. (8)	周剑峰,登封市,452470, CN(45)
Institute of Animal Science Guangdong Academy of Agricultural Sciences, Guangzhou,Guangdong, 510640,CN(18)	Wuwei Chunping Cultivation Specialized Cooperatives, Wuhu,Anhui,238300, CN(8)	天津市兽药二厂,天津市,天津市,301712,CN(42)

识别出潜在竞争对手或转移对象之后，可从专利产出、发展趋势等方面进行进一步的深入分析，判断是否可以开展合作，或者筛选出其中经济实力较强的企业，探讨是否可以实施专利转化。如果是竞争对手，可以针对其布局等情况制定应对措施和战略规划。

3. 同族专利分析

对单件专利进行分析，须对其同族专利进行考察。如果一项专利通过法律状态检索后确定是失效专利，最好判断其同族专利是否失效，以降低引起的专利侵权风险。同一项发明创造在多个国家申请专利而产生的一组内容相同或基本相同的文件出版物，称为一个专利族。在同一专利族中的每件文件出版物互为同族专利。WIPO《工业产权信息与文献手册》将专利族分为6类，即简单专利族、复杂专利族、扩展专利族、本国专利族、内部专利族和人工专利族[228]。

(1)简单专利族(Simple patent family)　在同一个专利族中，专利族成员以共同的一个或几个专利申请为优先权，这样的专利族为简单专利族。

(2)复杂专利族(Complex patent family)　在同一个专利族中，专利族成员至少以一个共同的专利申请为优先权，这样的专利族为复杂专利族。

(3)扩展专利族(Extended patent family)　在同一个专利族中，每个专利族成员与该组成员中的至少一个其他专利族成员至少共同以一个专利申请为优先权，它们所构成的专利族为扩展专利族。

(4)本国专利族(National patent family)　本国专利族是指在同一个专利族中，每个专利族成员的专利文献均为同国家的专利文献，这些专利文献属于同一原始申请的增补专利、继续申请、部分继续申请、分案申请等，但不包括同一专利申请在不同审批阶段出版的专利文献。

(5)内部专利族(Domestic patent family)　内部专利族指仅由一个专利机构在不同审批程序中对同一原始申请出版的一组专利文献所构成的专利族。

(6)人工专利族(Artificial patent family)　人工专利族也称智能专利族、非常规专利族，即内容基本相同，但并非以共同的一个或几个专利申请为优先权，而是根据专利文献的技术内容。人为地进行归类，组成的一组由不同国家出版的专利文献构成的专利族，但实际上在这些专利文献之间没有任何优先权联系。

对于同族专利的分析，根据分析目的的不同可选择不同的专利族种类，其中简单同族和扩展同族被应用得最多，有些专利分析人员或专利分析平台将人工专利族视为扩展同族。开展同族专利的分析，首先要对同族专利进行检索。同族专利检索是指对被检索的专利或专利申请具有共同优先权的其他专利或专利申请及其公布情况进行的检索，该检索的目的是找出该专利或专利申请的同族专利文献(专利)号。从已知的某一个国家一项专利或专利申请的号码(申请号、专利号、公开号、公告号)入手，查找出与其同属一个专利族的其他专利申请的有关信息[228]。检索到同族专利之后便可根据目的开展分析，如果进行专利族的技术主题领域的分析，可采用扩展同族或人工同族。要进行单件专利的同族专利分析，一般重点考察同族专利的有效性和国家布局情况，选用简单同族专利即可。如果被分析的目标单件专利已经失效，而同族专利仍然有效，在进行专利申请布局以及产品的市场运作中要充分考虑可能引起的侵权风险，提前做好应对措施。

第9章 专利分析案例

结合学科服务中常用的专利分析类型,本章设置了对应的专利分析案例。通过案例形式系统的展示专利分析中常用的分析方法、分析内容、结果呈现方式以及报告撰写技巧。案例根据专利分析目标及内容,选择适合的专利分析工具进行数据的获取和分析。如DI的特点主要在于对数据进行了深度加工,通过人工改写英文标题和摘要、分类标引,形成德温特世界专利索引(DWPI)。改写的专利记录通俗易懂,并从技术应用角度进行分类,为准确检索和分析提供了便利。在进行学科领域专利分析时,检索的专利数量较为庞大,且检索结果容易产生偏差,因此采用DI进行专利的检索,可得到较为准确和全面的数据集合。机构的专利分析目的主要是为管理人员提供决策依据,因此要注重分析角度的全面性。Patentics具有高效率分组功能,还可以实现无限制的嵌套分析,分析方式和角度较为灵活多样,可以满足对机构开展专利分析的需求。IncoPat和智慧芽的特点是界面友好,操作简单,统计功能设置全面、合理,因此适合开展定期、高效的专利分析工作(例如机构专利季报分析)。本章通过案例的形式采用不同的工具对不同类型的专利分析进行详细展示,为学科服务中的专利分析人员了解不同类型专利分析的主要内容、不同分析工具的特点提供参考。

9.1 学科领域专利分析案例

本案例是关于小麦分子育种领域专利分析。小麦是世界第一大口粮作物,是人类生活所依赖的重要食物来源,全球35%～40%的人口以小麦为主要粮食。小麦是世界上总产量位居第二的粮食作物,仅次于玉米。我国是全世界最大的小麦生产国和消费国,2019年中国小麦产量133.59百万吨,占全球产量的18%。我国小麦历年种植面积为全国耕地总面积的22%～30%和粮食作物总面积的20%～27%,分布遍及全国各省(市、区)。本节通过专利全面分析世界小麦分子育种的情况,为农业相关人员和育种专家掌握小麦分子育种的总体情况、开展相关产业及科研活动提供参考。

9.1.1 数据来源

数据来源于Derwent Innovation(DI)专利数据库,并利用其在线分析功能及DDA分析工具进行分析。使用的检索式为:TI=(wheat OR "Triticum aestivum") AND CTB=((hybrid* OR breed* OR variet* OR product* OR resist*) AND (genome OR chromosom* OR transform* OR transgen* OR molecular OR marker OR marker-assisted OR MAS OR differentiation OR gene* OR map*)) AND IC=((C12N OR C07K OR C07H OR C12Q OR A21C OR A01N OR A01C OR A01H OR A01D OR A01G OR A01P OR G01N OR A23L))

AND AD＞＝(20090101) AND AD＜＝(20190516)，通过同族专利扩增功能找出同族专利进行总体情况的分析，在进行专利强度、主题和技术领域等的分析时进行同族分析。数据年限限定为 2009—2019 年。(数据采集时间为 2019 年 5 月)

9.1.2 分析内容及结果

1. 总体情况及态势

(1)总体情况　2009—2019 年，世界关于小麦分子育种领域的相关专利共检索出 8 264 项，有 3 715 个 DWPI 同族。其中发明专利申请为 6 120 项，已授权发明专利为 2 069 项，已授权发明专利占全部发明专利的 25.0%。有实用新型专利 73 项。绝大部分为发明专利，共为 8 189项(申请＋已授权)，占全部申请专利的 99.1%。所有专利中，有效专利为 5 209 项，有效率 63.0%。具体见表 9-1。

表 9-1　小麦分子育种领域专利总体情况

<table>
<tr><th>申请年</th><th>全部专利量</th><th>有效专利量</th><th>发明专利申请量</th><th>发明专利授权量</th></tr>
<tr><td rowspan="3">2009—2019</td><td>8 264</td><td>5 209</td><td>6 120</td><td>2 069</td></tr>
<tr><td rowspan="2">3 715 族</td><td rowspan="2">63.0%</td><td colspan="2">8 189</td></tr>
<tr><td colspan="2">99.1%</td></tr>
</table>

(2)发明节奏　近 10 年专利数量变化趋势如图 9-1 所示，小麦分子育种领域基于公开年份的专利申请和授权专利的比重为 3∶1。公开的专利总量从 2009 年到 2016 年逐年增长趋势显著。专利授权量也呈上升趋势，但不如专利申请趋势上升显著。由于专利从申请到公布存在一定的时滞，导致 2017—2019 年的专利数据可能不全，不能真实反映专利变化趋势，因此这 3 年的数据仅供参考。由分析可知，小麦分子育种领域的研发一直在稳步提升，预测未来几年仍有较好的发展前景。

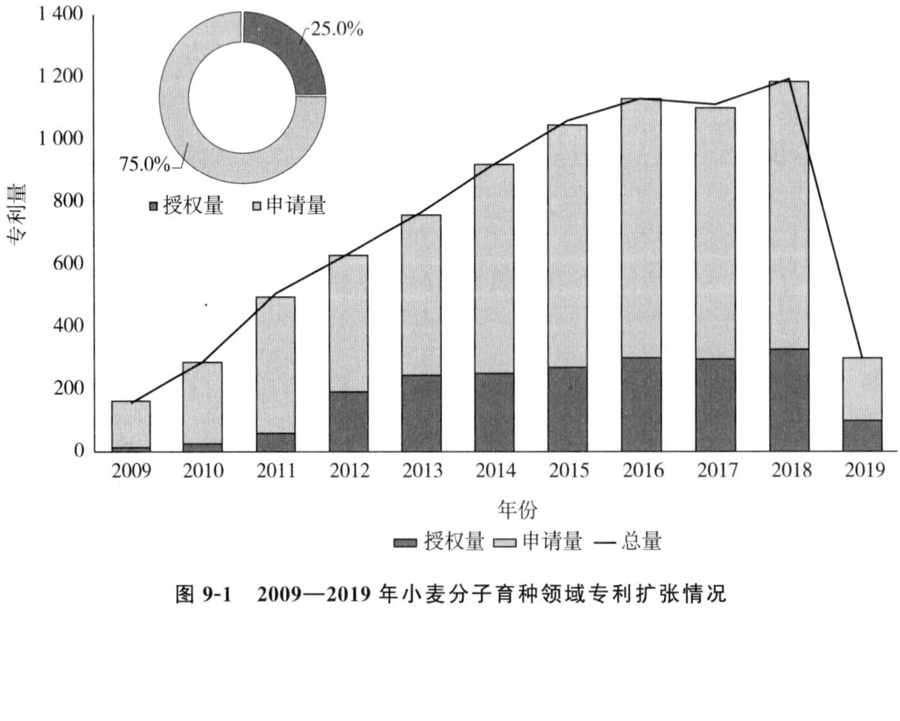

图 9-1　2009—2019 年小麦分子育种领域专利扩张情况

2. 地域分析

(1)专利地域分布　一般认为发明活动是在其首次申请国家或地域范围内完成,称为优先权国家,也就是技术来源国家。当专利申请公开后,就可以根据优先权国家统计分析每个国家的专利数量,表征该国家掌握该技术的情况。小麦分子育种领域的不同国家的发明数量如表9-2所示。

表 9-2　小麦分子育种领域不同国家优先权专利数量

排名	优先权国家	优先权国家代码	专利量
1	中国	CN	3 820
2	美国	US	2 270
3	日本	JP	400
4	韩国	KR	291
5	澳大利亚	AU	210
6	德国	DE	201
7	英国	GB	174
8	法国	FR	57
9	比利时	BE	51
10	西班牙	ES	29

数据显示基于优先权的中国专利发明数量最高,其次是美国,日本和韩国在2009—2019年专利量也很高。不同国家专利产出数量具体见表9-2。

(2)top10国家/地区专利授权情况　对小麦分子育种领域专利数量top10国家/地区的授权情况进行统计分析发现,中国的授权比例最高,达到86.24%,其次是巴西,为77.92%。美国在top10国家/地区中授权率居中,为55.45%。top10国家/地区专利授权情况具体见表9-3。

表 9-3　小麦分子育种领域 top10 国家/地区专利授权情况

国家/组织名称	专利国家/组织代码	已授权专利量	全部专利量	授权百分比/%
中国	CN	3 436	3 984	86.24
巴西	BR	120	154	77.92
欧洲专利局	EP	355	471	75.37
韩国	KR	169	271	62.36
美国	US	509	918	55.45
澳大利亚	AU	157	297	52.86
日本	JP	167	347	48.13
印度	IN	74	167	44.31
加拿大	CA	99	243	40.74
世界知识产权组织	WO	111	455	24.40

(3)top10国家/地区专利量年度变化情况　从图9-2可以看出,2009—2019年间在小麦分子育种领域,中国专利量呈显著上升趋势,美国略有上升,其他国家和地区的专利量上升趋势不明显。在统计时间内,中国在该领域的专利申请量远超过其他国家和地区。

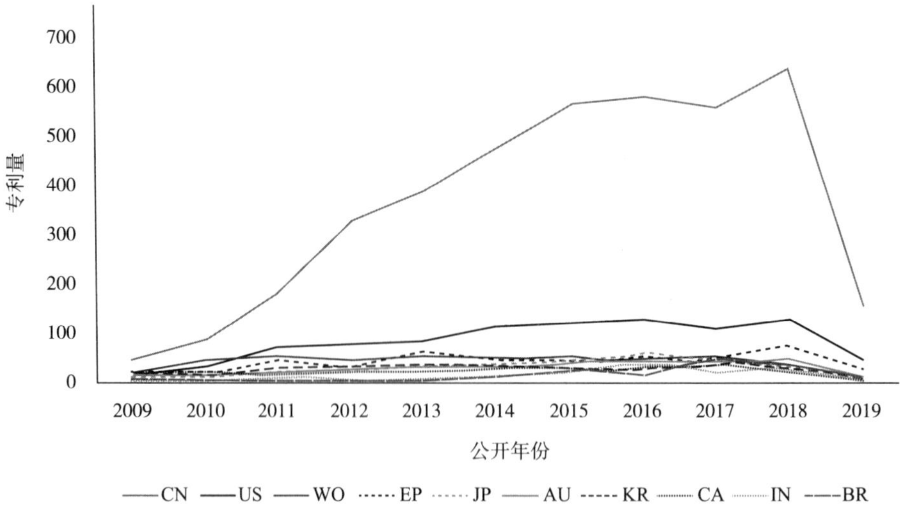

图 9-2 彩色图

图 9-2　2009—2019 年小麦分子育种领域 top10 国家/地区专利量年度变化趋势

(4)top10 国家/地区专利授权量年度变化情况　从图 9-3 可以看出，2009—2019 年在小麦分子育种领域，专利授权量年度变化趋势与专利总量变化趋势相似。中国专利授权量上升趋势显著，美国略有上升，其他国家上升趋势不明显，中国专利的授权量显著高于其他国家。

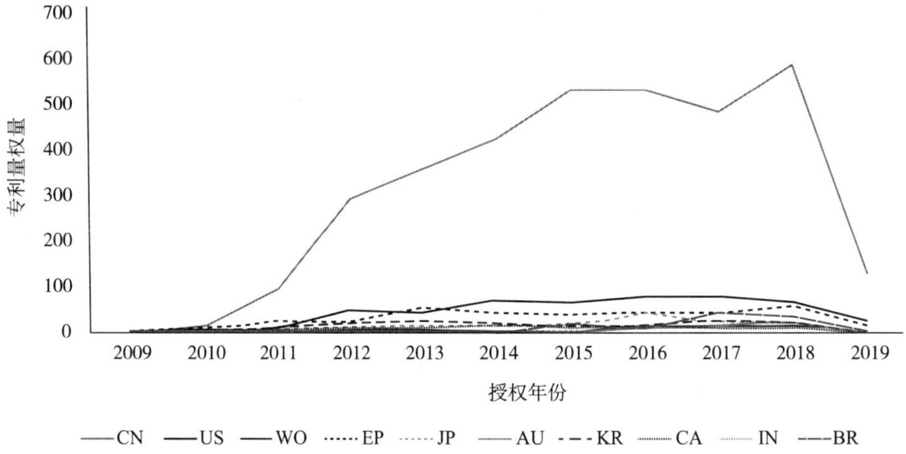

图 9-3 彩色图

图 9-3　2009—2019 年小麦分子育种领域 top10 国家/地区专利授权量年度变化趋势

3. 专利权人分析

(1)企业、学术机构和政府机构的发明动态　专利权实体一般划分为企业、学术机构和政府机构，以区别企业实体和非企业实体。大部分的发明(约 50.3%)来自企业实体，42.1%左右则来自学术机构(主要是高校)，政府机构(多为隶属国家、政府的研究机构)专利量仅为 7.6%。通过查看企业实体和非企业实体的专利活动时间趋势，可以看出企业和学术机构增长趋势显著，是小麦分子育种领域专利活动的驱动力(图 9-4)。

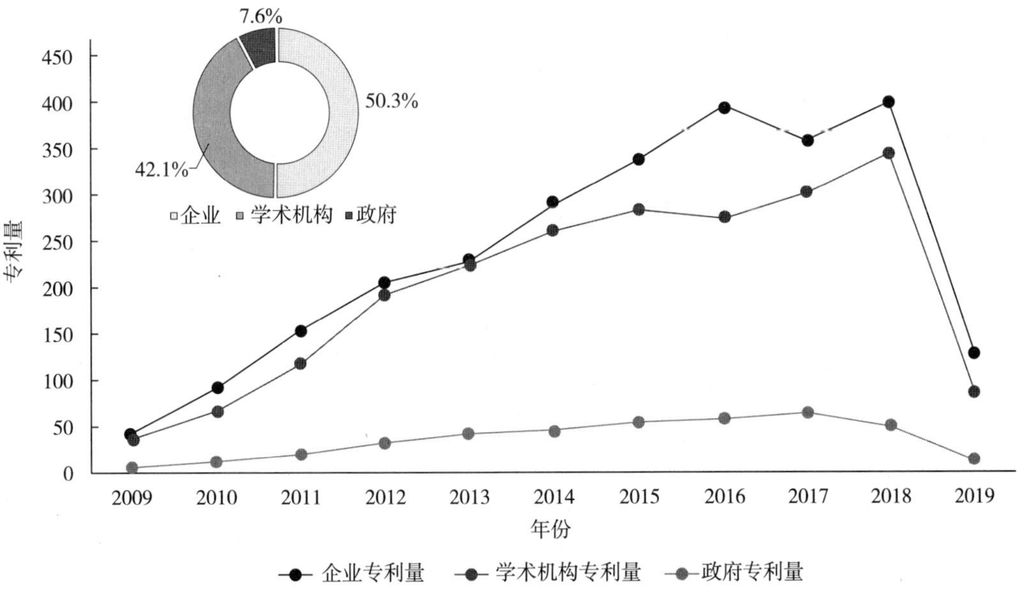

图9-4 小麦分子育种领域企业、学术机构和政府机构专利发明动态

(2)top20企业、学术机构和政府机构的专利情况　从表9-4可以看出,小麦分子育种领域的专利主要集中在学术机构和企业实体。在top20学术机构中,有19所都来自中国,国外学术机构只有一所,为加拿大萨斯喀彻温大学(UNIV SASKATCHEWAN),排在第16位。在企业实体中,美国、日本、中国的企业在该领域的专利量占有绝对优势,但前6个均为国外企业,前4家企业(先锋、拜耳、巴斯夫、孟山都)的专利量占top20企业全部专利的63.7%。在政府机构中,除了其中7个属于国外政府机构外,13个政府机构均来自中国。说明中国在小麦分子育种领域的专利发明主要依靠学术机构(高校)和政府机构(科研院所),而美、日等国在小麦分子育种领域的专利主要由企业实体掌控。

在学术机构中,中国农业科学院作物科学研究所是最大的专利拥有者,其次是南京农业大学,再次是中国科学院遗传与发育生物学研究所,中国农业大学和山东农业大学并列排在第5位。在高校中,中国农业大学与山东农业大学并列排在第2位,与排在高校第1位的南京农业大学还是有较大差距的。

企业实体的专利主要集中在先锋良种国际股份有限公司、拜耳农作物科学股份公司、巴斯夫股份公司和孟山都科技有限公司,这4家公司在该领域的专利布局上占有很大优势,占top20企业全部专利的63.7%,排在第5位的陶氏农业科学有限责任公司的专利数量只有孟山都科技有限公司的一半。

政府机构中澳大利亚联邦科学与工业研究组织专利量最高,其次是山东省农业科学院作物研究所和日本国家农业与食品研究组织。

(3)专利权人产出趋势分析　从图9-5可以看出,大量企业在进行发散式研发,近几年呈迅猛增长趋势,说明小麦分子育种领域仍有发展空间。中国农业科学院作物科学研究所在该领域发展势头较好,南京农业大学虽然在专利总量上为中国高校之首,但发展后劲不足。江苏农业科学研究院和山东农业大学在该领域呈现较好的发展势头。在这种相对垄断的阶段,中国应继续关注该领域的发展,加强专利布局。

表 9-4　小麦分子育种领域 top20 企业、学术机构和政府机构的专利情况

排名	学术机构（英文）	学术机构（中文）	专利量	企业名称（英文）	企业名称（中文）	专利量	政府机构（英文）	政府机构（中文）	专利量
1	INST CROP SCI CHINESE ACAD AGRIC SCI	中国农业科学院作物科学研究所	303	PIONEER HI-BRED INT INC	日本先锋良种国际股份有限公司	241	COMMONWEALTH SCI & IND RES ORG	澳大利亚联邦科学与工业研究组织	64
2	UNIV NANJING AGRIC	南京农业大学	110	BAYER CROP SCIENCE AG	德国拜耳农作物科学股份公司	219	CROP RES INST SHANDONG ACAD AGRIC SCI	山东省农业科学院作物研究所	58
3	INST GENETICS & DEV BIOLOGY CHINESE ACAD	中国科学院遗传与发育生物学研究所	91	BASF SE	巴斯夫股份公司	162	NAT AGRIC & FOOD RES ORG	日本国家农业与食品研究组织	23
4	JIANGSU AGRIC SCI INST	江苏农业科学院	82	MONSANTO TECHNOLOGY LLC	美国孟山都科技有限公司	159	XINJIANG AGRIC SCI ACAD RES INST	新疆农业科学研究院	22
5	UNIV CHINA AGRIC	中国农业大学	72	DOW AGROSCIENCES LLC	美国陶氏农业科学有限责任公司	79	ANHUI ACAD AGRIC SCI RICE RES INSTIT	安徽省农业科学院水稻研究所	21
6	UNIV SHANDONG AGRIC	山东农业大学	72	GRAINS RES & DEV CORP	澳大利亚谷物研究与开发公司	56	HENAN ACAD AGRIC SCI WHEAT RES INST	河南省农业科学院小麦研究所	19
7	UNIV NORTHWEST A & F	西北农林科技大学	66	SYNGENTA PARTICIPATIONS AG	瑞士先正达股份公司	42	CHENGDU BIOLOGY RES INST CHINESE ACAD O	中国科学院成都生物研究所	15
8	UNIV SICHUAN AGRIC	四川农业大学	64	GUANGDONG ZHONGXUN AGRIC SCI CO LTD	广东中迅农业科技有限公司	39	BINZHOU CROPS RES INST	滨州作物研究所	13
9	CROP RES INST SHANDONG ACAD AGRIC SCI	山东省农业科学院作物研究所	58	ARCADIA BIOSCIENCES INC	美国阿卡迪亚生物科学公司	26	SHANXI ACAD AGRIC SCI WHEAT RES INST	山西省农业科学院小麦研究所	11
10	UNIV ANHUI AGRIC	安徽农业大学	41	NANJING HUAZHOU PHARM CO LTD	南京华州医药有限公司	24	SHENYANG RES INST CHEM IND CO LTD	沈阳瑞思化学工业有限公司	10

续表 9-4

排名	学术机构（英文）	学术机构（中文）	专利量	企业名称（英文）	企业名称（中文）	专利量	政府机构（英文）	政府机构（中文）	专利量
11	UNIV HENAN AGRIC	河南农业大学	40	NISSHIN FOODS INC	日本日清食品公司	23	UNIV CHONBUK NAT IND COOP FOUND	韩国全北大学工业组织	7
12	UNIV SHANDONG	山东大学	40	GUANGDONG SINOQUICK AGRIC SCI CO LTD	广东 SINOQUICK 农业科技有限公司	21	SHIKOKU RES INST INC	日本四国研究所有限公司	7
13	UNIV HUAZHONG AGRIC	华中农业大学	37	CARGILL INC	美国嘉吉公司	21	PLANT PROTECTION RES INST SHANDONG ACAD	山东省植物保护研究院	6
14	UNIV JIANGSU	江苏大学	24	GUANGXI IDYLLIC BIOCHEMISTRY CO LTD	广西田园生化有限公司	19	CHINA NAT ACAD FOOD & FERMENTATION IND	中国国家食品发酵工业协会	6
15	UNIV QINGDAO AGRIC	青岛农业大学	23	AGRIGENETICS INC	美国农业基因公司	17	LOS ALAMOS NAT SECURITY LLC	美国洛斯阿拉莫斯国家安全有限责任公司	5
16	UNIV SASKATCHEWAN	加拿大萨斯喀彻温大学	23	HSP CROP TECHNOLOGY CO LTD	高铁作物技术有限公司	16	KOREA FOOD RES INST	韩国食品研究所	5
17	XINJIANG AGRIC SCI ACAD RES INST	新疆农业科学研究院	22	NISSHIN SEIFUN GROUP INC	日清制粉集团有限公司	16	INRA INST NAT RECH AGRONOMIQUE	法国国家农业研究所	5
18	BEIJING ACAD AGRIC & FORESTRY SCI	北京农林科学院	20	LIMAGRAIN CEREALES INGREDIENTS SA	法国利马谷物配料有限公司	16	SHANXI ACAD AGRIC SCI COTTON RES INST	陕西农科院棉花研究所	4
19	UNIV JIANGNAN	江南大学	20	MITSUI CHEM AGRO INC	日本三井化工农业公司	16	SICHUAN ACAD AGRIC SCI CROP RES INST	四川省农业科学院作物研究所	4
20	UNIV CAPITAL NORMAL	首都师范大学	18	SHAANXI SUNGER ROAD BIO SCI CO LTD	陕西阳光路生物科技有限公司	15	SHANXI AAS WHEAT RES INST	山西省小麦研究所	4

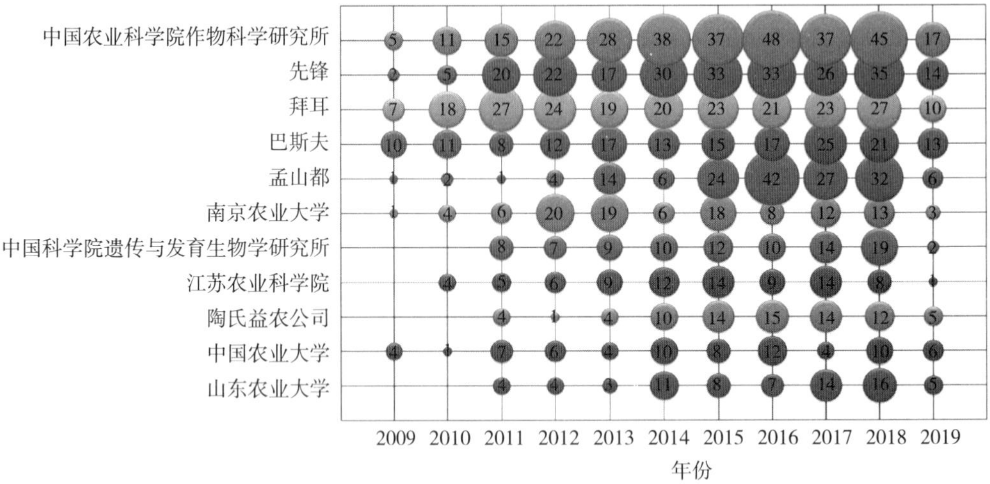

图 9-5 小麦分子育种领域专利权人产出趋势分析

(4)专利权人地域布局　从表 9-5 可以看出,国外企业较注重全球的专利布局,而中国的机构只有中国科学院遗传与发育生物学研究所和山东农业大学在其他国家/地区做了少量专利布局,中国的专利绝大多数只在本国申请专利,缺乏国际布局。

表 9-5 小麦分子育种领域专利权人地域布局

专利权人	CN	US	WO	EP	CA	JP	KR	AU	BR	IN	MX	RU	AR	ZA	ES
BAYER CROPSCIENCE AG	28	39	53	39	23	22	14	22	20	24	12	2	4	9	8
BASF SE	21	30	40	34	27	11	6	28	21	21	18	2	3	14	4
PIONEER HI-BRED INT INC	17	143	23	16	45	5	2	11	9	10	8	3	6		
DOW AGROSCIENCES LLC	15	22	17	14	10	13	10	15	14	12	11	10	13	8	1
COMMONWEALTH SCI & IND RES ORG	7	13	14	11	12	3	1	13	1	8	2	1	1	3	4
SYNGENTA PARTICIPATIONS AG	7	7	11	8	6	2	2	5	5	5	2		1	2	5
NISSHIN FOODS INC	3	3	7	3	3	7		1		1					
INST GENETICS & DEV BIOLOGY CHINESE ACAD	59	2	6	2	2			2		2					
MONSANTO TECHNOLOGY LLC	1	98	6	1				1					2		
ARCADIA BIOSCIENCES INC	4	9	5	4	5	3		5	5	5	3		3		
INST CROP SCI CHINESE ACAD AGRIC SCI	199	1	4												
UNIV HUAZHONG AGRIC	20	2	2												
UNIV SHANDONG AGRIC	51		1	1	1	1		1	1	1	1				
UNIV NANJING AGRIC	70	1	1												
UNIV CHINA AGRIC	42		1												
CROP RES INST SHANDONG ACAD AGRIC SCI	21		1					1							
JIANGSU AGRIC SCI INST	56														
UNIV NORTHWEST A & F	46														

续表 9-5

专利权人	CN	US	WO	EP	CA	JP	KR	AU	BR	IN	MX	RU	AR	ZA	ES
UNIV SICHUAN AGRIC	45														
GUANGDONG ZHONGXUN AGRIC SCI CO LTD	29														

(5)top10 高校对比分析　在中国,高校是专利发明的重要力量。小麦分子育种领域的专利发明量 top10 均为中国高校,直到第 12 位才有一所加拿大高校。在研究时间范围内,该领域南京农业大学专利量最高为 110 项,中国农业大学和山东农业大学并列第 2,均为 72 项。具体见表 9-6。

表 9-6　小麦分子育种领域高校专利情况

高校名称	高校名称	专利量
UNIV NANJING AGRIC	南京农业大学	110
UNIV CHINA AGRIC	中国农业大学	72
UNIV SHANDONG AGRIC	山东农业大学	72
UNIV NORTHWEST A & F	西北农林科技大学	66
UNIV SICHUAN AGRIC	四川农业大学	64
UNIV ANHUI AGRIC	安徽农业大学	41
UNIV HENAN AGRIC	河南农业大学	40
UNIV SHANDONG	山东大学	40
UNIV HUAZHONG AGRIC	华中农业大学	37
UNIV JIANGSU	江苏大学	24
UNIV QINGDAO AGRIC	青岛农业大学	23
UNIV SASKATCHEWAN	加拿大萨斯喀彻温大学	23

(6)新进入和退出的机构　从表 9-7 可以看出,近 3 年不再发表成果的公司包括行业巨头巴斯夫股份公司,可能其战略方向发生了转型。近 3 年的核心组织除了孟山都科技有限公司之外,多来自中国。近 3 年新进入该领域的组织机构也多来自中国,说明中国在该领域发展势头强劲。

表 9-7　小麦分子育种领域近 3 年核心机构、新进入机构和退出的机构

近 3 年核心机构		近 3 年首次发表成果的机构		近 3 年不再发表成果的机构	
英文	中文	英文	中文	英文	中文
INST CROP SCI CHINESE ACAD AGRIC SCI [48]	中国农业科学院作物科学研究所	QINGDAO YUANCE GROUP CO LTD [9]	青岛袁策集团有限公司	BASF SE [40]	巴斯夫股份公司(德国)
UNIV SHANDONG AGRIC [19]	山东农业大学	WEIZHEN BEIJING FOOD TECHNOLOGY CO LTD [7]	唯珍(北京)食品科技有限公司	GUANGDONG ZHONGXUN AGRIC SCI CO LTD [29]	广东中迅农科股份有限公司

续表 9-7

近 3 年核心机构		近 3 年首次发表成果的机构		近 3 年不再发表成果的机构	
英文	中文	英文	中文	英文	中文
UNIV SICHUAN AGRIC [18]	四川农业大学	HEBEI ACAD AGRIC & FORESTRY SCI DRYLAND [5]	河北省农林科学院旱作农业研究所	DOW AGROSCIENCES LLC [22]	陶氏益农有限责任公司(美国)
INST GENETICS & DEV BIOLOGY CHINESE ACAD [16]	中国科学院遗传与发育生物学研究所	UNIV HUNAN SCI & TECHNOLOGY [5]	湖南科技大学	MA S [19]	MA S
MONSANTO TECHNOLOGY LLC [14]	孟山都科技有限公司(美国)	GUANGDONG RIKEWEI SELENIUM-RICH FOOD CO [5]	广东日可威富硒食品有限公司	NANJING HUAZHOU PHARM CO LTD [18]	南京华洲药业有限公司
UNIV NANJING AGRIC [14]	南京农业大学	SICHUAN ACAD AGRIC SCI CROP RES INST [4]	四川省农业科学院作物研究所	CROP RES INST SHANDONG AGRIC SCI ACAD [16]	山东省农业科学院作物研究所
JIANGSU AGRIC SCI INST [10]	江苏省农业科学院	HAILIR PESTICIDES & CHEM CO LTD [4]	海利尔药业集团(青岛)	GUANGXI IDYLLIC BIOCHEMISTRY CO LTD [15]	广西田园生化股份有限公司
QINGDAO YUANCE GROUP CO LTD [9]	青岛袁策集团有限公司	ANHUI LANMPIN AGRIC DEV CO LTD [4]	安徽 LANMPIN 农业发展有限公司	JINAN SHUNHAO BIOTECHNOLOGY CO LTD [14]	济南舜昊生物科技有限公司
UNIV ANHUI AGRIC [9]	安徽农业大学	DONGZHI RUIFENG IND CO LTD [4]	东至县瑞丰实业有限责任公司	WUHE TONGSHIFU FOOD CO LTD [13]	五河童师傅食品有限公司
CROP RES INST SHANDONG ACAD AGRIC SCI [9]	山东省农业科学院作物研究所	UNIV QINGDAO [4]	青岛大学	XINJIANG AGRIC SCI ACAD RES INST [13]	新疆农业科学院

4. 技术主题分析

(1)主要技术主题　从图 9-6 中可以看出,小麦分子育种领域的主要技术主题词为基因片段(C04-E99)、谷物和草类栽培(P13-E03)、转基因(D05-H16B)、药物组合(C14-S18)、测试和检测(不包括细菌、真菌、病毒)(D05-H09)、植物材料的繁殖(P13-B01)、核酸,杂交探针等的测试(C12-K04F)、植物胁迫耐受性(例如干旱、热量)(C14-U05)、引物、探针 (C04-E05)、植物疾病检测(C12-K04D)、新植物和植物品种(P13-B02)等。具体情况如图 9-6 所示。

(2)技术主题地域分布　从图 9-7 可以看出,多数国家的技术主题较为多样化,且不同国家各有侧重，如美国较重视植物胁迫耐受性（例如干旱、热量）（C14-U05）、转基因（D05-H16B）领域的专利申请；中国发展较为均衡，但在美国较重视的植物胁迫耐受性（例如干旱、热量）（C14-U05）、转基因（D05-H16B）两方面专利较少；德国在药物组合（C14-S18）方面较为重视，转基因（D05-H16B）领域略有涉猎；韩国和日本各领域发展较为均衡，澳大利在药物组合（C14-S18）、植物胁迫耐受性（例如干旱、热量）（C14-U05）方面发明较少；俄罗斯较重视植物材料的繁殖（P13-B01）方面的技术储备。具体情况如图 9-7 所示。

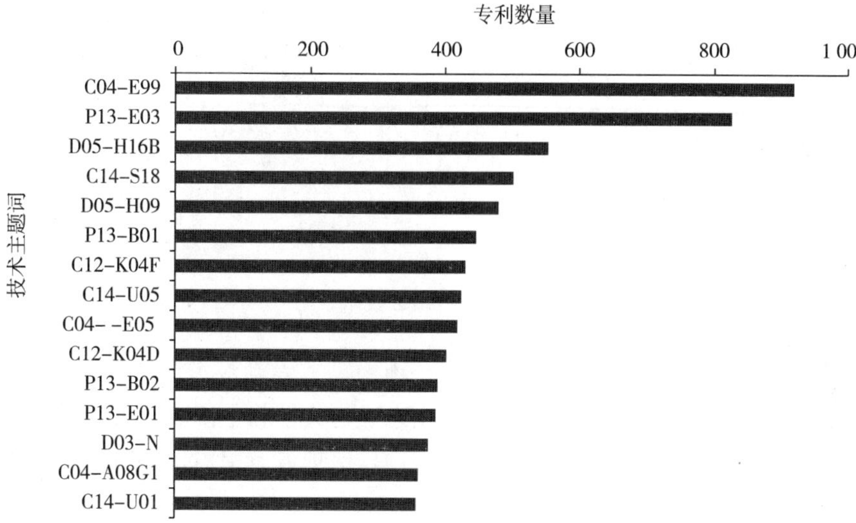

图 9-6　小麦分子育种领域技术主题及其专利数量

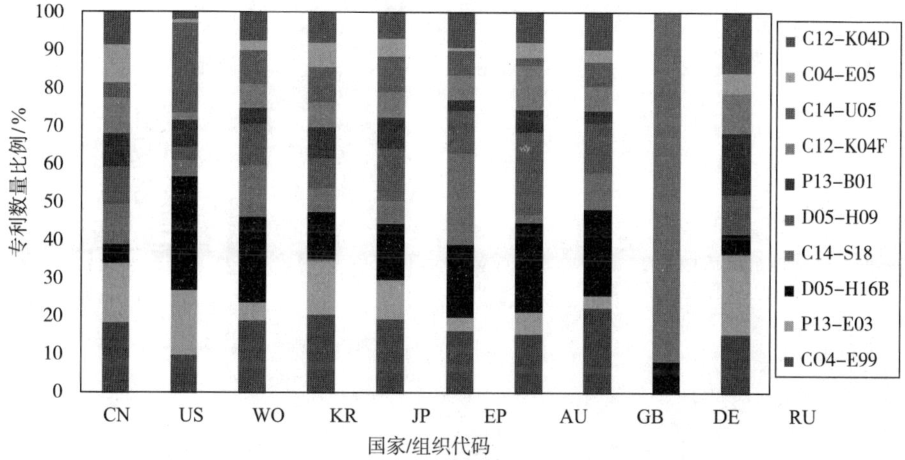

图 9-7　小麦分子育种领域技术主题地域分布

图 9-7 彩色图

（3）国家技术布局　从图 9-8 可以看出，中国在主要的技术领域都有涉及，而美国的专利涉及的领域则比较集中。美国最重视品种/育种系的知识产权保护，中国在品种/育种系方面的专利较少，可能与中国的品种登记制度有关，也可能是因为中国小麦品种在国际上较少布局。中国较重视基因的知识产权保护，如抗病的分子标记和引物筛选及探测内含物引物的筛选等，也比较重视小麦粉/麸的利用。日本较重视小麦品质及其加工与用途方面的发明创造。

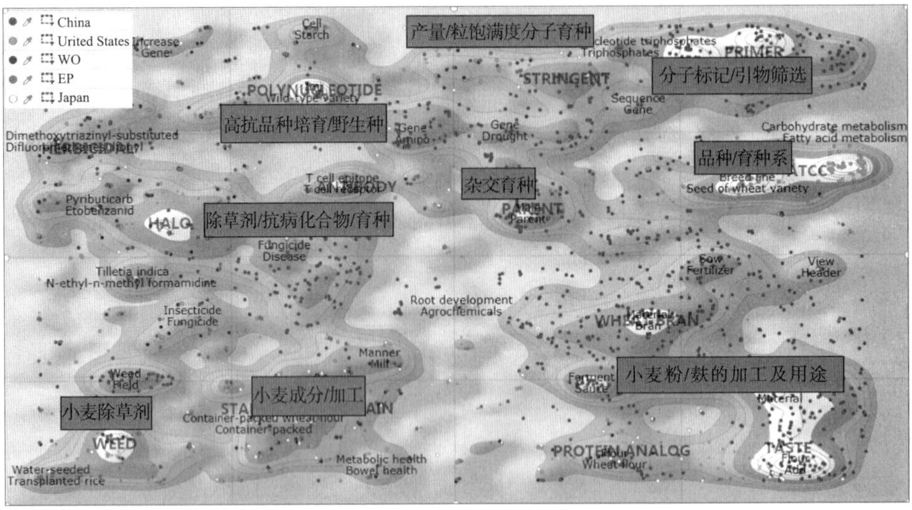

图 9-8 彩色图

图 9-8　小麦分子育种领域国家/地区技术布局

(4)组织机构技术布局　从图 9-9 可以看出,中国主要专利权人的专利集中在分子标记、引物筛选和高产育种方面,包括南京农业大学、山东农业大学和中国农业大学的专利也主要分布在此方面。杜邦和拜耳公司在小麦品种方面的产权保护占有绝对优势,杜邦、拜耳和巴斯夫在小麦除草剂及抗性方面的育种也非常重视。

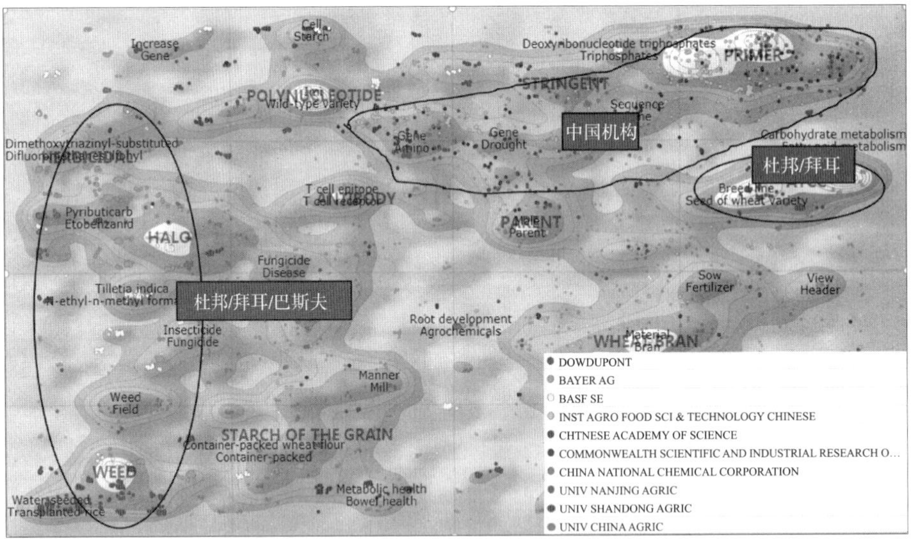

图 9-9 彩色图

图 9-9　小麦分子育种领域组织机构技术布局

9.1.3　结论与建议

通过对全球小麦分子育种领域总体情况及态势、地域、专利权人、技术主题等全面深入的分析,得出主要结论与建议如下。

1. 主要结论

(1)小麦分子育种领域在 2009—2019 年专利申请量和授权量均为逐年上升趋势,有较好的发展势头，预测未来几年仍有较好的发展前景。

(2)在研究时间范围内，该领域专利量排名前 3 位的国家依次为中国、美国和日本。中国的专利授权比例最高，其次是巴西。专利的申请量和授权量中国随年度上升趋势显著，且远高于其他国家和地区。

(3)企业和学术机构是小麦分子育种领域专利创新活动的驱动力。该领域学术机构的专利主要集中在中国，国外主要掌握在大的垄断组织中。政府机构也多数来自中国。

(4)小麦分子育种领域仍有发展空间，大量企业在进行发散式的研发，近几年增长较为迅猛，中国农业科学院作物科学研究所在该领域发展势头较好。

(5)国外企业较注重全球的专利布局，中国的专利绝大多数只在本国申请专利，缺乏国际布局。

(6)在高校中，中国高校是专利发明的重要力量，直到第 12 位才有一所加拿大高校，其中南京农业大学专利量最多。

(7)近 3 年不再发表成果的公司包括行业巨头巴斯夫，可能其战略方向发生了转型。近 3 年的核心组织除了孟山都之外，多来自中国。

(8)该领域前 3 位的技术主题依次为：基因片段(C04-E99)、谷物和草类栽培(P13-E03)、转基因(D05-H16B)。不同国家技术主题各有侧重，如美国较侧重植物胁迫耐受性(例如干旱、热量)C14-U05、转基因(D05-H16B)，中国发展较为均衡，但在美国较重视的植物胁迫耐受性(例如干旱、热量)(C14-U05)、转基因(D05-H16B)两方面的专利较少。

(9)通过基于技术聚类的专利地图分析，发现中国在各主要技术领域都有涉及，而美国的专利涉及的领域则比较集中，美国最重视品种/育种系的专利布局，中国在品种/育种系方面的专利较少；中国主要专利权人的专利主要集中在分子标记、引物筛选和高产育种方面；杜邦和拜耳公司在小麦品种方面的专利布局占有绝对优势，杜邦、拜耳和巴斯夫对小麦除草剂及抗性方面的育种也非常重视。

2. 主要建议

(1)与其他国家相比，中国小麦分子育种领域的专利量最大，且发展势头较好，中国在该领域的专利授权比例最高，但中国专利的布局主要是在国内，缺少国外的专利布局。中国应严格专利的审查，提高授权专利的质量，并重视高价值专利的国外布局，避免在国际上我国小麦分子育种领域的发展处于被动局面。

(2)中国在小麦分子育种领域的专利主要集中在学术机构，国外该领域的专利主要被大的企业实体垄断，学术机构的职能特点限制了知识产权保护，使专利技术容易外流且不能很好地受到保护，而大的垄断组织由于经济实力和其本身的特点使其能很好地进行知识产权的保护，这使我国该领域的创新技术处于弱保护状态，需要相关管理部门在政策制定及引导方面注意此问题，并且应大力推进专利成果的转移转让。

9.2 专题专利分析案例一

本案例是关于猪疾病模型的专利分析，目的是了解国内外该领域专利申请的趋势、主要研发机构、技术主题等内容，为该课题组的研发方向调整、专利申请及专利布局提供参考。

9.2.1 数据获取

采用的是法国 Questel 公司的 Orbit 专利数据库。使用的检索式为：(猪 and (基因编辑 or 基因打靶 or 基因敲除 or 疾病模型 or 动物模型 or 猪模型)) or ((Pig or Swine) and (gene editing or Gene Targeting or Gene Knockout or disease model * or Animal model * or pig model * or disease model animal *))。检索结果数量为 1 435 件专利,经委托人审核鉴定,检索结果较为准确。数据的统计分析使用全部专利,技术主题等内容的分析先进行了专利家族归并。

9.2.2 分析内容及结果

1. 法律状态

对猪疾病模型领域专利数据的法律状态进行统计分析,结果如图 9-10 所示。由于未缴费等原因放弃专利的比例最大,占总数的 39.8%;已经授权的专利占总数的 31.9%;处于申请中的专利占比为 22.9%;撤销和过期的专利占比分别为 6.6%和 2.8%。

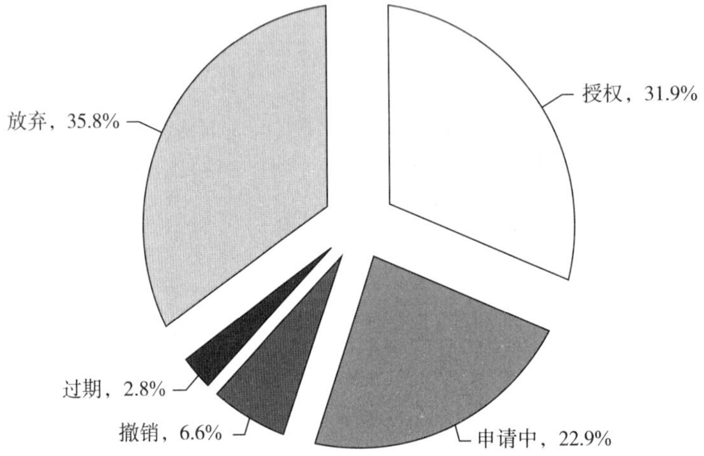

图 9-10 猪疾病模型领域专利的法律状态

2. 专利申请趋势

1999—2015 年,猪疾病模型领域的专利申请趋势有一定的波动,但总体呈上升趋势。说明该领域的发展势头较好,仍然有研发投入价值。由于专利的审查和授权公布有一定的时滞,所以 2016—2019 年的数据可能不全,仅作为参考。

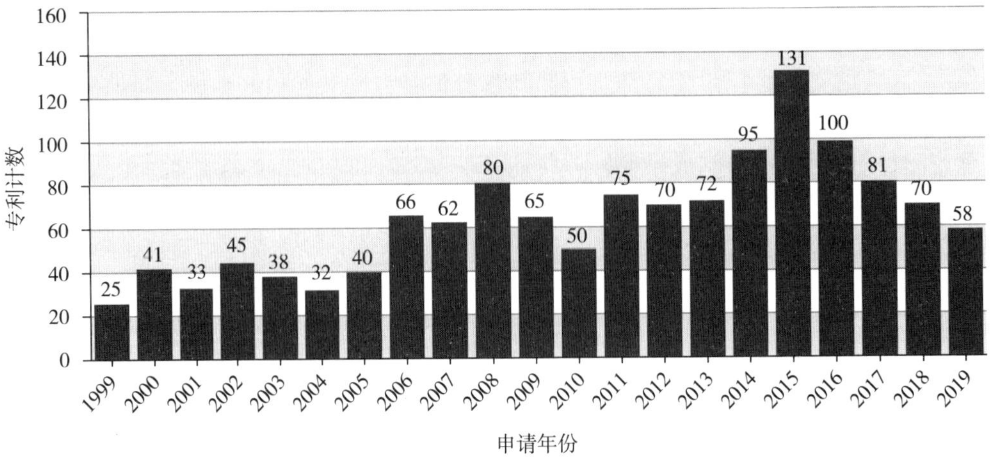

图 9-11 猪疾病模型领域专利数量变化趋势

3. 专利权人情况

(1)专利数量排名前 20 的专利权人　从图 9-12 可以看出,猪疾病模型领域专利数量最多的专利权人是丹麦奥胡斯大学(ARRHUS UNIVERSITY)共 42 项;美国基因编辑公司(RECOMBINETICS)共 31 项专利,排在第 2 位;美国勃林格·英格尔海姆兽医(BOEHRINGER INGELHEIM VETMEDICA [US])专利有 24 项,排在第 3 位;位于第 4 名的是深圳市第二人民医院,有 22 项专利;美国密苏里大学以 21 项专利数量排在第 5 位;中国农业大学在该领域有 18 项专利,与瑞士罗氏制药公司(HOFFMANN LA ROCHE[CH])并列排在第 6 名。在专利数量 top20 的专利权人中,中国和美国均有 7 个,遥遥领先于其他国家。说明在该领域中国和美国占绝对优势。

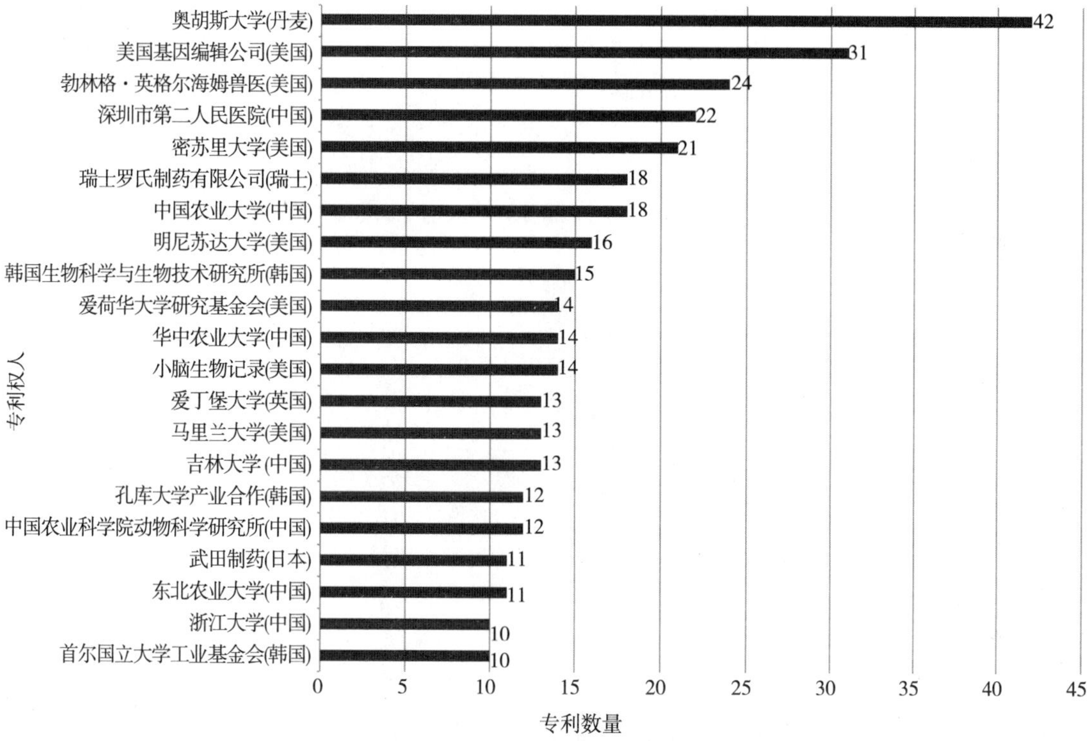

图 9-12　猪疾病模型领域专利数量 top20 的专利权人

(2)top20 专利权人专利量年度分布　top20 专利权人的专利数量按年度分布情况如图 9-13 所示,从图中可以看出,在该领域起步较早的是韩国生物科学与生物技术研究所(KOREA RESEARCH INSTITUTE OF BIOSCIENCE AND BIOTECHNOLOGY),而中国农业大学和东北农业大学在该领域起步较晚,美国基因编辑公司(RECOMBINETICS)起步也略晚。中国农业大学虽然进入该领域较晚一些,但发展势头较好。韩国生物科学与生物技术研究所虽然在该领域起步较早,但近五六年来专利量很少,说明该单位在此领域有萎缩趋势。

(3)top20 专利权人技术领域分布　从图 9-14 可以看出,多数专利权人的专利技术集中在生物技术以及专用设备方面,其次是制药方面,再次是生物学分析和医学技术方面,基础材料化学方面密苏里大学较为重视。

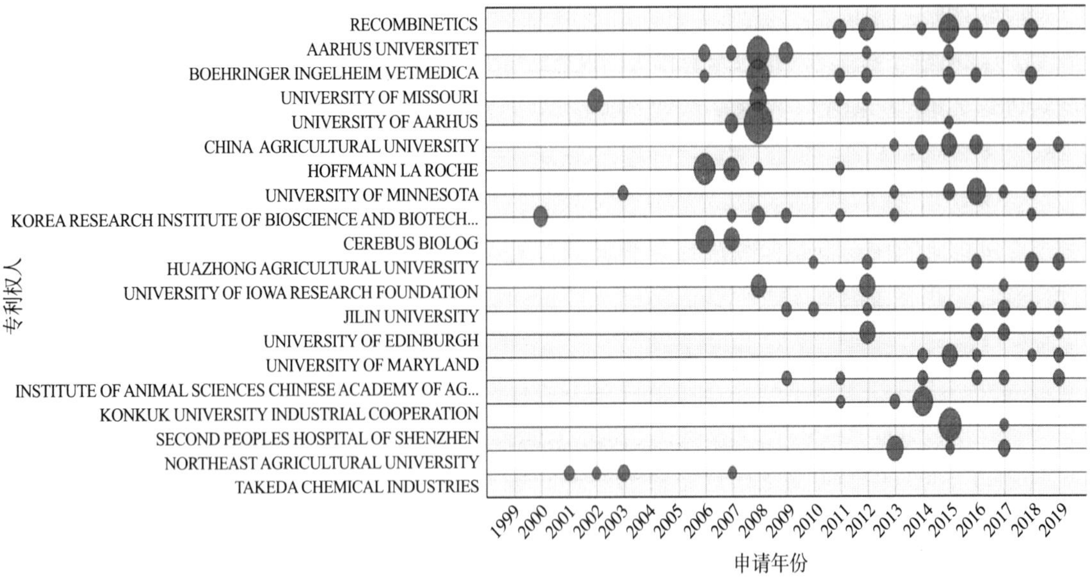

图 9-13 猪疾病模型领域 top20 专利权人的专利数量年度分布

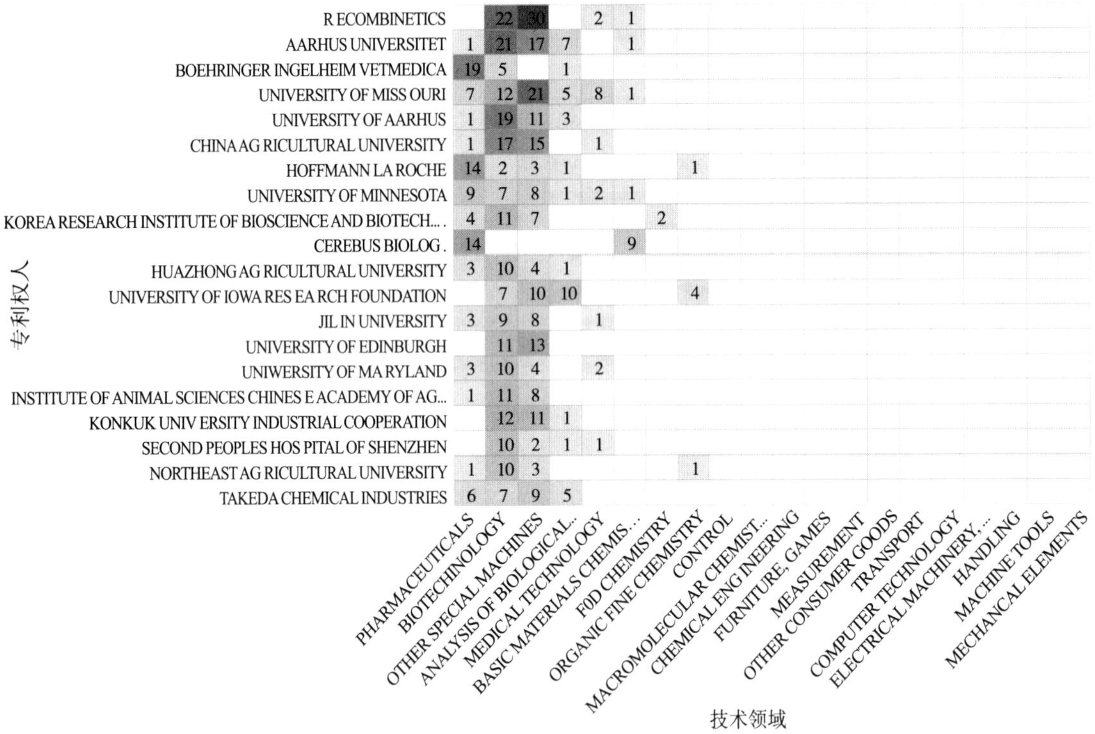

图 9-14 top20 专利权人的技术领域分布

4. 国家/地区分布

专利公开数量可代表专利在不同国家/地区的布局。从图 9-15 可以看出，在猪疾病模型领域，中国的专利公开数量最多，为 478 件，其次是美国 233 件，第 3 名和第 4 名分别是日本和韩国，说明这些国家被布局的专利较多。

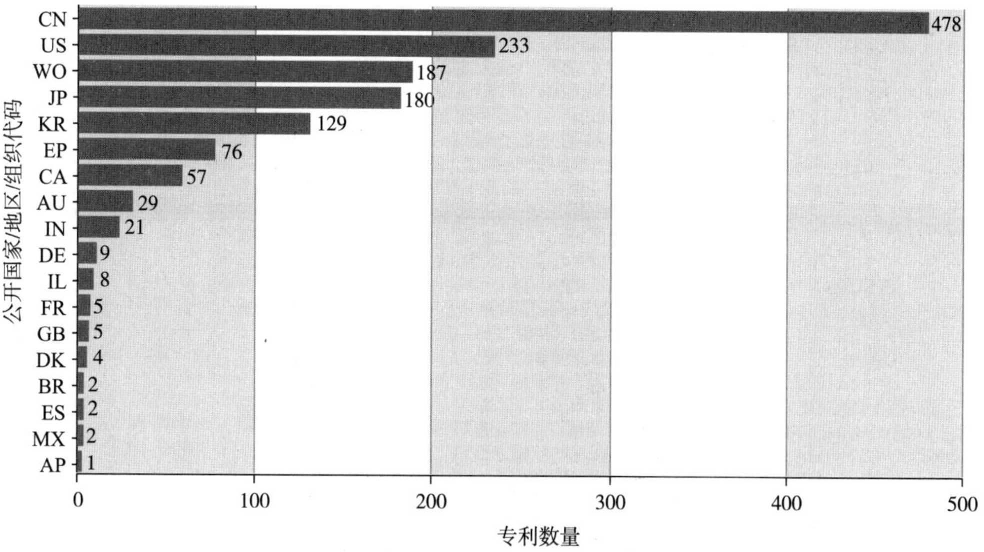

图 9-15 猪疾病模型领域专利公开数量 top20 国家/地区

优先权专利数量越多，代表该国家/组织是该领域专利技术的主要掌控者。从图 9-16 中可以看出，优先权属于美国的专利数量最多，说明美国拥有专利权的专利数量最多，是技术的主要掌控者。结合图 9-15 推测，在猪疾病模型领域，美国在其他国家布局的专利数量较多，而中国在该领域的专利基本在本国申请，不太重视在其他国家的专利布局。

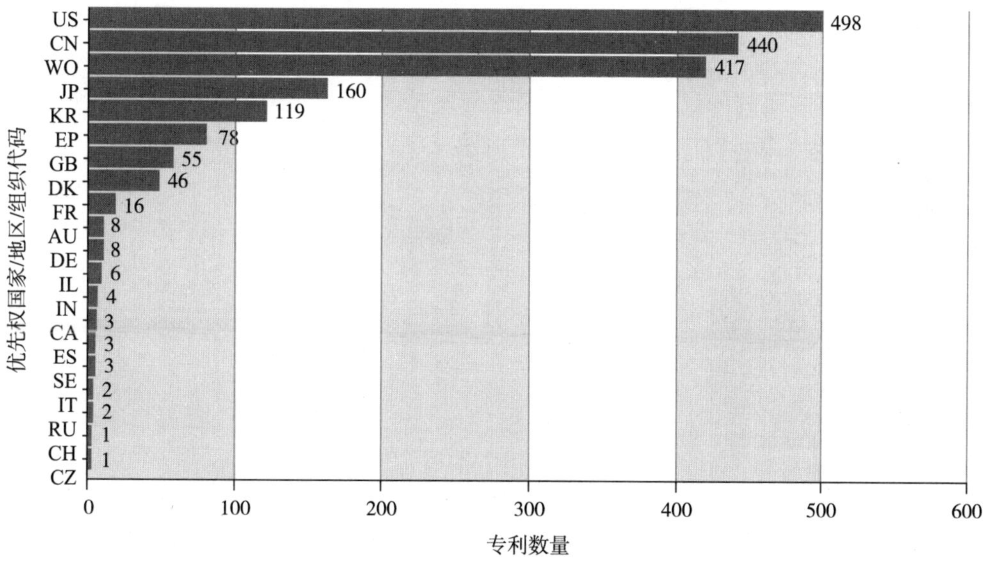

图 9-16 猪疾病模型领域优先权专利数量分布

5. 发明人情况

从图 9-17 可以看出，在猪疾病模型领域发明专利数量最多的为 Carlson Daniel F，共发明了 27 项专利，其次是 Bolind Lars Axel 和 Kargh Peter Michael，均为 26 项专利。结合图 9-18 可以看出 top30 发明人中，中国的专利发明人数量较多。

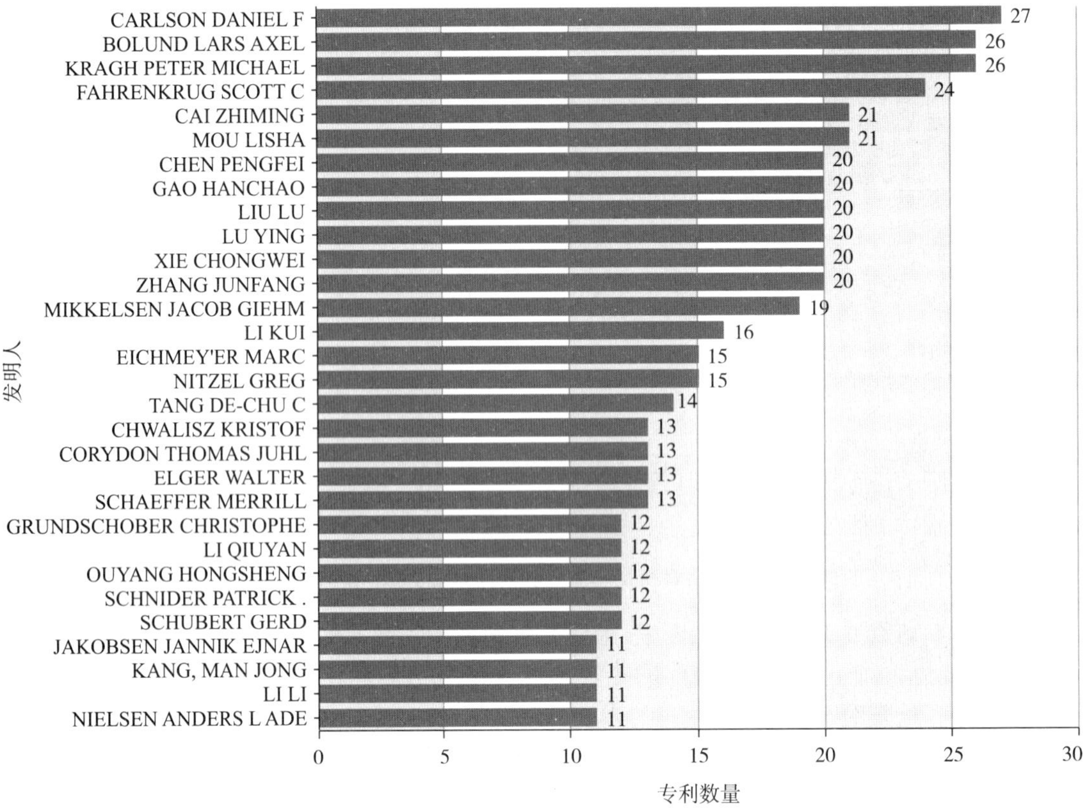

图 9-17 猪疾病模型领域专利数量 top30 发明人

从图 9-18 可以直观的分析发明人的国家分布情况，可以看出中国和美国的发明人数量最多，这与本节专利权人数量的国家分布也是中国和美国最多的分析结果一致。

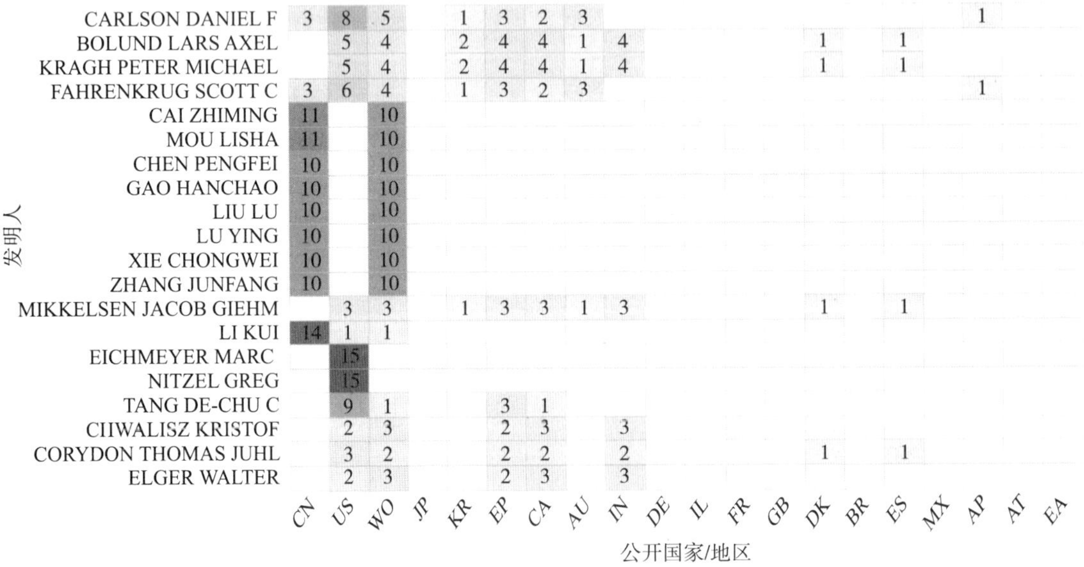

图 9-18 猪疾病模型领域 top20 专利发明人国家/地区分布

6. 基于技术聚类的专利地图

将猪疾病模型领域的专利检索结果先进行专利家族归并，然后进行技术聚类绘制专利地图，结果如图 9-19 所示。从图中可以看出，该领域的技术主题主要分布在预防、原材料，转基因哺乳动物、哺乳动物物种、人类创造，致敏问题，半乳糖基转移酶基因、基因表达、调节基因，基因修饰猪、原胚囊、原印记基因，异亮氨酸、高血压，慢性过敏疾病、猪孢疹病毒沉降、重组质粒，多能干细胞诱导等方面。

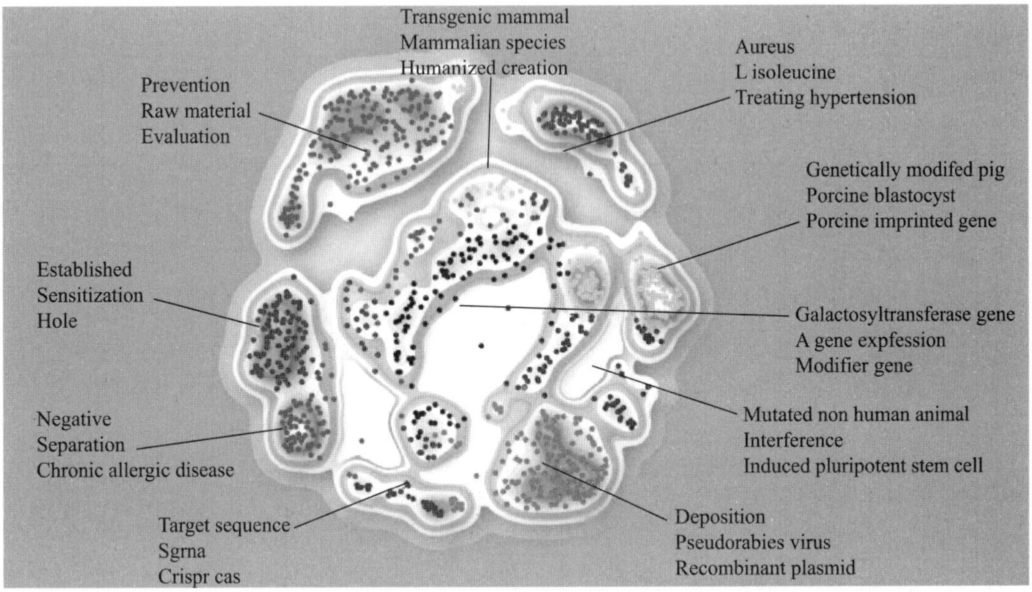

图 9-19　猪疾病模型领域基于技术聚类的专利地图

9.2.3　结论与建议

1. 主要结论

通过检索猪疾病模型的专利并对其进行多维分析，可以得出以下主要结论。

(1)猪疾病模型领域的专利由于未缴费等原因被放弃的专利比例最大，占总数的 39.8%；已经授权的专利占总数的 31.9%；处于申请中的专利占比为 22.9%；撤销和过期的专利占比分别为 6.6%和 2.8%。

(2)1999—2015 年，该领域的专利虽然有一定的波动，但总体呈上升趋势。

(3)该领域专利数量最多的专利权人是丹麦奥胡斯大学(ARRHUS UNIVERSITY)共 42 项；美国基因编辑公司(RECOMBINETICS)共 31 项专利，排名第 2 位；美国勃林格·英格尔海姆兽医(BOEHRINGER INGELHEIM VETMEDICA [US])专利有 24 项，排名第 3；第 4 名是深圳市第二人民医院，有 22 项专利；中国农业大学在该领域有 18 项专利，与瑞士罗氏制药公司(HOFFMANN LA ROCHE[CH])并列排在第 6 名。在专利数量 top20 的专利权人中，中国和美国各有 7 个，遥遥领先于其他国家。说明在该领域中国和美国专利技术占绝对优势。

(4)该领域起步较早的是韩国生物科学与生物技术研究所(KOREA RESEARCH INSTITUTE OF BIOSCIENCE AND BIOTECHNOLOGY)，而中国农业大学和东北农业大学在该领域起步较晚，美国基因编辑公司(RECOMBINETICS)起步也略晚。中国农业大学虽然进入该领域较晚一些，但发展势头较好。韩国生物科学与生物技术研究所虽然在该领域起步较早，但近五六年来专利量呈现萎缩趋势。

（5）该领域多数专利权人的专利技术集中在生物技术以及专用设备方面，其次是制药方面，再次是生物学分析和医学技术方面。

（6）专利公开数量可代表专利在不同国家的布局。在该领域，中国的专利公开数量最多，为478件，其次是美国233件，第3名和第4名分别是日本和韩国，说明这些国家被布局的专利较多。在该领域美国拥有专利权的专利数量最多，且美国在其他国家布局的专利数量较多。而中国在该领域的专利基本在本国申请，未重视在其他国家的布局。

（7）该领域发明专利数量最多的为Carlson Daniel F，共发明了27件专利，其次是Bolind Lars Axel和Kargh Peter Michael，均为26件专利。top20发明人中，中国的专利发明人数量较多。

（8）通过技术聚类分析该领域的技术主要分布在预防、原材料，转基因哺乳动物、哺乳动物物种、人类创造，致敏问题，半乳糖基转移酶基因、基因表达、调节基因，基因修饰猪、原胚囊、原印记基因，异亮氨酸、高血压，慢性过敏疾病、猪孢疹病毒沉降、重组质粒，多能干细胞诱导等方面。

2. 主要建议

（1）猪疾病模型领域在近几年一直保持较好的发展势头，有继续研发投入的价值。

（2）我国在该领域的发明人数量较多，应凭借该领域人才优势，在注重专利产出的同时，加大力度提升专利成果质量，争取将高质量专利成果向国际具有市场潜力的国家和地区布局，增强国际竞争力。

（3）该领域由于多种原因被放弃的专利数量占比较大，可关注该部分专利的主要技术内容，在未来研发中作为参考，借鉴有价值的技术，避开无意义研发，节约科研费用和时间成本。

9.3 专题专利分析案例二

本案例是关于高效表达外源蛋白的CHO细胞株的构建与筛选的专利分析，目的是了解国内外该领域专利技术发展趋势、主要竞争者和合作者、热点方向等内容，为该课题组的研发方向调整、专利申请及专利布局提供参考。

9.3.1 数据获取

高效表达外源蛋白的CHO细胞株的构建与筛选专利分析采用北京合享智慧科技有限公司（现加入科睿唯安）的incoPat专利数据库进行“高效表达外源蛋白的CHO细胞株的构建与筛选”领域（以下简称高表达CHO领域）的专利分析。使用的检索式为：（TIAB=（CHO细胞 AND（基因编辑 OR 转基因 OR 外源基因 OR 定点插入 OR 同源重组 OR 高效表达 OR 外源蛋白 OR 稳定表达 OR 工程化改造）））OR（（TIAB=（CHO CELL AND（FOREIGN OR EXOGENOUS OR HETEROLOGOUS PROTEIN）AND（GENE* OR PROTEIN））OR（TIAB=（CHO CELL AND（GENE EDIT* OR TRANSGEN* OR SITE INSERTION OR HOMOLOGOUS RECOMBINATION OR HIGH-LEVEL EXPRESSION OR HIGH EFFICIENT EXPRESSION OR OVER-EXPRESSION OR HIGH EXPRESSION OR STABLE EXPRESSION)))))。检索结果数量为878项专利，进行申请号归并后，最终获得631项专利，经专家鉴定确认，检索结果较为准确，噪声数据小，可以作为基础数据。各项指标的统计分析采用申请号归并后的数据，避免申请和授权的同一专利被重复统计，技术主题分析进行了专利家族归并。（数据采集时间2020年6月）

9.3.2 分析内容及结果

1. 总体情况及态势

(1)总体概况　世界关于高表达 CHO 领域的相关专利共有 631 项。其中发明专利申请为 613 项,占全部专利申请的 97.1%;已授权发明专利为 244 件,占全部发明专利申请的 39.8%。所有专利中,有效专利为 224 件,有效率 39.5%。具体见表 9-8 所示。

表 9-8　高表达 CHO 领域的专利概况

全部专利量	有效(包括在审)专利量	发明专利申请量	发明专利授权量
631	224	613	244

(2)发明节奏　近 20 年专利申请情况如图 9-20 所示。由图可以看出,2015 年以前高表达 CHO 领域基于公开年的专利量波动较大,公开的专利总量从 2015—2018 年逐年扩张趋势显著。由于专利从申请到公布存在一定的时滞,导致 2018—2020 年的数据可能不全,不能真实反映专利扩张趋势,因此这 3 年的数据仅供参考。

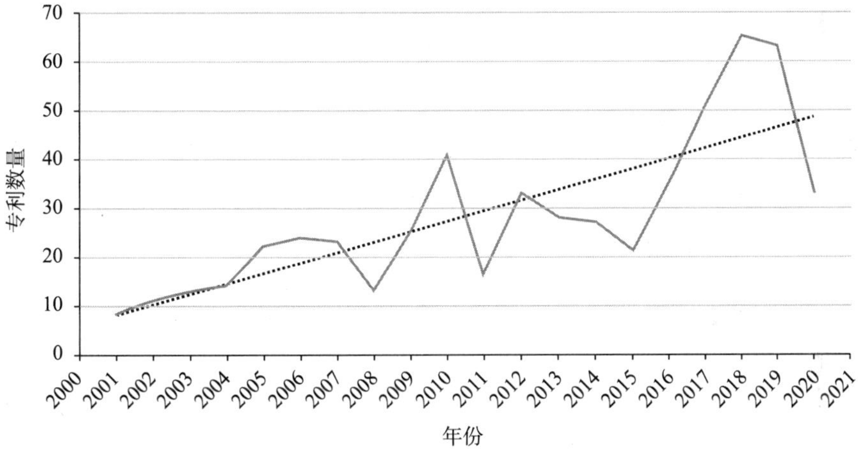

图 9-20　2001—2020 年高表达 CHO 领域专利申请情况

2. 地域分析

(1)专利地域分布　专利公开国一定程度上可以反映在该国的专利布局情况。对高表达 CHO 领域的专利从公开国的角度进行分析,从图 9-21 可以看出,中国公开的专利数量最多,除了因为中国发明的专利数量较多之外,还有可能是国外在中国布局的专利数量较多的原因。美国其次,但与中国专利公开数量差距较大;韩国、日本、澳大利亚、加拿大等国也是该领域的主要公开国。说明这些国家有较广阔的市场应用前景。具体见图 9-21 所示。

从图 9-22 可以看出,中国和美国的专利申请国家/地区数量较多。将图 9-21 和图 9-22 比较来看,中国的专利申请和公开数量基本持平,说明中国的发明创造多在本国申请,向国外布局很少(从图 9-23 也可以看出),而美国的专利申请数量较多,但多在其他国家进行布局。

(2)top10 国家/地区专利量年度变化情况　从图 9-24 可以看出,2001—2020 年在该研究领域范围内,除了中国专利量总体呈上升趋势以外,其他国家和地区的专利量上升趋势不明显。中国在该领域的专利申请量在该研究时间范围内远超过其他国家和地区。

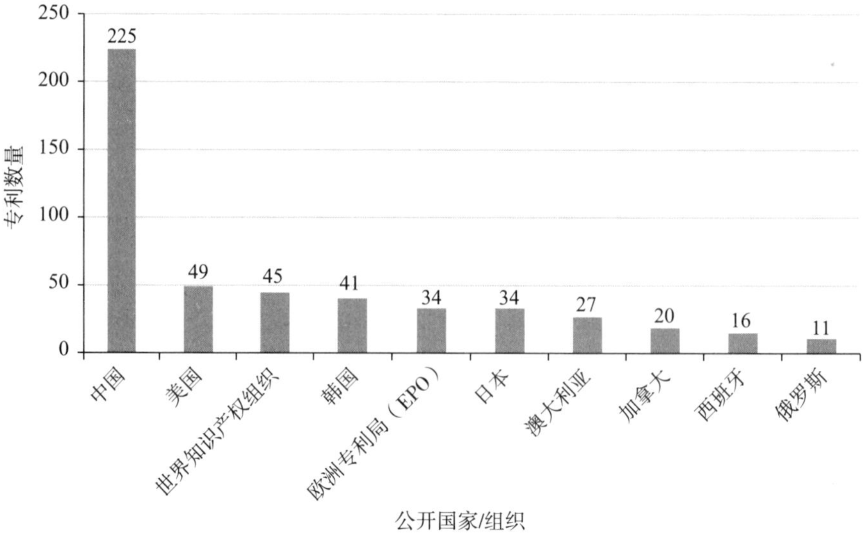

图 9-21 高表达 CHO 领域专利公开地域分布

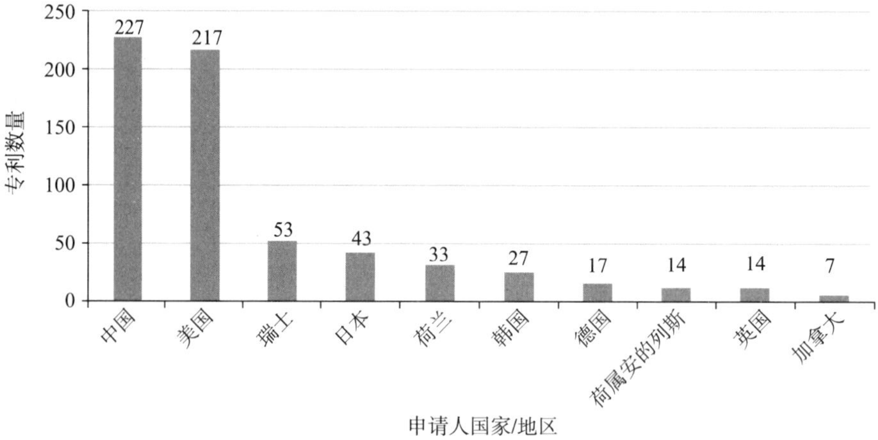

图 9-22 高表达 CHO 领域专利申请人国家/地区分布

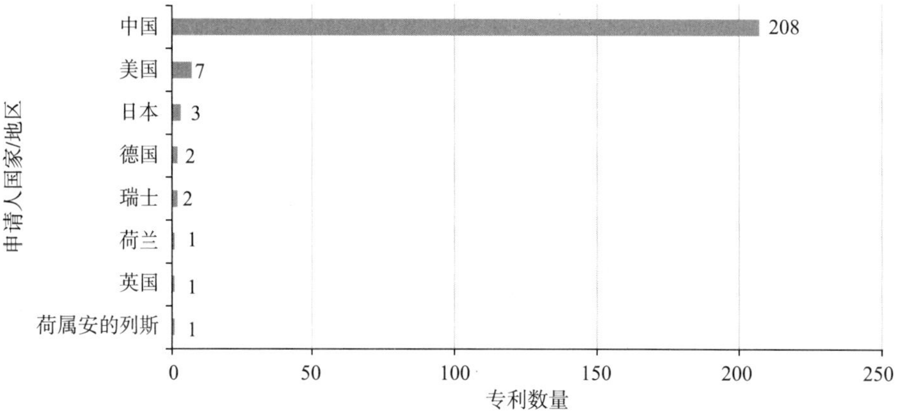

图 9-23 高表达 CHO 领域专利申请人国家/地区

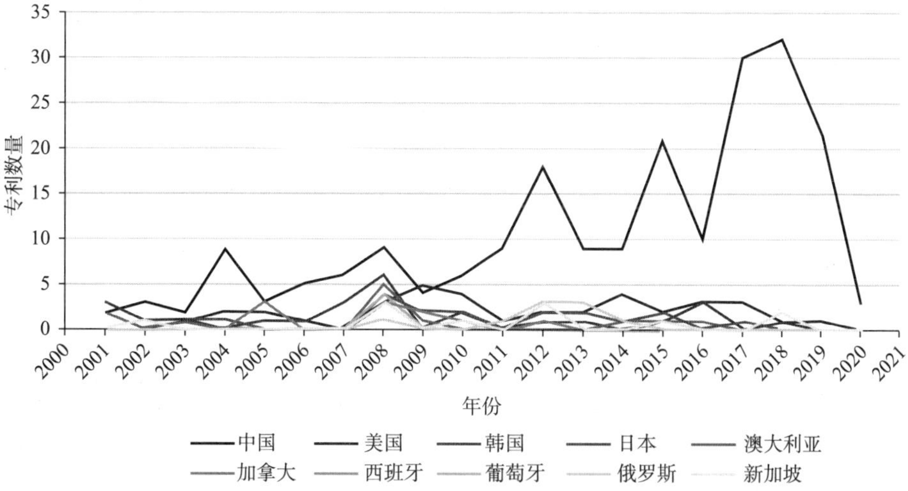

图 9-24 彩色图

图 9-24　2001—2020 年高表达 CHO 领域 top10 国家专利量变化趋势

3. 专利权人分析

(1)top20 专利申请人　在高表达 CHO 领域，top20 专利申请人如图 9-25 所示，专利数量排名前两位的专利申请人分别为 BAXALTA INC 公司、ONCOGEN 公司，APPLIED RESEARCH SYSTEMS 和 CRVCELL HOLLAND BV 并列第 3 位。该技术领域的专利权多属于企业实体，学术机构只有江南大学在该领域表现较为突出。

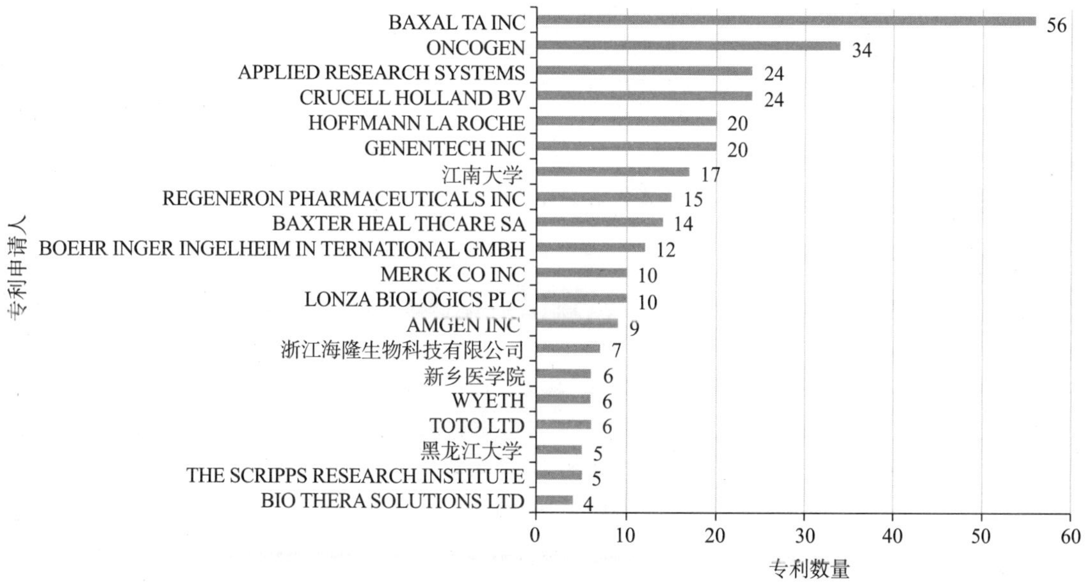

图 9-25　高表达 CHO 领域 top20 专利申请人

(2)中国专利申请人类型　incoPat 将专利申请人划分为企业、大专院校、科研单位、机关团体和个人，如表 9-9 所示。其中企业所拥有的该领域专利数量最多，有 128 项；其次是高等院校，有 62 项专利；其他科研单位有 28 项专利；机关团体和个人分别拥有 10 项和 8 项专利。说明企业和大专院校是高表达 CHO 领域专利创新活动的驱动力。

表 9-9　高表达 CHO 领域中国专利申请人类别

申请人类型	专利数量
企业	128
大专院校	62
科研单位	28
机关团体	10
个人	8

在该领域我国的企业中，浙江海隆生物科技有限公司所拥有的专利最多，有 7 项专利；上海中信国健药业有限公司、同昕生物技术(北京)有限公司、沈阳三生药业有限公司、神州细胞工程有限公司和苏州世诺生物技术有限公司并列排在第二位，各有 3 项专利。这些企业在我国属于该领域的主要知识产权拥有者，但与其他国家的企业相比，仍有较大差距。

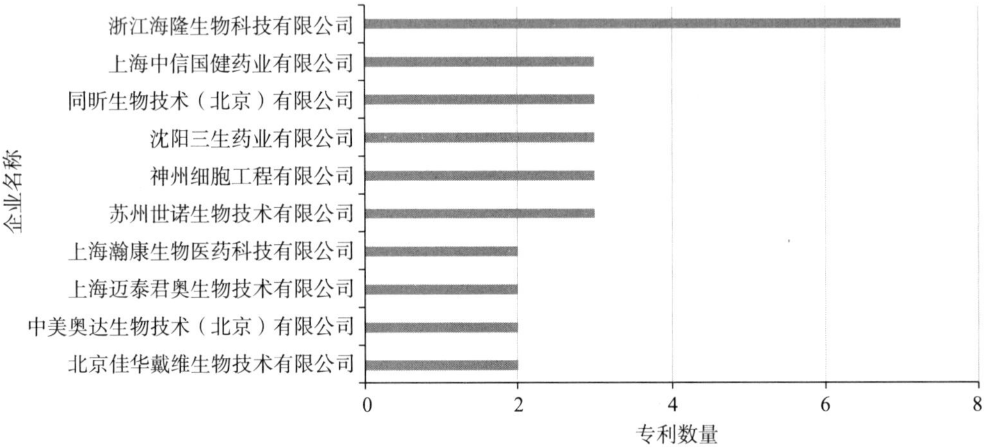

图 9-26　高表达 CHO 领域中国主要企业

在高表达 CHO 领域江南大学是拥有专利最多的高校，有 10 项专利；其次是新乡医学院，有 6 项专利；然后依次是黑龙江大学、暨南大学、浙江大学、中国医药大学，其他主要拥有专利的高校具体见图 9-27 所示。

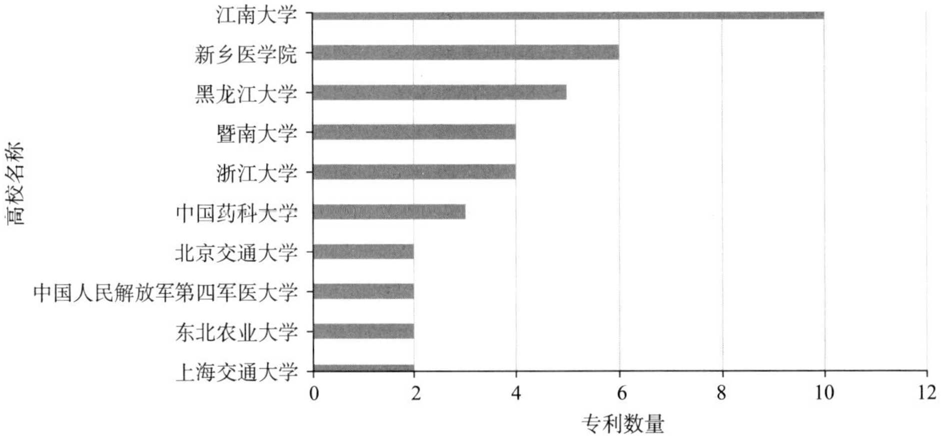

图 9-27　高表达 CHO 领域中国主要高校

4. 技术主题分析

(1)基于IPC的技术主题　高表达CHO领域专利的主要技术主题按照IPC分类统计情况见表9-10所示，由于不同分类的数据有交叉，所以不同类别的专利数之和大于该领域专利总数。由表9-10可以看出，属于C12N(微生物或酶；其组合物……)的专利数量最多，共有330项；第2位是C07K(含有β-内酰胺的肽……)类，有181项专利；第3位是A61K(医用、牙科用或梳妆用的配制品……)类，有96项专利，其他IPC类别专利数量情况具体见表9-10。

表9-10　高表达CHO领域基于IPC分类的专利数量情况

IPC分类号	专利数量
C12N(微生物或酶；其组合物(杀生剂、害虫驱避剂或引诱剂，或含有微生物、病毒、微生物真菌、酶、发酵物的植物生长调节剂，或从微生物或动物材料产生或提取制得的物质入A01N63/00；药品入A61K；肥料入C05F)；繁殖、保藏或维持微生物；变异或遗传工程；培养基(微生物学的试验介质入C12Q1/00)〔3〕)	330
C07K(肽(含有β-内酰胺的肽入C07D；在分子中除了形成本身的肽环外不含有任何其他的肽键的环状二肽，如哌嗪-2,5-二酮入C07D；环肽型麦角生物碱入C07D519/02；单细胞蛋白质、酶入C12N；获得肽的基因工程方法入C12N15/00)〔4〕)	181
A61K(医用、牙科用或梳妆用的配制品(专门适用于将药品制成特殊的物理或服用形式的装置或方法A61J3/00；空气除臭，消毒或灭菌，或者绷带、敷料、吸收垫或外科用品的化学方面，或材料的使用入A61L；肥皂组合物入C11D))	96
C12P(发酵或使用酶的方法合成目标化合物或组合物或从外消旋混合物中分离旋光异构体〔3〕)	94
A61P(化合物或药物制剂的特定治疗活性〔7〕)	69
C12R(与涉及微生物的C12C至C12Q小类相关的引得表)	51
G01N(借助于测定材料的化学或物理性质来测试或分析材料(除免疫测定法以外包括酶或微生物的测量或试验入C12M，C12Q))	44
C12Q(包含酶、核酸或微生物的测定或检验方法(免疫检测入G01N33/53)；其所用的组合物或试纸；这种组合物的制备方法；在微生物学方法或酶学方法中的条件反应控制〔3〕)	43
A01K(畜牧业；禽类、鱼类、昆虫的管理；捕鱼；饲养或养殖其他类不包含的动物；动物的新品种)	10
C07H(糖类；及其衍生物；核苷；核苷酸；核酸(糖醛酸或糖质酸的衍生物入C07C、C07D；糖醛酸、糖质酸入C07C59/105，C07C59/285；氰醇类入C07C255/16；烯糖类入C07D；未知结构的化合物入C07G；多糖类，有关的衍生物入C08B；有关基因工程的DNA或RNA，载体，例如质粒，或它们的分离、制备或纯化入C12N15/00；制糖工业入C13)〔2〕)	10

(2)主要专利权人的技术主题　incoPat的聚类分析是基于语义算法，提取专利标题、摘要和权利要求中的关键词，根据语义相关度聚出不同类别的主题，从而进行个性化的技术类别分析。将高表达CHO领域的专利文献进行聚类，共产生5个聚类主题，将专利申请人与5个聚类主题映射的矩阵图如图9-28所示。从图中可以发现，浙江海隆生物科技有限公司的技术主题主要是在人源化单克隆抗体方面，且在该技术主题领域无其他竞争者。在重组人促红细胞生成素方面的专利申请人最多，有4个单位都有涉及，包括江南大学、韩国科学技术院(Korea Advanced Institute of Science and Technology)、美国百特国际有限公司(Baxter International Inc.)、百特瑞士保健公司(Baxter Healthcare SA)。细胞周期蛋白技术领域主要是江南大学、美国默克公司(Merck & Co. Inc.)、美国安进公司(Amgen Inc.)掌握主要专利技术。新乡医

学院、惠氏制药(Wyeth)、美国再生元制药公司(Regeneron Pharmaceuticals)在表达载体技术主题领域掌握着主动权。美国百特国际有限公司(Baxter International Inc.)、百特瑞士保健公司(Baxter Healthcare SA)在仓鼠卵单细胞方面有专利布局。江南大学除了细胞周期蛋白技术方面占优势之外,在重组人促红细胞生成素技术主题领域也有涉及。

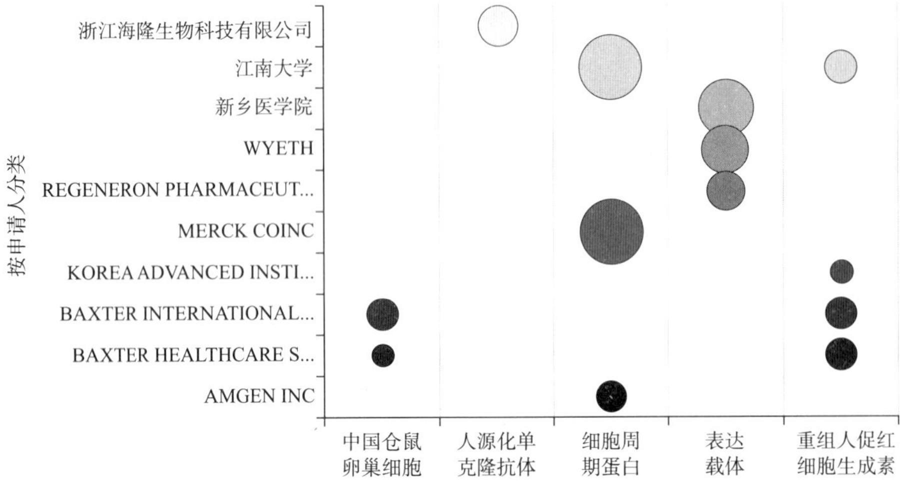

图 9-28　技术主题与专利申请人关系矩阵图

(3)基于主题聚类的热点技术　通过专利 3D 沙盘进行技术主题聚类分析,共产生 10 个技术主题聚类,具体见图 9-29 所示。从图中可以看出,重组蛋白|选择剂|免疫球蛋白是最大的聚类簇;细胞培养方法|哺乳动物细胞培养|异源聚类位列第 2 名;排在第 3 位的是多核苷酸|识别序列|寡核苷酸阵列方向。从 3D 沙盘图中可以直观的看出高表达 CHO 领域的热点技术主题,对于专利沙盘中显示的非热点技术主题(例如人 nk3R 受体|聚合酶链式反应),可以通过进一步深入分析挖掘,结合专家意见,判断是否具有研发前景。

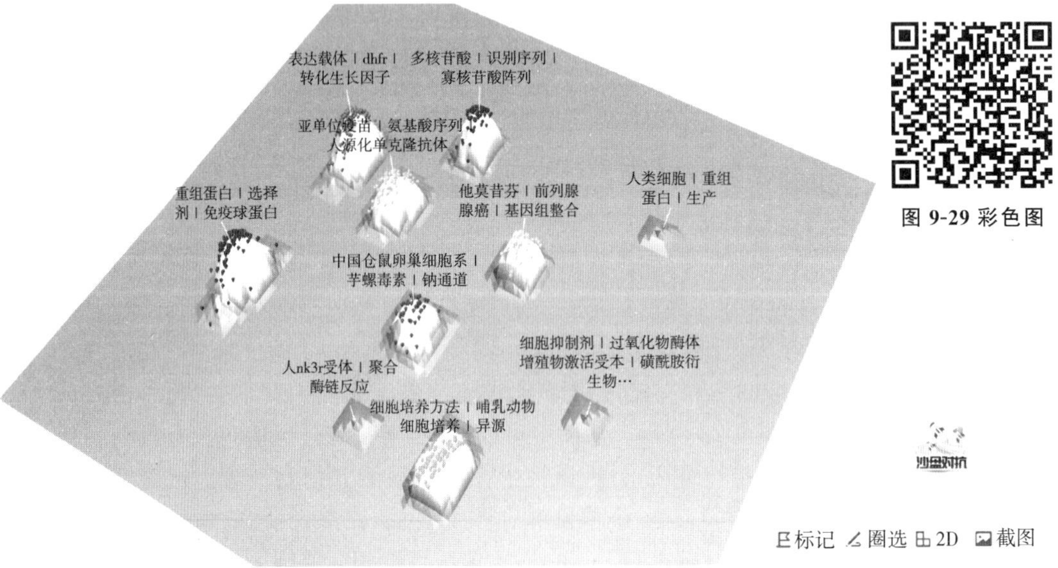

图 9-29 彩色图

图 9-29　高表达 CHO 领域 3D 专利沙盘图

5. 专利价值分析

合享价值度主要依赖于北京合享智慧科技有限公司(现加入科睿唯安)自主研发的专利价值模型实现,该专利价值模型融合了专利分析行业内最常见和重要的技术指标,如技术稳定性、技术先进性、保护范围层面的20多个技术指标,并通过设定指标权重、计算顺序等参数,使得它能对每篇专利进行专利强度自动评价,为用户迅速浏览或快速遴选重点专利提供参考。

从图9-30可以看出,该领域专利价值为6分的专利数量最多,有51项专利;其次是5分的专利,有35项;而该领域10分的高价值专利数量也较多,共有30项。其中8分以上的高价值专利应引起重视,可以进一步深入分析其转化运用前景,推动这些专利走向产业化,实现经济价值。

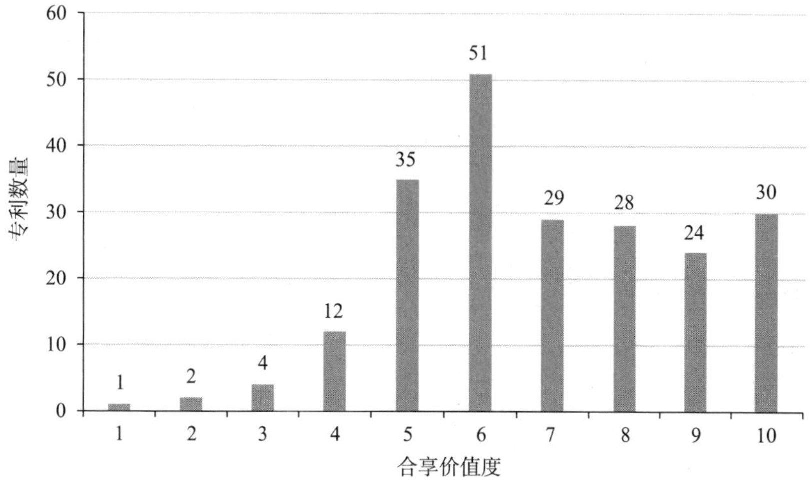

图 9-30 专利价值度分布

9.3.3 结论与建议

通过对高效表达外源蛋白的CHO细胞株的构建与筛选领域的全面分析,对国内外该领域专利申请的趋势、主要发明人和申请人以及技术主题等内容有了较为全面的了解。主要结论与建议如下:

1. 主要结论

(1)高表达CHO领域在2001—2020年专利申请趋势虽有一定波动,但总体为上升趋势,具有研发投入价值。

(2)中国和美国的专利申请数量较多。中国的发明创造多在本国申请,向国外布局很少,而美国的专利申请数量较多,但多在其他国家进行布局。

(3)2001—2020年在该研究领域范围内,除了中国专利量总体呈上升趋势以外,其他国家和地区的专利量上升趋势不明显。中国在该领域的专利申请量在研究时间范围内远超过其他国家和地区。

(4)专利数量前2的专利申请人分别为BAXALTA INC公司、ONCOGEN公司。该技术领域的专利权多属于企业实体,学术机构只有江南大学在该领域表现较为突出。

(5)高表达CHO领域IPC类别为C12N(微生物或酶;其组合物……)的技术主题专利数量最多,说明该技术领域是研发热点。

(6)通过基于语义算法的聚类分析表明,浙江海隆生物科技有限公司的技术主题主要是在人源化单克隆抗体方面，且在该技术主题领域无其他竞争者。江南大学除了细胞周期蛋白技术方面占优势之外，在重组人促红细胞生成素技术主题领域也有研发。

(7)通过3D沙盘方式聚类分析，重组蛋白|选择剂|免疫球蛋白是最大的聚类簇。

(8)通过合享价值度对专利价值进行评价，结果表明该领域高价值专利表现突出，专利价值8分以上专利应引起重视。

2. 主要建议

中国在高表达CHO领域的专利量最大，且发展势头较好，但中国该领域的专利布局主要是在国内，极度缺少国外的专利布局。中国须严格专利的审查，提高授权专利的质量，并重视高价值专利的国外布局，避免在国际上我国高表达CHO领域的发展处于被动的局面。

浙江海隆生物科技有限公司的技术主题主要是在人源化单克隆抗体方面，且在该技术领域暂无其他竞争者，该公司应在保持该技术方向研发优势的同时，关注国内外其他机构的主要研发布局方向，合理规划未来研发方向及战略布局。

高校在该领域的研发较少，只有江南大学表现较为突出，其他高校和学术机构可考虑进入该领域。

9.4 机构专利全景分析案例

根据世界知识产权组织的统计，每年世界上发明创造的90%～95%都是以专利的形式出现的，且有70%的发明成果只出现在专利文献中，因此对专利文献的检索和利用是科学研究中必不可少的环节，对把握技术发展态势和提升技术创新能力具有重要意义。高校是科技创新体系中最重要的力量之一，高校将专利的产出情况、成果转化率及专利质量等作为衡量高校科技创新水平的重要指标。本案例对A机构的专利进行了深入广泛的分析，包括申请年度趋势、主要合作机构、发明人、技术领域等，展示该机构的科研及知识产权保护整体情况，为该机构制定合理的科研管理政策、科技创新发展规划以及人才培养计划，提高整体科研创新水平提供重要的情报信息和参考依据。

9.4.1 数据来源

数据来源于Patentics智能化信息处理系统，数据的处理结合DDA分析工具。Patentics系统收录了包括但不限于1985年以来的全部中国专利数据。该库更新比较及时，中国数据每周两次更新，中美法律数据每周更新一次。Patentics目前整合了全球各大专利局专利数据库，截至2019年6月，使用Patentics专利库共检索目标机构(以下称A机构)专利数据11 808件，同族8 243项。

9.4.2 分析内容及结果

1. 专利总体概况和申请趋势

(1)专利类型　共检索到A机构专利11 808项。其中发明专利10 324项，外观设计专利66项，实用新型专利1 357项。各类专利占比情况见图9-31。

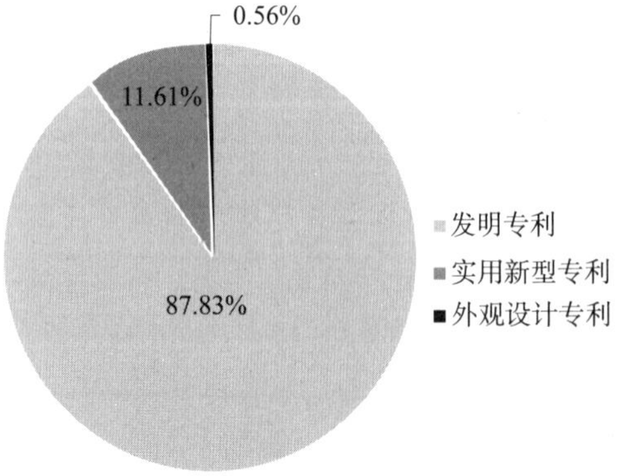

图9-31　A机构专利类型分布

(2)法律状态　A 机构专利的有效率为 36.37%,无效专利数量也较多,占全部专利数量的 34.85%,驳回和撤回专利所占比例分别为 5.01%和 3.71%。其他法律状态的专利数量和占比情况见表 9-11 所示。

表 9-11　A 机构专利法律状态

法律状态	专利数量	所占比例/%
有效	4 294	36.37
无效	4 115	34.85
公开	2 221	18.81
驳回	592	5.01
撤回	438	3.71
其他	148	1.25

(3)专利转让和许可情况　A 机构专利转移转让情况如图 9-32 所示。专利转让 235 件,占有效专利总量的 5.47%;专利许可 118 件,占有效专利总量的 2.75%;独占许可 110 件,占有效专利总量的 2.56%;质押 13 件,占有效专利总量的 0.3%。

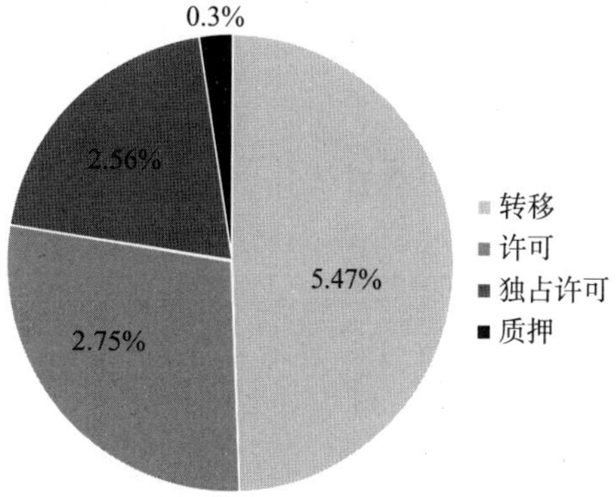

图 9-32　专利转让许可情况

(4)专利申请趋势　专利公开和授权需要一定时间,因此 2017—2019 年的专利可能不全,仅作为参考。A 机构专利近 20 年的申请趋势见图 9-33。由图可知,A 机构的专利申请上升趋势显著,2015 年达到峰值 1 195 件。

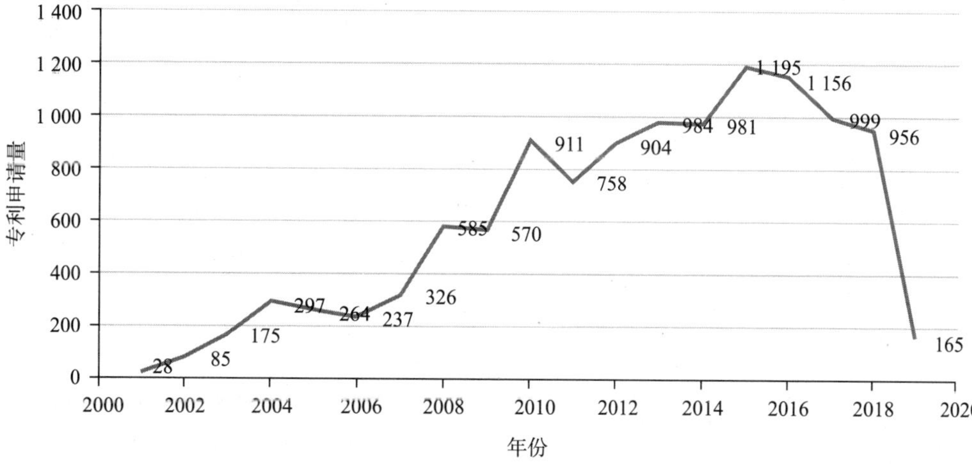

图 9-33　专利申请年度趋势

(5)专利布局　A 机构在其他国家和地区专利布局情况具体见表 9-12 所示。由表中数据可以看出,A 机构的专利 98.7%在国内申请,很少在国外布局。

表 9-12　A 机构在不同国家和地区的专利布局

专利国家/地区/组织代码	中文名称	专利数量
CN	中国	11 652
WO	世界知识产权组织	66
EP	欧洲专利局	25
US	美国	24
CA	加拿大	12
AU	澳大利亚	10
BR	巴西	5
MX	墨西哥	4
ZA	南非	2
HK	中国香港	2
IN	印度	2
UA	乌克兰	1
CL	智利	1
NZ	新西兰	1
JP	日本	1

(6)主要技术领域　A 机构专利的主要技术领域为 C12N（微生物或酶；其组合物）、G01N（除免疫测定法以外包括酶或微生物的测量或试验入 C12M）、A01G(园艺；蔬菜，花卉，稻，果树，葡萄，啤酒花或海菜的栽培；林业；浇水）、C12Q(包含酶，核酸或微生物的测定或检验方法）、C07K（肽）、A01C(种植；播种；施肥）、A01N（人体，动植物体或其局部的保存）、A23L(不包含在 A21D 或 A23B 至 A23J 小类中的食品，食料或非酒精饮料）、A01B(农业或林业的整地；一般农业机械或农具的部件、零件或附件）、A61K(医用，牙科用或梳妆用的配制品)等。各主要技术主题领域所占比例如图 9-34 所示。

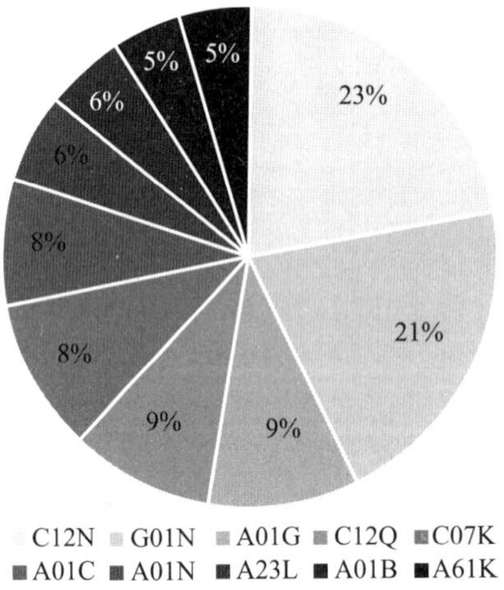

图 9-34　主要技术领域分布

图 9-34 彩色图

表 9-13 展示的是专利数量排名前 20 的技术领域及各评价指标统计情况。由表 9-13 可知 C12N（微生物或酶；其组合物）领域的专利数最多；专利度（平均权利个数）和有效率最高的领域为 G06Q(专门适用于行政，商业，金融，管理，监督或预测目的的数据处理系统或方法)；被引最高的技术领域为 C05G（分属于 C05 大类下各小类中肥料的混合物）。A01N(人体，动植物体或其局部的保存）和 C05G(分属于 C05 大类下各小类中肥料的混合物）的生命周期最长；同族度(平均同族数)最高的领域为 A61K(医用，牙科用或梳妆用的配制品)。其他具体情况见表表 9-13。

表 9-13　top20 技术领域及指标统计

序号	IPC 小类	数量	专利度：权利要求个数平均数	新颖度	有效率：有效/(有效＋无效)	授权率	生命期：申请日至付费结束	申请时段	分类度：平均分类个数	同族度：平均同族个数	引用度：平均引用个数	被引用度：平均被引用个数
1	C12N 微生物或酶其组合物	1 418	8.42	268.37	53%	89%	7.7	1988—2019 年	4.36	0.94	1.45	1.45
2	G01N 除免疫测定法以外包括酶或微生物的测量或试验人 C12M	1 285	7.52	31.62	54%	86%	6.8	1987—2019 年	1.9	0.59	2.13	2.24
3	A01G 园艺；蔬菜，花卉，稻果树，葡萄，啤酒花或海菜的栽培；林业；浇水	574	6.59	30.05	40%	91%	7.3	1987—2019 年	1.88	0.6	2.23	2.04
4	C12Q 包含酶，核酸或微生物的测定或检验方法	559	8.16	95.93	56%	88%	5.1	1992—2019 年	2.33	0.76	1.23	0.83
5	C07K 肽	501	8.74	535.14	61%	88%	7	2002—2019 年	6.43	1.02	1.27	0.97
6	A01C 种植；播种；施肥	485	6.61	11.77	45%	95%	5.8	1988—2019 年	1.75	0.48	2.5	1.65
7	A01N 人体，动植物体或其局部的保存	369	6.87	166.35	55%	88%	8.2	1986—2019 年	3.55	0.8	2.03	1.75
8	A23L 不包含在 A21D 或 A23B 至 A23J 小类中的食品，食料或非酒精饮料	331	6.48	38.84	46%	82%	7.11	1988—2019 年	3.18	0.65	2.48	2.42
9	A01B 农业或林业的整地：一般农业机械或农具的部件、零件或附件	306	6.4	11.33	57%	93%	6.5	1986—2019 年	1.86	0.46	2.66	1.67
10	A61K 医用，牙科用成梳妆用的配制品	303	7.93	145.28	66%	83%	7.11	1995—2019 年	4.44	1.94	1.83	1.29

续表 9-13

序号	IPC 小类	数量	专利度:权利要求个数平均数	新颖度	有效率:有效/(有效+无效)	授权率	生命期:申请日至付费结束	申请时段	分类度:平均分类个数	同族度:平均同族个数	引用度:平均引用个数	被引用度:平均被引用个数
11	A01D 收获	273	6.53	12.6	50%	94%	4.8	1988—2019 年	1.79	0.49	2.26	2.04
12	A01K 畜牧业	271	7.44	25.23	62%	96%	5.9	1987—2019 年	1.96	0.49	2.54	1.45
13	C07D 杂环化合物	257	8.13	345.52	59%	86%	6.1	1995—2019 年	4.29	0.74	2.14	1.33
14	G06F 电数字数据处理	248	7.83	13.81	69%	88%	4.4	2002—2019 年	1.59	0.48	1.63	1.18
15	G06Q 专门适用于行政,商业,金融,管理,监督或预测目的的数据处理系统或方法	171	8.91	29.41	82%	67%	2.8	2009—2019 年	2.28	0.13	0.87	0.39
16	G06K 数据识别;数据表示;记录载体;记录载体的处理	167	8.38	21.92	62%	93%	4.11	2002—2019 年	2.34	0.5	1.11	1.75
17	C07C 无环或碳环化合物	152	8.06	203.44	68%	87%	7.6	1988—2019 年	4.72	0.84	2.14	1.9
18	G06T 一般的图像数据处理或产生	137	8.12	15	79%	90%	4	2008—2018 年	2.07	0.56	1.69	0.96
19	A23K 专门适用于动物的喂养饲料	136	7.59	62.41	52%	89%	7.11	1989—2019 年	4.46	0.71	1.85	2.42
20	C05G 分属于 C05 大类下各小类中肥料的混合物	133	7.56	73.7	35%	89%	8.2	2002—2019 年	2.71	0.74	2.78	4.21

2. 发明人情况分析

(1)专利发明人院系分布　按照 A 机构的第一发明人数量进行统计，各院系发明人情况如图 9-35 所示。工学院第一发明人数量最多，有 36 人，其后依次为农学院、信息与电气工程学院、食品科学与营业工程学院、水利与土木工程学院等。具体见图 9-35 所示。

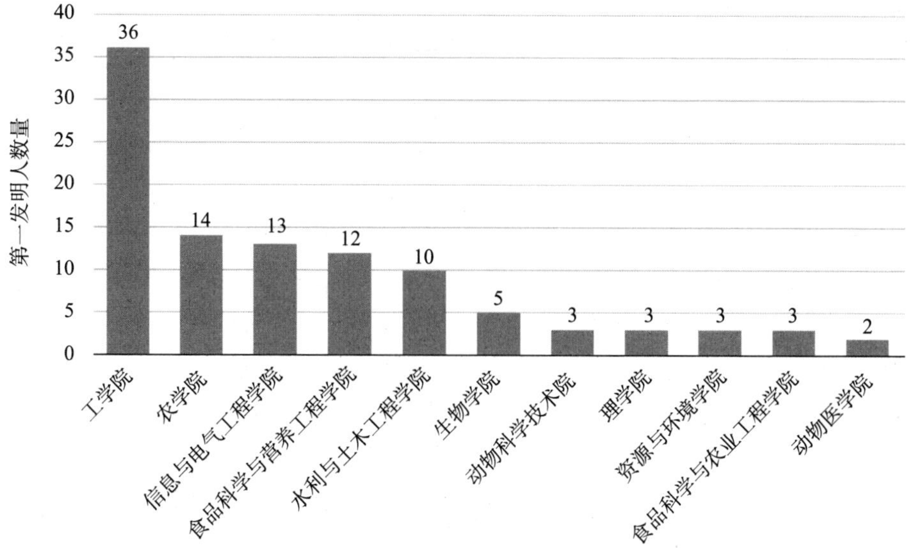

图 9-35　第一发明人学院分布

(2)团队人员情况　选取专利发明数量 top20 的第一发明人，分析其团队情况。团队的划分是根据合作最多的 15 人作为其团队成员，作团队关系图(图略)。团队之间有的是相互独立的，有些团队之间有共同合作人，则说明他们之间的技术研发领域有交叉。

(3)团队技术领域分析　根据(2)中发明团队划分结果，分析专利数较多的 5 个团队的技术主题及其相关情况。由表 9-14 可以看出，“团队一”在应用数据库、资源数据库、文件库、查询接口等技术主题领域专利量最多；其次是传感数据、数据回传、感知设备、信息监测方面。特征编码、特征分量、提取算法、含噪和监控图像 、监控视频、监控场景、摄像头采集方面的专利有效率最高。音频处理模块、音频输入模块、音频解码模块、音频处理方面的专利有 69%已经失效。棚顶、保温棚、抗风、立体绿化是该团队开始的新技术领域。

表 9-14　“团队一”技术主题及相关情况

团队一						
技术主题	数量	有效率	授权率	公开时段	被引用度	实用新型
应用数据库 | 资源数据库 | 文件库 | 查询接口	60	59%	78%	2009—2018 年	1.85	1
传感数据 | 数据回传 | 感知设备 | 信息监测	33	65%	68%	2010—2019 年	1.61	5
特征编码 | 特征分量 | 提取算法 | 含噪	29	100%	62%	2013—2019 年	0.52	1
指标体系 | 权重分配 | 多属性 | 决策模型	27	50%	60%	2009—2019 年	1.89	

续表 9-14

团队一						
技术主题	数量	有效率	授权率	公开时段	被引用度	实用新型
棚顶丨保温棚丨抗风丨立体绿化	22	86%	61%	2016—2019 年	0.36	7
音频处理模块丨音频输入模块丨音频解码模块丨音频处理	21	31%	100%	2009—2018 年	0.52	7
抗风能力丨遮阳装置丨架体结构丨滑道式	19	60%	87%	2010—2019 年	0.11	7
监控图像丨监控视频丨监控场景丨摄像头采集	7	100%	100%	2012—2018 年	2.14	1

"团队二"的技术主题专利数量最多的为光谱数据、光谱信息、近红外光谱、光谱预处理；其次是单色仪、单色器、入射光源、检测光路；再次是检测系统、自动检测系统、采集检测、Ccd 图像。该团队的专利有效率较高，均在 70%以上。光谱数据、光谱信息、近红外光谱、光谱预处理领域的专利被引用度最高，达到 9.08。其他指标具体见表 9-15。

表 9-15 "团队二"技术主题及相关情况

团队二						
技术主题	数量	有效率	授权率	公开时段	被引用度	实用新型
光谱数据丨光谱信息丨近红外光谱丨光谱预处理	26	70%	80%	2008—2019 年	9.08	
单色仪丨单色器丨入射光源丨检测光路	22	90%	91%	2014—2018 年	1.14	8
检测系统丨自动检测系统丨采集检测丨Ccd 图像	20	75%	71%	2012—2019 年	3.75	4
光谱测量丨光谱检测丨光谱采集丨近红外光谱仪	12	100%	73%	2012—2018 年	2	4
分选机构丨筛选机构丨分类机构丨分选通道	12	92%	100%	2013—2018 年	0.92	6
均方根误差丨Rmse丨拟合度丨函数模型	9	75%	89%	2008—2018 年	4.33	
检测平台丨检测头丨检测盘丨激光检测装置	9	100%	100%	2012—2018 年	0.56	5
光谱图像丨红外光谱图像丨高光谱丨品质检测	8	100%	63%	2011—2016 年	3.88	1

"团队三"的技术主题专利数量最多的为酶联、96 孔酶标板、样品稀释液、包被抗原；其次是阳性血清、阴性血清、测定试剂盒、酶标；再次是人血清、酶联免疫吸附法、动物血清、免疫抗原。该团队的专利授权率较高，90%以上的有 6 个技术主题领域。纯化抗体、蛋白抗体、血浆样品、lgy 领域的专利被引用度最高。其他指标具体见表 9-16。

表 9-16 “团队三”技术主题及相关情况

团队三						
技术主题	数量	有效率	授权率	公开时段	被引用度	实用新型
酶联丨96 孔酶标板丨样品稀释液丨包被抗原	32	48%	94%	2004—2016 年	2.16	0
阳性血清丨阴性血清丨测定试剂盒丨酶标	21	19%	100%	2009—2016 年	1.71	0
人血清丨酶联免疫吸附法丨动物血清丨免疫抗原	19	100%	95%	2012—2017 年	0.89	0
蛋白浓度丨蛋白样品丨人血浆丨柠檬酸钠缓冲液	14	31%	93%	2006—2014 年	1.64	0
检测抗原丨人工抗原丨链霉素半抗原丨AFB1	13	83%	100%	2009—2019 年	1.15	0
RNA 酶丨肺炎支原体丨CSFV丨猪圆环病毒 2 型	8	100%	75%	2011—2016 年	1.25	0
纯化抗体丨蛋白抗体丨血浆样品丨lgY	5	0%	100%	2006—2008 年	2.4	0
克伦特罗丨盐酸克伦特罗丨莱克多巴胺丨完全抗原	3	100%	67%	2013—2017 年		0

“团队四”的技术主题专利数量最多的为耕作、免耕、开沟、起垄；其次是拖拉机、手扶拖拉机、轮式拖拉机、微耕机；再次是铡草机、打捆机、铡切、拨辊。该团队的专利授权率相对较高，90%以上的有 4 个技术主题领域。耕作、免耕、开沟、起垄领域的专利被引用度最高。其他指标具体见表 9-17。

表 9-17 “团队四”技术主题及相关情况

团队四						
技术主题	数量	有效率	授权率	公开时段	被引用度	实用新型
耕作丨免耕丨开沟丨起垄	30	8%	89%	2008—2019 年	3.27	5
拖拉机丨手扶拖拉机丨轮式拖拉机丨微耕机	20	0	100%	2012—2014 年	2.05	12
铡草机丨打捆机丨铡切丨拨辊	15	17%	92%	2007—2018 年	2	6
翻料丨菌料丨粮丨装袋机	14	44%	82%	2012—2018 年	1.64	3
行走轮轴丨轮轴两端丨轮轴固定丨后行走轮	12	0	100%	2011—2013 年	2.17	6
排肥丨播种施肥丨灭茬丨还田机	11	20%	91%	2011—2018 年	1.45	2
模孔丨环模丨模盘丨成型孔	8	0	86%	2013—2017 年	0.75	4
推力杆丨长拉杆丨动力油缸丨压杠	5	0	60%	2013—2014 年	0.4	3

“团队五”的技术主题专利数量最多的为分布模型、函数模型、样本空间、EM 算法；多参数、数据采集处理、多参数传感器、信号采集系统和环境监测系统、自动监测系统、智能监测系

统、气象传感器技术主题专利数量并列第2名；第3名是灰度图像、灰度图、灰度分布、图像分割。该团队的专利授权率在5个团队中表现最佳，其中5个技术主题的授权率达到100%。环境监测系统、自动监测系统、智能监测系统、气象传感器领域的专利被引用度最高，达到9.29。其他指标具体见表9-18。

表9-18 “团队五”技术主题及相关情况

团队五						
技术主题领域	数量	有效率	授权率	公开时段	被引用度	实用新型
电化学传感器丨电化学生物传感器丨电化学检测丨三电极系统	7	67%	100%	2013—2018年	0.71	1
高光谱图像丨高光谱数据丨遥感图像丨灰度特征	8	50%	100%	2009—2014年	3.88	
多参数丨数据采集处理丨多参数传感器丨信号采集系统	21	71%	100%	2009—2018年	3.76	5
分布模型丨函数模型丨样本空间丨EM算法	24	80%	100%	2009—2019年	2.38	
刺辊丨籽棉丨皮棉丨开松辊	4	67%	75%	2010—2012年	3	1
灰度图像丨灰度图丨灰度分布丨图像分割	14	80%	71%	2008—2019年	3.71	
鱼类养殖丨水产养殖池丨鱼塘丨浮游生物	13	67%	100%	2012—2019年	0.85	1
环境监测系统丨自动监测系统丨智能监测系统丨气象传感器	21	47%	85%	2010—2019年	9.29	9

3. PCT专利情况

(1)PCT专利第一发明人　由表9-19可知，该机构PCT专利申请最多的第一发明人有6项PCT申请；第2名有4项PCT申请；有2项PCT申请的第一发明人数最多，有6人。

表9-19 PCT专利第一发明人列表

序号	第一发明人	记录数量
1	A	6
2	B	4
3	C	3
4	D	2
5	E	2
6	F	2
7	G	2
8	H	2
9	I	2

(2)PCT专利技术主题　从表9-20可以看出，PCT专利申请最多的技术主题领域为突变

基因、生态型、马铃薯 Y 病毒、烟草方面；其次是体外分析、成年动物、人肝细胞、中肠方面的研发；再次是马铃薯块茎、马铃薯植株、西玉米根虫、番茄果实领域。其他 PCT 专利申请所属技术主题领域具体见表 9-20 所示。

表 9-20　PCT 专利技术主题

技术主题	数量
Mutant gene ∣ Ecotype ∣ Potyvirus ∣ Tabacum	15
In vitro analysis ∣ Adult animal ∣ Human hepatocyte ∣ Midgut	11
Potato tuber ∣ Potato plant ∣ Western corn rootworm ∣ Tomato fruit	8
Phthalide ∣ Fungicidal activity ∣ Acetanilide ∣ Trifluralin	7
Sugar solution ∣ Degumming ∣ Sugar composition ∣ Raw starch	6
Immunological response ∣ Cellular immune response ∣ Humoral immune response ∣ Specific immune response	5
Gene encoding ∣ Gene promoter ∣ Encoding gene ∣ Protein gene	3
Crank ∣ Crank mechanism ∣ Flyweight ∣ Scotch yoke	1

4. 专利转让许可情况

(1)专利转让发明人情况　由表 9-21 可以看出，该机构专利转让数量最多的第一发明人有 17 项专利进行了转让，有 2 位发明人转让 12 项专利，有 3 位发明人转让 8 项专利，有 4 位发明人转让 6 项专利。说明这些人的专利具有较高的经济价值和广阔的市场应用前景。

表 9-21　第一发明人专利转移数量列表

序号	第一发明人	专利数量
1	R	17
2	S	12
3	L	12
4	H	8
5	C	8
6	J	8
7	D	6
8	W	6
9	X	6
10	Q	6
11	Sh	5

被转让的专利的技术主题见表 9-22 所示。菌发酵液、菌体细胞、摇瓶发酵、胞外多糖主题领域的转让专利数量最多，其次是产品风味、焦糖色素、罗汉果甜苷、牛初乳技术主题领域，然后是动物血清、强力霉素、Hbeag、病毒含量技术主题领域。其他技术主题领域具体见表 9-22。

表 9-22 被转让专利的技术主题

技术主题	数量
菌发酵液｜菌体细胞｜摇瓶发酵｜胞外多糖	50
产品风味｜焦糖色素｜罗汉果甜苷｜牛初乳	49
动物血清｜强力霉素｜HBeAg｜病毒含量	29
丁硫克百威｜二甲戊灵｜溴氰｜噻唑膦	28
快速计算｜建立数学模型｜Matlab 编程｜采样密度	26
分离株｜变异株｜家蚕｜单拷贝	23
菌丝生长｜生防菌｜菌根｜拮抗菌	20
断奶仔猪｜妊娠母猪｜饲粮｜产蛋鸡	10

(2)专利许可发明人情况　从表 9-23 可以了解第一发明人专利许可数量情况。从表中可以看出，许可专利数量最多的第一发明人共许可专利 10 项，许可 6 项专利的有 5 位发明人，许可 4 项专利的也有 5 位发明人。这些发明的专利价值较高，产业化前景广阔。被许可专利的技术主题领域主要是：褐变、新鲜水果、发芽糙米、紫甘薯，播种施肥、排种、穴播器、自调式，复配剂、种子处理剂、乙草胺、恶霉灵等，具体见表 9-24 所示。

表 9-23 许可专利第一发明人列表

序号	第一发明人	记录数量
1	L	10
2	S	6
3	LG	6
4	D	6
5	LY	6
6	H	6
7	HX	4
8	NY	4
9	CY	4
10	LD	4
11	CS	4

表 9-24 被许可的专利技术主题

技术主题	数量
褐变｜新鲜水果｜发芽糙米｜紫甘薯	25
播种施肥｜排种｜穴播器｜自调式	24
复配剂｜种子处理剂｜乙草胺｜恶霉灵	18
溶菌酶｜胰蛋白酶抑制剂｜卵黄｜牛血	16
Gus｜家蚕｜单拷贝｜变异株	14
微生物数量｜亚硝酸盐含量｜南美白对虾｜卤虫	11
无水硫酸钠脱水｜乙醇水｜蒸馏浓缩｜石油醚提取	6
PCR 方法｜PCR 法｜基因组 DNA｜RT-PCR 扩增	4

9.4.3 结论与建议

通过对该机构专利的申请年度趋势、主要合作机构、地域布局、发明人、申请人、技术领域等方面深入全面的分析，得出以下主要结论和建议。

1. 主要结论

(1)A 机构专利主要为发明专利，占总数的 87.83％，说明该机构具有较强的创新能力；无效专利数量也较多，占全部专利数量的 34.85％；该机构的转让专利数量占有效专利总数的 9.47％，许可专利数量占有效专利数量的 9.3％。

(2)专利申请趋势增长显著，创新活跃。

(3)该机构专利绝大多数(98.7％)在国内申请，极少在国外布局。

(4)优势技术领域为 C12N(微生物或酶；其组合物)、G01N (除免疫测定法以外包括酶或微生物的测量或试验入 C12M)、A01G(园艺；蔬菜，花卉，稻，果树，葡萄，啤酒花或海菜的栽培；林业；浇水)。

(5)PCT 专利申请最多的技术主题领域为突变基因、生态型、马铃薯 Y 病毒、烟草方面；菌发酵液、菌体细胞、摇瓶发酵、胞外多糖主题领域的转让专利数量最多；被许可专利数量最多为褐变、新鲜水果、发芽糙米、紫甘薯领域。

2. 主要建议

该机构专利数量总体较多，专利申请呈现较快增长趋势，说明具有较好的发展态势。建议该机构注重专利数量增长的同时，也应重视专利质量的提高，建议开展专利申请前评估，增加高质量专利申请比率，提高专利转化率。

注重优势学科的保持和发展，扶持弱势学科。对于优质专利成果，尤其具有广阔市场前景的成果，应考虑国际专利申请，注重知识产权的保护，增强国际竞争力。

9.5 机构专利季报分析案例

定期面向机构研发人员和管理人员发布专利季报，可及时展示该机构专利发展态势，为研发人员的技术方向调整和专利的申请和布局以及管理人员科技发展决策制定提供依据和参考。本案例对 2021 年 1—3 月 A 机构的公开公告专利进行统计，揭示 A 机构 2021 年第一季度专利情况。

9.5.1 概况

2021 年第一季度，A 机构的专利公布公告共计 425 项。其中，发明专利申请公布 181 项，发明专利授权公告 192 项，实用新型 38 项，外观设计 14 项，国外发明专利申请 17 项(含 PCT 专利申请 11 项，美国专利申请 4 项，欧洲专利申请 2 项)。具体概况如表 9-25 所示。

表 9-25 A 机构 2021 年第一季度专利概况

专利类型	发明		实用新型	外观设计
状态	申请	授权	授权	授权
中国专利	164	192	38	14
国外专利	17			

续表 9-25

专利类型	发明		实用新型	外观设计
合计	181	192	38	14
总计		425		

9.5.2 分析内容及结果

1.专利类型

A机构2021年第一季度中国专利类型的分布情况如图9-36所示,中国发明授权和发明申请占总公开公布量的87.26%。

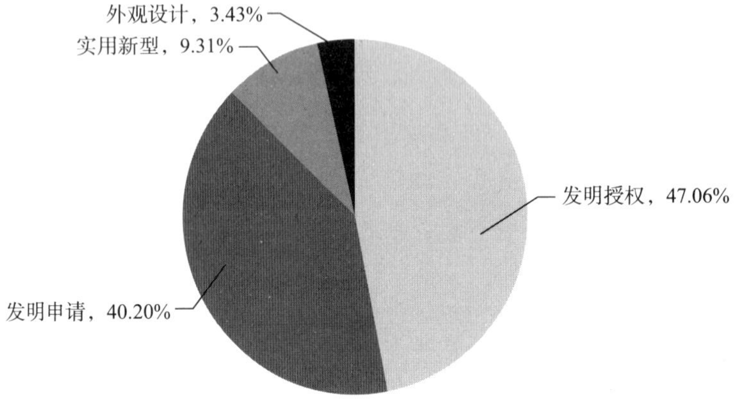

图 9-36 专利类型分布图

2.技术领域分布

A机构2021年第一季度专利技术领域分布情况,如图9-37所示。从图中可以看出,A机构2021年第一季度在C35(专用设备制造业)、C26(化学原料和化学制品制造业)、C40(仪器仪表制造业)、C27(医药制造业)和A02(林业)等领域创新活跃。

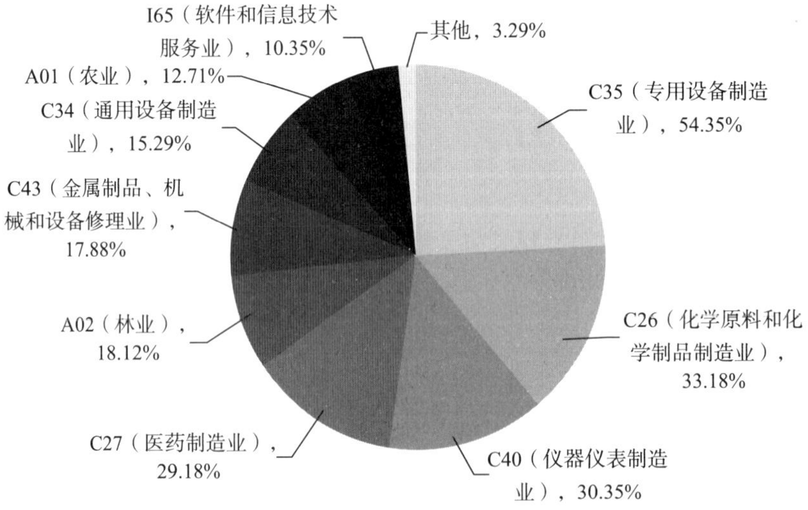

图 9-37 第一季度专利按照国民经济行业分布情况

3. 主要合作机构

A机构2021年第一季度专利主要合作机构如图9-38所示。

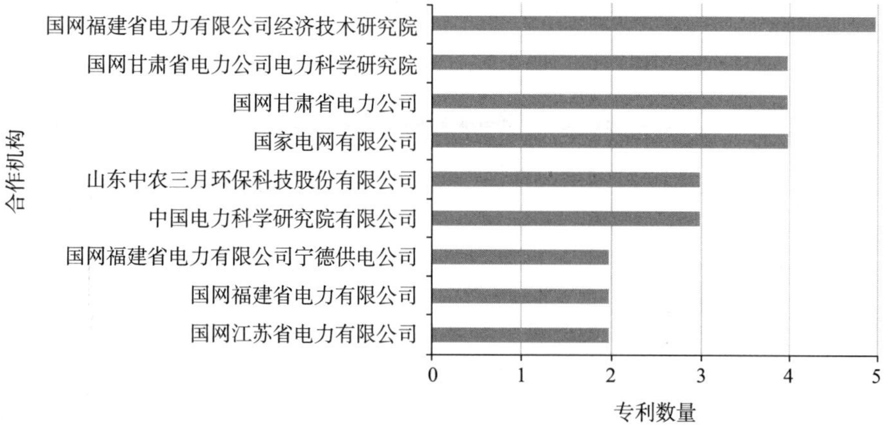

图9-38 主要合作机构

由图可知，国网福建省电力有限公司经济技术研究院、国家电网有限公司、国网甘肃省电力公司、国网甘肃省电力公司电力科学研究院等是与A机构合作的主要机构。

4. 主要第一发明人

将A机构2021年第一季度专利按照第一发明人进行统计，得到专利产出数量排名前10的发明人情况(其中top10后4位专利产出数量一致，共取13位)。排名第1位的发明人来自食品科学与营养工程学院；并列排在第2位的分别来自食品科学与营养工程学院、信息与电气工程学院、动物科技学院以及资源与环境学院。

13位发明人中有3位来自食品科学与营养工程学院、3位来自工学院、2位来自信息与电气工程学院、2位来自水利与土木工程学院，资源与环境学院、园艺学院和动物科技学院各有1位。

5. 高强度专利

专利强度（Patent Strength）是Innography独创的专利评价新指标，其作用是快速有效地寻找高价值专利。专利强度参考了十余个专利价值的相关指标，将强度定义在1～100，数值越大表明该专利的专利强度越高，价值越高。

2021年第一季度，A机构公开公告的专利中，专利强度大于60的授权专利共27项，其中专利强度大于70的授权专利13项，如表9-26所示。

表9-26 A机构2021年第一季度专利高强度专利

公开号	专利名称	授权日
CN109425735B	一种检测猪沙门菌抗体的试剂盒	2021/03/19
CN107491812B	基于实时电价的短期负荷预测方法	2021/03/16
CN108029281B	一种草原恢复生态袋及其应用	2021/03/09
CN106947779B	利用乳腺生物反应器提高乳汁中褪黑素含量的方法	2021/02/26
CN107760655B	由枯草芽孢杆菌分泌的黄曲霉毒素降解酶及其应用	2021/02/26
CN107347873B	一种艾美耳球虫冻存剂及冻存方法	2021/02/19
CN108285872B	一种杏鲍菇菌种复壮筛选的方法	2021/02/05
CN108376297B	一种水产养殖水质预警方法、设备及存储介质	2021/02/02

续表 9-26

公开号	专利名称	授权日
CN109673232B	一种基于微服务架构的智慧滴灌云服务管理系统	2021/01/26
CN107630008B	基因Ⅶ型新城疫病毒标记疫苗株及其应用	2021/01/26
CN108648160B	一种水下海参图像去雾增强方法及系统	2021/01/15
CN1080483618	科氏葡萄球菌 S154 及其在生物合成纳米硒中的应用	2021/01/15
CN107151055B	一种畜禽废水环境增值利用的方法	2021/01/01

9.5.3 结论

从总体情况来看,该机构 2021 年第一季度的专利质量较高,发明授权和发明申请占总公开公布量的 87.26%;国外发明专利申请占总量的 4%;高价值(高强度)专利占总量的 9.4%。

A 机构 2021 年第一季度在 C35(专用设备制造业)、C26(化学原料和化学制品制造业)、C40(仪器仪表制造业)、C27 (医药制造业)和 A02(林业)等领域创新活跃。

合作机构主要为国网福建省电力有限公司经济技术研究院、国家电网有限公司、国网甘肃省电力公司、国网甘肃省电力公司电力科学研究院等国资企业。

9.6 人员专利分析案例一

本案例对 A 教授的专利进行了较为全面的分析。数据来源于法国 Questel 公司开发的 Orbit 专利系统,该系统收录了美国、欧洲、中国、日本等 99 个国家及组织的专利数据,22 个国家及组织的全文专利数据,14 个国家及组织的外观设计专利数据,数据较为全面准确,分析功能灵活,适合作为本案例的数据源及分析工具。

9.6.1 检索策略

为了避免由于重名而造成的误检,检索时除了将发明人姓名作为检索词,还限定发明人的单位,把该发明人所在或曾在的单位纳入检索策略。检索时在"申请(专利权)人"字段填写发明人所在或曾在的单位名称,"发明人"字段填写人员姓名,共检索到专利族 49 个,专利 53 项。

9.6.2 分析内容及结果

1. 概况

对检索到的专利进行总体概况的分析,结果如表 9-27 所示。由表 9-27 可以看出,A 教授的专利中 16 项已经失效,37 项处于有效状态;专利家族大小平均为 1.3。这些专利总共被引用 33 次,专利价值为 0.81,技术原创性 0.69。专利价值的数值是基于被分析的专利家族前向引用数量以及专利家族授权和审查中专利所在国家的 GDP 计算的。原创性的值介于 0 和 1 之间,该值对每个专利家族进行计算并取平均值,简单来说,被引用的 IPC/CPC 子类越广泛,值越高。专利家族大小是每个专利家族中已授权或申请中专利数的平均值。

表 9-27 A 教授专利概况

发明人	有效专利数	无效专利数	被引次数	专利价值	原创性	专利族大小
A	37	16	33	0.81	0.69	1.3

2. 年度变化趋势分析

分析 A 教授申请的 53 项专利的申请年度分布情况，结果如图 9-39 所示。由图可知，A 教授的专利申请始于 2006 年，申请量年度分布并不均匀：2013 年有 15 项申请，达到峰值，2009 年、2014—2016 年每年都有 7 项申请，2017 年、2018 年有所回落。

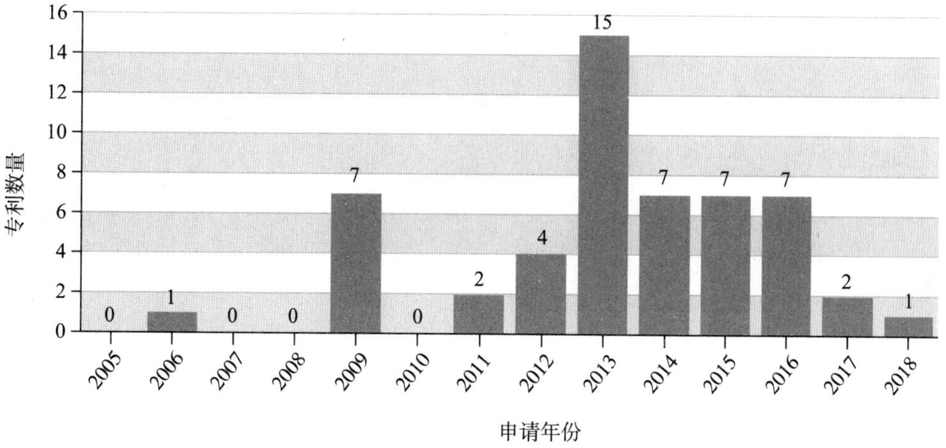

图 9-39 A 教授专利的申请年度分布

3. 国家布局

A 教授专利在其他国家布局情况如图 9-40 所示。由图可知，A 教授除 2013 年在巴西(BR)、加拿大(CA)、美国(US)、欧洲专利局(EP)、日本专利局(JP)和世界知识产权组织(WO)申请的 8 件同族专利外，其余均为国内申请。

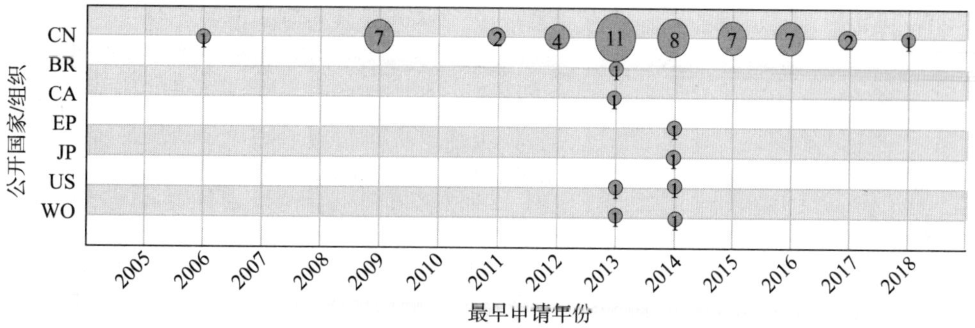

图 9-40 A 教授专利国外布局情况

4. 法律状态分析

A 教授专利的法律状态统计结果如图 9-41 所示。由图可知，A 教授的 53 件专利中，有 20 件处于授权状态，占比 42.9%，17 件处于申请状态，占比 24.5%。无效专利 16 件，其中过期 10 件(20.4%)、放弃 5 件(10.2%)、撤销 1 件(2.0%)。

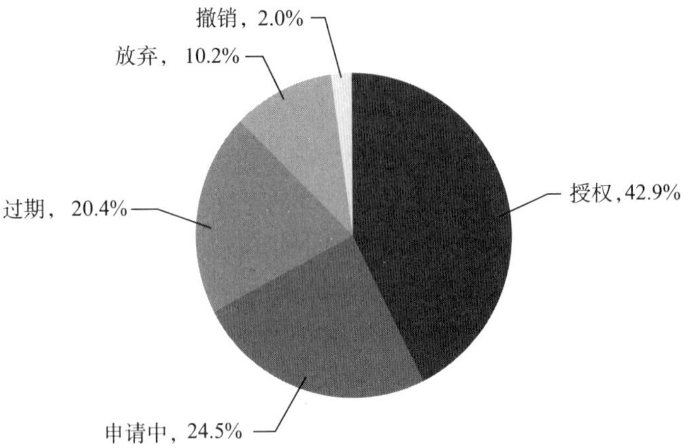

图 9-41　A 教授专利的法律状态分布

5. 共同发明人分析

A 教授及其共同发明人专利申请年度分布情况如图 9-42 所示。由图可知，A 教授的共同发明人中，NI ZHONGFU 与他的合作最为紧密，共同发明数量最多，合作时间长；与 JIE CHAOJIE、PENG HUIRU、YAO YINGYIN 合作专利也很多，合作持续时间也较长；HU ZHAORONG 与 A 教授也有较多合作专利，但是从 2013 年才开始合作。其他重要共同发明人还有 LIANG RONGQI、YOU MINGSHAN、DU JINKUN、LIU ZHIYONG 等。

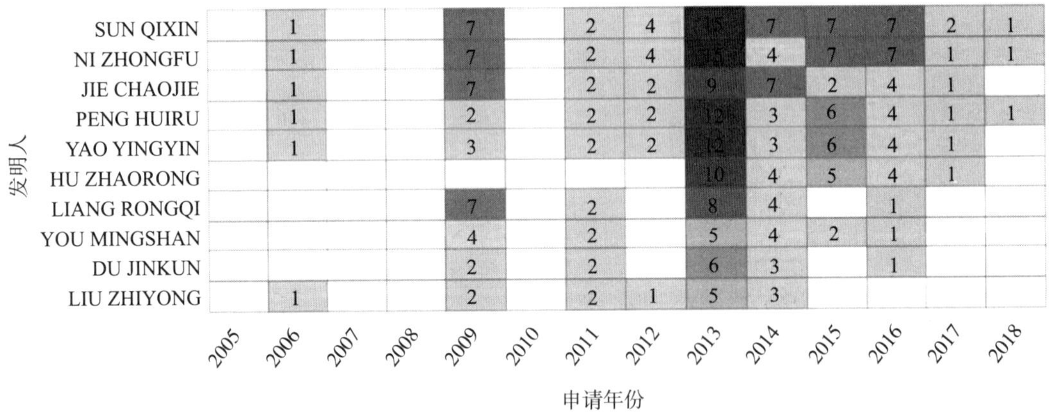

发明人	2005	2006	2007	2008	2009	2010	2011	2012	2013	2014	2015	2016	2017	2018
SUN QIXIN		1			7		2	4	15	7	7	7	2	1
NI ZHONGFU		1			7		2	4	15	4	7	7	1	1
JIE CHAOJIE		1			7		2	2	9	7	2	4	1	
PENG HUIRU		1			2		2	2	12	3	6	4	1	1
YAO YINGYIN		1			3		2	2	12	3	6	4	1	
HU ZHAORONG									10	4	5	4	1	
LIANG RONGQI					7		2		8	4		1		
YOU MINGSHAN					4		2		5	4	2	1		
DU JINKUN					2		2		6	3		1		
LIU ZHIYONG		1			2		2	1	5	3				

图 9-42　A 教授及其共同发明人专利申请年度分布

6. 技术领域分析

分析 A 教授专利的 IPC 分类分布情况，结果如表 9-28 所示。由表 9-28 可知，A 教授的技术研发主要集中在 C12N-015［突变或遗传工程；遗传工程涉及的 DNA 或 RNA，载体(如质粒)或其分离、制备或纯化；所使用的宿主］IPC 分类下，共有相关专利 23 项，占比达到 43.40%；C07K-014(具有多于 20 个氨基酸的肽；促胃液素；生长激素释放抑制因子；促黑激素；其衍生物)分类下的专利也较多，有 14 项(26.42%)；C12Q-001(包含酶或微生物的测定或检验方法；其组合物；这种组合物的制备方法)IPC 分类下的相关专利为 5 项，占比为 9.43%。其他技术领域分布情况见表 9-28。

表 9-28 A 教授专利的 IPC 分类分布

序号	IPC 组	含义	专利家族计数	占比%
1	C12N-015	突变或遗传工程；遗传工程涉及的 DNA 或 RNA，载体（如质粒）或其分离、制备或纯化；所使用的宿主（突变体或遗传工程制备的微生物本身入 C12N1/00、C12N5/00、C12N7/00；新的植物入 A01H；用组织培养技术再生植物入 A01H4/00；新的动物入 A01K67/00；含有插入活体细胞的遗传物质以治疗遗传疾病的药剂的应用，基因疗法入 A61K48/00，一般肽入 C07K)	23	43.40
2	C07K-014	具有多于 20 个氨基酸的肽；促胃液素；生长激素释放抑制因子；促黑激素；其衍生物	14	26.42
3	C12Q-001	包含酶或微生物的测定或检验方法（带有条件测量或传感器的测定或试验装置，如菌落计数器入 C12M1/34)；其组合物；这种组合物的制备方法	5	9.43
4	A21C-001	制备面团用的混合或搓揉机械（家用混合或搓揉机械入 A47J43/00，A47J44/00)	4	7.55
5	A01N-031	含有机氧或有机硫化合物的杀生剂、害虫驱避剂或引诱剂，或植物生长调节剂	2	3.77
6	A01C-001	在播种或种植前测试或处理种子、根茎或类似物的设备或方法（所需化学药物入 A01N25/00 至 A01N65/00)	1	1.89
7	A01N-037	含有机化合物的杀生剂、害虫驱避剂或引诱剂，或植物生长调节剂，该有机化合物含带有 3 个连于杂原子的键的碳原子，其中至多有两个键连于卤素，例如羧酸（含有环丙烷羧酸或其衍生物，例如环丙烷羧基腈入 A01N53/00)	1	1.89
8	A01N-047	含有不属于环原子并且不键合到碳或氢原子的碳原子，有机化合物的杀生剂、害虫驱避剂或引诱剂，或植物生长调节剂，例如碳酸的衍生物（四卤化碳入 A01N29/02)	1	1.89
9	C12N-001	微生物本身，如原生动物；及其组合物（含有由原生动物、细菌或病毒得到的材料的药物的制备入 A61K35/66；从藻类材料制备药物的入 A61K36/02；从真菌中材料制备药物的入 A61K36/06；药用细菌的抗原或抗体组合物的制备，如细菌菌苗入 A61K39/00)；繁殖、维持或保藏微生物或其组合物的方法；制备或分离含有一种微生物的组合物的方法；及其培养基	1	1.89
10	C12N-005	未分化的人类、动物或植物细胞，如细胞系；组织；它们的培养或维持；其培养基（用组织培养技术再生植物入 A01H4/00)	1	1.89

分析 A 教授不同年份专利申请的 IPC 分类分布情况，结果如图 9-43 所示。由图 9-43 可知，A 教授的技术研发早期主要集中在 C07K-014［具有多于 20 个氨基酸的肽；促胃液素；生长激素释放抑制因子；促黑激素；其衍生物）、A21C-001（制备面团用的混合或搓揉机械（家用混合或搓揉机械入 A47J43/00，A47J44/00))领域，后逐渐转向 C12N-015（突变或遗传工程；遗传工程涉及的 DNA 或 RNA，载体（如质粒）或其分离、制备或纯化；所使用的宿主］领域。2012—2016 年，主要集中在 C12N-015、C07K-014、C12Q-001［包含酶或微生物的测定或检验

方法(带有条件测量或传感器的测定或试验装置,如菌落计数器入 C12M1/34);其组合物;这种组合物的制备方法)方向;A01N-031(含有机氧或有机硫化合物的杀生剂、害虫驱避剂或引诱剂,或植物生长调节剂)、A01C-001(在播种或种植前测试或处理种子、根茎或类似物的设备或方法(所需化学药物入 A01N25/00 至 A01N65/00)]、A01N-037[含有机化合物的杀生剂、害虫驱避剂或引诱剂,或植物生长调节剂,该有机化合物含带有 3 个连于杂原子的键的碳原子,其中至多有两个键连于卤素,例如羧酸(含有环丙烷羧酸或其衍生物,例如环丙烷羧基腈入 A01N53/00)]、C12N-005[未分化的人类、动物或植物细胞,如细胞系;组织;它们的培养或维持;其培养基(用组织培养技术再生植物入 A01H4/00)] 等方向也有少量涉及。

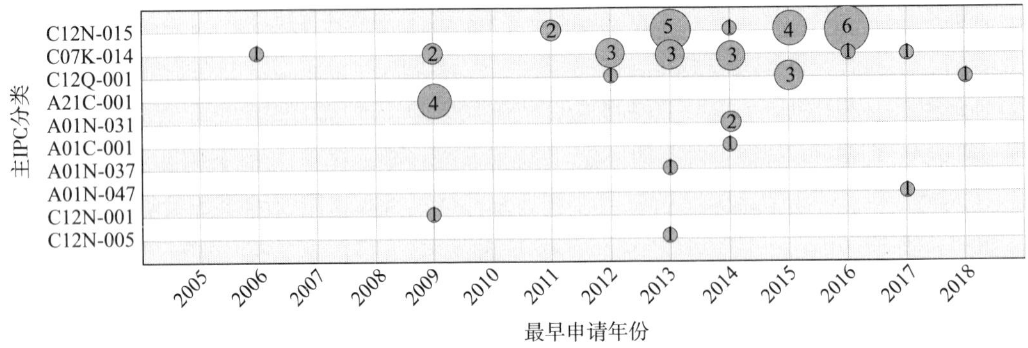

图 9-43　A 教授专利技术领域年度分布

WIPO 在国际专利分类(IPC)分类号和 35 个技术领域之间建立了联系,形成 WIPO 技术对照表。基于 WIPO 技术对照表,分析 A 教授 53 件专利的技术领域分布情况,结果如图 9-44 所示。由图 9-44 可知,A 教授的专利主要集中在 BIOTECHNOLOGY(生物技术)领域,相关专利有 40 项;其次是 FOOD CHEMISTRY(食品化学)领域,共有相关专利 24 项;OTHER SPECIAL MACHINES(其他专用电机)、BASIC MATERIALS CHEMISTRY(基础材料化学)两个领域的相关专利也较多,专利量分别为 7 项和 6 项。(由于不同领域有交叉,所以不同领域专利数之和高出 A 教授的专利总数)

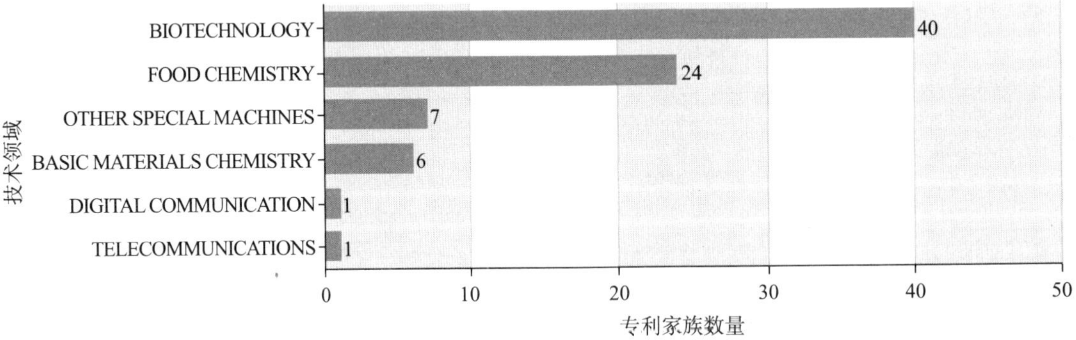

图 9-44　A 教授专利的技术领域分布

分析 A 教授与其共同发明人在不同技术领域的合作专利情况,结果如图 9-45 所示。由图 9-45 可知,A 教授与其合作者的合作研发主要集中在生物技术和食品化学领域,与 NI ZHONGFU、JIE CHAOJIE、YAO YINGYIN 和 LIANG RONGQI 等也有在其他专用电机领域的合作研发。

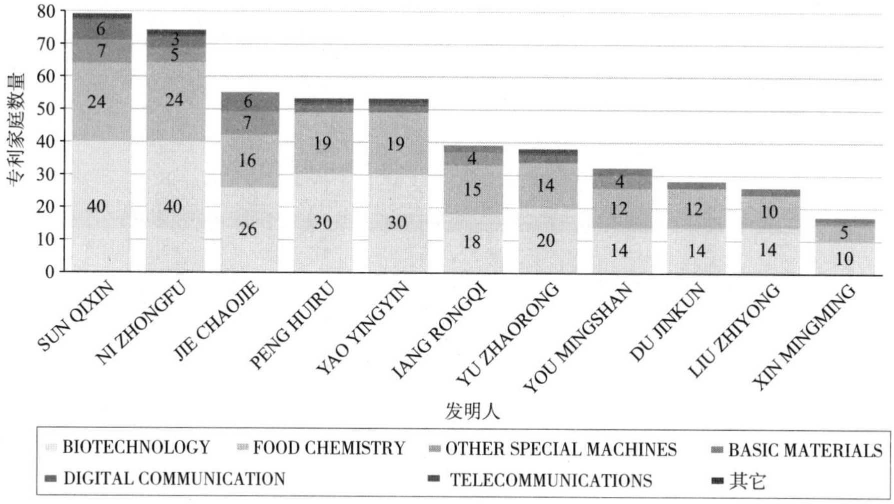

图 9-45 彩色图

图 9-45　A 教授研发技术领域年度分布

基于 A 教授在不同技术领域中专利的申请量、有效量、被引情况、年龄、影响力、通用性、原创性及专利组合价值等指标，分析其技术竞争力，结果如图 9-46 所示。由图 9-46 可知，A 教授 BIOTECHNOLOGY（生物技术）领域的专利在专利组合价值、专利量、有效量、通用性、引用情况等方面表现最佳，而其 OTHER SPECIAL MACHINES（其他专用电机）领域的专利在年龄和影响力方面的表现最好。

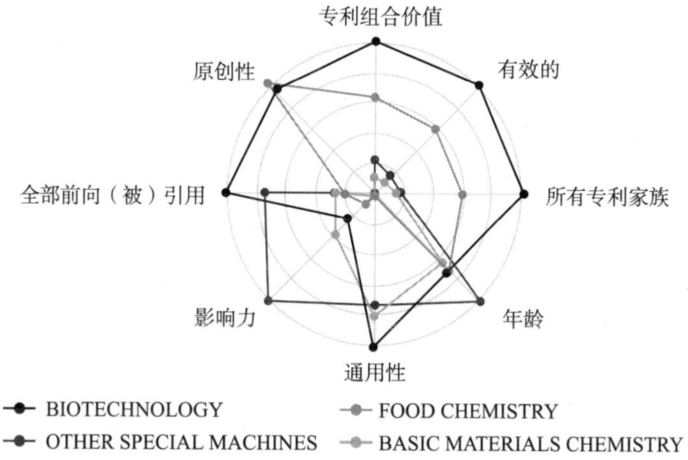

图 9-46　A 教授不同技术领域专利竞争力对比

7. 技术主题分析

为了更准确地判断 A 教授的主要技术点，对其申请的 53 件专利进行主题分析，技术主题采用专利全文中提取出共性的技术关键词来表达，结果如图 9-47 所示。从图 9-47 可以看出，A 教授的专利大体上可以划分为基因组 DNA（GENOMIC DNA）、重组表达载体（RECOMBINANT EXPRESSION VECTOR）、同源性（HOMOLOGY）、翻译起始区（TRANSLATION INITIATION REGION）、引物序列（PRIMER SEQUENCE）、蛋白质序列（PROTEIN SEQUENCE）、谷类作物（GRAIN CROP）、PCR 扩增（PCR AMPLIFICATION）、培养皿培养（PETRI DISH）9 个大的技术主题。

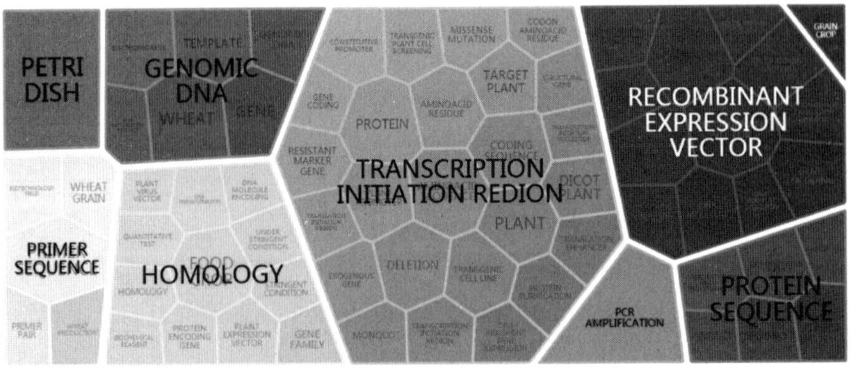

图 9-47　A 教授专利技术主题分布

图 9-47 中每个大的技术主题下又可分出若干个小的技术分支，各技术主题包含的技术分支如表 9-29 所示。由表 9-29 可知，基因组 DNA 的技术主题中包含 Wheat、Gene encoding、Recombinant bacteria、Protein、Recombinant vector 等技术分支；重组表达载体技术主题中包含 Gene encoding、Wheat、Protein、Recombinant vector 等技术分支；同源性技术主题中包含 Wheat、Gene encoding、Protein、Aminoacid sequence、Under stringent condition 等技术分支。其他技术分支具体情况见表 9-29 所示。

表 9-29　A 教授的专利的技术主题

序号	技术主题	专利量	主要技术分支
1	基因组 DNA GENOMIC DNA	41	Wheat (29)、Gene encoding (22)、Recombinant bacteria (20)、Protein (19)、Recombinant vector (19)…
2	重组表达载体 RECOMBINANT EXPRESSION VECTOR	37	Gene encoding (25)、Wheat (23)、Protein (21)、Recombinant vector (21)…
3	同源性 HOMOLOGY	33	Wheat (24)、Gene encoding (22)、Protein (20)、Aminoacid sequence (19)、Under stringent condition (19)…
4	翻译起始区 TRANSLATION INITIATION REGION	31	Gene encoding (25)、Protein (21)、Recombinant vector (20)、Aminoacid sequence (20)…
5	引物序列 PRIMER SEQUENCE	30	Wheat (21)、Primer (18)、Gene encoding (16)、Recombinant vector (16)…
6	蛋白质序列 PROTEIN SEQUENCE	20	Gene encoding (18)、Protein (17)、Aminoacid sequence (17)、Coding sequence (16)、Deletion (16)…
7	谷类作物 GRAIN CROP	15	Gene cloning (11)、Wheat (11)、Grain crop (9)、Aminoacid sequence (9)、Gene encoding (9)、Primer (9)、Protein (9)、Recombinant vector (9)…
8	PCR 扩增 PCR AMPLIFICATION	12	Pcr amplification (12)、Primer (9)、Gene encoding (8)、Aminoacid sequence (7)、Electrophoresis (7)、Recombinant bacteria (7)…

续表 9-29

序号	技术主题	专利量	主要技术分支
9	培养皿培养 PETRI DISH	9	Petri dish (9)、Wheat (7)、DNA molecule (5)、Food crop (5)、Gene encoding (5)、Under stringent condition (5)…

8. 核心专利筛选

Orbit专利数据库可对专利进行被引次数、专利家族大小、权利要求长度、技术影响力、通用性、原创性、辐射度、专利价值等多个维度的评价。技术影响力指标基于专利家族的前项引用数量,并考虑专利年龄和技术领域而得出的数值。通用性的值介于0和1之间,该值对每个专利家族进行计算并取平均值,即引用的IPC/CPC子类越广泛,值越高。原创性的值介于0和1之间,该值对每个专利家族进行计算并取平均值,即被引用的IPC/CPC子类越广泛,值越高。辐射度指标的值介于0和1之间,该值对每个专利家族进行计算,并根据专利权人组合取平均值,辐射度的计算类似于原创性(对更广泛的技术分类进行后向引用将产生更高的数值),但对于辐射度指标来说,同时出现在当前专利族和被引专利族的IPC不计入。本节基于A教授专利在各个维度上的表现,筛选出各方面表现突出的核心专利18件,结果如表9-30所示。

由表9-30可知:

"CN201467877U一种高仿手工按摩式揉面装置""CN100513421C一种植物抗逆锌指蛋白及其编码基因与应用""CN101585870与植物耐热性相关的蛋白及其编码基因与应用""CN101585871耐热性相关蛋白及其编码基因与应用"四件专利的被引次数最高。在这些施引专利中,多数为审查员引用,其中凯基公司(KeyGene)的加拿大专利"CA2839840 Jaz5a用于提高植物耐旱性的用途"引用了"CN101585870与植物耐热性相关的蛋白及其编码基因与应用",可以考虑与该公司的合作或转让。

"CN105766044玉米基因ZMSPL1和ZMSPL2及其用途"这件专利的专利家族规模最大,在世界知识产权组织、加拿大、欧洲、美国等进行了同族申请。

"CN101623014一种高仿手工挤压式揉面装置""CN201451175U一种高仿手工挤压式揉面装置""CN105766044玉米基因ZMSPL1和ZMSPL2及其用途"等三件专利的权利要求最长,分别有87个、86个和84个权利要求。

"CN103190400丁酸钠在提高植物对白粉病抗性中的新用途"的技术影响力最大,为1.02,"CN201467877U一种高仿手工按摩式揉面装置"的技术影响力0.95,排第二位。

"CN101585870与植物耐热性相关的蛋白及其编码基因与应用""CN101585871耐热性相关蛋白及其编码基因与应用"两件专利的技术通用性最好。

"CN105766044玉米基因ZMSPL1和ZMSPL2及其用途"专利的技术原创性最好,其次是专利"CN105671047一种miRNA及其在调控小麦种子萌发速度和穗发芽能力中的应用"。

"CN102942621植物抗白粉病相关蛋白TaCAF1及其编码基因和应用""CN103436484应用于小麦成熟胚培养的干胚游离方法""CN105586342一种小麦胚特异表达启动子及其应用""CN105802966小麦NAM基因分子标记及其应用""CN106318936小麦稳定粒重主效QTL的分子标记及其应用"五件专利的技术辐射度较大,均为1"。

"CN105766044玉米基因ZMSPL1和ZMSPL2及其用途"""CN105063185小麦穗长主效QTL的紧密连锁标记及其应用""CN105200048小麦粒重主效QTL QTgw-4B.2的紧密连锁标记及其应用"三件专利的专利价值最高。

表 9-30　A 教授核心专利列表

序号	Title	Publication nb.	所有引用	高前向引用(被引用)	专利家族大小	权利要求长度	技术影响力 (Beta)	通用性	原创性	辐射度	专利价值 (Beta)
1	丁酸钠在提高植物对白粉病抗性中的新用途	CN103190400 CN103190400B	3	NO	0	15	1.02	0.64	0	0	0
2	一种高仿手工按摩式揉面装置	CN201467877U	4	YES	1	53	0.95	0	0	0	1.72
3	一种植物抗逆锌指蛋白及其编码基因与应用	CN1908011 CN100513421C	4	YES	0	36	0.78	0.78	0.75	0.86	0
4	与植物耐热性相关的蛋白及其编码基因与应用	CN101585870 CN101585870B	4	YES	0	30	0.87	0.81	0.83	0.9	0
5	耐热性相关蛋白及其编码基因与应用	CN101585871 CN101585871B	4	YES	0	29	0.87	0.81	0	0	0
6	一种高仿手工挤压式揉面装置	CN101623014 CN101623014B	3	NO	0	87	0.84	0.44	0	0	0
7	一种高仿手工挤压式揉面装置	CN201451175U	1	NO	1	84	0.43	0	0	0	1.2
8	玉米基因 ZMSPL1 和 ZMSPL2 及其用途	CA2931878 WO201577904 BR112016012197 CN106062195 US20170067071 BR112016012197 JP6400023	1	NO	12	86	0.59	0	0.91	0.98	2.79
9	小麦穗长主效 QTL 的紧密连锁标记及其应用	CN105063185 CN105063185B	1	NO	1	43	0.78	0	0	0	1.55

续表 9-30

序号	Title	Publication nb.	所有引用	高前向引用(被引用)	专利家族大小	权利要求长度	技术影响力(Beta)	通用性	原创性	辐射度	专利价值(Beta)
10	小麦粒重主效 QTL QTgw-4B.2 的紧密连锁标记及其应用	CN105200048 CN105200048B	1	NO	1	42	0.81	0	0	0	1.58
11	一种 miRNA 及其在调控小麦种子萌发速度和穗发芽能力中的应用	CN105671047 CN105671047B	0	NO	1	51	0	0	0.87	0.95	0.77
12	表达抑制小麦 SBEIIa 的发卡 RNA 的 DNA 分子及其应用	CN102212523 CN102212523B	0	NO	0	10	0	0	0.82	0.95	0
13	植物抗白粉病相关蛋白 TaCAF1 及其编码基因和应用	CN102942621 CN102942621B	0	NO	0	39	0	0	0.66	1	0
14	应用于小麦成熟胚培养的干胚游离方法	CN103436484 CN103436484B	0	NO	0	37	0	0	0.48	1	0
15	一种小麦胚特异表达启动子及其应用	CN105586342 CN105586342B	0	NO	1	29	0	0	0.48	1	0.77
16	小麦 NAM 基因分子标记及其应用	CN105802966	0	NO	1	23	0	0	0.48	1	0.46
17	小麦稳定粒重主效 QTL 的分子标记及其应用	CN106318936	0	NO	1	22	0	0	0.5	1	0.46

9.6.3 结论

通过对A教授专利的全面分析，可以得出以下主要结论。

(1)A教授的53项专利总共被引33次；A教授的专利申请始于2006年，并在2013年申请量最高；A教授的专利以国内申请为主，仅有1项专利向多国提交了专利申请；A教授的申请专利中，有42.9%目前处于授权有效状态，24.5%处于申请状态，有16件由于各种原因已失效。从总体情况看，被引频次和授权比例数值较高，说明A教授专利质量较好，但向国外申请专利不多，以后要加强专利的国外布局。

(2)A教授的发明团队中，多数与其合作时间较长，说明团队内部结构稳定，也有后期加入者，有利于团队创新的持续发展。

(3)A教授的技术研发主要集中在C12N-015[突变或遗传工程；遗传工程涉及的DNA或RNA，载体(如质粒)或其分离、制备或纯化；所使用的宿主]和C07K-014(具有多于20个氨基酸的肽；促胃液素；生长激素释放抑制因子；促黑激素；其衍生物)技术领域，但在不同时期也略有调整。

(4)A教授的专利大致可以划分为基因组DNA、重组表达载体、同源性、转录增强子、引物、蛋白质序列、谷类作物、PCR扩增、培养皿培养等9个大的技术主题，各技术主题下的技术分支存在一定的交叉性。

(5)从专利被引次数、专利家族大小、权利要求长度、技术影响力、通用性、原创性、辐射度、专利价值等多个维度，筛选出A教授在不同方面表现最佳的17件核心专利，对这些核心专利应进一步引起重视，可探究技术的进一步深入研发及转化运用的可能性。

9.7 人员专利分析案例二

本案例基于高强度专利分析了航天医学方向全球发展动态及全球尖子人才布局情况。为了解航天医学方向世界前沿、专利布局和该领域尖子人才的国家分布及引才机构情况提供了参考。

9.7.1 世界发展动态及我国的概况

1.航天医学方向世界前沿

利用专利分析工具对航天医学方向高强度专利(专利强度9～10)进行关键词词频统计，从而获得专利的高频关键词集合(表9-31)，同时以热力图展示出关键词分布(图9-48)。高强度专利中的高频关键词也揭示出了该领域的世界前沿方向。

航天医学方向世界前沿：室内空间、医疗容器、药物容器室、药物容器、航空/医疗站、开口材料、低温、药剂容器、药物、医疗器械、轴向、排气通道、流量、丙酮。

表9-31 航天医学方向高强度专利高频关键词

序词	关键词	关键词翻译	记录数量
1	Interior Space	室内空间	13
2	Medication Container	医疗容器	12
3	Medication Container Chamber	药物容器室	10
4	Drug Container	药物容器	8

续表 9-31

序词	关键词	关键词翻译	记录数量
5	Air/medication Port	航空/医疗站	7
6	Material of the Opening	开口材料	6
7	Low Temperature	低温	6
8	Medicament Container	药剂容器	4
9	Medicine	药物	4
10	Medical Instrument	医疗器械	4
11	Axial Direction	轴向	3
12	Vent Passage	排气通道	3
13	Flow Rate	流量	3
14	Acetone	丙酮	3

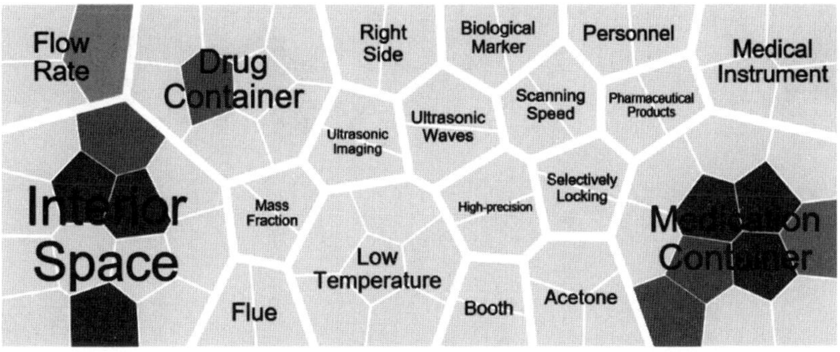

1 document per cell.
(Topics From Title, Abstract, and Claims)

- One Dose LLC
- Metal Inst Of Chinese Academy Of Siences
- Terumo Corporation
- HEBEI EAST JOY LONG RUIFENG AUTOMOTIVE SECURIT
- CHristy,Frank L., Florida
- In Muitiple Subsets
- Not In Subset

图 9-48 彩色图

图 9-48　航天医学方向高强度专利聚类图

2. 航天医学方向全球布局及中国所处地位

表 9-32 和图 9-49 所示为航天医学方向各国家高强度专利的具体数据以及全球布局情况。全球布局图中的颜色深浅代表高强度专利数量的多少。

从数据表格来看，航天医学领域高强度专利总数为 38 个，排在前 3 位的分别为中国、美国、日本。其中中国和美国并列排在第 1 位，专利数量均为 10 项，中、美两国占全球航天医学领域高强度专利的 52.6%。

表 9-32　航天医学方向高强度专利国家分布情况

序号	发明人来源国	发明人来源国	高强度专利数量
1	China	中国	10
2	United States	美国	10
3	Japan	日本	9
4	Italy	意大利	2

续表 9-32

序号	发明人来源国	发明人来源国	高强度专利数量
5	India	印度	1
6	South Korea	韩国	1
7	Romania	罗马尼亚	1
8	Netherlands	荷兰	1
	Total	全球合计	38

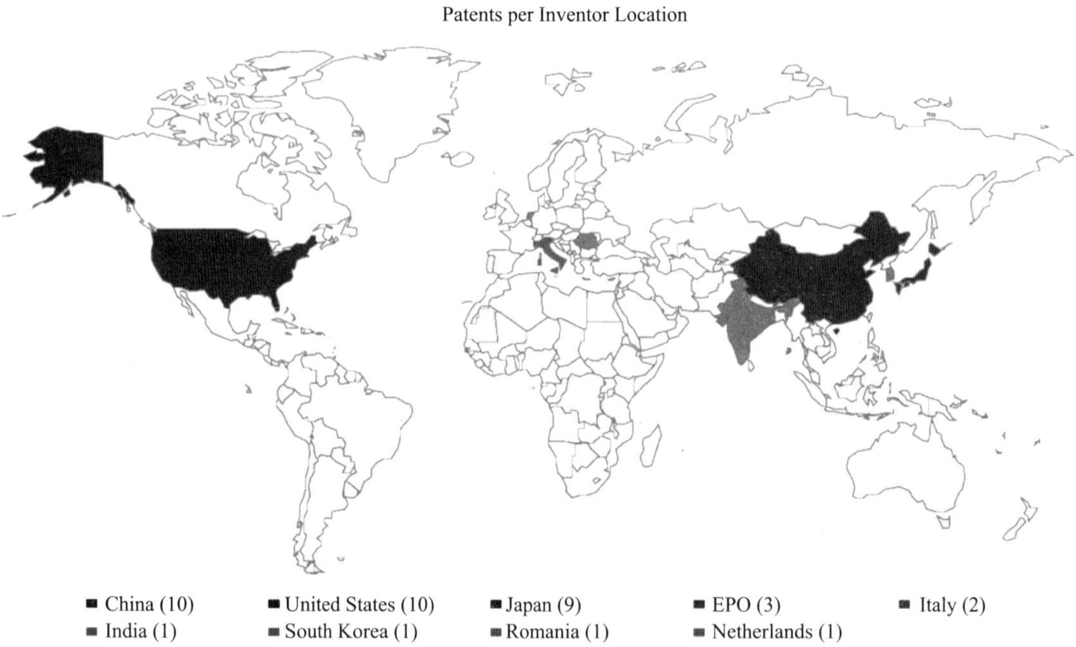

图 9-49　航天医学 方向高强度专利国家分布情况

3. 全球机构分布

表 9-33 给出了不同机构的高强度专利数量。可以看出，航天医学方向高强度专利主要集中在以下机构：一剂有限公司(One Dose LLC)、中国科学院金属研究所(Metal Inst. Of Chinese Academy Of Siences)、泰尔茂公司(Terumo Corporation)。

表 9-33　航天医学方向高强度专利机构分布情况

序号	机构名称	机构名称翻译	高强度专利数量
1	One Dose LLC	一剂有限公司	3
2	Metal Inst. of Chinese Academy of Siences	中国科学院金属研究所	2
3	Terumo Corporation	泰尔茂公司	2
4	Hebei East Joy Long Ruifeng Automotive Security PA	河北东方久乐瑞丰汽车安全公司	1
5	Christy, Frank L., Florida	克里斯蒂，弗兰克，佛罗里达州	1
6	Translogic Holdings Ltd.	Translogic 控股公司	1
7	Panacea Biotec Limited	万能的生物技术有限公司	1

续表 9-33

序号	机构名称	机构名称翻译	高强度专利数量
8	China University of Petroleum	中国石油大学	1
9	Medtronic plc	美敦力公司	1
10	Chongqing Zaisheng Technology Development Co Ltd	重庆再升科技发展有限公司	1
11	Nanjing University of Aeronautics and Astronautics	南京航空航天大学	1
12	De Liege, Universite, Belgium	比利时德列格大学	1
13	Toyo Seikan Kaisha, Ltd.	东洋制罐公司	1
14	Beijing Lepu Medical Device Co., Ltd.	北京乐普医疗器械有限公司	1
15	Mitsubishi Chemical Holdings Corp.	三菱化学控股公司	1
16	Takasago Thermal Engineering Co., Ltd.	Takasago 保温工程有限公司	1
17	Institute of Process Engineering, Chinese Academy of Sciences	中国科学院加工工程研究所	1
18	Mg 2 SRL	Mg 2 公司	1
19	Shanghai Chengqiang Ind Co Ltd	上海成强实业有限公司	1
20	Roche Holding Ltd.	罗氏控股有限公司	1
21	Running USA, Inc.	Running 美国公司	1
22	Mitsubishi Heavy Industries, Ltd.	三菱重工有限公司	1
23	Theranos Inc.	Theranos 公司	1
24	The Leona M. and Harry B. Helmsley Charitable Trust	LEONA M. 和 HARRY B. HELMSLEY 慈善信托	1
25	Air Products & Chemicals, Inc.	空气产品和化学品公司	1
26	MannKind Corporation	MannKind 公司	1
27	Otsuka Holdings Co., Ltd.	大冢控股有限公司	1
28	Koninklijke DSM NV	皇家帝斯曼集团	1

9.7.2 全球尖子人才的分布情况

1. 航天医学方向尖子人才的国家分布

表 9-34 所示为航天医学方向全球尖子人才所在国家以及各国具体人数。从表中可以看到，航天医学方向全球尖子人才排在前 3 位的分别为中国、美国、日本，其中美国和日本人数相同；中国居第 1 位，人数为 30 人，全球占比 37.5%；意大利、荷兰均有 5 人；其他国家和尖子人才数量见表 9-34。

表 9-34 航天医学方向尖子人才国家分布情况

序号	国家	国家	尖子人才数量
1	China	中国	30
2	United States	美国	17
3	Japan	日本	17
4	Italy	意大利	5

续表 9-34

序号	国家	国家	尖子人才数量
5	Netherlands	荷兰	5
6	India	印度	4
7	South Korea	韩国	1
8	Romania	罗马尼亚	1
9	Total	合计	80

2.航天医学方向尖子人才列表

表 9-35 所示为航天医学方向全球尖子人才高强度专利数量排在前 10 位的顶尖人才。大多数来自美国一剂有限公司(One Dose LLC);中国的人才主要来自于河北东方久乐瑞丰汽车安全公司。

表 9-35 航天医学方向尖子人才列表

序号	专利发明人	所属机构	国家	高强度专利数量
1	Charles F Ganem	一剂有限公司	美国	3
2	Jake Ganem	一剂有限公司	美国	3
3	Scott Ganem	一剂有限公司	美国	3
4	ZhangHailong	河北东方久乐瑞丰汽车安全公司	中国	1
5	Liu Zhong	河北东方久乐瑞丰汽车安全公司	中国	1
6	Zhang Yuhong	河北东方久乐瑞丰汽车安全公司	中国	1
7	Liu Jianbin	河北东方久乐瑞丰汽车安全公司	中国	1
8	Zhang Genfa	河北东方久乐瑞丰汽车安全公司	中国	1
9	Niu Jingbo	河北东方久乐瑞丰汽车安全公司	中国	1
10	Richard L Miller	克里斯蒂,弗兰克,佛罗里达州	美国	1

9.7.3 中国引才机构

中国已有多家机构开展了航天医学方向的研究,表 9-36 中展示了专利量 top15 的中国研究机构名称及其专利数量。这些机构在航天医学方向已经开展了相关研究并有一定的研究基础,可以作为该方向中国承接引才的机构。

表 9-36 航天医学方向中国引才机构

序号	机构名称	机构名称	专利数量
1	Metal Inst. of Chinese Academy of Siences	中国科学院金属研究所	2
2	Wuhan Textile University	武汉纺织大学	2
3	Harbin Institute of Technology	哈尔滨工业大学	2
4	Hunan Agriculture Univ.	湖南农业大学	1
5	Hebei East Joy Long Ruifeng Automotive Security Pa	河北东方久乐瑞丰汽车安全公司	1
6	University of Science and Technology Beijing	北京科技大学	1
7	China University of Petroleum	中国石油大学	1
8	Chongqing Zaisheng Technology Development Co Ltd	重庆再升科技发展有限公司	1

续表 9-36

序号	机构名称	机构名称	专利数量
9	Nanjing University of Aeronautics and Astronautics	南京航空航天大学	1
10	South China Agricultural University	华南农业大学	1
11	Institute of Basic Medical Sciences Academy of Military Medical Sciences	军事医学科学院基础医学研究所	1
12	Beijing Lepu Medical Device Co., Ltd.	北京乐普医疗器械有限公司	1
13	Suzhou Dejia Biotechnology Co., Ltd.	苏州德佳生物科技有限公司	1
14	Scientific Research Training Center For Chinese Astronauts	中国航天员科研训练中心	1
15	Institute of Process Engineering, Chinese Academy of Sciences	中国科学院加工工程研究所	1

9.8 单件专利分析案例一

具有代表性的单件专利的深入分析,可以挖掘该专利创新技术所涉及的具体情况。本单件专利分析案例,从该专利的概况、权利要求、技术领域、竞争态势、团队研发、潜在竞争对手和同族专利等方面开展具体分析,为了解该专利技术未来发展方向和布局提供数据支持,也为开展类似技术的研发提供参考。

9.8.1 专利概况

“CN101802219A,序列指导的分子育种方法”是一件发明专利,2007 年 6 月 8 日首次申请,获得优先权(US60/942707)。2008 年 6 月 9 日在 PCT 申请,2008 年 12 月 18 日 PCT 公开,2010 年 1 月 18 日进入国家阶段日期,2010 年 8 月 11 日中国公开(CN101802219A)。该专利申请人为孟山都技术公司(现被拜耳收购)。该专利的详细信息见表 9-37 所示。

表 9-37 CN101802219A 专利详细信息

标题	序列指导的分子育种方法
专利类型:	发明公开
申请(专利)号:	CN200880024977.X
申请日:	2008-06-09
申请公布号:	CN101802219A
公开公告日:	2010-08-11
申请人:	孟山都技术公司
发明人:	S. 多森; F. 董; F. 阿查德; S. 埃辛顿; N. 陶; Z. 玛卡丁
分类号:	C12Q1/68; A01H1/04
页数:	47
国省代码:	US
专题:	生物学
代理机构	北京市金杜律师事务所 11256
优先权:	2007-06-08 US 60/942,707

续表 9-37

国际申请：	2008-06-09 PCT/US2008/066263
国际公布：	2008-12-18 WO2008/154472 EN
进入国家日期：	2010-08-11
主权项：	一种植物育种方法，包括：确定育种群体中至少一个或多个植物的基因组内多个核酸的序列；将每个核酸序列与一个数值相关联；基于该数值对所述一个或多个植物作出至少一个植物育种决定
摘要：	本发明提供利用直接核酸序列信息提高植物种质的育种方法和组合物。所述方法描述了植物育种群体的种质中优选的核酸序列的鉴定和积累
法律状态	2010-08-11 公开 2010-09-29 实质审查的生效 2014-02-12 发明专利申请公布后的视为撤回

9.8.2 分析内容及结果

1. 权利要求树

"CN101802219A，序列指导的分子育种方法"专利共有 50 项权利要求，其中 5 项独立权利要求(1、14、24、35、46)，45 项从属权利要求。

(1)独立权利要求 1 包含 2～13 共 12 项从属权利要求，权利要求 1 与其 12 项从属权利要求的关系如图 9-50 所示。各项权利要求的具体内容如表 9-38 所示。

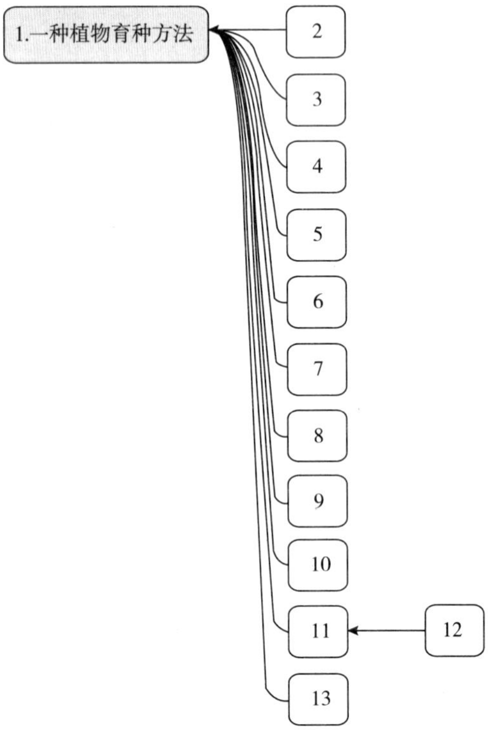

图 9-50 独立权利要求 1 与其从属权利要求的关系示意图

表 9-38　独立权利要求 1 及其从属权利要求的具体内容

权利要求性质	权利要求编号	权利要求作用	权利要求内容
独立权利要求	1	一种植物育种方法	确定育种群体中至少一个或多个植物的基因组内多个核酸的序列；将每个核酸序列与一个数值相关联； 基于该数值对所述一个或多个植物作出至少一个植物育种决定
从属权利要求	2	权利要求 1 的方法	其中所述植物选自饲料作物、油籽作物、谷类作物、水果作物、观赏植物、蔬菜作物、纤维作物、香料作物、坚果作物、草料作物、糖料作物、饮料作物、块茎作物、块根作物和森林作物
	3	权利要求 1 的方法	其中所述数值是核酸序列效应估计值
	4	权利要求 1 的方法	其中所述数值是育种值
	5	权利要求 1 的方法	其中所述数值是核酸频率
	6	权利要求 1 的方法	其中所述表型性状选自除草剂耐受性、抗病性、昆虫或害虫抗性、改变的脂肪酸、蛋白质或碳水化合物代谢、增加的谷物产量、增加的油、增加的营养成分含量、提高的生长速度、增强的应激耐受性、优选的成熟度、增强的感官特性、改变的形态特征、不育性、其他农学性状、用于工业应用的性状、对消费者有提高的吸引力的性状
	7	权利要求 1 的方法	其中所述作出至少一个植物育种决定的步骤包括基于所述至少一个数值在育种群体中选择
	8	权利要求 1 的方法	其中所述作出至少一个植物育种决定的步骤包括基于所述至少一个数值在一个或多个育种群体中选择后代
	9	权利要求 1 的方法	其中所述作出至少一个植物育种决定的步骤包括预测亲本品系的后代表现和基于预测的后代表现选择亲本品系
	10	权利要求 1 的方法	其中所述作出至少一个植物育种决定的步骤包括为杂种种子生产选择测交系
	11	权利要求 1 的方法	其中所述作出至少一个植物育种决定的步骤包括基于所述至少一个数值在种质改良活动中发展品系
	12	权利要求 11 的方法	其中所述种质改良活动选自品系和品种开发、杂种开发、转基因事件选择，进行育种杂交、通过自体受精测试和发展植物、品系或亚系的纯化、使用植物或其部分进行转化、使用植物或其部分作为表达构建体的候选物和使用植物或其部分进行诱变
	13	权利要求 1 的方法	其中所述作出至少一个植物育种决定的步骤包括基于至少一个与另一表型性状相关的数值选择至少一个表型性状

（2）独立权利要求 14 包含 15～23 共 9 项从属权利要求，权利要求 14 与其 9 项从属权利要求的关系如图 9-51 所示。各项权利要求的具体内容如表 9-39 所示。

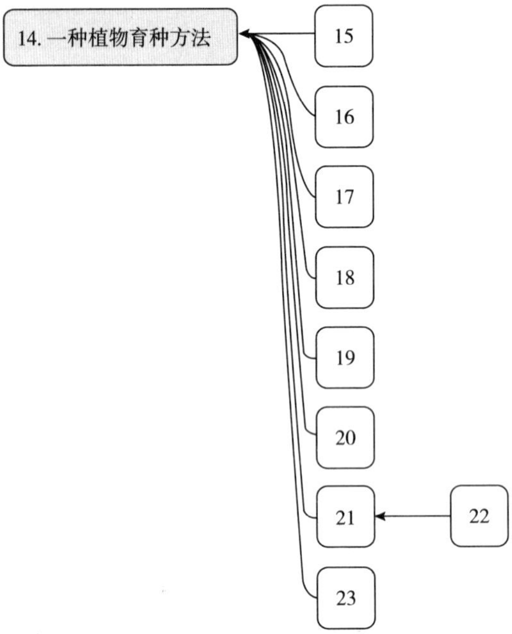

图 9-51 独立权利要求 14 与其从属权利要求的关系示意图

表 9-39 独立权利要求 14 及其从属权利要求的具体内容

权利要求性质	权利要求编号	权利要求作用	权利要求内容
独立权利要求	14	一种植物育种方法	提供至少两个植物，其中已经对该至少两个植物中的每一个确定了至少一个基因座的至少一个核酸的序列信息；对所述至少一个基因座的至少两个核酸序列确定对于至少一个表型性状的核酸序列效应估计值；基于确定的对于至少一个表型性状的核酸序列效应估计值作出至少一个植物育种决定
从属权利要求	15	权利要求 14 的方法	其中所述植物选自饲料作物、油籽作物、谷类作物、水果作物、观赏植物、蔬菜作物、纤维作物、香料作物、坚果作物、草料作物、糖料作物、饮料作物、块茎作物、块根作物和森林作物
	16	权利要求 14 的方法	其中所述表型性状选自除草剂耐受性、抗病性、昆虫或害虫抗性、改变的脂肪酸、蛋白质或碳水化合物代谢、增加的谷物产量、增加的油、增加的营养成分含量、提高的生长速度、增强的应激耐受性、优选的成熟度、增强的感官特性、改变的形态特征、不育性、其他农学性状、用于工业应用的性状、对消费者有提高的吸引力的性状
	17	权利要求 14 的方法	其中所述作出至少一个植物育种决定的步骤包括基于一个或多个确定的核酸效应估计值在育种群体中选择

续表 9-39

权利要求性质	权利要求编号	权利要求作用	权利要求内容
从属权利要求	18	权利要求 14 的方法	其中所述作出至少一个植物育种决定的步骤包括基于一个或多个确定的核酸效应估计值在一个或多个育种群体的后代中选择
	19	权利要求 14 的方法	其中所述作出至少一个植物育种决定的步骤包括基于一个或多个确定的核酸效应估计值选择亲本品系的预测的后代表现和基于预测的后代表现在亲本品系中选择
	20	权利要求 14 的方法	其中所述作出至少一个植物育种决定的步骤包括为杂种种子生产选择测交系
	21	权利要求 14 的方法	其中所述作出至少一个植物育种决定的步骤包括基于一个或多个确定的核酸效应估计值在种质改良活动中发展品系
	22	权利要求 21 的方法	其中所述种质改良活动选自品系和品种开发、杂种开发、转基因事件选择，进行育种杂交、通过自体受精测试和发展植物、品系或亚系的纯化、使用植物或其部分进行转化、使用植物或其部分作为表达构建体的候选物和使用植物或其部分进行诱变
	23	权利要求 14 的方法	其中所述作出至少一个植物育种决定的步骤包括基于至少一个与另一表型性状相关的数值选择至少一个表型性状

(3)独立权利要求 24 包含 25～34 共 10 项从属权利要求，权利要求 24 与其 10 项从属权利要求的关系如图 9-52 所示。各项权利要求的具体内容如表 9-40 所示。

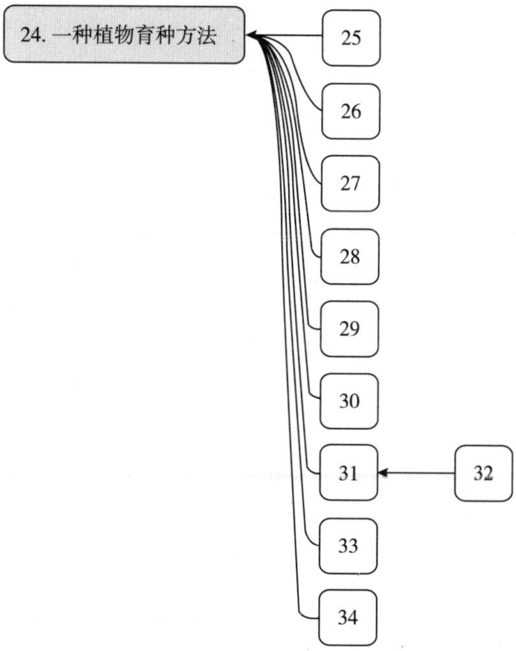

图 9-52　独立权利要求 24 与其从属权利要求的关系示意图

表 9-40　独立权利要求 24 及其从属权利要求的具体内容

权利要求性质	权利要求编号	权利要求作用	权利要求内容
独立权利要求	24	一种植物育种方法	建立定义育种群体基因组内的多个基因座的指纹图谱；将具有已知图谱位置的 QTL 等位基因与作图群体中的表型性状相关联；使用与表型性状相关联的多个基因座中的至少一个的至少一个核酸序列检测至少一个其他植物中 QTL 等位基因的存在
从属权利要求	25	权利要求 24 的方法	其中所述植物选自饲料作物、油籽作物、谷类作物、水果作物、观赏植物、蔬菜作物、纤维作物、香料作物、坚果作物、草料作物、糖料作物、饮料作物、块茎作物、块根作物和森林作物
	26	权利要求 24 的方法	其中所述表型性状选自除草剂耐受性、抗病性、昆虫或害虫抗性、改变的脂肪酸、蛋白质或碳水化合物代谢、增加的谷物产量、增加的油、增加的营养成分含量、提高的生长速度、增强的应激耐受性、优选的成熟度、增强的感官特性、改变的形态特征、不育性、其他农学性状、用于工业应用的性状或对消费者有提高的吸引力的性状
	27	权利要求 24 的方法	其中该方法进一步包括基于预测的表型性状的表达在育种群体中选择
	28	权利要求 24 的方法	其中所述植物育种决定包括在一个或多个育种群体中的后代中选择
	29	权利要求 24 的方法	其中所述植物育种决定包括预测亲本品系的后代表现和基于预测的后代表现在亲本品系中选择
	30	权利要求 24 的方法	其中所述植物育种决定包括为杂种种子生产选择测交系
	31	权利要求 24 的方法	其中所述植物育种决定包括在种质改良活动中发展品系
	32	权利要求 31 的方法	其中所述种质改良活动选自品系和品种开发、杂种开发、转基因事件选择，进行育种杂交、通过自体受精测试和发展植物、品系或亚系的纯化、使用植物或其部分进行转化、使用植物或其部分作为表达构建体的候选物和使用植物或其部分进行诱变
	33	权利要求 24 的方法	其中所述植物育种决定包括基于至少一个与另一表型性状相关联的数值选择至少一个表型性状
	34	权利要求 24 的方法	其中所述检测的核酸序列是等位基因特异性标签

(4)独立权利要求 35 包含 36～45 共 10 项从属权利要求，权利要求 35 与其 10 项从属权利要求的关系如图 9-53 所示。各项权利要求的具体内容如表 9-41 所示。

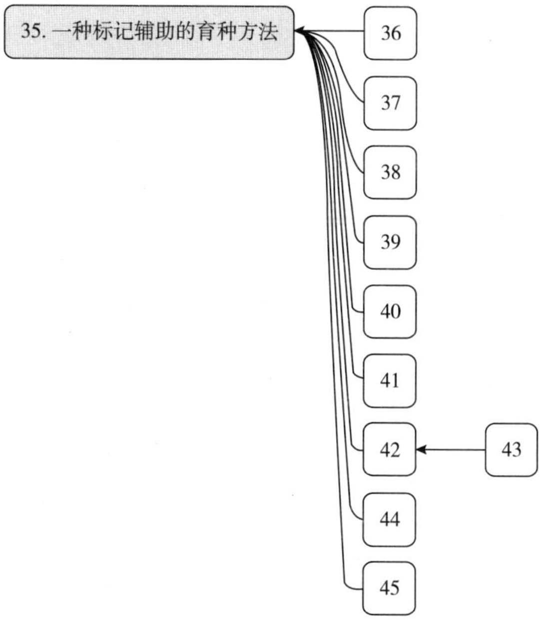

图 9-53 独立权利要求 35 与其从属权利要求的关系示意图

表 9-41 独立权利要求 35 及其从属权利要求的具体内容

权利要求性质	权利要求编号	权利要求作用	权利要求内容
独立权利要求	35	一种标记辅助的育种方法	提供包括至少两个植物的育种群体；将至少一个表型性状与育种群体的植物的基因组的至少一个基因座相关联，其中该基因座由至少一个核酸序列定义；检测该育种群体的后代植物中与至少一个表型性状相关联的至少一个基因座的至少一个核酸序列的存在；对该育种群体的一个或多个后代作出植物育种决定
从属权利要求	36	权利要求 35 的方法	其中所述植物选自饲料作物、油籽作物、谷类作物、水果作物、观赏植物、蔬菜作物、纤维作物、香料作物、坚果作物、草料作物、糖料作物、饮料作物、块茎作物、块根作物和森林作物
	37	权利要求 35 的方法	其中所述表型性状选自除草剂耐受性、抗病性、昆虫或害虫抗性、改变的脂肪酸、蛋白质或碳水化合物代谢、增加的谷物产量、增加的油、增加的营养成分含量、提高的生长速度、增强的应激耐受性、优选的成熟度、增强的感官特性、改变的形态特征、不育性、其他农学性状、用于工业应用的性状或对消费者有提高的吸引力的性状
	38	权利要求 35 的方法	其中所述植物育种决定包括在育种群体中选择
	39	权利要求 35 的方法	其中所述植物育种决定包括在育种群体的后代中选择
	40	权利要求 35 的方法	其中所述植物育种决定包括预测后代表现和基于预测的后代表现在亲本品系中选择

续表 9-41

权利要求性质	权利要求编号	权利要求作用	权利要求内容
从属权利要求	41	权利要求35的方法	其中所述植物育种决定包括为杂种种子生产选择测交系
	42	权利要求35的方法	其中所述植物育种决定包括在种质改良活动中发展品系
	43	权利要求42的方法	其中所述种质改良活动选自品系和品种开发、杂种开发、转基因事件选择,进行育种杂交、通过自体受精测试和发展植物、品系或亚系的纯化、使用植物或其部分进行转化、使用植物或其部分作为表达构建体的候选物和使用植物或其部分进行诱变
	44	权利要求35的方法	其中所述植物育种决定包括基于至少一个与另一表型性状相关联的数值选择至少一个表型性状
	45	权利要求35的方法	其中所述检测的核酸序列是等位基因特异性标签

(5)独立权利要求 46 包含 47～50 共 4 项从属权利要求,权利要求 46 与其 4 项从属权利要求的关系如图 9-54 所示。各项权利要求的具体内容如表 9-42 所示。

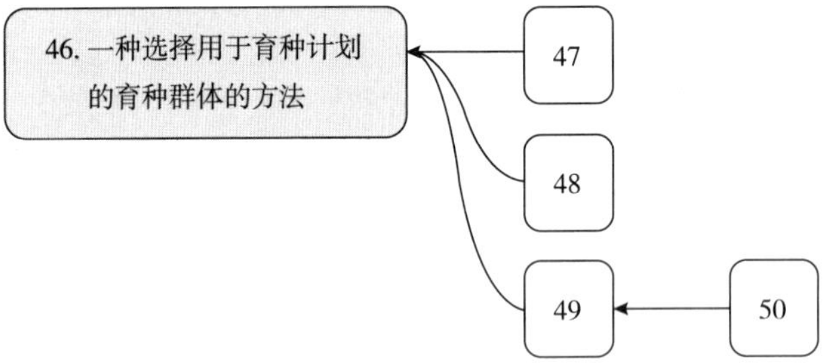

图 9-54　独立权利要求 35 与其从属权利要求的关系示意图

表 9-42　独立权利要求 46 及其从属权利要求的具体内容

权利要求性质	权利要求编号	权利要求作用	权利要求内容
独立权利要求	46	一种选择用于育种计划的育种群体的方法	提供至少两个不同的育种群体;对所述育种群体的至少一个基因座的至少两个核酸使用对于至少一个表型性状的多个育种值;基于至少一个育种值选择至少一个育种群体
从属权利要求	47	权利要求46的方法	其中所述育种群体包括选自饲料作物、油籽作物、谷类作物、水果作物、观赏植物、蔬菜作物、纤维作物、香料作物、坚果作物、草料作物、糖料作物、饮料作物、块茎作物、块根作物和森林作物的植物

续表 9-42

权利要求性质	权利要求编号	权利要求作用	权利要求内容
从属权利要求	48	权利要求 46 的方法	其中对至少一个表型性状计算所述育种值,所述表型性状选自除草剂耐受性、抗病性、昆虫或害虫抗性、改变的脂肪酸、蛋白质或碳水化合物代谢、增加的谷物产量、增加的油、增加的营养成分含量、提高的生长速度、增强的应激耐受性、优选的成熟度、增强的感官特性、改变的形态特征、不育性、其他农学性状、用于工业应用的性状或对消费者有提高的吸引力的性状
	49	权利要求 46 的方法	其中所述育种群体在种质改良活动中使用
	50	权利要求 49 的方法	其中所述种质改良活动选自品系和品种开发、杂种开发、转基因事件选择,进行育种杂交、通过自体受精测试和发展植物、品系或亚系的纯化、使用植物或其部分进行转化、使用植物或其部分作为表达构建体的候选物、使用植物或其部分进行诱变

2. 基于 IPC 的技术领域分析

(1)IPC 技术领域 "CN101802219A,序列指导的分子育种方法"专利的 IPC 分类为 C12Q1/68 和 A01H1/04,该分类在国际专利分类体系中的结构位置如图 9-55 和图 9-56 所示。C12Q1/68 分类的具体含义为:包括核酸的测定或检验方法。A01H1/04 的具体含义为:选择的方法,属于改良基因型的方法小类。

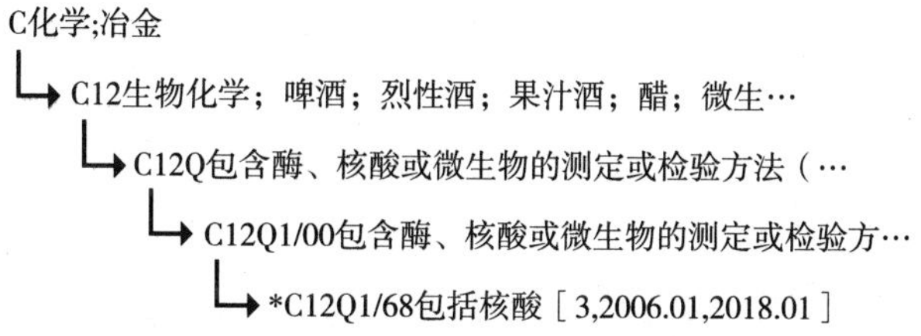

图 9-55 C12Q1/68 在国际专利分类体系中的结构位置

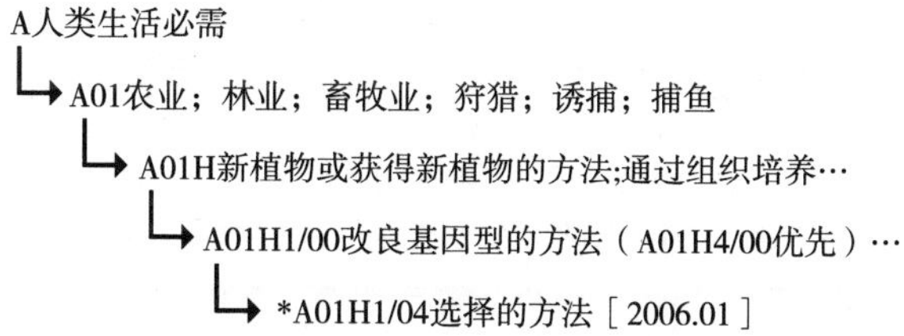

图 9-56 A01H1/04 在国际专利分类体系中的结构位置

(2)技术领域竞争态势 在 incoPat 科技创新情报平台检索 IPC 分类为 C12Q1/68 和 A01H1/04 的专利,分析 C12Q1/68 和 A01H1/04 技术领域 2002—2021 年的专利申请趋势,结果如图 9-57 所示。由图 9-57 可以看出,该领域在 2002—2010 出现持续下滑趋势,随后逐渐复苏,由 2011 年开始平稳上升,但未能达到 2002 年的专利量水平。

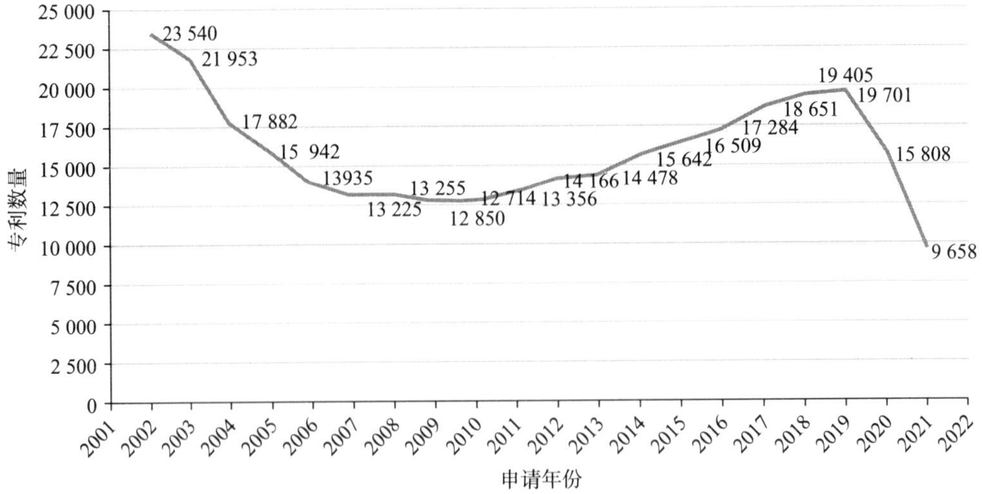

图 9-57　C12Q1/68 和 A01H1/04 技术领域专利申请趋势

分析 2002—2021 年中国、美国、日本、英国、德国、法国优先权专利情况，优先权国家一定程度上可代表技术来源国。关于 C12Q1/68 和 A01H1/04 技术领域的专利优先权国家及趋势，结果如图 9-58 所示。由图 9-58 可以看出，美国在 2002—2021 年，优先权专利数量占绝对优势，其次是日本和英国；德国和法国在 2009 年之前表现尚可，2010 年之后在该领域表现衰退趋势；中国除了 2009—2014 年优先权专利略少之外，其他年度变化不大。

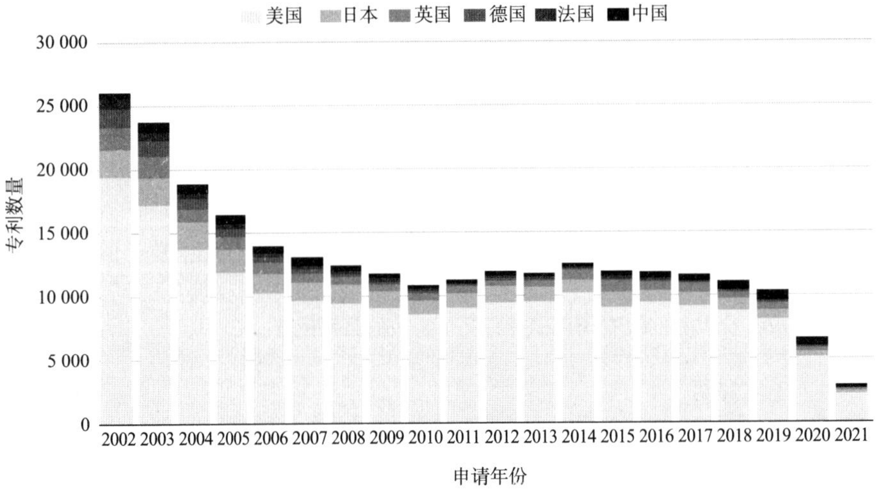

图 9-58 彩色图

图 9-58　C12Q1/68 和 A01H1/04 技术领域优先权专利国家及趋势

C12Q1/68 和 A01H1/04 技术领域专利公开国国家及趋势分析结果见图 9-59。结合图 9-58 可以看出，虽然美国是最大技术来源国，但并不是最大的专利技术公开国家，2011—2021 年中国超过美国成为该领域专利公开最多的国家，说明中国在该领域被布局的专利数量较多，而美国多是向外布局。中国在该领域的专利公开数量随年份呈显著增长趋势；美国呈现下降趋势；日本近 20 年专利公开数量变化不大；澳大利亚和加拿大 2006 年之后，专利公开数量变化也不显著。

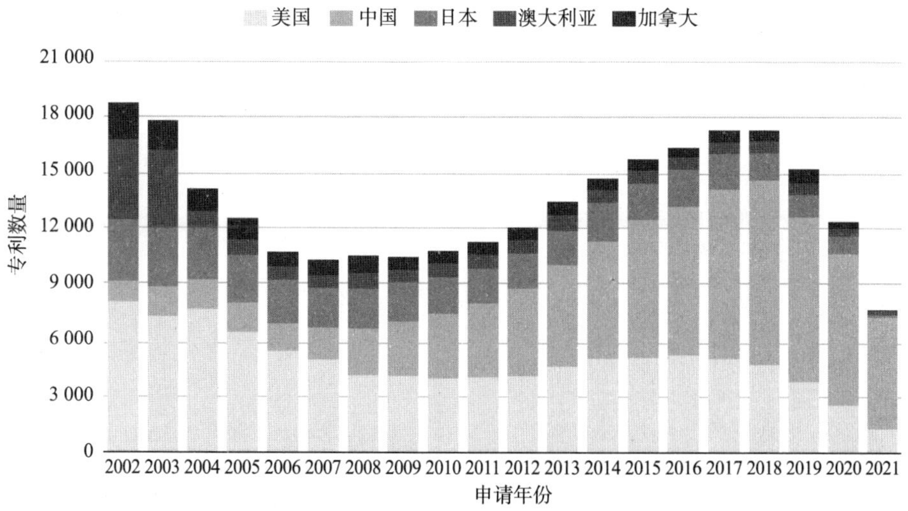

图 9-59 彩色图

图 9-59　C12Q1/68 和 A01H1/04 技术领域专利公开国国家及趋势

图 9-60 展示的是 C12Q1/68 和 A01H1/04 技术领域 2002—2021 年度专利权利发生转移的专利数量变化趋势。通过该分析可以了解该领域专利在不同时期内的转化、应用和推广的趋势，反映技术的运营和实施热度，进而预测技术的发展方向和未来的市场应用前景。从图 9-60中可以看出，近 20 年该领域专利转移转化趋势有些波动，但总体变化情况不大，2015 年专利转移转化数量最高。2017 年以后呈下降趋势，说明该领域近些年不会成为热点方向。

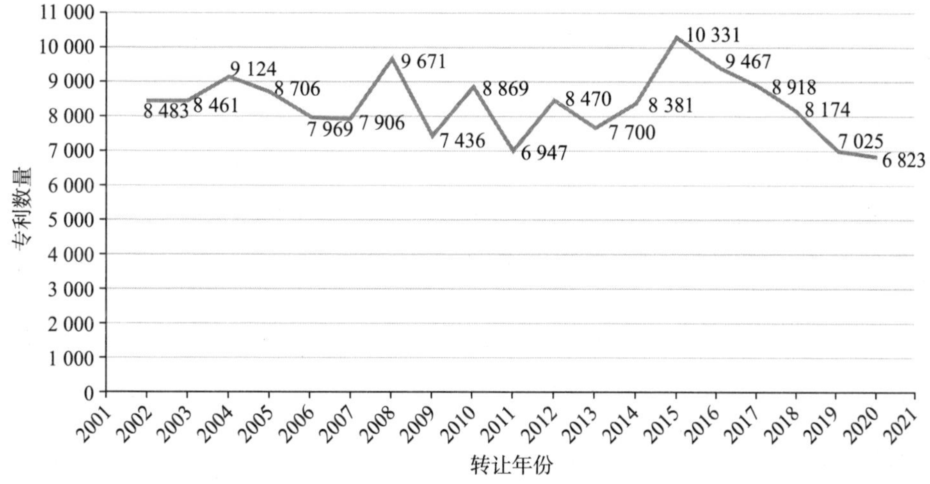

图 9-60　C12Q1/68 和 A01H1/04 技术领域专利转移趋势

3. 引证分析

“CN101802219A，序列指导的分子育种方法”专利的引证关系如图 9-61 所示。从图中可以看出，该专利引用了 47 篇专利，其中自引 12 篇；被引 3 次，其中两次是被中国农科院作物科学研究所的专利引用，一次是被美国陶氏益农公司的专利引用。说明该专利一定程度上继承了孟山都科技公司已有的技术并进行了改进，中国农科院作物科学研究所对此技术领域也有研发。

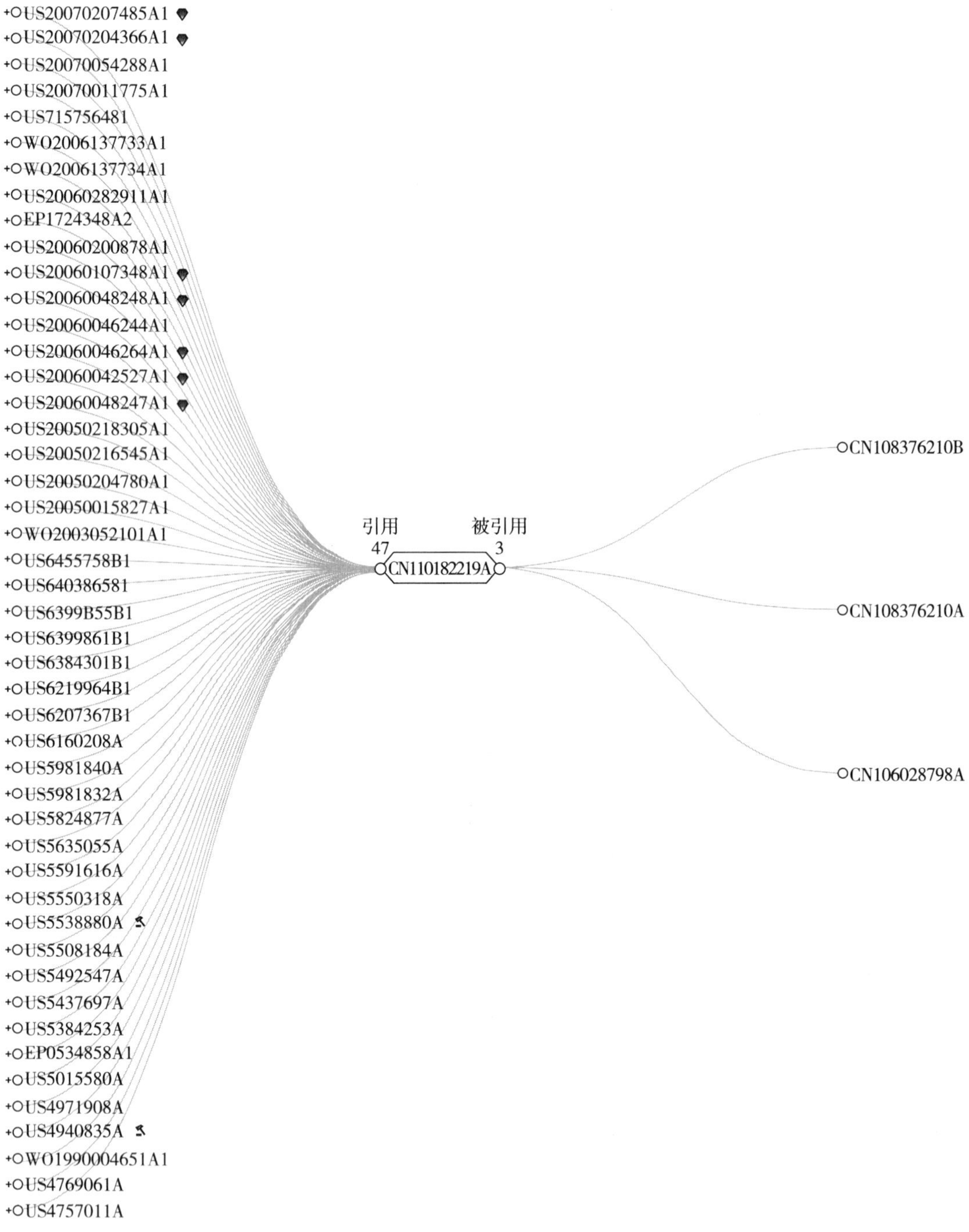

图 9-61　CN101802219A 专利引证关系图

4. 发明团队专利情况

(1)发明团队专利法律状态　检索“CN101802219A,序列指导的分子育种方法”专利的共同发明人的所有专利,共计有 68 项。此 68 项专利中,失效专利占 42.65%(图 9-62),其中撤回 14 项,未缴年费 7 项,被驳回 5 项,期限届满 2 项,权利终止 1 项。其他法律状态统计情况见表 9-43 所示。

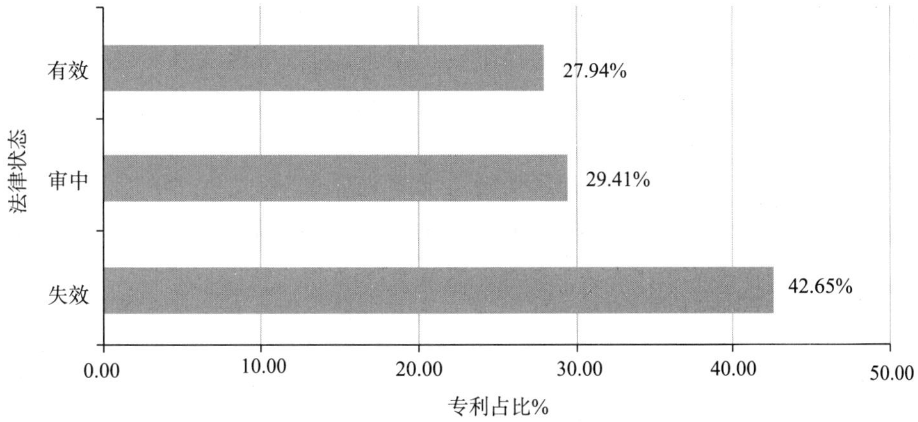

图 9-62　发明团队专利法律状态

表 9-43　发明团队专利法律状态

当前法律状态	专利数量
授权	19
实质审查	16
撤回	14
未缴年费	7
驳回	5
公开	4
期限届满	2
权利终止	1

(2)发明团队专利技术功效构成　图 9-63 展示的是发明团队专利各技术领域不同功效的专利的数量分布情况,可根据其分布情况了解各类技术的主要应用特征。从图中可以看出 C12N(微生物或酶;其组合物;繁殖、保藏或维持微生物;变异或遗传工程;培养基)领域的专利

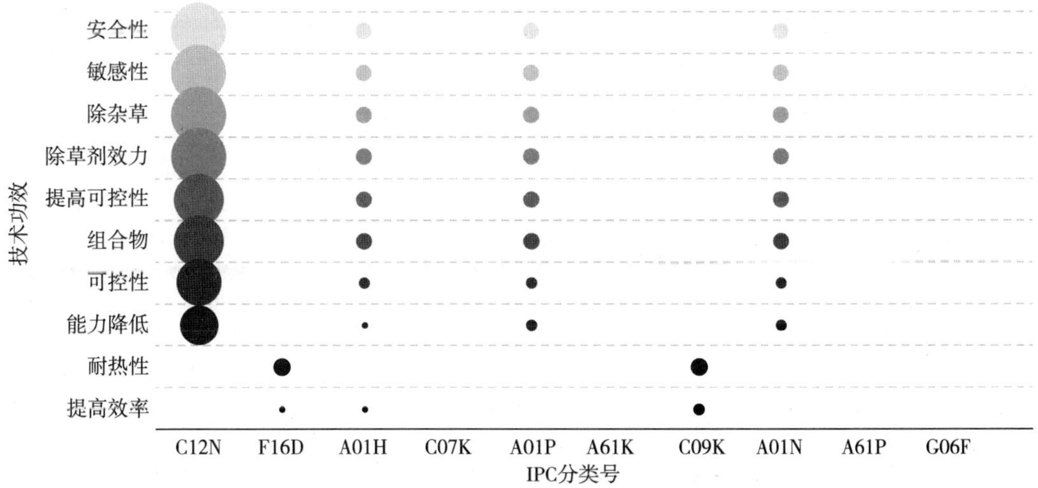

图 9-63　发明团队专利技术功效构成情况

在安全性、敏感性、除草效力等多个技术功效点上都有较多的专利分布；A01H(新植物或获得新植物的方法；通过组织培养技术的植物再生)、A01P(化学化合物或制剂的杀生、害虫驱避、害虫引诱或植物生长调节活性)和A01N(人体、动植物体或其局部的保存；杀生剂，如作为消毒剂，作为农药或作为除草剂；害虫驱避剂或引诱剂；植物生长调节剂)领域的专利分布与C12N相似，但专利数量较少；F16D(传送旋转运动的联轴器；离合器；制动器)和C09K(不包含在其他类目中的各种应用材料；不包含在其他类目中的材料的各种应用)在耐热性和提高效率两个技术功效点有专利分布。

(3)发明团队专利技术公开趋势　图9-64展示的是发明团队专利在不同技术方向专利的分布情况和发展趋势。分析各阶段的技术分布情况，有助于了解特定时期出现的重要技术方向。对比各技术方向的发展趋势，可识别哪些技术出现更早、更集中。从图9-64中可以看出，F16D(传送旋转运动的联轴器；离合器；制动器)和C09K(不包含在其他类目中的各种应用材料；不包含在其他类目中的材料的各种应用)的专利研发也很早，但直到2019年，才有显著增长。C12N(微生物或酶；其组合物；繁殖、保藏或维持微生物；变异或遗传工程；培养基)领域起步略晚，但2014年专利公开数量便超过该团队其他领域专利数量。从总体来看，多数技术领域是从2019年开始才有较大的发展。

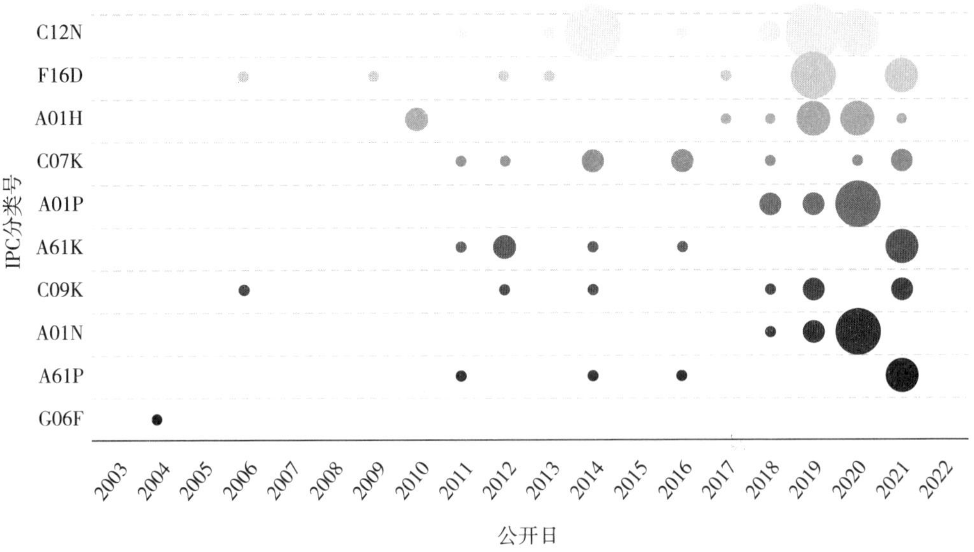

图9-64　发明团队专利公开趋势

(4)发明团队专利价值　专利价值度是北京合享智慧科技有限公司(现加入科睿唯安)开发的一套专利价值评估体系，便利用户聚焦高价值专利，提升专利的运用效率。该体系利用专利类型、同族个数、被引证次数、权利要求个数、同族国家的数量、IPC大组个数、发明人个数、专利剩余有效期等20多个指标，根据每个指标对价值度的影响力，设定各指标的影响因子，用优化方法调整因子，使各指标的权重趋于合理，将以上指标和因子计算应用到每件专利中，用于价值度的10级排序，数值越大表明专利的价值越高。图9-65是“CN101802219A”专利发明团队专利价值度分布情况。从图中可以看出，价值度为8以上的专利数量较多，有55项，价值度为2、3和6的较少，均为1项。说明该团队的研发实力较强。

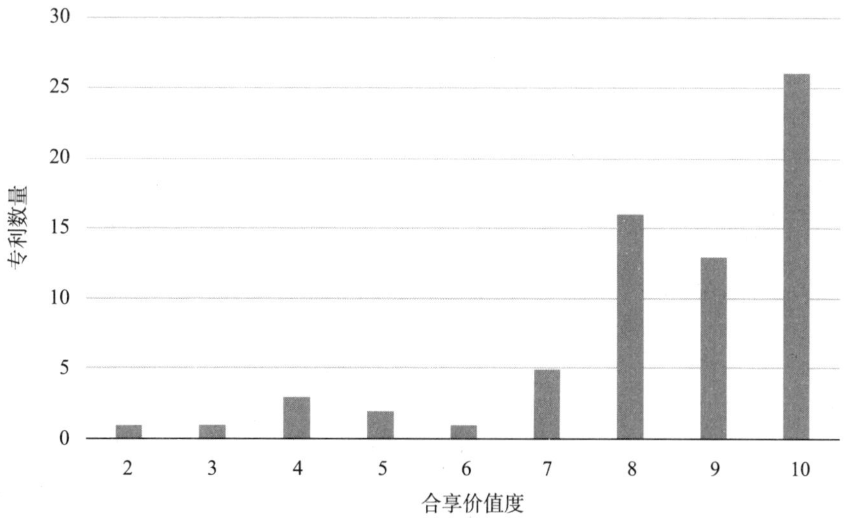

图 9-65　发明团队专利价值

5. 潜在竞争对手

识别专利技术的潜在竞争对手，既要考虑技术内容或技术领域的关联性，又要考虑专利权人的布局策略。布局策略一方面表现为其专利总的申请量，另一方面也表现为其专利的申请趋势。

（1）重要专利权人　相似专利是智慧芽公司结合当前专利文本（比如权利要求）或者 PN 号，通过后台 AI 模型，找到最相似的专利文献。相似度模型主要包括关键词及其扩展模型、语义向量模型和语义图谱向量模型（包含了关键词、专利、IPC/CPC、申请人/发明人等多维度关联关系）。"CN101802219A"的相似专利共有 770 组专利申请（每件申请采用一个公开文本）。基于此相似专利数据集合分析专利权人分布情况，选取其中的 top10 机构作为重要专利权人，结果如表 9-44 所示。

从表中可以看出，孟山都技术有限公司专利申请总量最多；其次是中国种子集团有限公司；先锋国际良种公司排名第三。在 top10 专利权人中，中国机构有 5 家，其中有 1 家国企、2 个科研院所、2 所高校。说明中国"CN101802219A"的相似专利技术主要由科研机构掌控，而国外主要由企业掌控。

表 9-44　"CN101802219A"相似专利集合中的重要专利权人

序号	当前申请（专利权）人	专利数
1	孟山都技术有限公司	70
2	中国种子集团有限公司	38
3	先锋国际良种公司	37
4	纳幕尔杜邦公司	29
5	中国农业科学院作物科学研究所	21
6	北京市农林科学院	20
7	南京农业大学	20
8	先正达参股股份有限公司	19
9	华中农业大学	19
10	瑞克斯旺种苗集团公司	19

(2)重要专利权人的申请趋势　分析“CN101802219A”相似专利 top10 专利权人的专利申请趋势,结果如图 9-66 所示。由图可以看出,孟山都技术有限公司和纳幕尔杜邦公司在该技术领域起步较早,但纳幕尔杜邦公司自 2017 年之后,没有再申请专利。孟山都公司 2006—2009 年是该技术领域专利高产时间段,之后有一段时间呈下滑趋势,2016 年之后又有所回升,说明孟山都被拜耳收购之后对其专利产出并无太大影响。中国种子集团公司的专利申请集中在 2015 年和 2016 年,之后并无产出。华中农业大学、南京农业大学、中国农业科学院作物科学研究所和北京市农林科学院虽然起步较晚,但近几年发展势头较好。国外主要申请人除了先锋国际良种公司保持较好的发展之外,其他企业均表现出萎缩趋势。

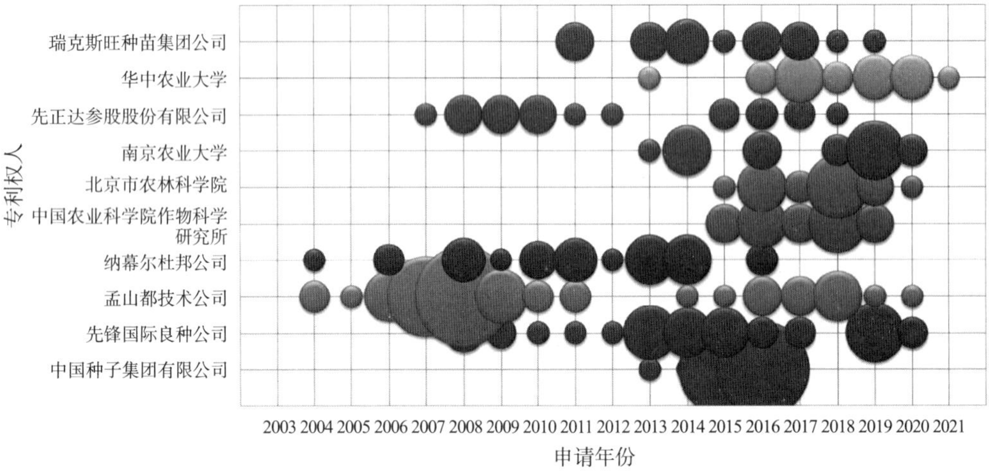

图 9-66　重要专利权人申请趋势

6. 同族专利分析

“CN101802219A”专利共有 12 项简单同族专利,布局的国家分别为中国、阿根廷、巴西、加拿大、智利、墨西哥、美国,还包括欧洲专利局和世界知识产权组织的国际申请。其中向中国的专利申请为撤回状态;向巴西和智利的申请状态不可查;向欧洲专利局的申请其中 2 项已经授权,1 项被驳回;美国专利申请期限届满;加拿大的专利申请处于实质审查阶段;向世界知识产权组织申请的 2 项专利已经进入国家阶段。

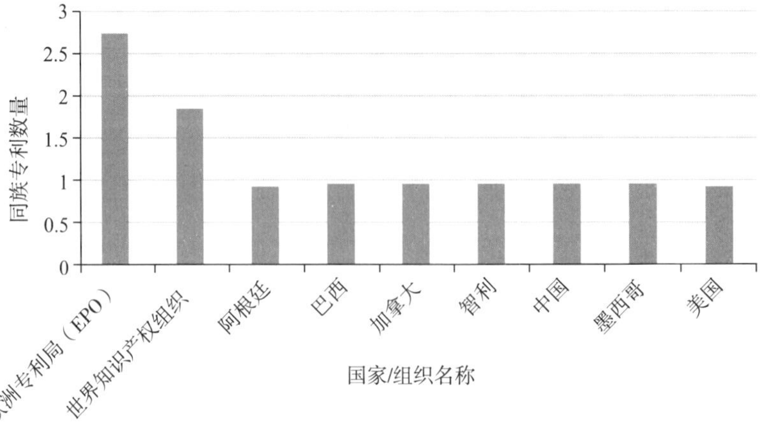

图 9-67　“CN101802219A”同族专利地域布局情况

9.8.3 结论

(1)"CN101802219A,序列指导的分子育种方法"是一件发明专利,申请人为孟山都技术公司(现被拜耳收购),2010年8月11日在中国公开,现在的法律状态为:发明专利申请公布后的视为撤回。

(2)"CCN101802219A"专利共有50项权利要求,其中有5项独立权利要求,45项从属权利要求。

(3)"CN101802219A"基于IPC的技术领域为C12Q1/68和A01H1/04,C12Q1/68分类的具体含义为:包括核酸的测定或检验方法;A01H1/04的具体含义为:选择的方法,属于改良基因型的方法小类。该专利所属技术领域在2002—2010年出现持续下滑趋势,后逐渐复苏。

(4)"CN101802219A"所属技术领域的专利技术来源国分析显示,美国在2002—2021年,优先权专利数量占绝对优势,其次是日本和英国;中国除了2009—2014年优先权专利略少之外,其他年度变化不大。该领域内美国是最大技术来源国,且多是向国外布局;中国在该领域被布局的专利数量较多。

(5)从"CN101802219A"发明团队的专利各技术领域不同功效点的专利数量分布情况来看,C12N(微生物或酶;其组合物;繁殖、保藏或维持微生物;变异或遗传工程;培养基)领域的专利在多个技术功效点上都有较多的专利分布。

(6)"CN101802219A"发明团队专利价值度分布结果显示,价值度为8以上的专利数量较多,说明该团队的研发实力较强。

(7)基于相似专利挖掘潜在竞争对手,中国种子集团有限公司、先锋国际良种公司、纳幕尔杜邦公司、中国农业科学院作物科学研究所、北京市农林科学院、南京农业大学、先正达参股股份有限公司、华中农业大学、瑞克斯旺种苗集团公司均是该领域技术的主要拥有者。其中中国的华中农业大学、南京农业大学、中国农业科学院作物科学研究所和北京市农林科学院近几年发展势头较好。国外主要申请人除了先锋国际良种公司保持较好的发展之外,其他企业均表现出不同程度萎缩趋势。

(8)"CN101802219A"专利共有12项简单同族专利,分别向9个国家或组织提出了专利申请,通过被布局国际和组织的法律状态分析可知,虽然该专利在中国的申请处于撤回失效状态,但该专利一直在积极的向国际布局,还具有很高的专利价值和市场应用前景。

9.9 单件专利分析案例二

9.9.1 专利概况

"CN101808989B卤代烷氧基螺环特特拉姆酸和特窗酸衍生物"是一种发明专利,于2008年9月12日申请,2013年1月30日公告授权,申请号为CN200880108701.X,申请人(原始)为拜尔农作物科学股份公司,发明人共有11人,包括R.菲舍尔、T.布雷特施奈德、S.莱尔、C.阿诺德、J.迪特根、D.福伊希特、H.科恩、O.马萨姆、C.H.罗辛格、E-M.弗兰肯、U.葛约根斯。该专利于2008年9月12日国际申请,2009年4月2日国际公布,2010年3月25日进入国家日期,详细信息见表9-45所示。

表 9-45 CN101808989B 专利详细信息

标题	卤代烷氧基螺环特特拉姆酸和特窗酸衍生物
专利类型：	发明授权
申请(专利)号：	CN200880108701. X
申请日：	2008-09-12
申请公布号：	CN101808989B
公开公告日：	2013-01-30
多次公布：	CN101808989A
申请人：	拜尔农作物科学股份公司
地址：	德国蒙海姆
发明人：	R. 菲舍尔；T. 布雷特施奈德；S. 莱尔；C. 阿诺德；J. 迪特根；D. 福伊希特；H. 科恩；O. 马萨姆；C. H. 罗辛格；E-M. 弗兰肯；U. 葛约根斯
专辑：	工程科技Ⅰ辑
专题：	有机化工；化学
分类号：	C07D209/54;A01N43/38
主分类号：	C07D209/54
页数：	114
国家/地区代码：	德国；DE
代理机构	北京北翔知识产权代理有限公司 11285
代理人：	钟守期;唐铁军
优先权：	2007-09-25 EP 07117104.5
国际申请：	2008-09-12 PCT/EP2008/007517
国际公布：	2009-04-02 WO2009/039975 DE
进入国家日期：	2010-03-25
主权项：	一种式(I)化合物 其中 W 代表氢、C-(1)-C-(6)烷基、卤素或 C-(1)-C-(6)烷氧基,X 代表卤素、C-(1)-C-(6)烷基或 C-(1)-C-(6)烷氧基,Y 和 Z 彼此独立地代表氢、卤素、C-(1)-C-(6)烷基、C-(3)-C-(6)环烷基,或代表芳基基团 其中在为芳基的情况下,基团 Y 或 Z 中仅有一个可代表芳基,V～(1)代表氢或卤素,V～(2)和 V～(3)彼此独立地代表氢或卤素,A 代表被氟、氯、溴和/或碘单取代至七取代的 C-(1)-C-(4)烷氧基,D 代表 NH(1)或氧(2),Q～(1)和 Q～(2)彼此独立地代表氢,m 代表数字 0 或 1,G 代表氢(a)或下列基团之一 其中 L 代表氧,且 M 代表氧,R～(1)代表 C-(1)-C-(20)烷基,R～(2)代表 C-(1)-C-(20)烷基
摘要：	本发明涉及新的式(I)的卤代烷氧基螺环特特拉姆酸和特窗酸衍生物,其中 W、X、Y、Z、A、D、Q～(1)、Q～(2)、m 和 G 具有上述含义;涉及制备其的多种方法和中间体;并涉及其作为杀虫剂和/或除草剂的用途。本发明还涉及含有卤代烷氧基螺环特特拉姆酸和特窗酸衍生物以及一种提高栽培植物相容性的化合物的选择性除草剂。本发明还涉及通过加入铵盐或鳞盐和任选的渗透促进剂提高含有式(I)的植物保护剂的化合物的活性

9.9.2 分析内容及结果

1. 权利要求树

“CN101808989B 卤代烷氧基螺环特特拉姆酸和特窗酸衍生物”专利共有 24 项权利要求，其中 11 项独立权利要求(1、6、8、10、11、12、15、17、18、23、24)，13 项从属权利要求。

(1)独立权利要求 1 包含从属权利要求 2、3、4、5、7、9、20、21、22 等 9 项，权利要求 1 和 9 项从属权利要求的关系如图 9-68 所示。

其中独立权利要求 1 的作用是一种式(I)化合物；从属权利要求 2、3、4、7、9 的作用是权利要求 1 的式(I)化合物；从属权利要求 5 的作用是一种制备权利要求 1 的式(I)化合物的方法；从属权利要求 20、21 的作用是一种提高包含一种权利要求 1 的式(I)活性化合物或一种权利要求 11 的组合物的杀虫剂和/或除草剂的活性的方法；从属权利要求 22 的作用是权利要求 21 的方法。

(2)独立权利要求 11、5 包含 13、14 和 16 共 3 项从属权利要求，权利要求 11、5 与其 3 项从属权利要求的关系如图 9-69 所示。

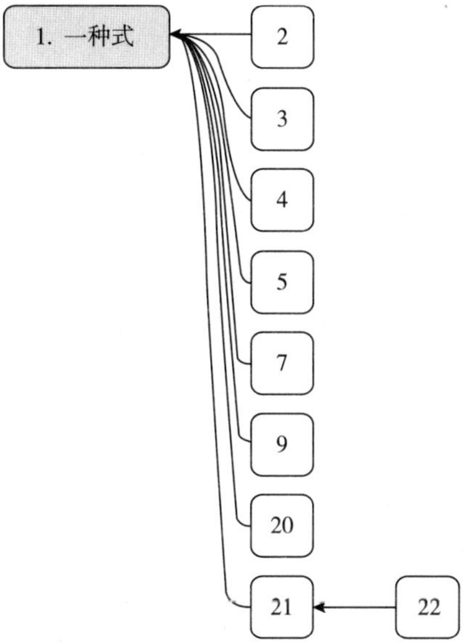

图 9-68 独立权利要求 1 与其从属权利要求的关系示意图

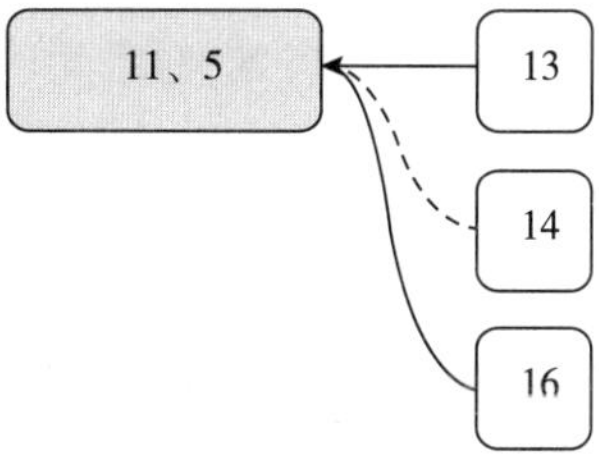

图 9-69 独立权利要求 11、5 与其从属权利要求的关系示意图

其中独立权利要求 11、5 的作用是一种包含有效量的一种活性化合物结合物的组合物；从属权利要求 13 和 16 的作用是权利要求 11 的组合物；从属权利要求 14 的作用是权利要求 11 或 12 的组合物。

(3)独立权利要求 12、5 包含从属权利要求 14，权利要求 12、5 与从属权利要求 14 的关系如图 9-70 所示。

其中独立权利要求 12、5 的权利要求作用是一种包含有效量的一种活性化合物结合物的组合物；从属权利要求 14 的权利要求作用是权利要求 11 或 12 的组合物。

(4)独立权利要求 18 包含从属权利要求 19，权利要求 18 与从属权利要求的关系如图 9-71 所示。

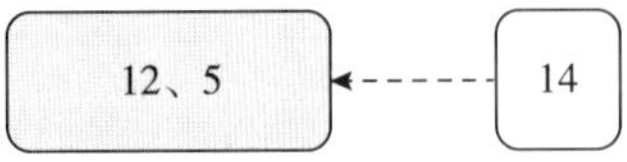

图 9-70　独立权利要求 12、5 与其从属权利要求的关系示意图

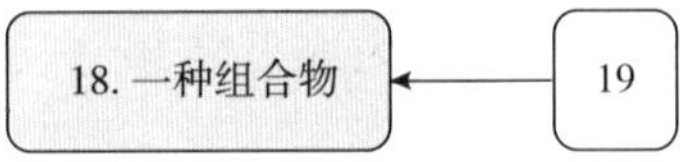

图 9-71　独立权利要求 18 与其从属权利要求的关系示意图

其中独立权利要求 18 的权利要求作用是一种组合物；从属权利要求 19 的权利要求作用是一种权利要求 18 的组合物。

(5)独立权利要求 6 的权利要求作用是一种防治动物有害物和/或有害植物的非治疗目的的方法；独立权利要求 8 的权利要求作用是一种制备用于防治害虫和/或有害植物的组合物的方法；独立权利要求 10 的权利要求作用是一种包含有效量的一种活性化合物结合物的组合物；独立权利要求 15、17 的权利要求作用是一种防治有害植物的方法；独立权利要求 23 的权利要求作用是一种式(II)化合物；独立权利要求 24 的权利要求作用是一种式(III)化合物。

2. 基于 IPC 的技术领域分析

(1)IPC 技术领域　"CN101808989B 卤代烷氧基螺环特特拉姆酸和特窗酸衍生物"专利的 IPC 分类为 C07D209/54 和 A01N43/38，该分类在国际专利分类体系中的结构位置如图 9-72 和图 9-73 所示。C07D209/54 分类的具体含义是：表示螺-稠合结构。A01N43/38 分类的具体含义是：表示与碳环稠合结构。

C化学；冶金
→ C07有机化学〔2〕
→ C07D杂环化台物（高分子化合物入C08）〔2〕
→ C07D209/00杂环化台物，含五元环、与其他环稠…
→ *C07D209/02与一个碳环稠合〔2〕［2006.01］
→ **C07D209/54螺-稠合〔2〕［2006.01］

图 9-72　C07D209/54 在国际专利分类体系中的结构位置

A人类生活必需
→ A01农业；林业；畜牧业；狩猎；诱捕；捕鱼
→ A01N人体、动植物体或其局部的保存（食品或粮…
→ A01N43/00含有杂环化合物的杀生剂、害虫驱避…
→ *A01N43/34具有带1个氮原子作为仅有的环杂原…
→ **A01N43/36五元环〔3〕［2006.01］
→ ***A01N43/38与碳环稠合〔3〕［2006.01］

图 9-73　A01N43/38 在国际专利分类体系中的结构位置

(2)技术领域竞争态势　分析专利申请趋势、公开趋势和转让趋势可以了解该技术领域的竞争态势，有助于行业发展，同时对于企业来说可以明确自身的不足及周围威胁。在 incoPat 科技创新情报平台检索 IPC 分类的专利，分析 C07D209/54 和 A01N43/38 技术领域 2002—2021 年的专利申请趋势，结果如图 9-74 所示。由图 9-74 可以看出，该领域在 2002—2016 出现波动上升趋势，2017 年达到 2012 年的专利数量(562 项)，自 2017 年之后出现下降趋势。整体而言，C07D209/54 和 A01N43/38 技术领域的专利申请情况不容乐观，发展处于停摆阶段。

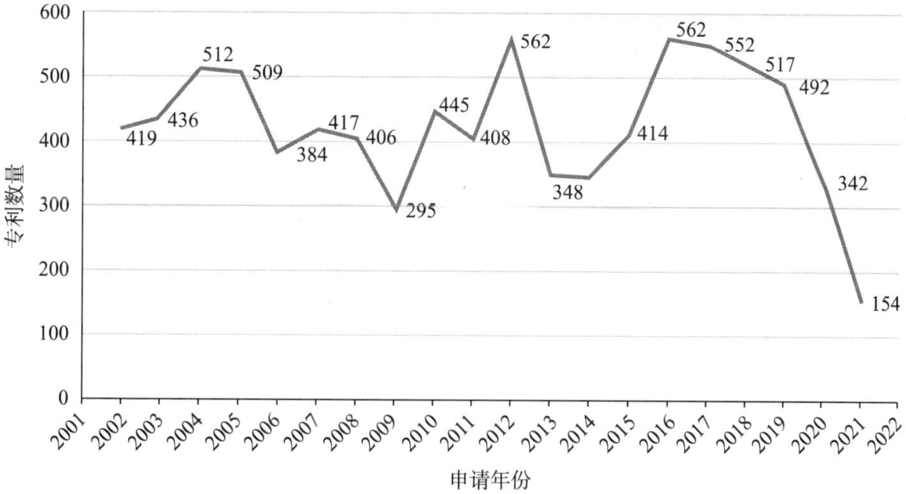

图 9-74　C07D209/54 和 A01N43/38 技术领域专利申请趋势

分析 2002—2021 年中国、美国、日本、澳大利亚、加拿大、韩国公开专利情况。关于 C07D209/54 和 A01N43/38 技术领域的专利公开国国家及趋势，结果如图 9-75 所示。由图 9-75 可以看出，在 2002—2014 年，美国公开专利数量占绝对优势，中国公开专利数量相对薄弱，但是一直呈现增长趋势；2015—2021 年，中国公开专利数量飞速发展，一跃超过美国成为全球第一，在 C07D209/54 和 A01N43/38 技术领域取得了一定的成效，在国际市场中具有一定的竞争力。

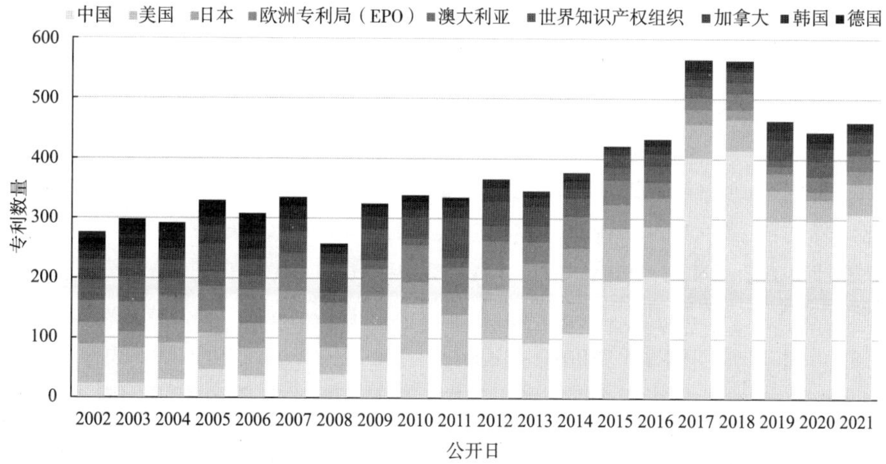

图 9-75 彩色图

图 9-75　C07D209/54 和 A01N43/38 技术领域专利公开国国家及趋势

图 9-76 展示的是 C12Q1/68 和 A01H1/04 技术领域 2002—2021 年度专利权利发生转让的专利数量变化趋势。通过该分析可以了解该领域专利在不同时期内的转化、应用和推广的趋势，反映技术的运营和实施热度，进而预测技术的发展方向和未来的市场应用前景。从图 9-76 中可以看出，近 20 年该领域专利转移转化趋势有些波动，总体变化情况呈现下降趋势，2015 年专利转移转化数量最高，达到 230 项，随后几年专利转移数量逐渐波动下降，说明该领域近些年不会成为热点方向。

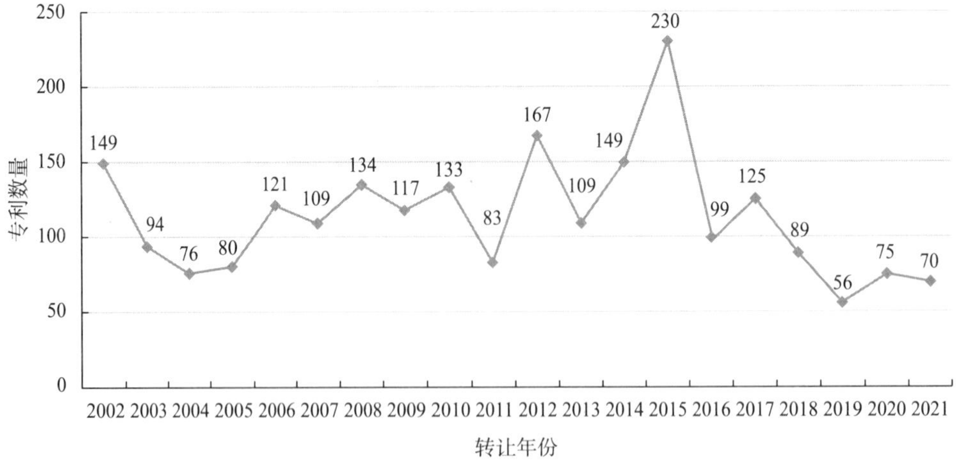

图 9-76 C12Q1/68 和 A01H1/04 技术领域专利转让趋势

3. 同族专利分析

“CN101808989B 卤代烷氧基螺环特特拉姆酸和特窗酸衍生物”专利共有 26 项简单同族专利，28 项扩展同族专利，24 项 DocDB 同族专利。

简单同族专利 26 项：

US8435549B2；CA2700292A1；BRPI0817313A2；ECSP10010026A；ES2538730T3；MX2010002690A；BRPI0817313B1；CN101808989A；CN101808989B；CR11308A；EA201000373A1；EP2045240A1；JP5591113B2；TN2010000133A1；AU2008303937A1；CO6260010A2；DOP2010000074A；ECSP100026A；EP2195290A1；EP2195290B1；IN1512DELNP2010A；JP2010540473A；KR1020100070353A；MA31711B1；US20100279873A1；WO2009039975A1。其中中国、美国、巴西、日本和厄瓜多尔均有 2 项同族专利。

扩展同族专利 28 项：

JP2010540473A；ECSP100026A；ES2538730T3；DOP2010000074A；US20100279873A1；CO6260010A2；US8435549B2；CR11308A；EP2195290A1；EA201000373A1；CA2700292A1；JP2010540473T；JP5591113B2；IN1512DELNP2010A；BRPI0817313A2；EP2045240A1；BRPI0817313B1；TN2010000133A1；AU2008303937A1；CN101808989B；ECSP10010026A；IN283392A1；MX2010002690A；EP2195290B1；KR1020100070353A；WO2009039975A1；MA31711B1；CN101808989A。其中日本 3 项，中国、印度、巴西、厄尔多瓜和美国均有 2 项扩展同族专利。

DocDB 同族专利 24 项：

US8435549B2；EP2195290A1；AU2008303937A1；KR1020100070353A；JP5591113B2；EP2195290B1；CR11308A；CA2700292A1；CN101808989A；CN101808989B；BRPI0817313A2；ES2538730T3；TN2010000133A1；BRPI0817313B1；JP2010540473A；CO6260010A2；DOP2010000074A；EA201000373A1；ECSP10010026A；WO2009039975A1；MA31711B1；MX2010002690A；EP2045240A1；US20100279873A1。其中中国、日本、巴西和美国均有 2 项。同族专利国家布局如图 9-77 所示。

4. 标准申请人专利情况

标准申请人是 Incopat 将一个企业或公司所有名称以及子公司关联在一起，定义为一个

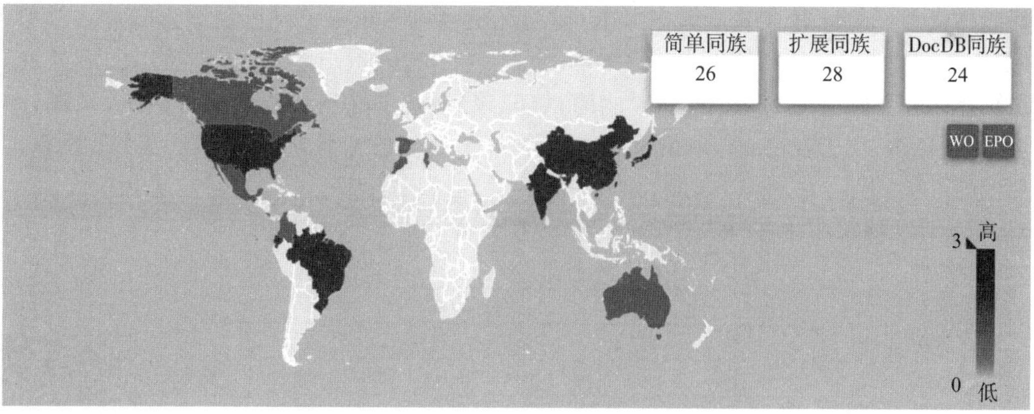

图 9-77　CN101808989B 同族专利国家布局情况

标准公司名，当输入标准申请人时，与其相关的专利就会被全部检索出来，从而保证检索的全面性。通过分析标准申请人的专利情况，可以全面地了解该申请人的专利发展状况。

(1)标准申请人专利法律状态　检索“CN101808989B 卤代烷氧基螺环特特拉姆酸和特窗酸衍生物”专利的标准申请人的所有专利，共计有 351 560 项，简单同族合并后 81 587 个专利族。为了从整体上掌握中国专利的权利保护和潜在风险情况，为中国专利权的法律性调查提供依据，此处仅对中国专利的法律状态进行分析。由图 9-78 可知，中国失效专利占 77.68%，有效占比 18.47%，审核中占比 3.85%。可以发现该标准申请人的相关专利大部分处于失效状态，仅有少量有效的专利。

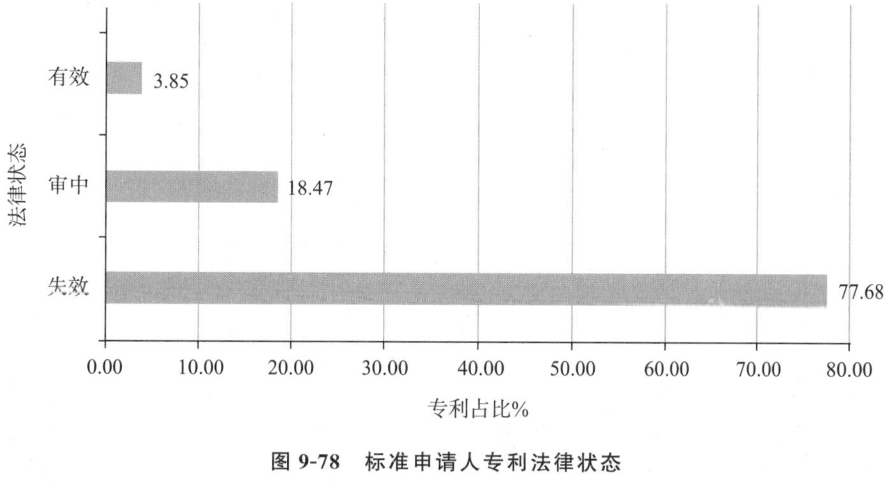

图 9-78　标准申请人专利法律状态

(2)标准申请人专利技术功效构成　图 9-79 展示的是标准申请人专利各技术领域不同功效的专利的数量分布情况，可根据其分布情况了解各类技术的主要应用特征，从而对研发路线进行调整。从图中可以看出 C07D(杂环化合物)领域的专利在安全性、独立性、适合性等多个技术功效点上都有较多的专利分布；A01N(人体、动植物体或其局部的保存；杀生剂，如作为消毒剂，作为农药或作为除草剂；害虫驱避剂或引诱剂；植物生长调节剂)领域的专利在安全性、稳定性和适合性等多个技术功效点上有较多的专利分布；C07C(无环或碳环化合物)领域的专利在复杂性降低上具有较多分布；A61K(医用、牙科用或梳妆用的配制品)、C08G(用碳-碳不饱和键以外的反应得到的高分子化合物)、C08L(高分子化合物的组合)领域的专利分布相似；A61P(化合物或药物制剂的特定治疗活性)、C08K(使用无机物或非高分子有机物作为配料)、C08J(加工;配料的一般工艺过程;不包括在C08B,C08C,C08F,C08G或C08H小类中的后处理)和C09D(涂料组合物,如色漆、清漆或天然漆;填充浆料;化学涂料或油墨的去除剂;油墨;改正液;木材着色剂;用于着色或印刷的浆料或固体……)领域的专利分布相似,且专利数量较少。

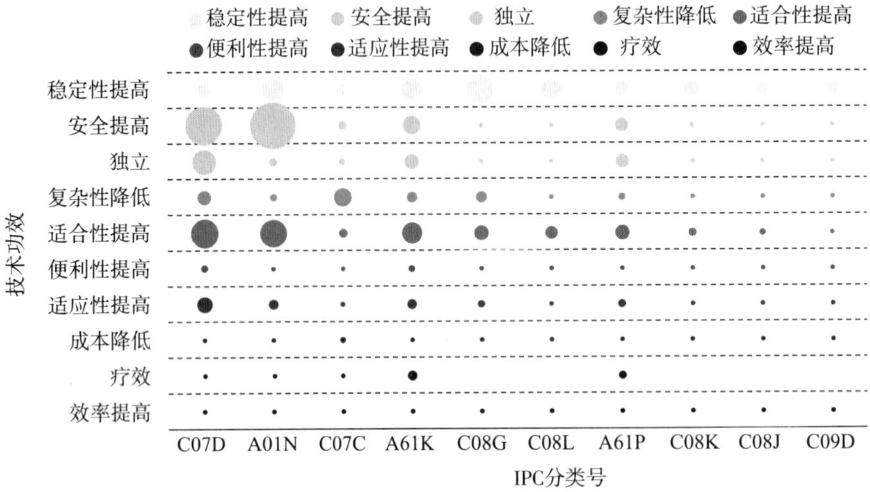

图 9-79 彩色图

图 9-79 标准申请人专利技术功效构成情况

(3)标准申请人专利技术公开趋势　图9-80展示的是标准申请人专利在不同技术方向专利的分布情况和发展趋势。从图中可以看出,在研发之初,C07D(杂环化合物)、A01N(人体、动植物体或其局部的保存;杀生剂,如作为消毒剂,作为农药或作为除草剂;害虫驱避剂或引诱剂;植物生长调节剂)、C07C(无环或碳环化合物)、A61K(医用、牙科用或梳妆用的配制品)、C08G(用碳-碳不饱和键以外的反应得到的高分子化合物)和A61P(化合物或药物制剂的特定治疗活性)等领域的公开授权数量较多,是当时的研究热点,但是随着时间的推移,这些领域的专利数量越来越少。

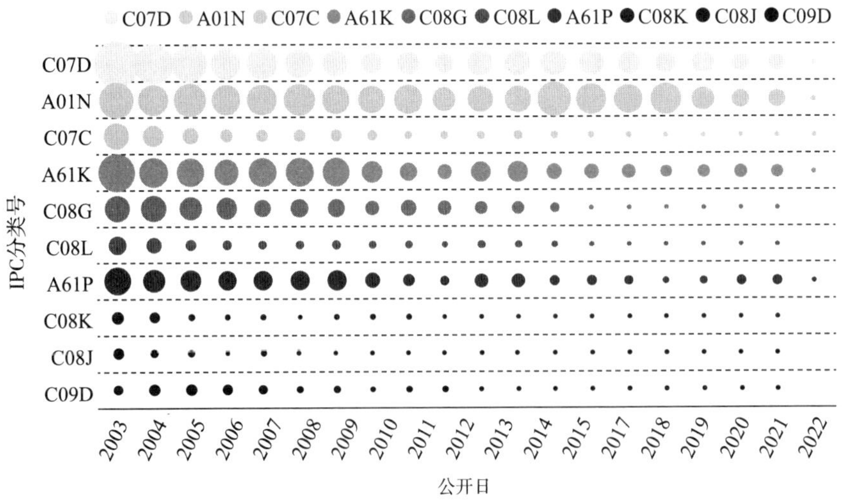

图 9-80 彩色图

图 9-80 标准申请人专利公开趋势

(4)标准申请人专利价值　权利要求数量宏观上表明专利所保护的范围,权利要求数量越多，保护范围越多，一定意义上专利的质量更高。不同权利要求数量的专利的数量分布情况如图 9-81 所示，标准申请人专利权利要求数量近似呈现正态分布，权利要求数量位于 6～10 的占比最多，3～5 和 11～15 的次之。

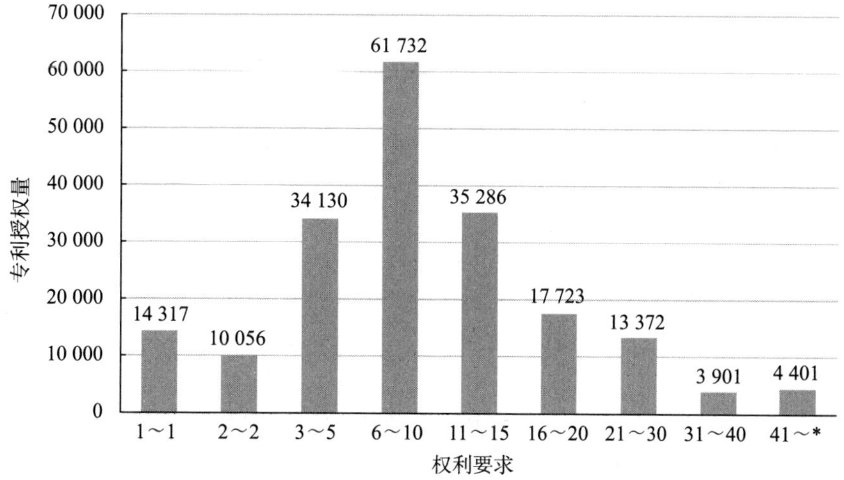

图 9-81　标准申请人专利权利要求数量分布

进一步分析标准申请人专利价值度星级发现，价值度为 7 的专利最多(占比 13.64%)，其次是价值度为 6、3、10、8，分别占比 11.95%、11.26%、11.10%、10.73%，由此可知标准申请人的相关专利价值较高。

5. 潜在竞争对手

“CN101808989B 卤代烷氧基螺环特特拉姆酸和特窗酸衍生物”专利共有 100 项相似专利。由图 9-82 可知，申请人 BAYER CROPSCIENCE AG 和拜尔农作物科学股份公司是一家机构，是“CN101808989B”专利的申请人，专利数量最多，共 74 项专利；FISCHER REINER 次之，专利数量 19 项；FISCHER REINER 位居第 3，专利数量 16 项。在 top10 专利权人中，全

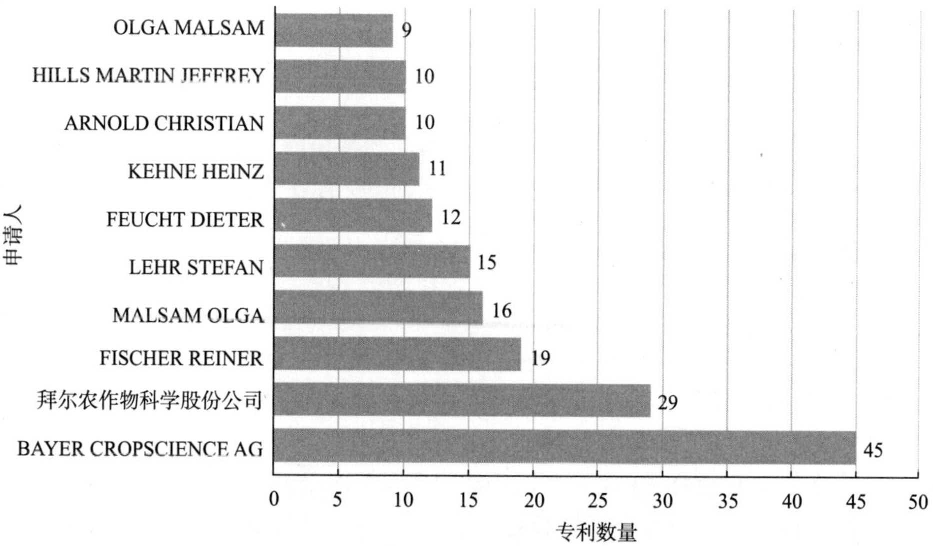

图 9-82　标准申请人专利权利要求数量分布

部是国外机构，中国机构并未入榜。说明中国“CN101808989B 卤代烷氧基螺环特特拉姆酸和特窗酸衍生物”的相似专利技术由国外掌控，中国在此领域的技术研发有待加强。

6. 专利价值

专利价值的评估涉及多个方面，本节主要从专利引证次数和专利价值度两个方面对“CN101808989B 卤代烷氧基螺环特特拉姆酸和特窗酸衍生物”专利进行分析。

(1)引证分析 “CN101808989B 卤代烷氧基螺环特特拉姆酸和特窗酸衍生物”专利涉及通过加入铵盐或鳞盐和任选的渗透促进剂提高含有式(Ⅰ)的植物保护剂的化合物的活性，其引证关系如图 9-83 所示。引证的 57 项专利中申请人是 BAYER AKTIENGESELLSCHAFT 的专利 3 项，申请人为 VALENT USA CORP 的专利 1 项；申请人为 BAYER CROPSCIENCE GMBH 的专利 2 项；申请人为 NATCO PHARMA LIMITED 的专利 1 项；申请人为 BAYER AG 的专利 13 项；申请人为 BAYER CROPSCIENCE AKTIENGESELLSCHAFT 的专利 7 项；申请人为 BAYER CROPSCIENCE AG 的专利 26 项；申请人为 SYNGENTA PARTICIPATIONS AG 的专利 3 项；申请人为 KAO CORP 的专利 1 项。从图中可以看出，该专利引用了 57 篇专利，被“CN104788360A 3-砜基螺环三烯酮类化合物及其制备方法”专利引证 1 次。

(2)合享价值度分析 专利价值的评价是以 incoPat 系统中的“合享价值度”为参考标准，合享价值度综合了技术稳定性、技术先进性、保护范围层面等 20 多个技术指标，通过设定指标权重、计算顺序等参数，对专利进行打分(分数为 1～10 分，分数越高则专利价值越高)，价值度为 9～10 分的专利为高价值专利。该专利的专利价值度评分为 10，是一个高价值专利。

对该专利从技术稳定性、技术先进性、保护范围等 3 个方面进行剖析。

①技术稳定。CN101808989B 专利是一个有效的发明专利，稳定性好；未有诉讼行为发生；未发生过质押保全；申请人未提出过复审请求；未被申请无效宣告；整体技术稳定性评为为 9 分(10 分制)。

②技术先进性。该专利及其同族专利在全球被引用 44 次，先进性好；研发人员投入共计 11 人；未发生许可；曾经发生过转让；整体技术先进性评分为 10 分(10 分制)。

③保护范围。该专利有 24 项权利要求；剩余有效期 2 408 天；在 19 个国家/组织/地区申请专利布局；整体保护范围评分为 10 分(10 分制)。

9.9.3 结论

(1)“CN101808989B 卤代烷氧基螺环特特拉姆酸和特窗酸衍生物”是一项发明专利，申请人(原始)为拜尔农作物科学股份公司，2010 年 3 月 25 日在中国公开，现在的法律状态为有效。

(2)“CN101808989B”专利共有 24 项权利要求，其中有 11 项独立权利要求，13 项从属权利要求。

(3)“CN101802219A”基于 IPC 的技术领域为 C07D209/54 和 A01N43/38，C07D209/54 分类的具体含义是：表示螺－稠合结构。A01N43/38 分类的具体含义是：表示与碳环稠合结构。该专利所属技术领域先呈现波动上升，后出现下降趋势。

(4)分析技术领域专利公开国，在 2002—2014 年，美国公开专利数量占绝对优势，中国公开专利数量相对薄弱，但是一直呈现增长趋势；2015—2021 年，中国公开专利数量飞速发展，一跃超过美国成为全球第一。

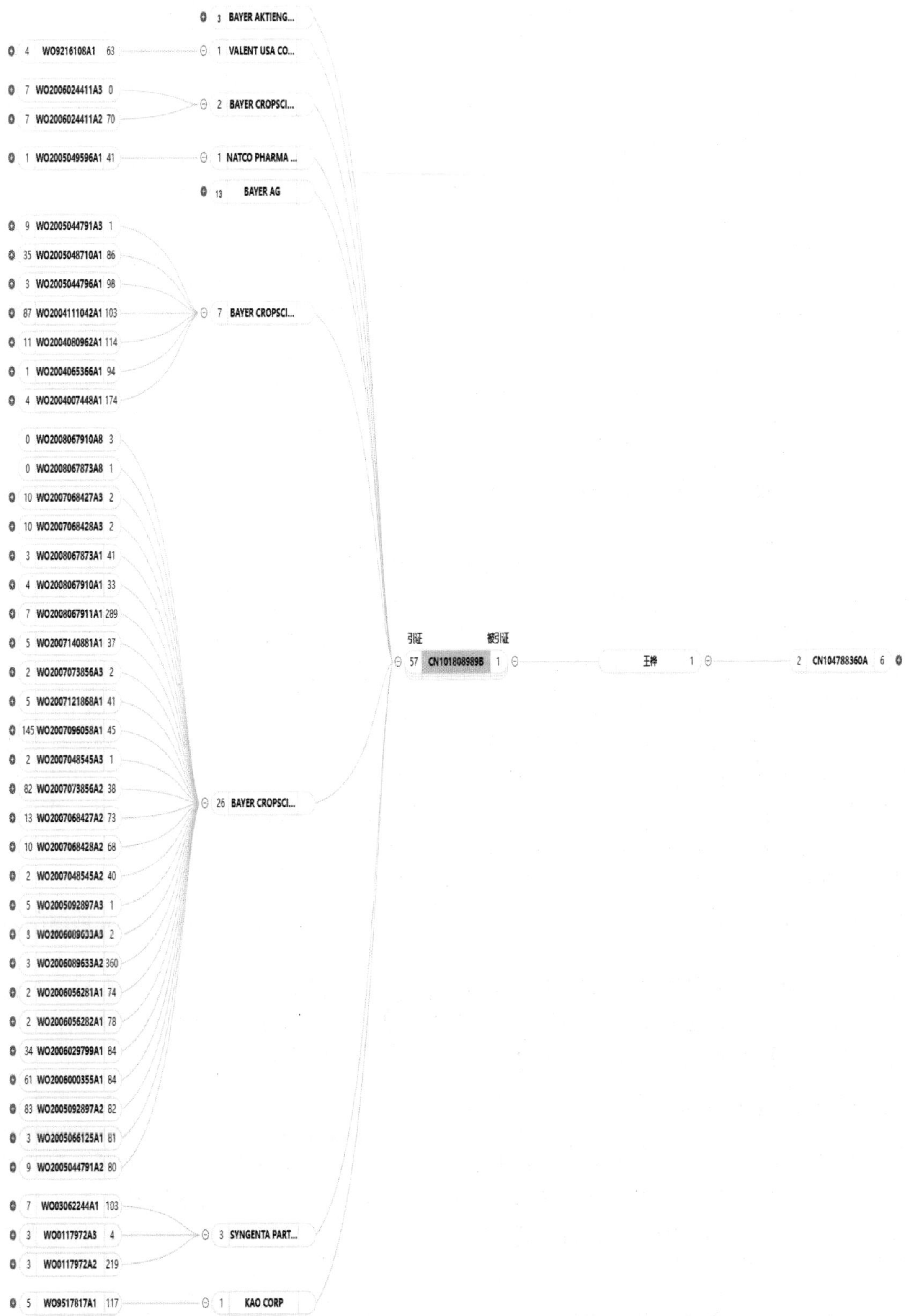

图 9-83 CN101808989B 专利引证关系图

(5)从“CN101802219A”发明团队的专利各技术领域不同功效点的专利的数量分布情况来看，C07D(杂环化合物)领域的专利在安全性、独立性、适合性等多个技术功效点上都有较多的专利分布；A01N(人体、动植物体或其局部的保存；杀生剂，如作为消毒剂，作为农药或作为除草剂；害虫驱避剂或引诱剂；植物生长调节剂)领域的专利在安全性、稳定性和适合性等多个技术功效点上有较多的专利分布。

(6)申请人专利价值度星级发现，价值度为7的专利最多(占比13.64%)，说明该标准申请人的研发实力较强。

(7)基于相似专利挖掘潜在竞争对手，除了拜尔农作物科学股份公司(BAYER CROPSCIENCE AG)是该领域的领军机构，FISCHER REINER、MALSAM OLGA、LEHR STEFAN、FEUCHT DIETER、KEHNE HEINZ、ARNOLD CHRISTIAN 和 HILLS MARTIN JEFFREY 等机构也是该领域技术的主要拥有者。中国在该领域仍然处于技术劣势。

(8)从专利引证关系和专利合享价值度两个方面进行综合分析，该专利合享价值度得分为10，从一定程度上说明其是一件高价值专利。

9.10 专利预警分析案例

本案例是关于中国禾谷类作物种子技术预警分析。中国作为一个农业大国，农作物育种已经上升为国家战略性、基础性核心产业，是促进农业长期稳定发展、保障国家粮食安全的根本。种子是农业的芯片，对于我国这样一个人均耕地偏少的农业大国，粮食安全是农业发展的主要目标，种子安全直接关系到国家的粮食安全。

当前，在种业面临严峻危机的大环境下，对禾谷类作物的种子技术进行专利预警分析，有助于了解国内外禾谷类作物种子技术的专利态势，预警专利风险，防范专利危机，避免可能造成的经济损失和粮食安全隐患。鉴于我国种子技术发展的紧迫性和专利信息的重要作用，对禾谷类作物的种子技术进行专利预警研究的目的和意义如下：通过专利预警分析，揭示我国禾谷类作物种子技术面临的专利竞争态势和专利风险，认识自身实力水平，明确专利风险来源，为制定有效的政策预案做准备，规避专利风险，以便提高政府决策和企业决策的科学性，优化我国在种子技术乃至种子产业方面的资源配置，壮大产业实力，提高我国种子产业的国际竞争力。

禾谷类作物又称谷类作物，属于禾本科(蓼科植物的荞麦除外)，是农作物类别之一，其籽实可以作为人类的粮食和牲畜的饲料，是粮食作物的主要组成部分。主要包括稻子、小麦、大麦、玉米、粟、黍、黑麦、燕麦、高粱、稷等，在国民经济中占有极重要地位。

9.10.1 数据来源

数据来源于 Innography 专利数据检索平台。Innography 作为国际较为认可的专利检索平台，收录了100多个国家的1亿多条专利数据，其中超过900万条非专利科技文献、700多万的商标信息，具有强大的专利分析功能，可以为专利竞争力、转移转化、引证与被引证、热点趋势、专利评价等提供有价值的分析途径。

9.10.2 检索策略与检索结果

参照主题分类法，利用专利分类体系和文本挖掘两种方式对研究对象进行分解，确定关键词，随后进行近义词、同义词补充，结合 IPC（国际专利分类）分类号，综合采用字段检索、专利分类号检索和关键词检索 3 种方法，通过布尔逻辑运算符、截词符和限制字段等方法，将各检索字段进行连接，构建检索表达式。为了保证研究数据的准确性和全面性，针对初次检索的数据进行查全率和查准率验证，一般情况下这两项工作会贯穿专利检索的不同阶段，可能会经历“验证-调整-再验证”的反复过程，直至检索结果符合预期要求[229]。

首先，利用专业词汇查询工具对禾谷类作物检索词进行查询，得到以下结果：种子、种苗（seed *、germchit *），小麦（wheat *、triticum aestivum、fructus tritici），玉米（corn *、maize *、zea mays、mealie），水稻（rice *、oryza、paddy、oryza sativa），高粱、荞麦、黑麦、粟、黍（cereal *、buckwheat、millet、grain、rye、avena sativa、oat *）。

其次，根据确定的检索词构建不同的检索式进行多次预检索，结合预检索结果的国际专利分类号分布和种子技术可能涉及的技术领域，筛选出禾谷类作物种子技术的相关 IPC 号，并对查准率进行校验，剔除干扰性 IPC 号，然后将 IPC 号的格式转化为 Innography 数据库可识别的格式，再将 IPC 号按照禾谷类种子技术的 3 个类别进行归类，IPC 号释义主要参照国家知识产权局的专利检索及分析平台，具体内容见表 9-46 和表 9-47。

表 9-46　禾谷类作物种子技术相关 IPC

技术类型	IPC 号	IPC 号释义	转换后格式
种子选育与生产	A01B49/00	表示联合作业机械	A01B049000
	A01B49/06	表示用于播种或施肥	A01B049060
	A01B49/04	表示整地部件与非整地部件，如播种部件的组合	A01B049040
	A01C11/00	表示移栽机械	A01C011000
	A01C11/02	表示用于种苗	A01C011020
	A01C15/00	表示施肥机械	A01C015000
	A01C17/00	表示带离心轮的施肥机或播种机	A01C017000
	A01C19/00	表示施肥机或播种机工作部件的驱动装置	A01C019000
	A01C5	表示用于播种、种植或施厩肥的开挖沟穴或覆盖沟穴	A01C005
	A01C7/00	表示播种	A01C007
	A01D45/00	表示生长作物的收获	A01D045000
	A01H	表示新植物或获得新植物的方法；通过组织培养技术的植物再生	A01H
	A01G9/00	表示在容器、促成温床或温室里栽培花卉、蔬菜或稻	A01G009000
	A01G16/00	表示稻的种植	A01G016000
	A01G31/00	表示水培；无土栽培	A01G031000
	C12N15/00	表示突变或遗传工程；遗传工程涉及的 DNA 或 RNA，载体或其分离、制备或纯化；所使用的宿主	C12N015000
	C12N5/00	表示未分化的人类、动物或植物细胞，如细胞系；组织；它们的培养或维持；其培养基	C12N005000

续表 9-46

技术类型	IPC 号	IPC 号释义	转换后格式
种子加工与处理	A01D41/00	表示联合收割机，即与脱粒装置联合收割机或割草机	A01D041000
	A01D41/08	表示在切割禾秆前进行脱粒的联合收割机	A01D041080
	A01D41/10	表示带铺条捡拾装置的田间脱粒机	A01D041100
	A01D41/133	表示干燥装置	A01D041133
	A01F	表示脱粒；禾秆、干草或类似物的打捆；将禾秆或干草形成捆或打捆的固定装置或手动工具；干草、禾秆或类似物的切碎等	A01F
	A01C1/00	表示在播种或种植前测试或处理种子、根茎或类似物的设备或方法	A01C001000
	A01C1/04	表示种子放于其载体，如条带、绳索上	A01C001040
	A01C1/06	表示种子的包衣或拌种	A01C001060
	A01C1/02	表示发芽设备；种子或其类似物发芽能力的测定	A01C001020
种子贮藏与检验	A01N	表示人体、动植物体或其局部的保存；杀生剂，例如作为消毒剂，作为农药或作为除草剂；害虫驱避剂或引诱剂	A01N
	A01C1/08	表示种子免疫	A01C001080
	A01C1/00	表示在播种或种植前测试或处理种子、根茎或类似物的设备或方法	A01C001000

注：有些 IPC 分类会有交叉重叠，如 A01C1/00（播种或种植前测试或处理种子、根茎或类似物的设备或方法），既包含在加工与处理环节，也会在贮藏与检验的环节中出现。

表 9-47　禾谷类作物种子技术的干扰性 IPC

IPC 号	IPC 号释义
A01G1/00	园艺；蔬菜的栽培
A01G17/00	啤酒花、葡萄、果树或类似树木的栽培
A23	其他类不包含的食品或食料；及其处理
A61K	医用、牙科用或梳妆用的配制品
C05	肥料；肥料制造
C12N001000	微生物本身，如原生动物；及其组合物
C12N009000	酶，如连接酶；酶原；其组合物
A21	焙烤；制作或处理面团的设备；焙烤用面团
A01K	畜牧业；禽类、鱼类、昆虫的管理；捕鱼；饲养或养殖其他类不包含的动物；动物的新品种
C12Q	包含酶或微生物的测定或检验方法；其所用的组合物或试纸；这种组合物的制备方法；在微生物学方法或酶学方法中的条件反应控制
C12G	果汁酒；其他含酒精饮料；其制备
C12P	发酵或使用酶的方法合成目标化合物或组合物或从外消旋混合物中分离旋光异构体
C12R1/00	微生物
C07	有机化学

续表 9-47

C09	染料;涂料;抛光剂;天然树脂;黏合剂;其他类目不包含的组合物;其他类目不包含的材料的应用
C10	石油、煤气及炼焦工业;含一氧化碳的工业气体;燃料;润滑剂;泥煤
C11	动物或植物油、脂、脂肪物质或蜡;由此制取的脂肪酸;洗涤剂;蜡烛
G01N	借助于测定材料的化学或物理性质来测试或分析材料
H01L	半导体器件;其他类目中不包括的电固体器件

将检索字段限定在"题名、摘要、权利要求"(@(abstract,claims,title)),检索关键词结合IPC号和专利文献代码,制定总检索式为:@(abstract,claims,title)((seed* or germchit*) and (cereal* or wheat* or buckwheat or "triticum aestivum" or "fructus tritici" or mealie or millet or grain or rye or corn* or maize* or "Zea mays" or rice* or oryza or paddy or "Oryza sativa" or "avena sativa" or oat* or sorghum* or jowar)) not @*(ipc_A01G001000 or ipc_A01G017000 or ipc_a23 or ipc_a61k or ipc_C05 or ipc_C12N001000 or ipc_C12N009000 or ipc_z or ipc_a21 or ipc_a01k or ipc_c12q or ipc_c12g or ipc_c12p or ipc_c11 or ipc_c10 or ipc_c09 or ipc_c07 or ipc_g01n or ipc_h01l) and @*(kind_code_a or kind_code_a1 or kind_code_a2 or kind_code_b or kind_code_b1 or kind_code_b2 or kind_code_c or kind_code_u or kind_code_y)。

检索日期截至2022年1月6日,专利数据时间范围为2000—2022年。由于大多数国家和地区的专利从申请到授权公开有18个月的滞后缓冲期,并且数据库更新内容存在一定的滞后性,2020年及以后申请的专利数据并不完整,因此本节主要分析2010—2019年这10年间的专利发展情况,对初次检出的数据分别采用随机抽样方式进行两次查全查准验证,共检索出71 465项专利。Innography同族专利数选项中有简单同族[Simple (EPO) Family]、扩展同族[Extended (INPADOC) Family]和保留同一申请号最新公开的专利等三种选项。其中简单同族专利是指基于同一优先权专利文件,在不同国家或地区,以及地区间专利组织多次申请、多次公布或批准的内容相同或基本相同的一组专利文献[230]。扩展同族专利是指在同一个专利族中,每个专利申请或者是专利,不管其有多少优先权,但是至少存在另外一个专利申请或者专利共同拥有同一个优先权[231]。本节采用简单同族专利对检索结果进行同族合并,共计51 972个专利族。

9.10.3 分析内容及结果

1. 专利发展趋势分析

禾谷类作物种子技术领域的51 972项专利中,25 823项专利处于有效状态,占比49.69%,26 149项专利处于失效状态,占比50.31%。失效专利指因未缴纳专利费、法定保护期限到期及其他原因失去专有权而进入公有领域,社会公众可以自由使用的人类智力成果。失效的专利虽然不再受到相关法律的保护,但仍可以为研究者提供大量的技术信息,充分利用这些信息可以缩短研发新技术的周期,大大提高效率,节约研发资源[232]。

中国专利分为3类:发明专利、外观设计专利以及实用新型专利。美国专利的分类与中国不同,分为外观设计专利(Design patents)、实用专利(Utility patents)和植物专利(Plant patents)。Innography对禾谷类作物种子技术专利分类是按照美国专利分类标准分为实用专利、外观设计专利和植物专利3种。

实用新型专利是指对产品的形状、构造或者其结合所提出的适于实用的新的技术方案，在专利法中，对实用新型的创造性和技术水平要求较发明专利低，技术含量较低，审核程序较简单，但实用价值大，因此，实用新型专利又称小发明或小专利；发明专利技术含量较高，审核步骤复杂，成功率较低，可以较准确地反映一个国家或地区核心竞争力；外观设计专利是指对产品的形状、图案或其结合以及色彩与形状、图案的结合所做出的富有美感并适于工业应用的新设计，是一种工业品的外观设计，也就是工业品的式样；植物专利是一种知识产权，可保护新的和独特的植物的关键特性不被他人复制、出售或使用，并且可以通过防止竞争对手使用植物来帮助发明人在专利保护期内获得更高的利润，一般由美国专利商标局(USPTO)授予发明人或发明人的继承人。其中可以申请专利的植物可以是天然的、繁殖的或体细胞的(由植物的非生殖细胞产生)，它可以被发明或发现，但植物专利只有在被发现的植物是在耕地内进行的，才会被授予该植物专利。植物必须是无性繁殖的，并且繁殖必须在遗传上与原始植物相同，并通过根插、鳞茎、分裂或嫁接和发芽等方法进行，以确定植物的稳定性。马铃薯和菊芋等块茎没有资格获得植物专利，仅因生长条件或土壤肥力而独一无二的植物也没有资格获得植物专利，像任何发明一样，植物必须是非显而易见的，才具有可专利性。另一种类型的专利，实用专利，适用于某些植物、种子和植物繁殖过程。

专利申请量是创新活跃程度的具体表现，分析专利申请数量的变化在一定程度上可以反映技术发展趋势，帮助专业领域人员了解自己所处的地位，以便更好地开展研究。将检索到的专利数据按照申请年份进行统计，结果如图 9-84 所示。从 2010 年的 2 274 项到 2018 年的 8 599项，禾谷类专利数量保持了稳步的增长趋势，但是到了 2019 年，全球禾谷类作物种子技术专利申请数量在 10 年间首次出现了下降趋势，数量相对于 2018 年减少 958 项，降低了 11.14%。

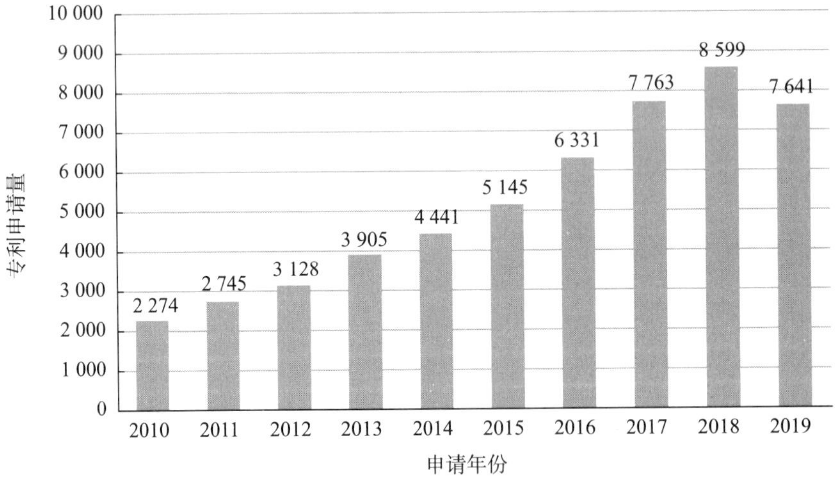

图 9-84　2010—2019 年全球禾谷类作物种子技术专利申请变化趋势

专利授权量是评价专利技术发明活动水平和创新能力的指标，对比专利申请量而言，专利授权量更直接地反映了技术积累程度，更好地体现技术的发展质量。专利授权量是衡量一个国家或地区技术创新能力和水平的主要指标。专利授权率是专利授权量与专利申请量的比值。2010 年后全球禾谷类作物种子技术专利授权变化趋势和授权率变化趋势分别如图 9-85 和图 9-86 所示。

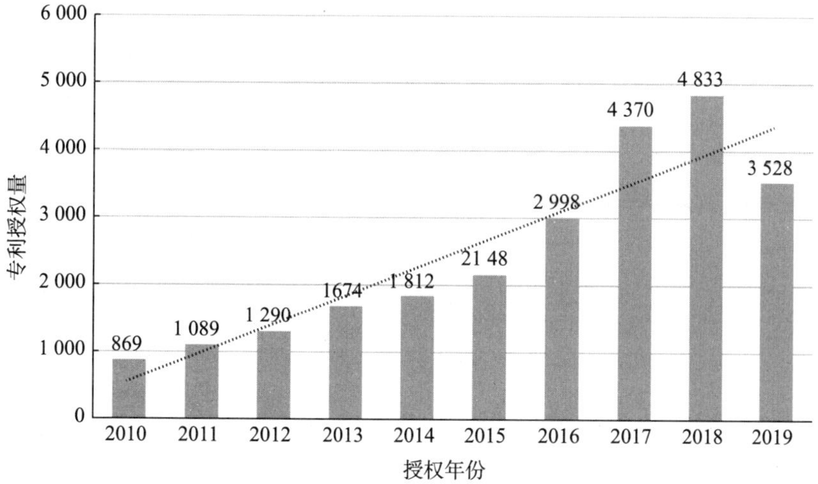

图 9-85　2010—2019 年全球禾谷类作物种子技术专利授权量变化趋势

分析图 9-85 可知，2010 年以来全球禾谷类作物种子技术的专利授权量总体上与专利申请量发展趋势相近，处于稳步上升趋势，并且都在 2019 年出现下滑趋势，但专利授权总量明显小于专利申请量，专利技术申请到专利技术授权并不能做到完全同步，技术的实际进步与技术研发热度存在一定差距。从图 9-86 可知，专利授权率呈现波动下降趋势，主要分为两个阶段：从 2010—2012 年为快速下降阶段，专利授权率直线下降，从 2010 年的 79.51%跌至 2012 年的 49.20%；2013—2019 年是波浪式发展阶段，该阶段授权率有较小幅度的波动，保持在 45%左右，预计接下来的两年里，全球禾谷类作物种子技术专利授权率将会持续呈现下跌趋势。专利授权率呈波动下降趋势，一方面说明了随着专利申请数量的增加，技术领域内的创新效用在降低，低质量专利或无效研发活动较多，真正经过审核进入授权阶段的专利占比逐渐降低；另一方面也说明了审查人员对专利授权进行严格把关，保证和支撑了技术领域内专利的质量，各国对技术创新的质量和水平更加重视，在专利审查方面越来越严格。

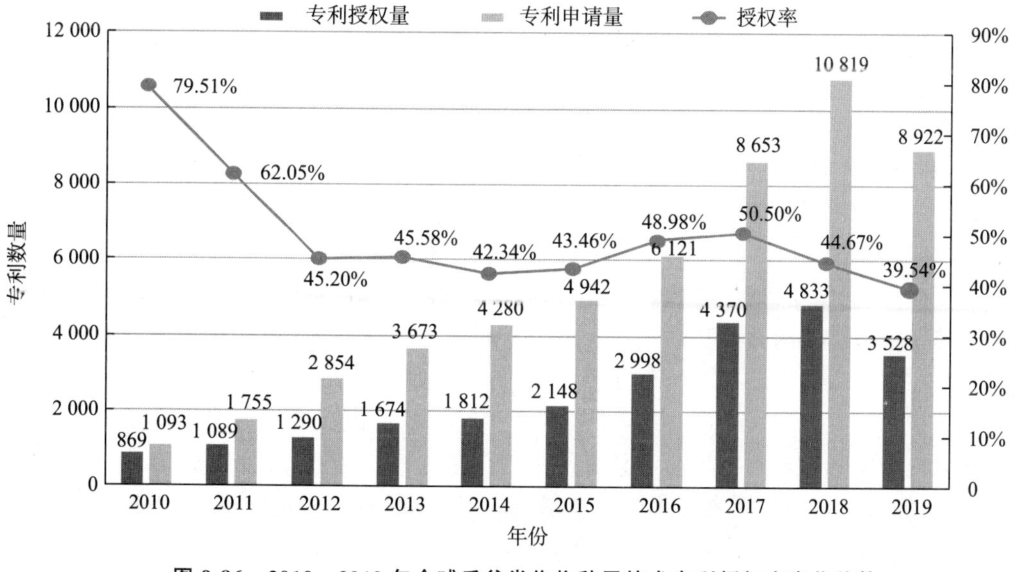

图 9-86　2010—2019 年全球禾谷类作物种子技术专利授权率变化趋势

2. 全球主要国家发展态势

技术的来源国家或地区反映技术创新和研发成果的产出地信息。采用清洗后的专利第一发明人的数据确定专利发明人的国别信息，得到专利数量排名全球前 10 的禾谷类作物种子技术来源国家，如图 9-87 所示。

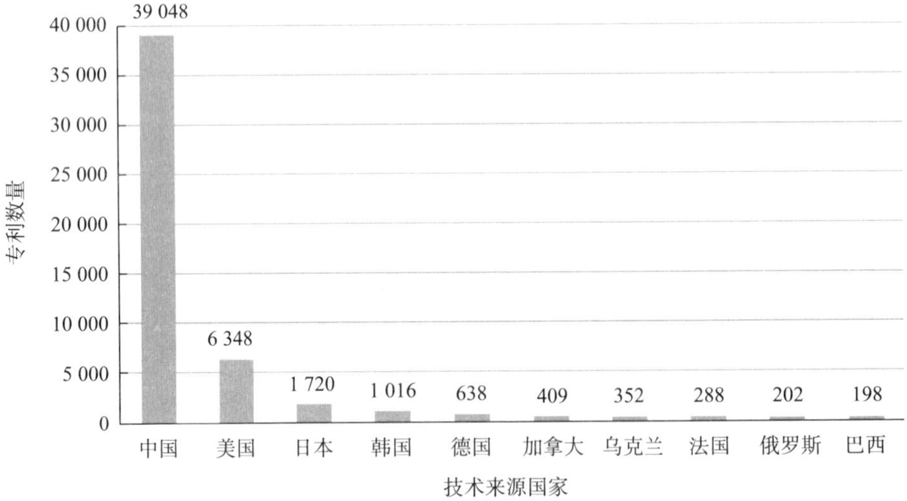

图 9-87　全球前 10 的禾谷类作物种子技术来源国家

分析图 9-87 可知，中国、美国和日本是禾谷类作物种子技术专利的主要来源地，特别是中美两国的专利数量远高于其他国家。中国专利数量居全球第 1 位，总计 39 048 项；美国（6 348 项）和日本（1 720 项）分别居全球第 2 位、第 3 位；专利来源国家的前 10 名中还有韩国（1 016 项）、德国（638 项）、加拿大（409 项）、乌克兰（352 项）、法国（288 项）、俄罗斯（202 项）和巴西（198 项）等国。

对全球前 5 的禾谷类作物种子技术专利来源国家的专利申请量、专利授权量以及授权率进行分析显示，美国专利授权率为 85.11%，德国专利授权率为 82.92%，韩国专利授权率为 53.84%，中国专利授权率为 51.92%，日本专利授权率为 37.62%。由此可见，美国和德国的专利授权率远高于其他国家，探究其可能原因，美国和德国是全球农业强国，都是利用高科技提升农业生产效率，更加重视专利在农业发展中的地位。中国和韩国略高于全球禾谷类作物种子技术专利授权率的平均水平，两国虽然在农业发展投入上逐渐增加，越来越重视农业发展的科技化、机械化、智能化，但是总体上看，仍然和美国存在很大差距，专利申请质量较低，授权率不高。日本虽然在专利数量居世界第 3 位，但是专利授权率相对较低，低于全球平均水平。

通过对禾谷类作物种子技术的全球专利布局和技术来源国家分布情况的分析发现，中国、美国、日本、韩国、德国在该技术领域无论是在技术应用方面，还是在专利布局方面，都处于世界前列。其中中国和美国的专利数量占全球总专利数量的 80%以上，对于全球农业的发展起到重要作用。在技术发展方面，美国、德国、日本等国家都表现出稳定趋势，甚至稍有回落，但中国的相关技术研发处在高速增长期，专利申请和授权数量都在增加。美国在禾谷类作物种子技术领域内的专利布局和市场活动具有鲜明的全球化特征，技术实力较强，具有一定的国际竞争力；而中国的专利布局则高度集中在本国，在其他国家的专利布局薄弱，反映出中国参与国际技术市场竞争的程度不高，整体技术实力有待加强。

3. 技术主题分布

国际专利分类(IPC)是国际上发明和实用新型专利分类与检索的标准,主要分为部、大类、小类、大组和小组5级分类,为专利信息的标准化分类和检索提供基础[233],现已被多个国家普遍使用。通过分析禾谷类作物种子技术的IPC分类号,可以发现该技术类别的分布情况。从大组入手对禾谷类作物种子技术专利申请情况进行分组,分类号主要集中在A部(表示人类生活必需),占比58.61%;少部分集中在C部(表示化学和冶金),占比3.59%。对A部和C部的专利进行细分探究,具体结果如表9-48所示。

表9-48 禾谷类作物种子技术专利IPC分布

技术类别	IPC号	技术含义	专利量/件
种子选育与生产	A01B49	联合作业机械	1 061
	A01C5	用于播种、种植或施厩肥的开挖沟穴或覆盖沟穴	617
	A01C7	播种	4 344
	A01C11	移栽机械	2 840
	A01G	园艺;蔬菜、花卉、稻、果树、葡萄、啤酒花或海菜的栽培;林业;浇水(水果、蔬菜、啤酒花等类植物的采摘入A01D46/00;繁殖单细胞藻类入C12N1/12)	7 635
	A01G9	在容器、促成温床或温室里栽培花卉、蔬菜或稻	2 477
	A01G31	水培;无土栽培	1 232
	C12N15	突变或遗传工程;遗传工程涉及的DNA或RNA,载体或其分离、制备或纯化;所使用的宿主	1 865
	A01H	新植物或获得新植物的方法;通过组织培养技术的植物再生	7 406
	A01H1	改良基因型的方法	2 419
	A01H4	通过组织培养技术的植物再生	611
	A01H5	特征在于其植物部分的被子植物,即有花植物;特征在于除其植物学分类之外的特征的被子植物	3 861
	A01B79	整地方法(必须使用的专用机械见该机械的各相应组)	450
种子加工与处理	A01F11	专门适用于玉米的脱粒设备;专门适用于除了谷物之外的特种农作物的脱粒设备	446
	A01C1	在播种或种植前测试或处理种子、根茎或类似物的设备或方法	2 481
	A01D45	生长作物的收获(A01D44/00优先;用于特种作物的脱粒机械、用于特种作物的联合收割机的脱粒装置入A01F11/00;蘑菇的收获入A01G18/70)	416
种子贮藏与检验	A01N43	含有杂环化合物的杀生剂、害虫驱避剂或引诱剂,或植物生长调节剂(含有环酐,环状亚胺的化合物入A01N37/00;含有分子式Xm……CnNCC的化合物,即仅含1个杂环,其中m≥1和n≥0及NCC是未取代的或是烷基取代的吡咯烷、哌啶、吗啉、硫代吗啉、哌嗪或带有4个或更多CH2基的聚亚甲基亚胺的化合物入A01N33/00至A01N41/12;含环丙烷羧酸或其衍生物,如具有杂环的酯入A01N53/00)	1 548

续表 9-48

技术类别	IPC 号	技术含义	专利量/件
种子贮藏与检验	A01N47	含有不属于环原子并且不键合到碳或氢原子的碳原子,有机化合物的杀生剂、害虫驱避剂或引诱剂,或植物生长调节剂,例如碳酸的衍生物(四卤化碳入 A01N29/02)	667
	A01N65	含有藻类、地衣、苔藓、多细胞真菌或植物材料,或其提取物的杀生剂、害虫驱避剂或引诱剂或植物生长调节剂(含有已确定的化合物入 A01N27/00 至 A01N59/00)	551
	A01C1	在播种或种植前测试或处理种子、根茎或类似物的设备或方法	2 481

从表 9-48 中可以发现,禾谷类作物种子技术的三大分类——种子选育与生产技术、种子加工与处理技术和种子贮藏与检验技术的专利分布差距较大。其中种子选育与生产技术相关专利共有 26 218 件,种子加工与处理技术相关专利共有 3 343 件,种子贮藏与检验技术相关专利共有 5 247 件,种子选育与生产技术的专利总量远远高于其他两种类别的技术,种子加工与处理技术的专利总量在 3 种技术类别中最少,仅占 3 类技术专利总量的 9.60%。种子选育与生产技术类别中的重点研究内容有播种技术(A01C7)、移栽技术(A01C11)、培育栽培花卉蔬菜或稻技术(A01G9)、水培或无土栽培技术(A01G31)、突变或遗传工程技术(C12N15)、改良基因型的方法(A01H1)、选育有花植物或除其植物学分类之外的特征的被子植物技术(A01H5);在播种或种植前测试或处理种子、根茎或类似物的设备或方法(A01C1);种子贮藏与检验技术的重点研究内容是使用化学试剂(A01N43)、在播种或种植前测试或处理种子和根茎或类似物的设备或方法(A01C1)。

通过研究禾谷类作物种子技术领域内重点国家的排名前列的 IPC 分布,可以了解各个国家在该领域的技术侧重点,并比较分析各个国家的技术领域分布的差异。如表 9-49 所示。

表 9-49　重点国家及全球总体的主要 IPC 分布

排名	总体	中国	美国	日本	韩国	德国	加拿大	法国
1	A01C	A01C	A01H	A01C	A01C	A01N	A01H	A01N
2	A01G	A01G	C12N	A01N	A01G	A01C	A01N	C12N
3	A01H	A01H	A01N	C22C	A01H	C12N	C12N	A01C
4	A01N	A01N	A01C	A01G	C12N	A01H	A01C	A01G
5	C12N	A01B	G11B	C30B	A01N	C22C	A01D	C30B
6	A01B	A01D	A01G	G11B	C12J	A01P	A63H	B09C
7	A01F	C12N	C08K	A01H	E02D	A01M	B65D	C12C
8	A01D	A01F		H010	E02B	C01B	C04B	C04B

通过分析表 9-49 可以发现,全球前 5 大类型的专利 IPC 是 A01C(种植,播种,施肥)、A01G(水稻等作物的栽培,浇水)、A01H(新植物或获得新植物的方法,通过组织培养技术的植物再生)、A01N(农药制剂)、C12N(变异或遗传工程)。其中中国和韩国排名前 3 位的专利类型为 A01C(种植,播种,施肥)、A01G(水稻等作物的栽培,浇水)、A01H(新植物或获得新植物的方法,通过组织培养技术的植物再生);美国和加拿大排名前 3 位的专利类型为 A01H(新植物或获得新植物的方法,通过组织培养技术的植物再生)、A01N(农药制剂)、C12N(变异或

遗传工程)；德国和法国排名前3位的专利类型为A01N(农药制剂)、C12N(变异或遗传工程)和A01C(种植，播种，施肥)；日本排名前3位的专利类型为A01C(种植，播种，施肥)、A01N(农药制剂)、C22C(合金)。全球各国专利类型侧重点不完全相同，这反映了各国专利在技术领域分布上的差异，但从整体上看，这些主要国家的技术研发和专利申请的领域结构具有高度一致性。

4.研发滞后风险分析

通过以上从全球总体态势、主要国家态势和技术领域态势3个方面对专利发展态势的分析，可以考察我国禾谷类作物种子技术是否面临研发滞后的风险。从技术总体发展态势来看，该技术自2010年以来稳步发展，当前正处于快速成长期。2011年前后，我国在该领域的专利申请量超过美国、日本等国家和地区，且成高速增长态势，可以看出我国的技术研发和专利发展从平缓增长到加速增长，呈现出一种追赶式的技术上升趋势。但技术领域内专利授权率的下行的背后可能是专利审查的严格化，警示我国应该严格把控专利质量，注重实际技术实力的积累提升。

从技术研发领域的分布来看，我国禾谷类作物种子技术的专利类别分布与全球主要国家的专利类别构成类似，但变异或遗传工程(C12N)在我国主要IPC分布中的相对位置较低，美国、德国、加拿大和法国等国则在该技术领域都有重点布局。基因技术作为种子技术重要的前沿领域，对于提高育种效率、加快品种创新、保证和提高粮食生产的可持续性等方面具有重要意义，这提醒我国应注意优化研发领域的结构布局，重视新兴关键技术领域的研发滞后风险。

5.专利强度分布

专利强度是判断专利价值的综合指标，其高低可以代表专利的价值大小，通过研究专利强度可以挖掘禾谷类作物种子技术领域的研究重点。Innography在研究专利挖掘时提出了专利强度的概念，专利强度指标综合了专利诉讼、专利引用或被引数量、同族专利数量等影响专利价值的多种指标。将专利强度划分为3段：专利强度为0～30%的专利为一般专利；专利强度为30%～80%的专利为重要专利；80%～100%的专利为核心专利。基于Innography专利分析平台对全球禾谷类作物种子技术专利进行专利强度分析，结果如表9-50所示。

表9-50　专利强度分布表

专利强度	专利类型	专利数量(件)	专利占比(%)
0～30%	一般专利	39 712	76.41
30%～80%	重要专利	11 562	19.73
80%～100%	核心专利	698	3.86

由表9-50可知全球禾谷类作物种子技术专利中76.41%的专利强度在0～30%，这些专利成为一般专利，所含技术量不高，专利价值较小；19.73%的专利是重要专利，该部分专利相对一般专利而言，技术含量、市场价值都有很大的提高，是企业重点培育的专利；3.86%的专利是核心专利，对于核心专利的定义学界尚未形成统一的认识，大部分学者认为具有高技术价值、高法律价值、高市场价值、高战略价值和高经济价值的专利才是核心专利，在本领域某项技术上具有一定的开创性或取得重要突破，产生实际或潜在经济价值，得到行业认可或关注，并且科研投入大、受重视程度最大。全球禾谷类作物种子技术领域核心专利占比较少，申请的专利质量有待提高。

为了更好地了解全球禾谷类作物种子技术高水平专利的发展情况，对一般专利、重要专利和核心专利分别进行分析。首先对这些高水平专利的技术来源国进行分析，具体结果如表9-51所示。

表 9-51 部分国家各专利强度的专利数量

一般专利		重要专利		核心专利	
国家	专利数(件)	国家	专利数(件)	国家	专利数(件)
中国	32 346	中国	6 495	美国	540
美国	2 283	美国	3 525	中国	70
日本	1 423	日本	286	乌克兰	25
韩国	895	加拿大	235	日本	11
德国	401	德国	231	荷兰	10
乌克兰	350	韩国	120	德国	6
法国	198	法国	84	韩国	6
俄罗斯	196	英国	58	以色列	3
巴西	152	荷兰	49	澳大利亚	3
加拿大	149	印度	45	奥地利	3

由表9-51可知，就一般专利而言，全球排名前5的国家分别是中国、美国、日本、韩国、德国，其中中国一般专利数量最多，共32 346项，占本国专利总量的83.13%；美国一般专利数量是2 283项，占本国专利总量的39.106%；日本一般专利数量为1 423项，占本国专利总量的82.73%；韩国一般专利数量为895项，占本国专利总量的88.09%；德国一般专利数量为62.85%。中国、日本和韩国的一般专利数量在专利总量中占比较大，美国的一般专利数量在本国专利数量中占比最少，也从侧面反映美国低质量的专利数量相对其他国家很少。分析重要专利，中国重要专利数量在全球排名第一，共6 495项，占本国专利总量的16.69%；美国重要专利数量为3 525项，占全国专利总量的39.26%；日本重要专利数量为286项，占全国专利总量的16.63%；加拿大重要专利数量为235项，占本国专利总量的57.46%；德国重要专利数量为231项，占本国专利总量的36.21%。分析核心专利发现，美国核心专利数量为全球最多，共540项，占本国专利总量的8.51%；中国核心专利数量为70项，占本国专利总量的0.18%；乌克兰核心专利数量为25项，占本国专利总量的7.10%；日本核心专利数量为11项，占本国专利总量的0.64%；荷兰核心专利数量为10项，占本国专利总量的11.62%(乌克兰专利数量较少，这里的核心专利占比不具有代表性，故不作分析)。美国掌握的核心专利数量为最多，充分说明了美国在该技术领域内的主导地位，中国专利总量虽然居于世界第一，并且一般专利和重要专利数量也远远超过其他国家，但是中国相比美国等发达国家缺少核心技术，究其原因可能是因为中国过于追求申请数量，却忽略技术质量，致使技术密度不高，专利质量偏低，相对于美国缺少核心竞争力。中国虽然在全球禾谷类作物种子技术专利数量上排名靠前，但是缺少核心技术，在该领域仍处于劣势。

针对目前国内存在核心技术缺乏的问题，应该加大禾谷类作物种子技术领域的科研投入，重点突破核心技术瓶颈，从技术后端向技术前端转化。由于禾谷类作物种子技术作为一项农作物育种技术，存在效益滞后性，其带来的经济效益不能做到立竿见影，这将导致一些企业和研究机构对禾谷类作物种子技术认识不足，重视不够，投入经费较少。所以应该积极倡导新时代新思维管理模式，防患于未然，特别是要把对禾谷类作物种子技术的理论研究放在首位，借鉴美国等农业强国的研究理论，积极研发核心技术，用理论指导实践，用实践推动理论发展。

6. 专利技术主题分布

对全球禾谷类作物种子技术专利进行文本聚类分析，如图9-88所示，专利技术研究主要集中在以下六大主题：planting(16 532项)，wheat(8 696项)，variety designated(5 014项)，layer(4 321项)，plant produced(6 005项)，maize(4 655项)。

图9-88 全球禾谷类作物种子技术专利主题分布图

在planting技术领域，专利研发主要集中在防治虫害、种苗生存率、种子处理、幼苗培育流程、种子播种、营养液等方向上，该方向的研发可以助力禾谷类作物科学的种植，提高成活率，增加农作物产量；在wheat领域，专利研发主要集中在原料配置、小麦脱粒、小麦种子筛选、种子包衣剂、小麦品种筛选等方向；在variety designated技术领域，专利研发主要集中在组织培养、提供种子、大豆品种筛选、大豆品种培育等方向；在layer领域，主要集中在seed crystal和pillow两个方向；在plant produced技术领域，主要集中在玉米植株、玉米种子、玉米植物生产、玉米品种、杂交玉米品种、生产大豆植物、杂交系、转基因植物等方面；在miaze技术领域，主要集中在遗传物质研究、杂交玉米种子、生产玉米品种衍生等方面。从主题内容分布上可以看出，全球禾谷类作物种子技术专利主要聚焦在禾谷类种子的培育和种植上。

7. 专利竞争格局分析

专利兼具无形资产和竞争工具的双重属性，专利保护将技术竞争转化为了专利竞争，专利竞争格局则是对专利机构的技术和市场竞争状态的描述。本节通过专利竞争格局的分析，揭示禾谷类作物种子技术领域内主要竞争机构的技术实力，聚焦竞争对手分析，更好地防范和规避专利纠纷风险。

(1)研发机构总体分析　通过对专利数据的统计分析，51 972项专利共涉及13 660家研发机构，对禾谷类作物种子技术领域排名前20的专利技术研发机构进行分析，结果如表9-52所示。

表9-52 禾谷类作物种子技术领域排名前20的专利研发机构

排名	机构名称	专利族数量(件)	专利族数量占比(%)
1	德国拜耳公司	2 880	9.54
2	美国科迪华公司	2 453	4.72
3	中国科学院	473	0.91
4	德国巴斯夫公司	330	0.63
5	日本久保田株式会社	305	0.59
6	中国农业大学	294	0.57
7	中国龙灯全球农业科学有限公司	287	0.55
8	中国水稻研究所	232	0.45
9	中国化工集团公司	231	0.44

续表 9-52

排名	机构名称	专利族数量(件)	专利族数量占比(%)
10	中国四川农业大学	229	0.44
11	中国华中农业大学	202	0.39
12	中国福建农林大学	202	0.39
13	中国浙江科学技术大学	197	0.38
14	中国湖南农业大学	193	0.37
15	中国浙江大学	181	0.35
16	中国华南农业大学	178	0.34
17	中国东北农业大学	177	0.34
18	日本洋马株式会社	176	0.34
19	中国江苏大学	163	0.31
20	日本住友化学株式会社	162	0.31

由表 9-52 可以看出，该技术领域在世界范围内的主要研发机构以大型跨国公司为主，如德国拜耳公司和美国科迪华公司，是全球排名第 1 位和第 2 位的研发机构，两者占有全球禾谷类作物种子技术专利族数量的 10.26%，虽然美国只有一家机构进入了全球前 20，但是在该领域占据“一家独大”的地位。德国拜耳公司和巴斯夫公司分别居世界第 1 位、第 4 位，说明了德国的研发机构在全球具有较强的竞争力。日本的研发机构在领域内也占有一定地位，共有 3 家机构进入全球前 20，分别是日本久保田株式会社(305 项)、日本洋马株式会社(176 项)和日本住友化学株式会社(162 项)，且机构业务类型以农机、农化为重点，反映了日本在该分支技术领域内的强大优势。

在全球前 20 的研究机构中，中国的研发机构有 14 家，企业类研发机构有 2 家，分别是中国龙灯全球农业科学有限公司(287 项)和中国化工集团公司(231 项)；研究所有 2 家，分别是中国科学院(473 项)和中国水稻研究所(232 项)；高校有 10 个，分别是中国农业大学(294 项)、四川农业大学(229 项)、华中农业大学(202 项)、福建农林大学(202 项)、浙江科学技术大学(197 项)、湖南农业大学(193 项)、浙江大学(181 项)、华南农业大学(178 项)、东北农业大学(177 项)、江苏大学(163 项)；其排名前 10 位的研发机构中中国占据 6 个：中国科学院居世界第 3 位，中国农业大学位居世界第 6 位，中国龙灯全球农业科学有限公司居世界第 7 位，中国水稻研究所居世界第 8 位，中国化工集团公司居世界第 9 位，中国四川农业大学居世界第 10 位。中国高校拥有高水平的科研团队，是禾谷类作物种子技术研发的强大力量。美国、日本和德国的该领域主要研发机构为企业，如大型种业、农机或农化产品公司；而中国的研发机构为高校，虽然中国在全球 top20 的研究机构中占有很大的比重，但从整体上看，禾谷类作物种子技术专利全球排名 top20 的研发机构的专利族数量占比不高，低水平的研发机构较多，技术领域的集中化程度相对不高。

(2)重点机构分析　Innography 的专利申请人气泡图可以直观体现专利申请人之间技术差距和综合经济实力[234]，气泡大小表示专利数量，不同气泡颜色表示不同的申请人，横坐标代表技术综合指标(包含专利数量、专利分类情况和专利引证情况等)，气泡越靠右说明专利申请人的专利技术性越强；纵坐标代表企业经济实力指标(与年度营收、诉讼案件数量和公司发明来源位置数量有关)，气泡位置越靠上说明专利申请人经济实力越强。为了反映核心专利创新成果积累较多的专利申请人分布情况，对全球禾谷类作物种子技术专利按照申请人进行分析。分析结果显示该领域不同专利申请人的专利情况存在较大差距，具体结果如图 9-89 所示。

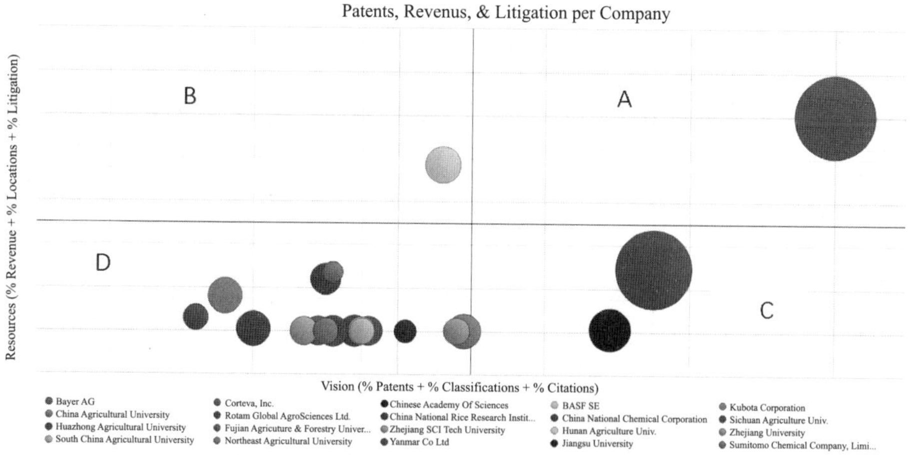

图 9-89 彩色图

图 9-89 全球禾谷类作物种子技术专利申请人气泡分析图

气泡图分为 ABCD 4 个象限，A 象限机构的综合实力和技术创新实力雄厚，是领域内的领导者；B 象限机构的综合实力强大，但技术创新实力稍显不足，是潜在的技术收购方；C 象限机构的技术创新实力强大，但综合实力稍弱，具备潜在的高盈利能力，但同时存在被收购的风险；D 象限机构的综合实力和技术创新实力都处于成长状态，处于竞争劣势，是技术领域内的跟踪效仿者。从图 9-89 中可以看出，美国拜耳公司的气泡最大，专利数量最多，同时它的气泡靠右上方，说明在该领域的综合经济实力和综合技术较强。德国巴斯夫公司位于第 4 象限，专利数量与拜耳公司相近，但是市场价值和专利诉讼相对较少，所以位置偏下。专利诉讼的胜率和诉讼赔偿的额度在一定程度上可以反映专利的商业价值与专利保护的力度，专利诉讼数是体现专利价值的重要指标，中国企业、研究所和高校的专利收入量均为零，专利诉讼也相对较低，仅有中国科学院和中国石化集团有少量诉讼次数，其他机构诉讼数为零，说明中国在禾谷类作物种子技术专利保护方面非常薄弱，专利内在价值得不到充分体现。日本久保田株式会社的气泡靠左下方，说明它的经济实力和综合技术实力相对不强。德国巴斯夫公司虽然专利数量较少，但靠左上方，可以说明其经济实力较好，可以通过收购其他公司或者购买核心专利的方式来增强自身技术实力。

巴斯夫公司和中国化工集团公司的优势技术是变异或遗传工程技术；德国拜耳公司、中国科学院和中国水稻研究所的优势技术在作物种子的培育、育苗技术方面；美国科迪华公司优势技术在植物获得新方法及组织培养技术方面；日本久保田株式会社的优势技术主要分布在农业机械技术、种植播种和施肥技术等领域；中国龙灯全球农业科学有限公司优势技术分布在杀菌、除草、防虫害等领域；四川农业大学的优势技术是播种技术、作物移植技术；中国农业大学的优势技术分布在农业机械或农具部件领域，大量的技术分布在种植播种和施肥技术领域，而这一技术领域的专利质量又相对不高，属于保守技术。

8. 专利纠纷风险分析

通过对禾谷类作物种子技术的研发机构总体情况、重点机构情况和机构竞争力进行综合分析，剖析了领域内的研发机构的专利竞争格局，以期规避专利纠纷风险，突破外国机构的专利和市场壁垒。

从整体上看，禾谷类作物种子技术领域的研发机构总量较大，低水平的机构数量较多，专利族分散在较多的机构中，机构的集中化程度还有很大的提升空间。当前，主要研发机构以大型公司为主，如德国拜耳公司、美国科迪华公司、德国巴斯夫公司和日本久保田株式会社等。其中德国机构的专利总量规模巨大，技术优势尤为突出，美国机构的专利总量规模次之。另外，国外研发机构主要以企业为主，而我国研发机构多为高校和科研院所，企业在技术研发中尚未成为技术创新的主导。德国、美国、日本等国家的大型跨国公司技术实力和综合实力强大，在全球范围内进行了广泛的专利布局，并且进入了中国市场，是我国进行专利纠纷风险分析和防范的重要对象。

通过对比国外的研发机构优势技术发现，我国虽然研发机构较多，但是核心技术还是掌握在国外研发机构手里。围绕这些问题，我国需要有针对性、有重点地对国外现有的优势技术领域的专利进行预警分析，取长补短。由于现阶段我国在禾谷类作物种子技术领域的专利主要布局在国内，因此应该着重防范和规避外国公司在该领域的专利布局。针对我国已经在美国、德国、日本和韩国等国家申请的少量专利，应该更加注重保护，在充分掌握该领域其他国家专利布局的情况下，前瞻性地做好潜在侵权风险的识别，防患于未然。

9.10.4 结论及建议

按照专利预警机制，从多维度对全球禾谷类作物种子技术专利进行分析，进而对我国禾谷类作物种子技术可能面临的专利风险进行了预警分析，为今后该项技术的应用和完善提供参考。得出的主要结论和建议如下。

1.结论

(1)从整体发展趋势上来看，我国禾谷类作物种子技术稳步发展，近年来的专利申请数量大幅增长，远远超过了美国、日本和其他欧洲国家，居世界第1位，与其他国家专利申请量略有下降趋势形成鲜明对比。但我国高价值的专利数量与美国、日本和欧洲发达国家相比较少，专利质量偏低，与世界垄断企业的专利成果尚有较大差距，专利质量和研发效率亟待提升。

(2)禾谷类作物种子技术领域的国际竞争激烈，国际大型跨国公司盘踞，而我国该领域研发机构虽多，但比较分散，在全球竞争中处于劣势地位，且研发机构多为高校和科研院所，企业尚未成为技术创新的主导力量。

(3)禾谷类作物种子技术领域专利国际布局不足。我国虽然专利规模庞大，但大部分专利都在国内申请，专利国际布局意识不强，缺乏对国际市场的关注，参与国际市场竞争的程度和能力有待提高。同时，国际种业和农化科技巨头纷纷在中国进行技术布局，使得国内面临着极大的市场压力和巨大的技术壁垒，我国在该领域的专利战略布局也亟待进一步完善。

2.建议

禾谷类作物种子技术的专利预警是一项长期的、动态的、需要多主体参与和多领域协同的复杂工作，准确识别并有效防范该技术领域存在的潜在专利风险。针对我国禾谷类作物种子技术领域存在的问题，提出以下建议。

(1)明确预警机制建设主体，推进预警工作常态化　从政府职能机构到市场企业单位，我国在种子技术领域存在诸多的工作主体，包括作为行业主管部门的农业农村部种子管理局、作为知识产业管理部门的国家知识局、作为行业指导性单位的国家农技中心、作为行业协会的中国种子协会以及众多的知识产权服务商和种业公司。从实际工作上来看，以上单位都从不同方面为种子技术的发展提供相关服务，都是潜在的预警工作主体。要进行禾谷类作物种子技术专利预警工作机制化，首先是要明确专利预警机制建设的主体，在此基础上，加强多方机构的协同联动，形成主体明确、各有分工、各司其职的预警工作格局，推进预警工作的常态化。

鉴于农业农村部种子管理局在行业内的主管地位和行政权威，可以作为牵头单位，联动国家知识产权局和其他相关单位，建立并维护种子技术的专利信息库，为国内种业企业提供专利预警服务。通过预警技术领域内的专利风险，提高我国种业企业的风险应对能力，引导企业的技术研发方向和专利竞争布局，逐步壮大国内企业的技术实力，一方面可以使我国企业在国内的技术市场竞争中处于有利地位，另一方面也有助于我国企业制定正确的专利战略，提高国内企业参与国家竞争的能力。

(2)开展多维专利信息预警，提升预警的科学性和前瞻性　专利预警旨在识别和防范专利风险，专利风险的多元化决定着专利预警信息分析的多维化。全面、翔实的专利预警信息是制定科学的专利战略的重要支撑，也是企业或产业在专利战中取胜的重要保证。专利预警的内容不应仅限于对当下潜在的专利侵权风险的分析，也应该包含对技术发展趋势的分析和判断。

在专利预警的理论研究和实践中，应本着从专利预警到专利导航的发展理念，通过收集、整合和分析专利发展态势、专利布局态势、专利竞争格局和主要国家专利综合实力等多维化的专利信息以及产业、经济和市场等多维度的非专利信息，提供更科学、更全面、更具有前瞻意义的技术和产业发展信息，充分发挥专利预警信息作为重要竞争情报的功能。

面对我国种子技术发展滞后的现状，专利预警已经不仅仅是防范专利侵权风险、规避专利诉讼风险的手段，更重要的是通过开展种子技术的专利预警，引导产业发展方向，提升技术创新效率，导航种子技术和种子产业的整体进步。

(3)关注技术发展前沿，加快技术研发转型升级　2011 年以来，种子技术研发加速，相关专利大量涌现，研发机构大幅增多，技术市场活跃，技术进入了快速成长的阶段。我国应重视在前沿主导和新兴的关键技术领域的研发滞后风险，着手制定科学的种子技术发展规划，优化研发领域的结构布局，在确保优势技术稳步发展的情况下，瞄准新兴技术和前沿领域，规避风险，因势利导地加大政策扶持和研发投入，推动技术创新升级。

(4)夯实核心技术，严守专利质量　我国在禾谷类作物种子技术领域的专利规模已经跃居世界第 1 位，但核心专利占比却极低。从专利布局的分析中可以看到，美国在核心技术领域处于主导地位，我国仍与其有较大差距。

掌握核心专利的国际种业和农化科技巨头，如巴斯夫公司、拜耳公司和美国迪尔公司等，纷纷在中国进行禾谷类作物种子技术核心专利的布局，我国面临着极大的市场压力和巨大的技术壁垒，存在着严峻的技术投入和重复研发的风险。面对与外国技术的巨大差距，我们必须从夯实基础开始，向凝聚核心竞争力方向迈进，一方面通过规范专利审查，严把专利质量关，以提升专利质量；另一方面加大专利的技术转化和落地实施，以提高研发效率，逐步凝聚专利动能，积累技术优势。

(5)护航本土企业成长，培育龙头种子公司　从分析中发现，当前的种子技术行业存在明显的寡头垄断现象，参与国际技术竞争的研发机构以大型跨国公司为主，如美国迪尔公司、德国巴斯夫公司、德国拜耳公司、日本久保田株式会社、日本洋马农机株式会社、日本井关农机株式会社等。我国缺少位居全球前列的技术创新机构，在该领域的全球竞争中明显处于劣势地位。美国、德国和日本等国家的大型跨国公司技术实力和综合实力强大，在全球范围内进行了广泛的专利布局，并进入了中国市场，我国企业的技术研发和市场活动面临着严峻的专利侵权压力和专利纠纷风险。另外，外国的研发机构以企业为主，而我国的技术和专利多掌握在高校和科研院所手中，企业的技术研发能力较为薄弱。

因此，我国应该加强政策扶持和引导，促进技术转移和转化，支持本土相关企业的发展。一方面，通过开展专利预警等行业指导工作，为本土企业做好护航服务；另一方面，制定适宜的政策，大力推动产研结合，加快行业整合，着力培育龙头种子公司，让企业成为开展技术创新和国际市场竞争的主导力量。

(6)加强国际合作，积极参与国际市场竞争　结合主要国家态势分析可以看出，我国与其他主要国家在该领域内的技术分布结构上是类似的，专利差距主要体现在前沿技术研究、核心技术水平和竞争机构实力方面。

当前种子技术的专利布局和市场竞争在跨国公司的推动下已经成为全球化的活动，技术的研发和利用并不局限在某个国家或地区，这对我国的研发机构来讲，即是挑战，也是机遇。面对我国专利技术主要布局在国内、参与国际技术市场竞争的程度不高的现状，应该坚持“走出去”和“引进来”相结合的战略，发挥我国机构的主场优势。充分利用我国的市场优势，与国际机构开展内容广泛、形式多样的合作，通过入股参股、收购并购等方式，逐步消减专利风险、化解专利壁垒，在竞争和合作中找差距、谋发展、促保护。

参 考 文 献

[1] de Solla Price D J. Networks of scientific papers. *Science*, 1965, 149 (3683): 510-515.

[2] Small H. Co-citation in scientific literature-new measure of relationship between 2 documents. *Current Contents*, 1974 (7): 7-10.

[3] GARFIELD E, SMALL H. IDENTIFYING THE CHANGING FRONTIERS OF SCIENCE//KRANZBERG M, ELKANA Y, TADMOR Z, eds. TECHNION CITY: S NEAMAN PR, 1989.

[4] Garfield E. Research fronts. *Current Contents*, 1994, 41 (10): 3-7.

[5] Persson O. The intellectual base and research fronts of "jasis" 1986-1990. *Journal of the American Society for information Science*, 1994, 45 (1): 31.

[6] Morris S A, Yen G, Wu Z, et al. Time line visualization of research fronts. *JOURNAL OF THE AMERICAN SOCIETY FOR INFORMATION SCIENCE AND TECHNOLOGY*, 2003, 54 (5): 413-422.

[7] Rotolo D, Hicks D, Martin B R. What is an emerging technology? *RESEARCH POLICY*, 2015, 44 (10): 1827-1843.

[8] Kleinberg J. Bursty and hierarchical structure in streams. *DATA MINING AND KNOWLEDGE DISCOVERY*, 2003, 7 (4): 373-397.

[9] Chen C. CiteSpace II: Detecting and visualizing emerging trends and transient patterns in scientific literature. *Journal of the Association for Information Science and Technology*, 2006, 57 (3): 359-377.

[10] Aris A, Shneiderman B, Qazvinian V, et al. Visual Overviews for Discovering Key Papers and Influences Across Research Fronts. *JOURNAL OF THE AMERICAN SOCIETY FOR INFORMATION SCIENCE AND TECHNOLOGY*, 2009, 60 (11): 2219-2228.

[11] Upham S P, Small H. Emerging research fronts in science and technology: patterns of new knowledge development. *SCIENTOMETRICS*, 2010, 83 (1): 15-38.

[12] 邱均平，孙凯. 基于 ESI 数据库的中国高校科研竞争力的计量分析. 图书情报工作，2007，51 (5): 45-48.

[13] 高小强，何培，等. 基于 ESI 的"金砖四国"基础研究产出规模和影响力研究. 中国科技论坛，2010 (01): 152-156.

[14] 何培，郑忠，等. C9 高校与世界一流大学群体学科发展比较——基于 ESI 数据库的

计量分析. 学位与研究生教育，2012 (12)：64-69.

[15] 侯剑华，刘则渊. 纳米技术研究前沿及其演化的可视化分析. 科学学与科学技术管理，2009，30 (5)：23-30.

[16] 韩涛. 知识结构演化深度分析的方法及其实现 [D]. 北京：中国科学院研究生院，2008.

[17] 邵晓宁，叶鹰. 国内外数字学术类研究的高引论文特征简析——兼论数字学术、数字人文、人文计算关联. 情报理论与实践，2020，43 (12)：120-125.

[18] Van den Besselaar P，Heimeriks G. Mapping research topics using word-reference co-occurrences：A method and an exploratory case study. *Scientometrics*，2006，68：377-393.

[19] Liu J，Lu L，Lu W. Research Fronts in data envelopment analysis. *Omega*，2015，58.

[20] Zhang L，Glänzel W，Ye F. The Dynamic evolution of core documents：an experimental study based on h-related literature (2005 - 2013). *Scientometrics*，2015，106.

[21] Garfield E. Historiographic Mapping of Knowledge Domains Literature. *J. Information Science*，2004，30：119-145.

[22] Klavans R，Boyack K. Identifying a better measure of relatedness for mapping science. *Journal of the American Society for Information Science and Technology*，2006，57：251-263.

[23] Shibata N，Kajikawa Y，Takeda Y，et al. Comparative Study on Methods of Detecting Research Fronts Using Different Types of Citation. *JASIST*，2009，60：571-580.

[24] Shibata N，Kajikawa Y，Takeda Y，et al. Detecting emerging research fronts based on topological measures in citation networks of scientific publications. *Technovation*，2008，28：758-775.

[25] 黄晓斌，吴高. 学科领域研究前沿探测方法研究述评. 情报学报，2019，38 (8)：872-880.

[26] 张英杰. 科技领域前沿计量探测方法研究[D]. 北京：中国科学院研究生院，2011.

[27] 王莉亚. 基于离群数据的主题演化规律分析. 情报杂志，2013 (6)：59-63.

[28] 巩永强，刘莉. 基于词频分析法的情报学研究热点透析. 图书馆学研究，2011 (13)：9-13.

[29] 储节旺，钱倩. 基于词频分析的近 10 年知识管理的研究热点及研究方法. 情报科学，2014，32 (10)：156-160.

[30] Kleinberg J. Bursty and Hierarchical Structure in Streams. *Proceedings of the ACM SIGKDD International Conference on Knowledge Discovery and Data Mining*，2002，7.

[31] Marc M，Courtial J，Senkovska E，et al. The dynamics of research in the psychology of work from 1973 to 1987：From the study of companies to the study of professions. *Scientometrics*，1991，21：69-86.

[32] Rip A，Courtial J. Co-word Maps of Biotechnology：An Example of Cognitive Scientometrics. *Scientometrics*，1984，6：381-400.

[33] Callon M，Law J，Rip A. Mapping the dynamics of Science and technology：Sociology of science in the real world[M]. Macmillan，1985：2-16.

[34] Peters H，Raan T. Co-word-based science maps of chemical engineering. Part I：

Representations by direct multidimensional scaling. *Research Policy*, 1993, 22: 23-45.

[35] 张晗，崔雷. 生物信息学的共词分析研究. 情报学报，2003，22：613-617.

[36] 蒋颖. 1995—2004 年文献计量学研究的共词分析. 情报学报，2006，25：504-512.

[37] 魏瑞斌. 基于内容分析的国内图书情报学研究方法创新研究——以共词分析方法为例. 图书情报工作，2016，60 (24)：107-114.

[38] 许晓阳，郑彦宁，等. 论文和专利相结合的研究前沿识别方法研究. 图书情报工作，2016，60 (24)：97-106.

[39] 冯佳. 研究前沿识别与分析方法研究. 长春:吉林大学，2017.

[40] BRAAM R R, MOED H F, VAN RAAN A F J. Mapping of science by combined co-citation and word analysis. II, Dynamical aspects. *Journal of the American Society for Information Science*, 1991, 42 (4): 252-266.

[41] Glenisson P, Glänzel W, Janssens F, et al. Combining full text and bibliometric information in mapping scientific disciplines. *Information Processing & Management*, 2005, 41 (6): 1548-1572.

[42] Van den Besselaar P, Heimeriks G. Mapping research topics using word-reference co-occurrences: A method and an exploratory case study. *Scientometrics*, 2006, 68: 377-393.

[43] 侯海燕，刘则渊，等. 基于知识图谱的国际科学计量学研究前沿计量分析. 科研管理，2009，30 (1)：164-170.

[44] 周丽英，冷伏海，等. 引文耦合增强的共词分析方法改进研究——以 ESI 农业科学研究主题划分为例. 情报理论与实践，2015，38 (11)：120-125.

[45] Boyack K, Klavans R. Co-Citation Analysis, Bibliographic Coupling, and Direct Citation: Which Citation Approach Represents the Research Front Most Accurately? *Journal of the American Society for Information Science and Technology*, 2010, 61: 2389-2404.

[46] Brossard D, Scheufele D A. Science, New Media, and the Public. *SCIENCE*, 2013, 339 (6115): 40-41.

[47] Bakker S, Van Lente H, Meeus M. Arenas of Expectations for Hydrogen Technologies. *Technological Forecasting and Social Change*, 2008, 78.

[48] Alkemade F, Suurs R. Patterns of expectations for emerging sustainable technologies. *Technological Forecasting and Social Change -TECHNOL FORECAST SOC CHANGE*, 2012, 79: 448-456.

[49] 宫雪，崔雷. 利用不同类型引文探测研究前沿及比较研究. 中华医学图书情报杂志，2010，19 (4)：8-10.

[50] Shibata N, Kajikawa Y, Takeda Y, et al. Comparative Study on Methods of Detecting Research Fronts Using Different Types of Citation. *JASIST*, 2009, 60: 571-580.

[51] Klavans R, Boyack K. Toward an objective, reliable and accurate method for measuring research leadership. *Scientometrics*, 2010, 82: 539-553.

[52] 汪雪锋，陈云，等. 基于 ESI 学科覆盖图的中国高被引论文分析. 情报杂志，2016，35 (10)：106-113.

[53] Rafols I, Porter A, Leydesdorff L. Science Overlay Maps: A New Tool for Re-

search Policy and Library Management. *Journal of the American Society for Information Science and Technology*, 2010, 61.

[54] Kuhn T S. The structure of scientific revolution: Second Edition[M]. Chicago: University of Chicago press, 1970.

[55] SHATZ D. Peer review: A critical inquiry[M]. Lanham: Rowman & Littlefield, 2004.

[56] 孙震. 面向研究前沿演进分析应用的知识元计量方法探索. 2018

[57] 张金柱，张晓林. 基于科技资源的突破性创新指标及识别方法综述. 图书情报工作，2012，56 (22)：56-61.

[58] 杜建，孙轶楠，等. 变革性研究的科学计量学特征与早期识别方法. 中国科学基金，2019，33 (1)：88-98.

[59] Raan T, Winnink J. Do younger Sleeping Beauties prefer a technological prince? *Scientometrics*, 2017, 114.

[60]杨卫，郑永和，等. 如何评审具有颠覆性创新的基础研究. 中国科学基金，2017，31 (4)：313-315.

[61] Wu L, Wang D, Evans J A. Large teams develop and small teams disrupt science and technology. *Nature*, 2019.

[62] National Academies of Sciences, Engineering, and Medicine. Fostering transformative research in the geographical sciences [M]. Pittsburgh: National Academies Press, 2015.

[63] 梁国强，侯海燕，等. "革命性论文"学科扩散的早期识别及影响因素分析：以诺奖论文为例. 情报杂志，2019，38 (9)：142-149.

[64] 郑永和，陈淮. 美国国家科学基金会加强支持变革性研究考察. 中国基础科学，2008 (4)：39-42.

[65] Winnink J, Tijssen R. Early stage identification of breakthroughs at the interface of science and technology: Lessons drawn from a landmark publication. *Scientometrics*, 2014, on line first.

[66] Wang D, Song C, Barabasi A. Quantifying Long-Term Scientific Impact. *Science (New York, N.Y.)*, 2013, 342: 127-132.

[67] 李江，姜明利，等. 引文曲线的分析框架研究——以诺贝尔奖得主的引文曲线为例. 中国图书馆学报，2014，40 (2)：41-49.

[68] Garfield E, Welljams-Dorof A. Of Nobel class: a citation perspective on high impact research authors. *Theoretical medicine*, 1992, 13: 117-135.

[69] Bornmann L, Ye A, Ye F. Identifying landmark publications in the long run using field-normalized citation data. *Journal of Documentation*, 2018, 74.

[70] Schneider J, Costas R. Identifying potential breakthrough publications using refined citation analyses: Three related explorative approaches. *Journal of the Association for Information Science and Technology*, 2015, 68.

[71] Ponomarev I, Lawton B, Williams D, et al. Breakthrough paper indicator 2.0: Can geographical diversity and interdisciplinarity improve the accuracy of outstanding papers prediction? *Scientometrics*, 2014, 100.

[72] Ponomarev I, Williams D, Hackett C, et al. Predicting highly cited papers: A Method for Early Detection of Candidate Breakthroughs. *Technological Forecasting and Social Change*, 2014, 81: 49-55.

[73] Du J, Tang X, Wu Y. The Effects of Research Level and Article Type on the Differences between Citation Metrics and F1000 Recommendations. *Journal of the Association for Information Science and Technology*, 2015, 67.

[74] Uzzi B, Mukherjee S, Stringer M, et al. Atypical Combinations and Scientific Impact. *Science (New York, N.Y.)*, 2013, 342: 468-472.

[75] Lee Y, Walsh J, Wang J. Creativity in scientific teams: Unpacking novelty and impact. *Research Policy*, 2014, 44.

[76] Wang J, Veugelers R, Stephan P. Bias against novelty in science: A cautionary tale for users of bibliometric indicators. *Research Policy*, 2017, 46.

[77] Mazloumian A, Eom Y, Helbing D, et al. How Citation Boosts Promote Scientific Paradigm Shifts and Nobel Prizes. *PloS one*, 2011, 6: e18975.

[78] Huang YH, HSUC N, Lerman K. Identifying transformative scientific research [C] //2013 IEEE 13th International Conference on Data Mining. IEEE, 2013: 291-300.

[79] Funk R, Owen-Smith J. A Dynamic Network Measure of Technological Change. *Management Science*, 2016, 63.

[80] Wu L, Wang D, Evans J. Large teams develop and small teams disrupt science and technology. *Nature*, 2019, 566: 1.

[81] Bornmann L, Tekles A. Disruption index depends on length of citation window. *El Profesional de la Información*, 2019, 28.

[82] Bornmann L, Tekles A. Disruptive papers published in Scientometrics. *Scientometrics*, 2019, 120.

[83] Wei C, Zhao Z, Shi D, et al. Nobel-Prize-winning papers are significantly more highly-cited but not more disruptive than non-prize-winning counterparts[C]. iConference, 2020:1-5.

[84] Zhao Z, Li J, Min C, et al. Scientists' academic disruptiveness significantly increased after they moved to China[C]. Association for Information Science and Technology, 2019,56(1):852-854.

[85] Bu Yi, Waltman L, Huang Yong. A multi-dimensional framework for characterizing the citation impact of scientific publications[C]. International Society for Scientometrics and Informetrics, 2019:1-28.

[86] Chen C. Searching for intellectual turning points: Progressive knowledge domain visualization. *Proceedings of the National Academy of Sciences of the United States of America*, 2004, 101: 5303-5310.

[87] Martinelli A. The dynamics of technological discontinuities: a patent citation network analysis of telecommunication switches. *Separation and Purification Technology-SEP PURIF TECHNOL*, 2010.

[88] Foster J, Rzhetsky A, Evans J. Tradition and Innovation in Scientists' Research

Strategies. *American Sociological Review*, 2013, 80.

[89] Shibata N, Kajikawa Y, Takeda Y, et al. Detecting emerging research fronts based on topological measures in citation networks of scientific publications. *Technovation*, 2008, 28: 758-775.

[90] 张金柱，张晓林. 利用引用科学知识突变识别突破性创新. 情报学报，2014，33 (3)：259-266.

[91] 白光祖，郑玉荣，等. 基于文献知识关联的颠覆性技术预见方法研究与实证. 情报杂志，2017，36 (9)：38-44.

[92] 杜建，孙轶楠，等. 从科学—技术交叉处识别创新前沿：方法与实证. 情报理论与实践，2019，42 (1)：94-99.

[93] Ehrnberg E, Jacobsson S. Indicators of discontinuous technological change: An exploratory study of two discontinuities in the machine tool industry. *R&D Management*, 2002, 27: 107-126.

[94] Jones B, Weinberg B. Age dynamics in scientific creativity. *Proceedings of the National Academy of Sciences of the United States of America*, 2011, 108: 18910-18914.

[95] Staudt J, Yu H, Light R, et al. High-impact and transformative science (HITS) metrics: Definition, exemplification, and comparison. *PLOS ONE*, 2018, 13: e200597.

[96] Avramescu A. Actuality and Obsolescence of Scientific Literature. *Journal of the American Society for Information Science*, 2007, 30: 296-303.

[97] Raan T. Sleeping Beauties in Science. *Scientometrics*, 2004, 59: 467-472.

[98] Waltman L, van Eck N J, Wouters P. Counting publications and citations: Is more always better? *Journal of Informetrics*, 2013, 7 (3): 635-641.

[99] 王凯利，黄晓，等. 融合 Altmetrics 和引文分析的期刊影响力综合评价研究. 情报科学，2021，39 (2)：169-177.

[100] 吴胜男，赵蓉英. Altmetrics 应用工具的发展现状及趋势之分析. 图书情报知识，2016 (1)：84-93.

[101] 翟姗姗，叶丁菱，等. 融合 Altmetrics 与引文分析的数据论文学术影响力评价. 情报学报，2020，39 (7)：710-718.

[102] Lyu D, Gong K, Ruan X, et al. Does research collaboration influence the "disruption" of articles? Evidence from neurosciences. *Scientometrics*, 2020, 126.

[103] 中共中央办公厅. 关于制定国民经济和社会发展第十三个五年规划的建议. [EB/OL]. [2021-04-28]. http://www.gov.cn/xinwen/2015-11/03/content_5004093.htm.

[104] 国务院办公厅. "十三五"国家科技创新规划. [EB/OL]. [2021-04-28]. http://www.gov.cn/zhengce/content/2016-08/08/content_5098072.htm.

[105] 托马斯·库恩：科学革命的结构[M]，金吾伦、胡新和译. 北京：北京大学出版社，2012.

[106] Christensen C M. The innovator′s dilemma: The revolutionary book that will change the way you do business[M]. New York: Harper Business Essentials, 2003.

[107] 张春辉，陈继祥. 渐进性创新或颠覆性创新：创新模式选择研究综述. 研究与发展管理，2011，23 (3)：88-96.

［108］王学昭，甘泉，等．颠覆性技术创新的前瞻性治理．中国科学院院刊，2020，35（5）：620-628．

［109］郭丽娜，李星琛，等．颠覆性研究文献计量识别方法述评．数字图书馆论坛，2020（3）：17-24．

［110］杜建，孙铁楠，等．变革性研究的科学计量学特征与早期识别方法．中国科学基金，2019，33（1）：88-98．

［111］杨雪梅，王雪，等．基于论文摘要和引文文本语料的突破性研究特征词识别．图书情报工作，2020，64（11）：125-132．

［112］梁国强，侯海燕，等．“革命性论文”学科扩散的早期识别及影响因素分析：以诺奖论文为例．情报杂志，2019，38（9）：142-149．

［113］罗素平，寇翠翠，等．基于离群专利的颠覆性技术预测——以中药专利为例．情报理论与实践，2019，42（7）：165-170．

［114］刘盛博，王博，等．基于引用内容的论文影响力研究——以诺贝尔奖获得者论文为例．图书情报工作，2015，59（24）：109-114．

［115］AHMAD A A. Characterization of the Complete Mitochondrial Genomes of Nematodes Ostertagia Trifurcata and Trichuris Skrjabini and Their Phylogenetic Implications[Z]．华中农业大学，2019．

［116］曹艺文，许海云，等．基于引文曲线拟合的新兴技术主题的突破性预测——以干细胞领域为例．图书情报工作，2020，64（5）：100-113．

［117］李江，姜明利，等．引文曲线的分析框架研究——以诺贝尔奖得主的引文曲线为例．中国图书馆学报，2014，40（2）：41-49．

［118］Lu C，Ding Y，Zhang C. Understanding the impact change of a highly cited article：a content-based citation analysis. *Scientometrics*，2017，112：1-19．

［119］Radev D R. Amjad. Rediscovering ACL Discoveries Through the Lens of ACL Anthology Network Citing Sentences[C] // Acl- Special Workshop on Rediscovering 50 Years of Discoveries. Association for Computational Linguistics，2012．

［120］Li J，Yin Y，Fortunato S，et al. A dataset of publication records for Nobel laureates. *Scientific Data*，2019，6．

［121］胡志刚．全文引文分析方法与应用．大连理工大学博士学位论文，2014．

［122］Hassan S，Akram A，Haddawy P. Identifying important citations using contextual information from full text[C]．Proceedings of the 17th ACM/ IEEE Joint Conference on Digital Libraries (JCDL2017). Toronto，Ontario，Canada，2017：41-48．

［123］Moravcsik M，Murugesan P. Some Results on the Function and Quality of Citation. *Social Studies of Science-SOC STUD SCI*，1975，5：86-92．

［124］Brooks T. Evidence of Complex Citer Motivations. *Journal of the American Society for Information Science*，1986，37：34-36．

［125］朱大明．参考文献的引用动机．科技导报，2013，31（22）：84．

［126］Bauer J，Leydesdorff L，Bornmann L. Highly-cited papers in Library and Information Science (LIS)：Authors，institutions，and network structures. *Journal of the Association for Information Science and Technology*，2015，67．

[127] 赵元斌，吴志红，等. 高校学科发展分析评价实证研究——以河南省 3 所大学为例. 图书情报工作，2015，59 (15)：115-121.

[128] 吴显强. 基于 ESI 的"985 工程"高校科技竞争力研究. 广州：华南理工大学，2009.

[129] 李小涛，秦萍，等. 图情领域基本科学指标数据库高被引论文的知识图谱分析. 情报理论与实践，2017，40 (2)：111-116.

[130] 聂兰英，王钢，等. 我国 11 种医学影像学核心期刊的高被引论文分析. 中国科技期刊研究，2011，22 (3)：377-380.

[131] 卫世乾. 30 种化学类核心期刊高被引论文研究. 中国科技期刊研究，2014，25 (4)：556-561.

[132] 邓侨侨. 机构迁移:高被引科学家名校集聚的特征与原因分析. 科学学与科学技术管理，2014，35 (8)：135-143.

[133] 刘俊婉. 高被引科学家人才流动的计量分析. 科学学研究，2011，29 (2)：192-197.

[134] 莫富传，娄策群. 高被引论文应用于研究热点识别的理论依据与路径探索. 情报理论与实践，2019，42 (4)：59-63.

[135] Madhan M，Chandrasekar G，Subbiah A. Highly cited papers from India and China. *Curr Sci*，2010，99.

[136] 张垒. 论文高被引的参考文献特征及其对影响因子贡献研究. 情报科学，2016，34 (8)：94-98.

[137] 刘雪立. 基于 Web of Science 和 ESI 数据库高被引论文的界定方法. 中国科技期刊研究，2012，23 (6)：975-978.

[138] Elango B，Ho Y. A bibliometric analysis of highly cited papers from India in Science Citation Index Expanded. *CURRENT SCIENCE*，2017，112 (8)：1653-1658.

[139] Chuang K，Ho Y. An evaluation based on highly cited publications in Taiwan. *CURRENT SCIENCE*，2015，108 (5)：933-941.

[140] Ho Y. A bibliometric analysis of highly cited articles in materials science. *CURRENT SCIENCE*，2014，107 (9)：1565-1572.

[141] Ho Y. Top-cited Articles in Chemical Engineering in Science Citation Index Expanded：A Bibliometric Analysis. *CHINESE JOURNAL OF CHEMICAL ENGINEERING*，2012，20 (3)：478-488.

[142] Waltman L，van Eck N J. Field-normalized citation impact indicators and the choice of an appropriate counting method. *JOURNAL OF INFORMETRICS*，2015，9 (4)：872-894.

[143] Fu H，Ho Y. Top cited articles in adsorption research using Y-index. *Research Evaluation*，2013，23：12-20.

[144] Marusic M，Bozikov J，Katavic V，et al. Authorship in a small medical journal：A study of contributorship statements by corresponding authors. *SCIENCE AND ENGINEERING ETHICS*，2004，10 (3)：493-502.

[145] Shekofteh M，Mohseny M，Shahbodaghi A，et al. The correlation among Y-in-

dex and other scientometric indicators. *CURRENT SCIENCE*, 2016, 110 (9): 1823-1828.

[146] Bhandari M, Busse J W, Kulkarni A V, et al. Interpreting authorship order and corresponding authorship. *EPIDEMIOLOGY*, 2004, 15 (1): 125-126.

[147] Sombatsompop N, Markpin T, Buranathiti T, et al. Categorization and trend of materials science research from Science Citation Index (SCI) database: A case study of ceramics, metallurgy, and polymer subfields. *SCIENTOMETRICS*, 2007, 71 (2): 283-302.

[148] Chuang K, Wang M, Ho Y. High-impact papers presented in the subject category of water resources in the essential science indicators database of the institute for scientific information. *SCIENTOMETRICS*, 2011, 87 (3): 551-562.

[149] 包为民，王凤伟，等. 改变游戏规则、颠覆传统认知、推动变革发展——颠覆性技术革命及未来趋势展望. 智库理论与实践，2017，2 (6)：31-33.

[150] Analysis of a Patent Medicine[J]. Canadian Medical Association journal. 1925, 15(9): 969.

[151] Re: Citation System for Patent Office[J]. Journal Patent & Trademark Office Society. 1949, 714(31).

[152] Garfield E. Patent Citation Indexing and the Notions of Novelty, Similarity, and Relevance[J]. Journal of chemical documentation. 1966, 6(2): 63-65.

[153] 杨铁军. 专利分析可视化[M]. 北京：知识产权出版社，2017：172.

[154] 马天旗，黄文静，李杰，等. 专利分析——方法、图表解读与情报挖掘[M]. 北京：知识产权出版社，2015：375.

[155] 丛玲. 实用专利技术简明教程[M]. 天津：天津大学出版社，2007：230.

[156] 林志坚，谌凯，吴巧玲，等. 专利分析操作与实务[M]. 北京：科学技术文献出版社，2018：232.

[157] 张燕舞，兰小筠. 企业战略与竞争分析方法之一——专利分析法[J]. 情报科学，2003(8)：808-810.

[158] (美) 亨特，(美)纳亚，(美)罗杰斯. 专利检索工具与技巧[M]. 北京：知识产权出版社，2013：167.

[159] 林志坚，谌凯，吴巧玲，应向伟，等. 专利分析操作与实务[M]. 科学技术文献出版社，2018.

[160] 刘毅，李岱素. 全球移动互联网产业重点领域专利研究[M]. 广州：广东人民出版社，2018：198.

[161] 李峰. 高校图书馆专利信息服务工作探索与实践研究[J]. 图书馆建设，2016(7)：78-81.

[162] 李琰，郭书柜，王建明. 石油化工行业专利价值分析与评估[M]. 北京：知识产权出版社，2016：91.

[163] 乐思诗，叶鹰. 专利计量学的研究现状与发展态势[J]. 图书与情报，2009(6)：63-66.

[164] 罗式胜. 文献计量学概论[M]. 广州：中山大学出版社，1994.

[165] Narin F. Patent Bibliometrics[J]. Scientometrics, 1994, 30(1): 147-155.

[166] 陈燕. 专利信息采集和分析[M]. 北京：清华大学出版社，2006：371.

[167] Narin F. Patents as indicators for the evaluation of industrial research output[J]. SCIENTOMETRICS, 1995, 34(3): 489-496.

[168] Narin F, Hamilton K S. Bibliometric performance measures[J]. SCIENTOMETRICS, 1996, 36(3): 293-310.

[169] Narin F, Hamilton K S, Olivastro D. The increasing linkage between US technology and public science[J]. RESEARCH POLICY, 1997, 26(3): 317-330.

[170] Narin F, Olivastro D. Linkage between patents and papers: An interim EPO/US comparison[J]. SCIENTOMETRICS, 1998, 41(1-2): 51-59.

[171] Chen D, Lin W C, Huang M. Using essential patent index and essential technological strength to evaluate industrial technological innovation competitiveness[J]. SCIENTOMETRICS, 2007, 71(1): 101-116.

[172] Griliches Z. PATENT STATISTICS AS ECONOMIC INDICATORS-A SURVEY[J]. JOURNAL OF ECONOMIC LITERATURE, 1990, 28(4): 1661-1707.

[173] 栾春娟,李亚敬,侯剑华. 国际软件专利计量分析及中国对策[J]. 科技管理研究, 2008(09): 37-39.

[174] 栾春娟,侯海燕. 全球纳米技术领域专利计量分析[J]. 科技与经济, 2008(4): 38-40.

[175] 邱均平,马瑞敏,徐蓓,倪超群. 专利计量的概念、指标及实证——以全球有机电激发光技术相关专利为例[J]. 情报学报, 2008, 27(4): 556-565.

[176] 李乾瑞,郭俊芳,黄颖,等. 基于专利计量的颠覆性技术识别方法研究[J]. 科学学研究,2021, 39(7): 1166-1175.

[177] 国家知识产权局. 专利引文[Z]. 2022.12.24.

[178] 陈亮,张志强,尚玮姣. 专利引文分析方法研究进展[J]. 现代图书情报技术, 2013(Z1): 75-81.

[179] 王超,韩明杰,李晨英,等. 基于文献计量的国内外专利引文分析比较研究[J]. 数字图书馆论坛, 2015(2): 14-20.

[180] 陈凯,徐峰,程如烟. 非专利引文分析研究进展[J]. 图书情报工作, 2015, 59(05): 137-144.

[181] 杨祖国,张晴,陈雪娇. 利用专利引文分析专利价值[Z]. 中国四川成都, 2020.10.

[182] 黎欢,彭爱东. 竞争对手识别的三种专利引文分析方法研究——以全息摄影技术为例[J]. 情报杂志, 2014, 33(10): 78-82.

[183] Verbeek A, Debackere K, Luwel M, et al. Linking science to technology: Using bibliographic references in patents to build linkage schemes[J]. Scientometrics, 2002, 54(3): 399-420.

[184] 裴云龙,蔡虹,王晓南. 中外科学文献对中国高新产业技术创新质量的影响——基于专利的科学引文的分析[J]. 情报学报, 2013, 32(12): 1333-1344.

[185] 何春辉,王孟然. 专利引文分析应用研究综述[J]. 图书情报研究, 2019, 12(4): 72-78.

[186] 潘伟. 个性化信息服务关键技术——聚类分析[J]. 现代情报, 2007(10): 212-214.

[187] Hong Y，Kwong S. Learning Assignment Order of Instances for the Constrained K-Means Clustering Algorithm[J]．IEEE Transactions on Systems Man and Cybernetics Part B-Cybernetics，2009，39(2)：568-574.

[188] 冯晓蒲，张铁峰. 四种聚类方法之比较[J]．微型机与应用，2010，29(16)：1-3.

[189] Feldman R，Dagan I. Knowledge Discovery in Textual Databases (KDT)[C]，1995.

[190] 吴峥. 使用文本挖掘辅助专利分析[J]．中国科技信息，2019(17)：39-40.

[191] 陈虹枢. 基于主题模型的专利文本挖掘方法及应用研究[D]．北京理工大学，2015.

[192] The Stanford Natural Language Processing Group. Stanford Word Segmenter.[Z]，2006.

[193] Noh H，Jo Y，Lee S. Keyword selection and processing strategy for applying text mining to patent analysis[J]．Expert Systems With Applications，2015，42(9)：4348-4360.

[194] 国家知识产权局. 专利导航指南　第 1 部分：总则[S]．

[195] 专利导航的理论研究与实践探索[J]．专利代理，2020(03)：3-11.

[196]《专利导航指南》(系 GB/T39551—2020)列国家标准发布[J]．河南科技，2020，39(33)：5.

[197] 陈燕，孙全亮，孙玮. 新时代专利导航的理论构建与实践路径[J]．知识产权，2020(4)：16-31.

[198] 花之蕾. 高校专利导航理论探索与实践——以华北电力大学的实践为例[J]．中国高校科技，2021(3)：80-85.

[199] 慕军营，刘斐. 借助专利导航发掘和创造高价值专利策略[J]．河南科技，2019(3)：26-28.

[200] 赖院根，朱东华. 专利预警警情的理论研究[J]．科学学与科学技术管理，2009，30(2)：5-9.

[201] 张世玉，王伟，张浩. 企业专利威胁预警的概念模型及实证研究[J]．情报科学，2021，39(6)：92-96.

[202] 董博，张陆军，孔谦，等. 农业作物稻和棉花基因专利预警平台构建初探[J]．农业灾害研究，2020，10(8)：7-10.

[203] 申长雨. 新时代知识产权强国建设的宏伟蓝图[J]．知识产权，2021(10)：10-12.

[204] 易继明. 知识产权强国建设的基本思路和主要任务[J]．知识产权，2021(10)：13-40.

[205] 张敏. 优化知识产权制度　加快科技强国步伐[J]．理论导刊，2021(10)：79-83.

[206] 冯晓青. 我国知识产权制度实施的战略布局——关于《知识产权强国建设纲要(2021—2035 年)》的理论思考[J]．知识产权，2021(10)：55—81.

[207] 杜宏巍. 我国知识产权战略面临的挑战与对策[J]．宏观经济管理，2020(3)：61-66.

[208] 郑美玉. 基于 Innography 的农林类高校专利竞争力研究[J]．图书情报工作，2018，62(1)：117-124.

[209] 沈健. 我国大学专利转化率过低的原因及对策研究[J]．科技管理研究，2021，41(5)：97-103.

[210] 刘银良，郑淑凤. 面向创新型国家的知识产权体系建设[J]．科技导报，2021，39

(21)：65-71.

[211] 吕璐成，罗文馨，许景龙，等. 专利情报方法、工具、应用研究进展及新技术应用趋势[J]. 情报学进展，2020，13(00)：235-278.

[212] 李莹. 对专利预警工作的数字化转型思考[J]. 科技与创新，2021(18)：127-129.

[213] 谢顺星，高荣英，瞿卫军. 专利布局浅析[J]. 中国发明与专利，2012(8)：24-29.

[214] 国家知识产权局. 知识产权分析评议工作指南[Z]，2014.

[215] 代霄燕，靳强. 信息情报机构开展知识产权分析评议服务的研究[J]. 图书情报导刊，2019，4(4)：46-51.

[216] 李心蕊. 基于 AHP-FCE 的重大经济科技活动知识产权评议研究[D]. 郑州大学，2018.

[217] 李静，程普强，张晓琳，等. 专利评议方法研究与应用[Z]. 2017.

[218] 蔡静，孙杰，曾晓波，等. 浅析专利评议分析的重要性及其评议分析方法[C]. 北京：2015.

[219] 李宇华. 浅谈项目立项中的知识产权分析评议[J]. 中国发明与专利，2016(5)：57-58.

[220] 高楠，彭鼎原，傅俊英，等. 基于专利 IPC 分类与文本信息的前沿技术演进分析——以人工智能领域为例[J]. 情报理论与实践，2020，43(04)：123-129.

[221] 时春丽，王贵良，王同胜，等. 基于 IPC 分类视角的世界热核聚变反应堆专利热点技术研究[Z].[C] 中国核学会 2015 年学术年会. 中国四川绵阳：2015:83-89.

[222] 江屏，王川，孙建广，等. IPC 聚类分析与 TRIZ 相结合的专利群规避设计方法与应用[J]. 机械工程学报，2015，51(7)：144-154.

[223] 亚历山大·I. 波二托拉克，保罗·J. 勒纳. 知识产权精要[M]. 北京:知识产权出版社，2019.

[224] 肖沪卫，顾震宇. 专利地图方法与应用[M]. 上海：上海交通大学出版社，2010：564.

[225] 陈燕，方建国. 专利信息分析方法与流程[J]. 中国发明与专利，2005(12)：58-61.

[226] 陈颖，张晓林. 专利技术功效矩阵构建词汇模型研究[J]. 情报科学，2012，30(11)：1704-1708.

[227] 陈颖，张晓林. 基于特征度和词汇模型的专利技术功效矩阵结构生成研究[J]. 现代图书情报技术，2012(2)：53-59.

[228] 霍中祥. 公知公用技术信息的挖掘　谈企业全球化对失效专利信息的利用[M]. 北京：知识产权出版社，2014：166.

[229] 周美霞，付占海，丽娜. 浅谈专利检索中查全查准率验证过程及注意问题[J]. 中国发明与专利，2017，14(9)：91-93.

[230] 张婷，陈娟，欧阳昭连，等. 组织工程与再生医学领域的专利竞争态势[J]. 中国组织工程研究，2019，23(34)：5479-5485.

[231] 戚欢. 专利优先权的作用及其与查新工作的关系[J]. 现代情报，2008(7)：175-177.

[232] 王康，檀润华，李浩宇，等. 新冠疫情防控背景下电子体温计专利分析[J]. 科技管理研究，2021，41(8)：163-172.

［233］江南雨．保密通信领域专利信息调研分析——基于德温特专利文献系统的检索数据［J］．图书情报工作，2009，53(8)：67-71.

［234］张群，张柏秋．燃料电池车专利情报研究——基于 Innography 专利分析平台［J］．情报杂志，2014，33(7)：38-43.